Dieter Henrich · Dies Ich, das viel besagt

DIETER HENRICH

Dies Ich, das viel besagt

Fichtes Einsicht nachdenken

VITTORIO KLOSTERMANN

Bibliographische Information der Deutschen Nationalbibliothek
Die Deutsche Nationalbibliothek verzeichnet diese Publikation in der
Deutschen Nationalbibliographie; detaillierte bibliographische Daten
sind im Internet über *http://dnb.dnb.de* abrufbar.

2., durchgesehene Auflage 2022

© Vittorio Klostermann GmbH · Frankfurt am Main · 2019
Alle Rechte vorbehalten, insbesondere die des Nachdrucks und der
Übersetzung. Ohne Genehmigung des Verlages ist es nicht gestattet, dieses
Werk oder Teile in einem photomechanischen oder sonstigen Reproduktions-
verfahren oder unter Verwendung elektronischer Systeme zu verarbeiten, zu
vervielfältigen und zu verbreiten.
Gedruckt auf Eos Werkdruck von Salzer.
Alterungsbeständig und PEFC-zertifiziert
Druck und Bindung: Hubert & Co., Göttingen
Printed in Germany
ISBN 978-3-465-04588-5

INHALT

Im Vorblick   VII

Fichtes ursprüngliche Einsicht (1966)   1

Der Einsicht nachdenken (2019)   51

Siglen-Verzeichnis und Konkordanz   303

IM VORBLICK

Im Folgenden werden zwei Texte vorgelegt. Der erste erschien schon vor einem halben Jahrhundert. Der zweite denkt in Buchlänge in den Spuren des ersten und unter neuen Gesichtspunkten nach. Der große Abstand zwischen beiden und das Interesse, das der erste Text fand, war ein Grund dafür, ihn ohne Veränderung und wie ein Dokument weiter zur Verfügung zu halten. Dass aber seine Problemstellung weder aufgelöst noch abgeschlossen entfaltet ist, führt dazu, dass sie noch einmal von Grund aus durchdacht werden soll.

Die Abhandlung von 1966 hatte die Probleme, die im Nachdenken über Selbstbewusstsein aufkommen, nicht allein in deren sachlichem Gehalt aufgenommen. Sie wollte diesem Thema das Gewicht zurückgewinnen, das ihm zukommt, das ihm aber in allen philosophischen Schulen, welche in jener Zeit vorherrschten, abgesprochen war. So schrieb sie Johann Gottlieb Fichte das bleibende historische Verdienst zu, eben dies Problem als erster in der Tiefe erfasst zu haben und es maßgebend für sein philosophisches Programm werden zu lassen. Wird aber ein Problem entfaltet, indem die Leistung eines Philosophen deutlich profiliert wird, so wird damit der Gang seines Denkens zur gleichen Zeit zum Thema gemacht.

Dies erklärt eine der Schwierigkeiten, die dem zweiten Text innewohnt, der wegen seiner weit überwiegenden Länge und seiner neuen Argumentation der Haupttext dieses Buches ist. Zugleich mit der Entfaltung seines Problems muss in diesem Text sowohl die Interpretation von Fichtes Werk neu und gründlicher durchdacht wie auch die Argumentation der Abhandlung durchleuchtet werden.

Aber auf das Problem, dem schon die frühere Abhandlung vor allem zugewendet war, ist auch der Haupttext dieses Buches ausgerichtet. Durch den Titel des Buches ist das angezeigt.

‚Dies Ich, das viel besagt' (‚ce Moi, qui dit beaucoup') ist ein Zitat aus einem Manuskript von Leibniz, in dem er 1686 die Grundzüge seiner philosophischen Konzeption in eine Übersicht gebracht hat.[1]

---

[1] *Discours de Métaphysique*, Ziffer 34 (dort mit besonderem Nachdruck als ‚ce MOY, qui dit beaucoup' geschrieben. Siehe auch Anm. 45 auf S. 129).

Es ist das Wort ‚ich', durch das schon für Leibniz so viel besagt ist. Mit ihm wird zunächst einmal die innere Einheit aller einzelnen Wesen angezeigt und verdeutlicht. Sie ist von einer Art, die sie von dem gänzlich unterscheidet, was man als das Kleinste, das nicht mehr Teilbare, im Raum und oder in der Zeit sucht. Dass sich aber nur die geistigen Subjekte in dieser Einheit auch kennen und bezeichnen können, unterscheidet sie von allen Wesen, die nicht imstande sind, zu überlegen, über sich selbst zu urteilen und sich an Grundsätzen zu orientieren.

Für Fichte gelten solche Unterscheidungen, mit denen dies viele angezeigt ist, ebenso wie für Leibniz. Was aber das Wort ‚ich' für ihn vielsagend macht und ihn als Philosophen vor die eine Frage bringt, in der sich alle anderen Fragen konzentrieren, liegt diesen Aussagen über das Wesen der Geister gänzlich voraus. Es ist eine Tatsache, die Leibniz wie selbstverständlich in Anspruch nahm. Fichte war allerdings schon durch Kant veranlasst, anhaltend über sie nachzudenken. So kam es dazu, dass sie ihm in einem Moment, den er selbst als entscheidend für sein philosophisches Leben erfuhr, in einem ganz neuen Licht erschien: Man darf sich durchaus nicht zusammen mit der Vormeinung dem Subjekt, welches ‚dies ich' zu gebrauchen weiß, zuwenden, dass seine Verfassung, zumal die Möglichkeit seiner Selbstbeziehung, mühelos zu begreifen sei. In der Aufgabe, sie zu verstehen und zu explizieren, ist vielmehr die größte Herausforderung für die Philosophie gelegen. Ihre zentrale und grundlegende Stellung in allem Verstehen begründet jedoch zugleich die Erwartung, dass derjenige, der sie erschließt, den Schlüssel zu einem umfassenden Aufschluss in der Hand hält.

Diese beiden Momente machen in ihrem Zusammenhang das aus, was ‚Fichtes ursprüngliche Einsicht' zu nennen ist. Sie ist sein bleibender Beitrag zur philosophischen Erkenntnis und der Motor in der langen Folge seiner Vorlesungen zur philosophischen Grundlehre, in denen er seine Konzeption mit immer neu einsetzenden Entwürfen ausarbeitete.

Dass diese Einsicht nicht auf der Hand liegt, folgt aus ihrer Komplexion. Leibniz schien sie unbeachtet zu lassen. Kant unterschied allerdings bereits die erschließende Bedeutung von ‚diesem Ich' von den ontologischen Implikationen, mit denen es auf eine Weise, die der Aufklärung bedarf, verbunden ist. Vor allem wies er aber seine strukturgebende Funktion in allen Akten der Erkenntnis auf. Aber er vermied es doch, die Energie seines Denkens auf die innere Komplexion im Vollzug eines Gedankens von ‚diesem Ich' zu konzentrieren.

In ihrem Zentrum ergibt sich für Fichte diese Komplexion daraus, dass das Selbstwissen von dem, was sich als Subjekt kennt, nicht in einer Selbstbeziehung bestehen kann, von der man wie in einer Beobachtung feststellt, dass sie unter irgendwelchen Bedingungen eintritt und vorliegt. Sie muss eine solche Selbstbeziehung sein, innerhalb derer von ihr explizit und als solcher Kenntnis genommen ist – und dies wieder so, dass das Faktum und die Kenntnis von ihm nicht aufeinander folgen, sondern in selbst einsichtiger Notwendigkeit aneinander gebunden sind.

Man darf wohl vermuten, dass dem, der diesen Formulierungen für kurze Zeit nachdenkt, schon etwas von der Art und dem Gewicht der Verwicklungen aufgeht, das in Fichtes ursprünglicher Einsicht eingeschlossen ist. Das Wissen von sich selbst ist jedem so nahe und vertraut, dass ihm zunächst einmal scheint, es müsse sich von allem am allerleichtesten verstehen lassen. Wer aber beharrlich versucht, seine Verfassung zu erklären, wird schnell dahin geführt, sich mit einem höchst komplexen Sachverhalt und in ihm einem höchst vertrackten Problem ausgesetzt zu sehen, das ihn in sich ständig aufs Neue hintergehenden Versuchen der Verständigung über es vor sich hertreibt.

Fichte ist es mit seinem gesamten Lebenswerk so ergangen. Dabei wird man aber, wiewohl von fern, noch immer nachvollziehen können, wieso er sich als der Entdecker des Schlüssels zu einer ganz neuen Verfahrensart auf einem Territorium, das zuvor noch von niemandem betreten wurde, angelangt sah und zu seiner Erschließung befähigt wusste.

In einer solchen Situation wird sich freilich dann auch jeder, der die moderne Erfahrung mit der Kraft der Selbstkritik an vermeintlich unverrückbaren Voraussetzungen mitvollzogen hat, für eine zweifelnde Nachfrage öffnen: Ob etwa all die Folgerungen, die den Ausgriff zu einem neuen Grundkonzept des philosophischen Denkens, welches das Paradox nicht scheut, freigeben, aber auch erzwingen, einer versteckten und nicht erwogenen Voraussetzung geschuldet sind, die preiszugeben wäre. Für die Blickbahn, die Fichte erschlossen hat, kann eine solche Voraussetzung nur in der Annahme gelegen sein, die Sachverhalte, die mit dem Wort ‚ich' angezeigt werden, schlössen eine Selbstbeziehung ein, innerhalb derer von ihr selbst Wissen besteht.

Ich bin diesem Verdacht bald nach der Veröffentlichung der Abhandlung nachgegangen.[2] Er konnte die Möglichkeit geltend machen, dass sich das spontane Denken samt der Bildung einer Form sprachlicher Mitteilung einen Grundsachverhalt, den es nicht transparent machen konnte, über eine naheliegende Interpretation aneignen musste – auch wenn diese Interpretation nicht konsistent zu machen sein sollte. Doch ich habe die Versuche, welche diesem Verdacht entsprangen, nach einigen Jahren wieder aufgegeben. Denn sie zwangen mich zu theoretischen Konstruktionen bei der Verständigung über den Grundsachverhalt ‚dieses Ich', die erkennbar gekünstelt und ohne die Fähigkeit zu einem überlegenen Aufschluss waren. Ihr Recht war also nur noch aus dem Ziel abzuleiten, jene Annahmen zu vermeiden, die dem Sprachgebrauch innewohnen und die auch Fichte als Ausgangsevidenz gelten gelassen hatte. Daraus ergab sich eine Bestätigung zumindest für jene zentrale Folgerung, die Fichte alsbald gezogen hatte: Dass die Fähigkeit zur analytischen Erklärung komplexer Tatsachen vor ‚diesem Ich' an seine Grenze gekommen ist. Diesen Zusammenhang muss man begreifen, nicht aber meinen, eine Grundevidenz alles Verstehens in ihr Gegenteil

---

[2] Die im Folgenden genannten drei Texte gehören diesem Versuch zu: *Selbstbewusstsein – kritische Einleitung in eine Theorie* in: ‚Hermeneutik und Dialektik'. Hrsg. Konrad Cramer u.a., Tübingen 1970, Band II, S. 257–285; *Selbstbewusstsein und Bewusstsein* in: ‚e-Journal Philosophie der Psychologie' mit einem neuen Vorwort von 2007. Dies ist der Text eines Vortrags in Hamburg vom Sommer 1971; *Die Transzendenz der Person in der Einheit des Bewusstseins* in: unveröffentlichte Festschrift für Wilhelm Anz 1975. – Bei dieser Gelegenheit sollte nun auch der Gehalt von Buchtexten charakterisiert werden, deren Titel mit dem dieses neuen Buches eine Verbindung anzeigen: *Grundlegung aus dem Ich*, Frankfurt/Main 2004 (2 Bände) entwickelt die Ergebnisse meiner Forschungen zur Vorgeschichte des Idealismus, in welcher dem Problem und der Stellung von Selbstbewusstsein eine Schlüsselbedeutung zuwuchs. *Denken und Selbstsein*, Frankfurt/Main 2007 ist eine systematische Untersuchung, in der philosophische Gedanken zu einigen Bereichen der Philosophie entwickelt werden, welche an die Konzeption von Selbstwissen anzuschließen sind (Ethik, Gesellschaft, Freiheit). Nur der vorliegende Text beschäftigt sich in Buchform ausschließlich mit der Möglichkeit eines Aufschlusses über Selbstbewusstsein als solches. Manche weitere kleinere Veröffentlichungen zu diesem Thema sind in ihm erwähnt.

umwenden zu können. Erst darauf setzte Fichte seine Idee von einem philosophischen System in Arbeit, das dann jedoch letztlich jene Grundtatsache nicht unverkürzt in ein neu zu konzipierendes Verstehen überführen konnte.

Diese Thesen werden in dem folgenden Haupttext begründet und aus Fichtes ursprünglicher Einsicht selbst in einer Eindeutigkeit entwickelt, welche die vorausgehende Abhandlung nicht erreichte. Er versucht, in diesem Zusammenhang die Hürden auszumachen, welche das für Fichte maßgebende Modell eines philosophischen Systems bei der Entfaltung und der Integration der eigenen ursprünglichen Einsicht niemals zu überwinden vermag. Über den Kontrast zu dieser Diagnose gelangt sie schließlich auch dahin, Fichtes Modell eines Systems den Umriss einer anderen Konzeption entgegenzustellen, die nicht derselben Ambition folgt, die aber jener Hürde gewachsen bleibt. Man könnte sagen, dass diese Konzeption Immanuel Kants Denken aufnimmt und weiterführt, nachdem sie sich der Nagelprobe von Fichtes Einsicht ausgesetzt hat. Dazu ist es eben auch nötig, Fichtes Denkweg von seiner Motivation her, wenn auch nur in seinen Grundzügen, nachzudenken und zu versuchen, ihm auf den Grund zu kommen.

Zu einem solchen Resultat trägt wesentlich ein Zug in der Verfassung dessen bei, was von ‚diesem ich' angezeigt wird. Er wird in dem folgenden Haupttext früh eingeführt und durchzieht dann seine Argumentation in mehreren ihrer Schritte. In Bezug auf ihn wird dargelegt, dass dem Selbstbewusstsein eine Verfassung von strikt invariabler, also einsichtig allgemeiner Gültigkeit eignet – aber so, dass gerade kraft ihrer nur ein jeweils einzelner Fall solchen Subjektseins für sich selbst erschlossen ist. Die Analyse dieser Implikation wird dann nur so weit geführt, dass die zentrale Stellung von Selbstbewusstsein in allem Verstehen, die wiederum von Fichtes Einsicht wie von Kant beansprucht worden war, noch auf andere Weise einsichtig wird.

Ein halbes Jahrhundert ist zwischen dem Erscheinen der Abhandlung und der Publikation dieses neuen Buches vergangen. Man möchte wohl meinen, diese Zeit müsse genügen, um zu einer für den Autor definitiven Auskunft über die Abhandlung von 1966, damit aber vor allem zur letztverbindlichen Darlegung der Sache zu kommen, um die es ihr gegangen ist. Dem steht jedoch zunächst einmal die Dynamik in der Niederschrift eines jeden Buches entgegen. Man muss immer einen Ansatz setzen und dabei einen Aufbau noch vage im Blick haben, der sich im Arbeitsgang auf eine Weise zu bewähren hat, die sich in dem Impuls zu folgerichtiger, dichter und umsichtiger Ausgestaltung nicht vorab festlegen lässt. Die alte Abhandlung unterscheidet sich von dem neuen Haupttext in dieser Hinsicht ganz und gar nicht. Zudem muss dieses neue Buch in seiner Entwicklung zwischen Bezugnahmen auf die Abhandlung, auf Fichtes Begründungen und auf philosophische Grundfragen möglichst einsichtig und übersehbar hin und her navigieren. Die Grundfrage, die hier im Zentrum steht, setzt weiterhin eigentümliche und ungewöhnliche Zugangsbedingungen. Das, worauf sie sich bezieht, lässt sich weder über Beschreibungen noch über die Einfügung in ein systematisches Gefüge deutlich machen. Es verlangt für sich schon nach einer Verdeutlichung, die unter verschiedenen Gesichtspunkten immer wieder neu ansetzt – und das an den Grenzen dessen, was sich in der Sprache bestimmt genug artikulieren lässt.[3] Es bleibt nur zu hoffen, dass die Steuermannskunst des Autors dieser Aufgabe noch gerecht wird.

Des Weiteren gehen aus dem, was als ‚dies Ich' angezeigt wird, durchaus spezifische Schwierigkeiten hervor, die zum Teil hier schon erwähnt wurden. Grundlegungsfragen – zumal dann, wenn sie allbezüglich sind – lassen ständig erneut Grundzweifel aufkommen. Für diese gilt noch insbesondere, dass sie es immer wieder verlangen, auf Aspekte der gesamten Problemlage Rücksicht zu neh-

---

[3] So ist diese Aufgabe gewiss nicht durch Zufall der Anlass dazu gewesen, dass die Sprachform, in der sich die nachkantische Philosophie mitteilte und entfaltete, von der gewöhnlichen Sprache – auch von deren Gebrauch auf einer höchsten Stufe der Abstraktion – radikal abzuweichen und sich in einem Gegenzug zu ihm zu artikulieren begann. In diesem Prozess kommt ein wesentlicher Aspekt der Formationsbedingungen des nachkantischen Idealismus zum Ausdruck. Die Entwicklung von Fichtes Werk war für ihn ebenso initial, wie sie für ihn repräsentativ ist. Kant konnte sich dieser Tendenz noch entziehen. Im vorliegenden Buch ist das Gleiche in Beziehung auf das Ausgangsproblem des Idealismus, die Selbstbeziehung im Subjekt, ebenfalls versucht. Die Philosophie einer späteren Zeit hat ohnedies immer eine diagnostische Distanz zu den Motiven des Idealismus zu wahren. Sie könnte also an eine Sprachform des Idealismus allenfalls zugleich damit anschließen, dass sie deren Rechtsgrund untersucht und sie in ihrem Gebrauch zugleich kontinuierlich reflektiert und verdeutlicht. – Dieser Grundsatz des Verfahrens ist ebenso für meine Versuche zur Verständigung über Hegels spekulative Logik leitend gewesen, die bald nach der Abhandlung über Fichte publiziert wurden.

men, die, um über sie eine erste Klarheit zu gewinnen, schon eine weite Abweichung vom Leitfaden der Argumentation nötig werden lässt. Als ein Beispiel dafür mag hier dienen, dass mit der Ablösung von Leibniz' Ontologie der Subjekte die Frage virulent wurde, in welchem Sinn und aus welchem Grund überhaupt noch ferner von der Identität von Subjekten die Rede sein kann – ob sie nicht durch die Rede von Episoden und Phasen von Kontinuität zu ersetzen wäre. In dem Haupttext ist darauf verzichtet worden, diese heftig debattierte Frage überhaupt aufzubringen. Dabei ist doch klar, dass ich in meiner Absicht, das Verstehen des Selbstwissens mit der Verständigung über das bewusste Leben des Menschen zu verbinden, auf den Gewinn eines starken Sinns der Identität der Subjekte ziele. In dem Haupttext wird dann noch allgemeiner darüber gesprochen, warum ich ein Buch, das den einmal ins Auge gefassten Titel einer ‚Theorie der Subjektivität' tragen könnte, schließlich nicht mehr ins Auge gefasst habe.

Aber es ist mir in hohem Alter doch möglich geworden, dies Buch zum Abschluss zu bringen. Dass das in kaum eineinhalb Jahren gelang, verdanke ich der Hilfe von Jüngeren, die an seinem Thema Interesse haben – überwiegend von Freunden und Kollegen, die Autoren eigener Arbeiten zu ihm sind. Manfred Frank und Tobias Rosefeldt haben mir, da ich kaum noch in Bibliotheken gelangen kann, bei den Nachweisen zu den im Text zitierten und erwähnten Quellen wesentliche Hilfe gegeben. Den Text selbst haben ganz oder zum Teil in kritischer Lektüre Manfred Frank, Christian Klotz und Andreas Kemmerling bearbeitet. In Berlin haben Roland Krause und Michael Oberst, in München Flavio Auer und Michael Schwingenschlögl zu der Bearbeitung der Datei beigetragen. Das Buch erscheint bei Vittorio Klostermann. An den Vater des Verlegers, der den Band mit dem Text der Abhandlung und dann deren separate Ausgabe veranlasste, habe ich freundliche Erinnerungen. Der gegenwärtige Verleger hat lange und einfühlsam für eine neue Auflage der Abhandlung in erweitertem Zusammenhang geworben. In seiner gegenwärtigen Gestalt hat der Band seine eigene kompetente Betreuung und die von Martin Warny und Anastasia Urban erfahren. Ihnen allen sage ich meinen Dank!

München, im März 2019

FICHTES URSPRÜNGLICHE EINSICHT

(1966)

Fichtes ursprüngliche Einsicht erschien zunächst in der Festschrift für Wolfgang Cramer, die Dieter Henrich und Hans Wagner unter dem Titel *Subjektivität und Metaphysik* 1966 bei Klostermann herausgaben. Im Jahr darauf veröffentlichte Klostermann die Abhandlung unverändert als Einzelschrift. Die Seitenanfänge der beiden Erstausgaben sind im Folgenden durch senkrechte Striche markiert. Eine Konkordanz befindet sich auf den Seiten 304 f.

In den ersten beiden Drucken von ‚Fichtes ursprüngliche Einsicht' (1966 und 1967) wird vor allem auf die von I. H. Fichte herausgegebene Gesamtausgabe von Fichtes Schriften verwiesen, sowie auf den zweiten Band der von H. Jacob herausgegebenen Ausgabe von Fichtes nachgelassenen Schriften: Auf J. G. Fichte, *Sämmtliche Werke*, hrsg. von Immanuel Hermann Fichte, Berlin 1845–1846 (Band 9–11 ursprünglich als *Johann Gottlieb Fichtes nachgelassene Werke*, Bonn 1834–35 und deren seitengleichen Nachdruck Berlin 1971) wird hier verwiesen durch ‚FSW' (Fichtes sämtliche Werke) und durch Angabe von Band und Seite. Auf J. G. Fichte, *Nachgelassene Schriften aus den Jahren 1790–1800*, hrsg. von Hans Jacob, Berlin 1937 wird verwiesen durch ‚Nl.' (Nachgelassene Schriften) und durch Angabe der Seite.
Die ursprünglichen Verweise werden in dieser Neuausgabe ergänzt um Verweise auf die entsprechenden Stellen in der Akademie-Ausgabe in eckigen Klammern: *J. G. Fichte-Gesamtausgabe der Bayerischen Akademie der Wissenschaften*, hrsg. von Erich Fuchs, Hans Gliwitzky, Reinhard Lauth und Peter K. Schneider, Stuttgart-Bad Cannstatt 1962–2012. Diese Verweise erfolgen durch ‚FGA' (Fichte-Gesamtausgabe) sowie Angabe von Abteilung, Band und Seite.
Die Verweise auf die Schriften Kants wurden in dieser Neuausgabe der Zitationsweise des Haupttextes nicht angeglichen.

INHALT

Einleitung — 5

I. Ich ist Reflexion seiner selbst — 7

II. Ich setzt sich schlechthin — 15

III. Ich setzt sich als sich setzend — 19

IV. Ich ist Kraft, der ein Auge eingesetzt ist — 23

V. Ich ist Erscheinung — 35

VI. Nachweise zur Entwicklungsgeschichte — 38

VII. Ausblick — 47

EINLEITUNG

‚Selbstbewußtsein' ist das Prinzip von Fichtes Denken. Dieser Umstand allein genügt, ihm das Ohr der Gegenwart zu verschließen. Denn gegenwärtige Philosophie ist ebenso wie gegenwärtige Kunst aus dem Mißtrauen gegen den pathetischen Klang der Rede vom Ich gekommen. Sie hat ihm das Concretum ‚Existenz' und die versachlichte Analyse der Sprache entgegengestellt. So gründet sich Fichtes Ruhm nur noch auf die verblassende Erinnerung einer Tradition, der eine oft nur mühsam erbrachte Bewunderung gilt.

Es ist deshalb schwer, Fichtes Denken nicht nur als Dokument der Geschichte, sondern als einen Beitrag zur Einsicht vorzustellen. Das aber soll im folgenden geschehen. Es soll gezeigt werden, daß Fichte am Beginn seines philosophischen Lebensweges eine Entdeckung gemacht hat. Zunächst war sie nicht so sehr die Feststellung eines Sachverhaltes, als die einer Schwierigkeit, eines Problems: Er sah ein, daß sich das ‚Selbstbewußtsein', welches die Philosophie schon lange vor ihm als Erkenntnisgrund in Anspruch genommen hatte, nur unter Bedingungen denken läßt, die zuvor nicht beachtet worden waren. Dieses Problem wurde zum Leitfaden seiner Überlegungen, noch ehe er es ausdrücklich formulieren konnte. Auf dem verschlungenen Weg seiner Wissenschaftslehre ist er der Lösung näher gekommen. Wo sie ihm nicht gelang, da hat er doch die Fragestellung vorangetrieben, – so weit, daß ihm zu folgen auch heute noch lernen heißt. Wer nach einem angemessenen Begriff von ‚Selbstbewußtsein' sucht, der muß auf Fichte und auf seine noch unverstandene Erkenntnis zurückkommen. Durch die hermetische Apodiktizität seiner Rednersprache und durch den gewaltigen Schatten Hegels ist sie zu früh und zu Unrecht verdunkelt worden.

Der Gang der Begründung dieser These soll zugleich dazu beitragen, die Beziehung der gegenwärtigen Philosophie zu Fichte, zum Idealismus überhaupt, zu differenzieren. Noch gilt allgemein, daß der historische Ort seines Denkens eine Übersteigerung neuzeitlichen Bewußtseins ist, das wenig später in seine Krise geriet. Die Philosophie des Ich wird als die Theorie einer Gleichung genommen, die Selbstsein und Selbstmacht identifiziert. Ihre Genese erscheint als ein Prozeß zunehmender Anmaßung und Vermessenheit der Subjektivität. Mit Descartes soll sie begonnen, in Fichte aber ihren Höhepunkt erreicht haben. Neben dieser historischen Ortsbestimmung Fichtes wird ihm nur die Bedeutung gelassen, zur Entfaltung von Hegels Dialektik einiges beigetragen zu haben.

Bei solcher Einschätzung bleibt der sachliche Gehalt seiner Lehre ebenso im Dunkel wie die Motive, die sie vorangetrieben haben. Werden sie jedoch sichtbar, so verschwindet auch der Eindruck, es sei mit jener Zurechnung zur vermeintlichen Hybris des neuzeitlichen Geistes Erhebliches ausgesagt worden. Sie folgt aus der Selbsttäuschung einer Gegenwart, die stets das lebhaftere Bedürfnis hat, sich im Gegenzug gegen ihre Herkunft zu definieren, und die dabei verkennt, was ihr vorgearbeitet hat und wem sie im Interesse ihrer Selbstverständigung verbunden sein muß. Wer sich auf Fichtes Sache einläßt, für den verliert mit der Globaldiagnose über seine Philosophie auch jene Diagnose der modernen Welt an Überzeugungskraft, welche ihren höchsten philosophischen Ausdruck in Nietzsches Formel von der Äquivalenz von Nihilismus und Wille zur Macht und den Fichte des absoluten Ich als ihren Vorbereiter erkennt. Das Interesse an Fichtes ursprünglicher Einsicht gilt deshalb nicht nur einem wichtigen Thema der philosophischen Theorie. Es gilt der Möglichkeit einer Philosophie, welche mit den Grundzügen gegenwärtigen Bewußtseins im Einklang steht.

Im folgenden wird dieses Interesse jedoch in den Hintergrund treten. Die Schwierigkeiten, Fichtes Sache zum Sprechen zu bringen, sind groß genug. Zu einem guten Teil ergeben sie sich aus der Verfassung der Texte. Nur wenige Werke hat Fichte selbst der Öffentlichkeit übergeben. Nur eines von ihnen entwickelt die Grundlegung seiner Philosophie, die Wissenschaftslehre von 1794. Aber auch für sie gilt, was von allen Vorlesungskursen Fichtes gesagt werden kann: Daß ihre Konzeption während der Niederschrift modifiziert | wurde. So ist Fichte auch jedem Versuch, ihn auf den Buchstaben seiner Werke festzulegen, mit dem Rat entgegengetreten, man möge sich in den Gesichtspunkt des Ganzen versetzen; die Durchführung sei fast stets mangelhaft. Noch in seinen letzten Jahren glaubte er, die Idee der Wissenschaftslehre weit klarer als je zu fassen und darzustellen. Unter solchen Umständen ist es verständlich, daß bisher eine diskutierende Fichteinterpretation nicht zustande gekommen ist, und zu vermuten, daß sie auch bei günstigeren Geschicken seiner Nachwirkung schwerlich früher hätte entstehen können. Die Szene wird beherrscht von allgemeinen Darstellungen, Interpretationen im Hinblick auf Hegel und gelehrten Biographien im bewegten Ambiente der Zeit. Analysen, wie die von Gueroult und Gurwitsch, haben kaum Aufnahme und keine Nachfolge gefunden.[1]

Auch was gegenwärtig geleistet zu werden vermag, kann nicht mehr als Vorbereitung künftigen Verstehens sein. Etwa die Hälfte von Fichtes Werk ist bisher noch nicht entzifferter Nachlaß. Die Ausgabe, auf die man sich stützen muß, bietet die meisten Wissenschaftslehren in einer vom Sohn überarbeiteten Fassung. Keine Interpretation steht deshalb durchweg auf dem Fundament gesicherter Texte. Fichtes Empfehlung, von der Idee des Ganzen auszugehen, muß auch aus diesem Grunde beachtet werden.

So ist die folgende Analyse aus vielen Gründen mehr an der Sache als an den Texten orientiert. Fichtes ursprüngliche Einsicht wird als ein Beitrag zur Theorie des Selbstbewußtseins verstanden und diskutiert. Dabei wird sich zugleich ergeben, daß auch die Entwicklung der Wissenschaftslehre als fortschreitende Analyse eines Begriffs vom Ich gedeutet werden kann und muß. Wer diesen Fortschritt nicht versteht, der kann auch die historische Interpretation von Fichtes Werk und seine philosophische Biographie nur wenig fördern. Insbesondere ist er außerstande, eine sichere Stellung zu der bekannten Kardinalfrage zu gewinnen, ob und in welchem Sinne in ihr ein grundlegender Wandel zu verzeichnen ist. Aber auch historische Interpretation und Auslegung der Texte sind Aufgaben von eigenem Gewicht. Nachdem zunächst von ihnen abgesehen wird, soll am Schluß auch zu ihrer Lösung beigetragen werden. |

I. ICH IST REFLEXION SEINER SELBST

Man kann den historischen Weg der Entstehung einer Theorie des Selbstbewußtseins in mehrere Epochen gliedern. Am Anfang der dritten ist Fichtes eigentümlicher Ort. Nach einer Vorgeschichte,

---

[1] G. Gurwitsch, *Fichtes System der konkreten Ethik*, Tübingen 1924. – M. Gueroult, *L'évolution et la structure de la Doctrine de la Science*, Paris 1930.

die von der späten Antike bis in die frühe Neuzeit reicht, hat Descartes zuerst das Ich zum Prinzip der Philosophie gemacht. Er fand in ihm den Grund der Evidenz aller möglichen Erkenntnis. Leibniz ging weiter und sah, daß Selbstbewußtsein das Modell der metaphysischen Grundbegriffe von Kraft und Substanz ist. So wurde es zum Grund des Gehaltes, nicht nur der Gewißheit der Ontologie. Dann lehrte John Locke des weiteren, das ‚Ich' sei nur ein Akt der Identifizierung mit sich selber. Damit war die Möglichkeit unterbunden, ontologische Begriffe, die etwa aus dem Selbstbewußtsein gewonnen werden können, rückläufig zu dessen Definition zu verwenden. Leibniz' vielsagendes Ich war zu einem ortlosen Rätselwesen geworden, an dessen Existenz Hume seine Zweifel anmeldete. Doch Jean Jacques Rousseau folgte Locke, als er aussprach, das Selbstbewußtsein sei die Voraussetzung jener Verbindung, die wir herstellen, wenn wir urteilen. Durch ihn wurde das Ich zum Prinzip der Theorie der Logik. Und seiner Anregung ist Kant gefolgt. Er machte das Ich zum ‚höchsten Punkt' der Transzendentalphilosophie, an den zunächst die ganze Logik und nach ihr die Lehre vom Erkennen der Gegenstände geheftet werden muß.

Alle diese Theorien haben gemeinsam das Selbstbewußtsein zum ausgezeichneten Thema. Auch ist es in ihnen fast durchgängig als Prinzip verstanden, aus dem anderes Wissen begründet werden kann. Gerade weil das Interesse an seiner Begründungsfunktion vorherrscht, wird das Selbstbewußtsein aber nicht auf das hin untersucht, was es an ihm selber ist und wie es als solches gedacht werden kann. Untersucht werden seine Relationen zu anderem, kraft deren es gründendes Prinzip ist – bei Descartes von Evidenzen, bei Leibniz von Kategorien, bei Rousseau und bei Kant von Urteilen.

Trotz dieser Beschränkung des Untersuchungsfeldes und auch der Verschiedenheit ihrer Thesen zum Trotz leitet alle diese Theorien dieselbe Vorstellung von der Struktur des Ich. Kant hat sie ausgesprochen und gelegentlich erörtert: Er denkt das Ich als jenen Akt, in dem das Subjekt des Wissens von allen besonderen Gegenständen ab| sieht, sich in sich selbst zurückwendet und so die stetige Einheit seiner mit sich gewahrt. Im einzigen Fall des Selbstbewußtseins sind Gedanke und Gedachtes, Haben und Gehabtes, Noesis und Noema nicht voneinander unterschieden. Wo Ich ist, da ist beides, das Subjekt und dies Subjekt als sein Gegenstand. Auch können wir das Ich-

Subjekt niemals für sich allein wie irgendeinen Sachverhalt fassen. Wo wir es denken, da haben wir es in unserem eigenen Gedanken vorausgesetzt und somit das gedachte Ich-Subjekt zum Objekt gemacht. Wir können uns also nur in einem beständigen Zirkel um es herumdrehen. Dieser Umstand hat zur Folge, daß im Selbstbewußtsein für sich keine Erweiterung unserer Erkenntnis von der Wirklichkeit geschieht. Das Wissende enthält selbst schon, was es in der Rückwendung auf sich erfaßt.[2]

Daß diese Rückwendung seine eigene Tat ist, läßt sich nach Kants Meinung aus der Struktur des Selbstbewußtseins leicht folgern. „Der Ausdruck Ich denke (dies Objekt) zeigt schon an, daß ich in Ansehung der Vorstellung nicht leidend bin".[3] Das Wort ‚Ich' indiziert den Vollziehenden eines Vollzuges. Ist nun dies Subjekt selbst Gegenstand seines Wissens, so eben kraft seiner tätigen Subjektivität.

Alle, die Kant vorangingen, würden in solchen Sätzen eine Erläuterung ihrer Vorstellungen vom Ich gefunden haben. Bringt man sie auf eine kurze Formel, so kann man sie die Theorie vom Wesen des Ich als Reflexion nennen. Sie nimmt zunächst ein Subjekt des Denkens an und betont, daß dieses Subjekt in einer stetigen Beziehung zu sich selbst steht. Dann behauptet sie weiter, diese Beziehung komme dadurch zustande, daß sich das Subjekt zu seinem eigenen Gegenstand macht, die Tätigkeit des Vorstellens, die ursprünglich auf Gegenstände bezogen ist, in sich selbst zurückwendet und so den einzigen Fall einer Identität von Tätigkeit und Getätigtem bewerkstelligt.[4] |

---

[2] KdrV B 404, A 366.
[3] Refl. 4220.
[4] Freilich standen neben der Reflexionstheorie noch zwei andere Elemente einer umfassenderen Theorie des Selbstbewußtseins vor Kants Augen. Er hat sich zum einen die Frage vorgelegt, von welcher Art das Wissen ist, welches das Ich im Rückgang in sich selbst gewinnt. Die Unmittelbarkeit seines Sichhabens legt nahe, es für eine Weise der *Anschauung* zu halten. Aktivität, Rationalität und Reflexivität sprechen dagegen für eine *begriffliche* Erkenntnis. Doch schließt die Reflexivität ebenso entscheidend den Gedanken vom Ich als Anschauung aus wie die Unmittelbarkeit des Habens seinen Begriffscharakter. Da nach Kant die Charaktere der Erkenntnis nur Anschauung oder Begriff sein können, hat er sich schließlich auf die verlegene Auskunft beschränkt, das Ich sei ein ‚transzendentales Bewußtsein' (Refl. 5661). – Des weiteren hat Kant auch den Unterschied zwischen dem Selbst als Bewußtsein und der Selbsterfahrung gemacht. Sie ist die Grundlage seiner Unterscheidung von reiner und empirischer Apperzeption.

Diese Vorstellung scheint einleuchtend zu sein und ist doch das gerade Gegenteil davon. Es ist nicht das Ich, sondern die Theorie vom Ich als Reflexion, welche sich beständig im Zirkel um sich selbst bewegt. Das wird offenbar an der Verlegenheit, in welche sie gerät, wenn man einfache Fragen an sie richtet. Zwei dieser Fragen wollen wir ihr stellen. Vor allem die erste stellen wir gemeinsam mit Fichte. Mit ihr hat eine neue Epoche der Theorie des Selbstbewußtseins begonnen, in welcher die Struktur des Ich das eigentliche Thema ist.

Wir fragen zunächst: Die Theorie der Ich-Reflexion spricht von einem Ich-Subjekt, das sich selbst erkennt, indem es zu sich in Beziehung tritt, – sich in sich selbst zurückwendet. Wie läßt sich dieses Subjekt denken? Nehmen wir an, daß es in der Funktion des Subjektes wirklich Ich sei, so ist es offenbar, daß wir uns im Zirkel bewegen und voraussetzen, was wir erklären wollen. Denn vom Ich kann doch nur dort gesprochen werden, wo ein Subjekt sich selbst ergriffen hat, – wo Ich zu sich selbst ‚Ich‘ sagt. Das eben unterscheidet Selbstbewußtsein von allem anderen Wissen, daß in ihm derselbe Sachverhalt in zweifachem Stellenwert auftritt. Durch welchen Akt auch immer dies Bewußtsein zustande kommt, ‚Ich‘ kann erst das ganze Resultat genannt werden, in dem Ich von sich selbst in der Weise des Wissens gehabt ist. Dieser Akt kann aber durchaus nicht als Reflexion beschrieben werden. Denn ‚Reflexion‘ kann nur bedeuten, daß ein bereits vorhandenes Wissen eigens ergriffen und damit ausdrücklich gemacht wird. Die Reflexionstheorie des Ich will aber nicht die Deutlichkeit, sondern den Ursprung des Selbstbewußtseins erklären. Durch diesen Anspruch gerät sie in ihren Zirkel. Sie kann ihn nur ignorieren, ihm aber niemals entweichen. Ich soll der sein, der sich reflektierend auf sich besinnt. Also muß der, welcher die Reflexion in Gang bringt, selbst schon beides sein, Wissendes und Gewußtes. Das Subjekt der Reflexion erfüllt somit

---

Und sie führt auf das Problem, wie das Bewußtsein der *Existenz* des Ich mit dem Zustand eines Erkenntnissubjektes verbunden ist, das seiner selbst inne wird. – Diese beiden Elemente sind der Kantischen Lehre eigentümlich und von ihr nicht zu trennen. Läßt man sich genauer auf sie ein, so ergeben sich bald Schwierigkeiten, – besonders dann, wenn man versucht, sie mit der Theorie vom Ich als Reflexion zusammenzudenken. Die Reflexionstheorie ist aber auch in der kritischen Philosophie der dominante Gedanke vom Ich. Sie ist die Formel für die gemeinsame Vorstellung einer Epoche vom Wesen des Selbstbewußtseins.

die ganze Gleichung Ich = Ich. Doch durch Reflexion sollte sie erst zustandekommen.

Diesem Ergebnis kann man nicht durch die Annahme ausweichen, das Ich-Subjekt sei eigentlich gar nicht als Ich zu denken, – Selbstbewußtsein sei eben erst die *Folge* der Reflexion. Ein solcher Fluchtversuch scheitert schnell: Ist nämlich das Ich-Subjekt etwas anderes als Ich, so kann es auf dem Wege der Reflexion niemals zu der Einheit des Bewußtseins Ich = Ich kommen. Selbstbewußtsein besteht in der Identität seiner Relata. Wird die Relation durch Reflexion interpretiert und somit als Leistung, durch welche der Akt, welcher die Reflexion vollzieht, sich seiner bewußt wird, so muß das Aktsubjekt entweder selbst schon Ich sein, oder die Gleichung Ich = Ich wird nicht erreicht. Wenn das Ich-Subjekt nicht Ich ist, kann auch das gewußte Ich, das Ich-Objekt, nie mit ihm identisch sein.

So setzt die Reflexionstheorie des Selbstbewußtseins das Ichphänomen entweder unerklärt voraus. Oder sie bringt es zum Zerspringen.

Eine zweite Frage führt zum Nachweis desselben Mangels:[5] Die Reflexionstheorie nimmt an, daß das Ich durch eine Rückbeziehung auf sich Kenntnis von sich erlangt. Nun genügt es aber nicht, daß irgendein Subjekt von irgendeinem Objekt ein ausdrückliches Bewußtsein erwirbt, um das Bewußtsein Ich = Ich zu erklären. Dies Subjekt muß auch *wissen*, daß sein Objekt mit ihm selbst identisch ist. Die Kenntnis dieser Identität kann ihm durch keine Nachricht einer dritten Instanz zukommen. Denn das Phänomen des Selbstbewußtseins weist eine unmittelbare Beziehung zu sich selbst aus. Und die Theorie der Ich-Reflexion unterstellt in Übereinstimmung mit diesem Phänomen, daß Ich sich erfaßt *allein* durch seinen Rückgang in sich. Reflexion heißt Selbstbeziehung, nicht Beziehung auf ein Drittes, das zur Kenntnis gibt: ‚Hier hat eines sich selbst ergriffen'. So freut sich Mephistopheles, wenn die Trunkenen ihre Messer an ihre | Nasen setzen, die sie für süße Trauben halten. Das Ich ist aber sein eigener Teufel, dem Mephisto nichts vorenthalten kann. Es weiß ursprünglich von sich, nicht durch Zuspruch oder scharfsinnige Kombinationen. Wie aber kann das Selbstbewußtsein wissen, daß es sich selber ergriffen hat, wenn durch eine Reflexion des Ich ein

---

[5] Vgl. zur Sache: H. Schmitz, *System der Philosophie I*, Bonn 1964, S. 249 f.

Ich-Objekt zustandegekommen ist? Offensichtlich kann es dies nur, wenn es zuvor schon von sich weiß. Denn nur aus solchem Wissen ist es ihm möglich zu sagen: Was ich erfasse, das bin ich selbst. Weiß es aber bereits von sich, so ist es ja schon im Zustande des Wissens Ich = Ich. Und so endet die Reflexionstheorie ein zweites Mal in der petitio principii. Sie setzt die vollständige Lösung des Problems voraus, das ihr aufgegeben worden ist.

Fichte ist der erste gewesen, der diesen Zirkel erkannt und Konsequenzen aus ihm gezogen hat. Seines Erachtens begeht jeder, der in ihn gerät, den Fehler, das Ich nur als Objekt unter anderen vorzustellen. Fichtes Meinung kann man sich so verdeutlichen: Zwar bringt die Reflexionstheorie ein Ich-Subjekt in Ansatz. Sie denkt es dann aber nur als eine Kraft, die imstande ist, auf sich selbst zu wirken. Damit ist der ausgezeichnete Sinn der Subjektivität im Selbstbewußtsein preisgegeben. Es wird gedeutet durch eine faktische Aktuosität, die ihren Platz in der Sphäre der Gegenstände hat. Wer sie denkt, setzt deshalb immer schon ein denkendes Subjekt (nämlich sein eigenes) voraus, für das sie Objekt ist. Er unterläßt es also, das Ich-Subjekt an ihm selbst zu denken und sich wirklich in die Perspektive einer wissenden Selbstbeziehung zu versetzen. Vielmehr spricht er über sie aus dem Standpunkt eines Wissens, das sich nie thematisch geworden ist. Und eben darum findet er nichts Auffälliges darin, das Ich als Rückbeziehung faktischer, nicht wissender Tätigkeit zu denken. Diese Blindheit ermöglicht erst den Gebrauch des Reflexionsmodells. Sie verstellt zugleich die Einsicht, daß es sich im Zirkel bewegt und daß dieser Zirkel innerhalb seiner unausweichlich ist. „Dieses Bewußtseyns von unserem Bewußtseyn werden wir […] nur dadurch bewußt, daß wir dasselbe abermahls zum Objekt machen, und dadurch Bewußtseyn von dem Bewußtseyn unseres Bewußtseyns erhalten, und so ins Unendliche fort – Dadurch aber wurde dieses unser Bewußtseyn nicht erklärt, oder es giebt dem zu Folge gar kein Bewußtseyn, indem man es als Zustand des Gemüths oder als Objekt annimmt, und daher immer ein | Subjekt voraussetzt, dieses aber niemahls findet. Diese SOPHISTEREI lag bisher allen Systemen – selbst dem Kantischen – zum Grunde."[6]

Nun hat die Reflexionstheorie gewiß nicht nur eine Vorausset-

---

[6] [FGA IV,2, S. 30] Nl. S. 356.

I. Ich ist Reflexion seiner selbst

zung in einer unangemessenen Einstellung des Denkens, sondern auch eine Grundlage im Phänomen des Ich. Sie hat im Auge, was sich wirklich aufweisen läßt: Ein Wissen, das befangen ist in seinen Erfahrungen und Vermeinungen von Begegnendem, bricht aus dieser scheinbar umfassenden Weltlichkeit aus und wird sich selbst Thema und Frage. Indem es dies tut, weiß es, daß nur es allein sich seiner selbst vergewissern kann, daß es somit das Subjekt seines bewußten Selbstseins ist. Dieser Akt läßt sich gut als Reflexion beschreiben. Es ist auch sinnvoll, in ihm den Grund der Möglichkeit jeglicher Reflexion zu suchen. Doch setzt er das ursprüngliche Selbstsein schon voraus. Aus diesem Selbstsein kommt es erst dazu, daß ein Ich sich aus dem Weltzusammenhang löst und sich ausdrücklich als das ergreift, was es zuvor bereits gewesen sein muß: Wissen von sich als wissender Subjektivität. Von dem ursprünglichen Wesen des Ich her muß die Möglichkeit der Reflexion verstanden werden. Die Reflexionstheorie verfährt umgekehrt und erklärt das Ich als Fall eines Vollzuges der Reflexion. Sie deutet also mit Hilfe des manifesten, aber sekundären Phänomens das ursprüngliche, aber dunkle Wesen des Ich.

Fichtes Einsicht führt zu weitreichenden Konsequenzen. In der Weise, wie Descartes die Begründung der Metaphysik aus dem Ego cogito gewinnt, spürt man sein Erstaunen über diese einzigartige Weise der Erkenntnis. Auch für Leibniz war die vielsagende Eindeutigkeit von ‚ce Moi' ein Anlaß, verwundert die Erfahrung von der unvergleichlichen Natur philosophischer Gewißheit zu machen. Kant hat in derselben Stimmung vom Ich gesprochen. Er sieht in ihm die Anzeige eines „über alle Sinnenanschauung weit erhabenen Vermögens", das „in eine Unendlichkeit von selbstgemachten Vorstellungen und Begriffen hinaussieht".[7] ‚Erhaben' heißt für ihn eine über die Grenzen der Faßlichkeit hinausreichende Erfahrung.

Dennoch gilt auch seine Verwunderung keinem Rätsel und keinem | Geheimnis. Vom endlichen, weltlichen Wissen aus erscheint das Ich zwar als das Erstaunliche schlechthin. An ihm selbst ist es aber vollendete Klarheit und das Vertrauteste für alles Erkennen, das Klarheit über sich selbst gewonnen hat. Es allein macht es möglich, daß wir mit anderem vertraut sein können. Deshalb findet Kant so

---

[7] Akademieausgabe, Bd. XX, S. 270.

wenig wie Descartes und Leibniz eine eigene Aufgabe der Philosophie darin, die Struktur des Ich zu fassen. So sieht auch er die Probleme nicht, in die sich ein Denken verstrickt, das den Sinn dieser Aufgabe versteht.

Fichte hat die Theorie des Selbstbewußtseins in eine ganz andere Stellung gebracht. Zwischen dem, was ‚Ich' ist, und dem, woraus es verständlich gemacht werden kann, öffnet sich eine Differenz, vielleicht sogar ein Abgrund. Ihn zu durchmessen, ist von nun an Aufgabe der Philosophie. Die Reflexionstheorie, die dem Phänomen des Ich seine eigene Explikation zumutet, bringt es gar nicht vollständig in den Blick. Sie bringt es vielmehr schließlich zum Verschwinden. Also muß man nach einer anderen Theorie suchen, welche bis zum Grund des Phänomens reicht. Man kann sie nicht finden, bevor man das Selbstbewußtsein vollständiger beschreibt und sich dann von ihm in die Verlegenheit bringen läßt, es zu interpretieren.

Fichte hat sich in diese Verlegenheit begeben. In gewissem Sinn ist es möglich zu sagen, daß er sich niemals aus ihr befreit hat. Die Stadien in der Entwicklung der Wissenschaftslehre sind ebensoviele Versuche, dem Phänomen, dessen Problematik er verstanden hatte, in einer Theorie auf den Grund zu kommen, – seine Möglichkeit und seinen inneren Zusammenhang zu begreifen.

In drei Formeln, deren Begründung wesentliche Teile seines Werkes beherrschen, hat er die Kerngedanken einer solchen Theorie formuliert. Jede dieser Formeln markiert eine Etappe in der Geschichte seiner Grundidee. Jede von ihnen schließt die Revision der vorhergehenden ein. Zugleich sind sie allesamt aus dem Gegensatz gegen die Reflexionstheorie des Selbstbewußtseins gewonnen. Fichtes Sprache stemmt sich gegen die Implikationen dieses Modells und bedient sich darum vieler schwer verständlicher Metaphern. Was er sagt, scheint zu bezeugen, daß unsere Sprache der sekundären Selbstauslegung des Ich Vorschub leistet. Den wahren Sachverhalt und die Schwierigkeit, ihn einzusehen, verbirgt sie im Schein vermeintlich durchsichtiger Redewendungen. Gegen die natürliche Sprache des Ich und dennoch sprechend muß die Philosophie zur Theorie des Selbstbewußtseins werden. Das erklärt, warum es so schwer war und warum es Fichte niemals gelungen ist, was ihm vor Augen stand, zur vollen Klarheit herauszuarbeiten. So hat er seine Entdeckung in Texten, die zu den widerständigsten der gesamten Tradition gehören, eher verborgen als mitgeteilt. Mit ähnlicher Anstrengung, wie die es war, die Fichte auf die Sache selbst verwandt hat, muß sie der Interpret aus dem Dickicht nie vollendeter Manuskripte befreien.

II. ICH SETZT SICH SCHLECHTHIN

Der Grundgedanke der Wissenschaftslehre von 1794 ist der Satz: Das Ich setzt schlechthin sich selbst.[8] Mit ihm hat Fichte dem Pathos der Freiheit einen äußersten Ausdruck gegeben. Seine Zeitgenossen vernahmen ihn als die Rechtfertigung der Ideale der Revolution, als den Ausdruck des Entschlusses, eine Welt unter die Bedingungen der Vernunft zu bringen, als das Prinzip der Jacobiner, nichts anderes als eigenes Werk zu dulden. Die Befreiung des Menschen und der Triumph der Theorie schienen ein Ereignis geworden zu sein.

Es ist wahr, daß Fichte in solchen Erfahrungen gelebt, auch daß er aus ihnen gedacht hat. Freiheit zu ergreifen, war das Motiv, das ihn zum Philosophen machte. Zu einem Denker, auf den auch wir noch hören können, wurde er aber nicht durch sein Wollen allein. Nicht durch den Trompetenstoß seiner Rede vom absoluten Ich, sondern durch den in ihr proklamierten Gedanken wurde die Revolution zur Theorie. Dieser Gedanke muß und kann auch für sich selbst sprechen.

Vernimmt man lediglich das Pathos der Formel vom Ich, das sich selbst setzt, so ist Fichtes ursprüngliche Einsicht verstellt. Hat man diese Einsicht im Blick, so löst sie sich von jedem Pathos und gewinnt sogar die Züge einer Verlegenheit. Fichtes Formel verweist nicht auf einen sonnenklaren Sachverhalt, auf den man nur deuten müßte, um auf sicherem Grund zu sein. Sie ist das Resultat der Überlegung, daß kein anderer Weg bleibt als der, einen Grund anzunehmen, der sich unseren Blicken entzieht, wenn wir begreifen wollen, was wir alle erblicken, sofern wir von uns selbst wissen und uns durch das Wörtlein ‚Ich' zu erkennen geben.

Die Rede vom Ich, das sich selbst setzt, ist das negative Bild des Reflexionsmodells, dessen Mängel Fichte erkannt hat.[9] Die Reflexi-

---

[8] [FGA I,2, S. 260 f.] FSW I, S. 98.
[9] Das Gemeinsame zwischen Fichtes Problem und den Überlegungen, von

onstheorie war von einem Ich-Subjekt ausgegangen, also genötigt, es als existierend vorauszusetzen. Es erwies sich aber, daß aus der Rückwendung seines Intentionsstrahls auf sich selbst kein Selbstbewußtsein verständlich wird. So liegt es nahe, die Voraussetzung dieser Theorie durch ihr Gegenteil zu ersetzen. Daraus ergibt sich der Gedanke, daß kein Ich-Subjekt dem Selbstbewußtsein vorausliegt, sondern daß auch das Subjekt erst zugleich mit dem ganzen Bewußtsein Ich=Ich hervortritt. Aus dem Subjekt-Moment ließ sich das ganze Selbstbewußtsein nicht ableiten. Also wird es aus keinem seiner Momente, sondern mit allen zugleich hervortreten, gleichsam im NU, ἐξαίφνες, wie schon Platon von der höchsten Erkenntnis gelehrt hatte.

Wenn Fichte vom Sich-*Setzen* des Ich spricht, so meint er damit diese Unmittelbarkeit, in der das ganze Ich in einem hervortritt. „Erst durch diesen Act und lediglich durch ihn, durch ein Handeln auf ein Handeln selbst, welchem bestimmten Handeln kein Handeln überhaupt vorhergeht, wird das Ich ursprünglich für sich".[10] Deshalb ist auch ein Einwand grundlos, der meint, daß dem Setzen ein Setzendes vorhergehen müsse. Das Ich ist Setzen, ist jenes Handeln, durch das sein Fürsichsein entsteht, ein Ich-Subjekt seiner als Ich-Objekt inne wird.

Das Setzen des Ich ist ein Setzen *schlechthin*. Das meint, daß es nicht erfolgt durch ein zuvor schon Gesetztes oder mit Beziehung auf ein solches. „Das Ich setzt sich *schlechthin*, d.h. ohne alle Vermittlung".[11] Anderes Setzen bewirkt möglicherweise nur, daß ein Akt des Wissens zum Selbstbewußtsein kommt, hat also dasselbe Resultat wie eine Reflexion. Auf solche Weise bleibt Ich unverständlich. Deshalb muß es gedacht werden als jenes Setzen ausgezeichneter Art. Fichtes Rede vom ‚Setzen‘, die er niemals definiert, eignet sich dazu, beides in einem zu formulieren: Daß etwas schlechthin ohne vor | gängigen Bestand hervortritt und daß es im Hervortreten

---

denen Wolfgang Cramer ausgeht, ist der Übergang von einer Kritik der Theorie des Wissens als Beziehung zu einer Theorie des Wissens als Produktion. Vgl. W. Cramer, *Die Monade*, Stuttgart 1960, S. 56, 60; ders., *Das Grundproblem der Philosophie*, Beilage zu ‚Diskus‘, Frankfurt a.M. o.J., S. 59 A.

[10] [FGA I,4, S. 213] FSW I, S. 459.
[11] [FGA IV,2, S. 31] Nl. S. 357.

II. Ich setzt sich schlechthin

in Beziehung zum Wissen kommt. Was schlechthin *sich* setzt, das kommt ohne weiteren Grund zum Fürsichsein.

So zeigt sich, daß man in der These vom absoluten Setzen des Ich mehr sehen kann als eine hybride Anmaßung, die ein Denken schon an seinem Eingang um den Kredit des Ernstes und der Bemühung um Wahrheit bringt. Sie läßt sich lesen als der verständliche Versuch, etwas zu erklären, an dessen Existenz niemand zweifeln kann, – die Wirklichkeit des Selbstbewußtseins. Auch in seiner späten Philosophie, welche die hohe Pathetik der frühen preisgegeben hat, fand Fichte niemals Anlaß, an der Berechtigung der Überlegungen zu zweifeln, welche zur frühen Wissenschaftslehre führen.

Dennoch hat er diese Theorie weitgehend revidiert. Man muß versuchen, die Gründe dafür nicht in äußerlichen Motiven, sondern in den Mängeln zu suchen, welche ihr anhaften. Wir werden sie finden, wenn wir die Struktur eines Ich, das ‚Sich-Setzen' ist, aufmerksamer untersuchen.

Zunächst ist ein formaler Unterschied zwischen der Theorie des ‚Setzens' und der Reflexionstheorie des Ich anzumerken: Auch das Setzen als Akt schließt eine Relation ein, – die zwischen einer Produktion und ihrem Produkt. Während aber die Relata der Reflexion ihrem Inhalt nach gleichwertige sind, gilt im Falle des ‚Setzens' das Gegenteil. Das Ich als Subjekt ist mit dem Ich als Objekt identisch. Die Reflexionstheorie ist nicht genötigt, ihnen über die Verschiedenheit ihrer Stelle in der Wissensrelation hinaus eine differente Bedeutung zu geben. Freilich macht sie auch nicht einsichtig, wie diese Relation zustandekommen kann. In jedem der beiden ist sie schon vorausgesetzt. Ganz anders verhält es sich im Falle des Setzens. Die Produktion ist hier als ein realer Akt der Tätigkeit genommen, das Produkt als Wissen von ihm. Zwar wird behauptet, daß beides gleichzeitig wirklich wird. Die Tätigkeit ist nicht, ohne daß zugleich ihr Produkt hervortritt. Sie verhält sich zu ihm nicht wie ein Stoß zur freien Bewegung, die er bewirkt, sondern wie ein Strom zu seinem magnetischen Feld. Selbstredend muß sie dennoch von ihrem Produkt unterschieden werden. Und dies Produkt ist nunmehr allein Wissen, während die Tätigkeit nur als Wissensgrund zu denken ist, wenn dieser Grund auch im Wissen erfaßt, die Tätigkeit ‚für sich' gesetzt wird.

Darin liegt eine der Voraussetzungen für Fichtes spätere Wandlung. Daß nämlich Wissen und Wissensgrund im Selbstbewußtsein überhaupt voneinander verschieden sind, ist die Bedingung dafür, daß man sie radikal voneinander trennen kann, – so, daß der Wissensgrund im Ich gar nicht mehr das Gewußte ist. Zu diesem Schritt ist Fichte erst über mehrere Zwischengedanken gekommen. Die Lehre von 1794 zieht noch keine Konsequenzen aus der Verschiedenartigkeit der Relata in ihrem Begriff vom Ich. Sie legt die Vorstellung nahe, daß ‚Ich' überall dort ist, wo ein Handlungsimpuls in sich zurückläuft, also ‚Handeln auf sich' ist. Dann wird das Wissen des Selbstbewußtseins gedacht als das Auftreffen des umgewendeten Aktes auf seine eigene Aktuosität. Man sieht, daß sich nun Elemente der Reflexionstheorie in ihren Gegenentwurf einschleichen. Die reflexive Relation ist nicht als das Produkt des Setzens genommen, wie es dessen Begriff eigentlich verlangt. Sie erscheint als dessen eigener Vollzug. Damit ist zwar am Gegenentwurf zur Reflexionstheorie insofern festgehalten, als das Handelnde nicht schon als Wissendes in Ansatz gebracht wird. Wissen soll erst aus der Produktion entstehen. Aber man sieht doch nicht, wie man sich aus deren Auftreffen auf sich ein Wissen verständlich machen kann. Das aber wäre nötig, wenn das Selbstsein des Ich aus solcher Produktion begriffen werden sollte.

Nun hat Fichte schwerwiegende Gründe, jene Handlung, welche zum Bewußtsein ‚Ich' führt, für den realen Gegenstand dieses Bewußtseins auszugeben. Die Erfahrung im Vollzuge des Selbstbewußtseins gibt sie an die Hand. Sein Vollzug kann uns angemutet werden. Das bedeutet aber, daß wir unterstellen, wir seien seiner schlechthin und somit jederzeit mächtig. Sofern wir ihn wirklich erbringen, wissen wir, daß wir allein es sind, denen er zuzuschreiben ist. Kein anderer kann je zu uns mit irgendeinem Sinn ‚Ich' sagen. Ichbewußtsein ist Tatbewußtsein. Diesem Umstand trägt die Formel vom Sich-Setzen des Ich so weitgehend wie nur möglich Rechnung. Wenn nun das, dessen wir uns kraft unserer Tat bewußt werden, gar nicht die Wirklichkeit der Tat wäre, – wie könnte dann solches Bewußtsein Selbstbewußtsein genannt werden?

Die Überzeugungskraft dieser Argumente ist groß, dennoch aber nur eine scheinbare. Ein Bewußtsein, das sich zu seinem Vollzuge aufrufen läßt, kann nicht erst durch diesen Aufruf wirklich werden. Es muß bereits gegenwärtig sein, und zwar in seiner ganzen Struktur, | implizit oder potentiell. Wen sollte wohl der Aufruf erreichen, wenn es sich anders verhielte? Was da gegenwärtig ist, muß freilich von der Art sein, daß es jene tätige Aneignung erlaubt, welche der Aufruf bewirken will. Es mag auch sein, daß dem Aufgerufenen selbst schon eine Tätigkeit innewohnt. Sie mag geeignet sein, den Tatcharakter der Aneignung zu erklären. Aber auch dann bleibt tätige Aneignung eine von jener anderen Tätigkeit ermöglichte Folge. Die Selbstheit des Ich ginge aller Aneignung voraus. – Wenn die Erfahrung des Selbstseins eine Tätigkeit einschließt, so heißt dies also nicht, daß Ichheit und Tätigkeit identisch sind. Ähnlich verhielt es sich im Falle der Reflexion. Auch deren Möglichkeit ist im Ich begründet, ohne es zu erklären.

Es gibt noch ein weiteres Argument, das der Behauptung größeres Gewicht verleiht, Selbstsein sei Tat. Seine Tätigkeit war im vorigen als eine wesentliche seiner Möglichkeiten erschienen. So kann man nicht sprechen, wenn sich herausstellen sollte, daß allem Selbstsein die Forderung zur Tat und zur tätigen Selbstaneignung innewohnt. Steht Selbstsein wesentlich unter einer Forderung, so ist seine Beziehung zur Tat aus eigenem Grunde ursprünglich und mehr als bloße Möglichkeit. Daß es sich so verhält, war Fichtes bekannte Überzeugung. In seiner Theorie des Selbstbewußtseins hat sie vorerst noch keinen wohlbestimmten Ort gefunden.

III. ICH SETZT SICH ALS SICH SETZEND

Wir haben gesehen: Fichtes frühe Lehre vom Sich-Setzen des Ich vermeidet zwar den Zirkel der Reflexionstheorie. Sie setzt nicht das ganze Ich voraus, während sie es aus einem seiner Momente erklären will. Doch sie hintergeht das Wissen des Ich von sich, ohne zu ihm zurückzuführen. Fichte ist dieser Fehler nicht lange verborgen geblieben. Er hat ihn korrigiert, indem er die erste Grundformel der Wissenschaftslehre erweiterte. Seit dem Jahre 1797 lautet sie: Das Ich setzt sich schlechthin *als* sich setzend.[12]

Wer die Schwierigkeiten der ersten Formel kennt, der sieht sogleich, daß der neue Zusatz Nachdruck darauf legt, daß das Resul-

---

[12] [FGA I,4, S. 276] FSW I, S. 528.

tat des tätigen Setzens ein Wissen ist. Das ‚als‘ meint dasselbe wie das grie | chische ‚ᾗ‘, die Partikel der Repräsentation. Alles Meinen meint etwas in bestimmter Weise; alles ausdrückliche Wissen weiß etwas von einem Bestimmten, kennt es also ‚als‘ dieses. Wenn Fichte mit Nachdruck erklärt, daß nur die neue, die ganze Formel das Wesen des Ich treffe, so sagt er damit, daß es nur als eine Weise des Wissens verstanden werden darf. „Die Anschauung, von welcher hier die Rede ist, ist ein s i c h S e t z e n a l s setzend, [...] keineswegs aber etwa ein bloßes S e t z e n".[13] Selbstbestimmung durch eigene Kraft ist ein allgemeines Phänomen der Natur. Leben hat sogar eine in sich selbst zurückgehende Tätigkeit.[14] Beide sind nicht ‚Ich‘. So hängt die spezifische Differenz zwischen Natur und Freiheit an der einen Eigenschaft, daß das Setzen des Ich sich ‚als‘ setzend setzt und somit Wissen von sich ist.

Fichte begründet die Notwendigkeit, seine Formel zu erweitern, mit demselben Argument, das er gegen den Zirkel der Reflexionstheorie gebraucht hatte: Wäre das Ich nicht für sich, so müßte es für ein anderes sein. Dann wäre in Wahrheit dies andere das Ich. Es käme nie zu einem Ich wissender Selbstbestimmung.

Diese Konsequenz ist zwingend, und die Erweiterung der Grundformel war unvermeidlich. Sie führt aber zu einem neuen Problem: Die Repräsentationspartikel ‚als‘ bezeichnet eine dreistellige Relation: Etwas (1) stellt etwas (2) als etwas (3) vor. Man wird sich fragen müssen, wie die Dreizahl dieser Momente im Ich, das sich setzt, zu plazieren ist.

Schon die alte Formel ließ reichlich Raum für Fragen dieser Art. Nur hat sie sie nicht erzwungen. Wir beginnen am besten damit, im Anschluß an sie diese neuen Fragen zu stellen: Nach der alten Formel soll Ich sich selbst setzen. Nehmen wir an, die bekannte Schwierigkeit bestünde nicht, das Resultat der Produktion des Ich könnte also für ein Wissen gelten. Von welcher Art würde dann dieses Wissen sein? Wäre es anschauliche Gegenwart des Produzierenden oder ein Gedanke von der produzierenden Ichheit? Der zweite Fall scheidet offenbar aus. Denn dem bloßen Gedanken vom Ich fehlt, was doch jedes Selbstbewußtsein besitzt, – die Gewißheit von der

---

[13] [FGA I,4, S. 276] A.a.O.
[14] [FGA I,2, S. 406] FSW I, S. 274.

Existenz seiner selbst. Würde das Ich sich nur als Begriff von sich setzen, so gehörte es zu seinem Wesen, keine Gewißheit vom eigenen | Dasein haben zu können. Jedes Ich würde sich verwirklichen im Gedanken von Ichheit überhaupt, ohne je eines wirklichen Ich, geschweige denn seiner selber, gewahr zu werden. Friedrich Heinrich Jacobi hat den Verdacht geäußert, Fichtes Ich sei ein Gespenst.[15] Der Gedanke vom bloßen Begriffscharakter des Ichproduktes würde das Ich gleichsam zum absoluten Gespenst machen. So empfiehlt es sich, die Setzung des Ich für eine Anschauung seiner zu halten. Doch auch das hat seine Schwierigkeiten. Anschauungen ohne Begriffe sind blind. Auch in diesem Falle erweist sich, wie umfassend dieser Satz Kants angewendet werden kann. Würden wir das Wissen des Ich nur als einen Hinblick auf sich nehmen, so würden wir es in Auerbachs Keller einsperren. Wie sollte es je verstehen, daß es seiner selbst ansichtig wurde, wenn es nicht auch ein Verständnis von seinem Selbstsein, – somit einen Begriff seiner selbst besitzen kann? Es ist die zweite Variante des Zirkels in der Theorie des Ich als Reflexion, welche es verbietet, das Ich lediglich als Anschauung seiner selbst zu deuten.

Bestünden nur die beiden Möglichkeiten, daß Ich sich entweder als Begriff oder als Anschauung setzt, so daß man zwischen ihnen zu wählen hätte, – man würde sich für die kleinere Paradoxie entscheiden und das Ich schlechthin für Anschauung seiner halten. Aus dieser Notwendigkeit befreit aber die erweiterte Formel: ‚Das Ich setzt sich schlechthin als sich setzend'. Denn sie schließt ein, daß Ich ein Wissen von dem besitzt, was es ist. Es kennt das Setzen. Deshalb weiß es von sich, daß es setzend ist. Und eben dies, was es da weiß, setzt es. So muß man also annehmen, daß zum Ich sowohl ein Moment vom Charakter der Begrifflichkeit, als auch eines von dem der Anschaulichkeit gehört. Kraft des ersten hat es Kenntnis von sich nach seinem *Wesen*, kraft des anderen kann es wissen, daß es als ein Setzendes *wirklich* ist. So ist das Selbstbewußtsein Anschauung und Begriff zugleich. „Dies ist das Eigenthümliche dieses Systems auch vor dem Kantischen".[16]

Schon Fichtes erster Formel lag die Einsicht zugrunde, daß man

---

[15] Jacobi an Fichte in: *Die Schriften zu J. G. Fichtes Atheismusstreit*, ed. H. Lindau, München 1912, S. 189.
[16] [FGA IV,2, S. 38] Nl. S. 365.

das Selbstbewußtsein nicht aus einem seiner Momente herleiten kann. Das Produkt des Setzens muß zugleich mit dem Vollzug der Pro|duktion hervortreten. Die erweiterte Formel gibt der Unmittelbarkeit dieses ‚zugleich' besonderen Nachdruck. Behauptet sie doch, daß es kein Wissen des Ich von sich gibt, wenn nicht Anschauung und Begriff des Ich miteinander verbunden sind. Sie sind beide „gleich ursprünglich".[17] Wenn Fichte sagt, das Ich sei „Subject=Object",[18] so will er damit diese verstärkte Unmittelbarkeit seiner Einheit mit sich betonen.

Es hat den Anschein, als sei es Fichte nun geglückt, den Gegenentwurf zur Theorie des Ich als Reflexion vollständig und unangreifbar zu machen. Das Resultat der Ichtätigkeit ist ein in sich geschlossenes Wissen, nicht nur ein Aufprall auf sich selbst. Dennoch erzwingt gerade der Fortschritt in Fichtes Problembewußtsein, der zu der neuen Formel führte, eine weitere Revision der Theorie. Sie geht noch tiefer als die erste. Zwei Argumente können ihre Notwendigkeit deutlich machen:

a) Die Produktionskraft des setzenden Ich muß nach der neuen Formel mehr leisten als nach der ersten. Sie muß im Nu das Sichhaben des Ich zusammen mit einem Wissen von sich hervorbringen. Wie sie solches vermag, kann man sich nicht deutlich machen. Denn alles Wissen steht ja schon in der Doppelung, deren Erklärung zu erfragen ist. Nun soll aber das Ich sich ‚als' sich selbst setzen. Ist es jene Produktionskraft, so müßte es sehen können, wie aus ihm die Doppelung seiner Selbsterkenntnis entspringt. So erhebt sich im Zusammenhang von Fichtes eigenen Überlegungen die überraschende und über vieles entscheidende Frage, ob das Ich letztgültig durch die Rede vom ‚Setzen seiner selbst' bestimmt ist.

b) Was soeben von der Seite des Wissens her sichtbar wurde, läßt sich ebenso von der Seite der Produktion her zeigen. Ihr Produkt ist das Wissen als Einheit einer Anschauung und eines Begriffes von der Tätigkeit. Wenn nun das Wissen durch diese beiden Momente ganz

---

[17] [FGA I,3, S. 253] FSW II, S. 442 u. a. In das gegenwärtige Denken ist dieser Terminus durch Husserl eingeführt worden. Bei ihm, wie auch bei Heidegger, hat er einen polemischen Akzent gegen den Deduktionsanspruch des Idealismus. Um so bemerkenswerter ist es, daß er zuerst von Fichte gebraucht wurde, und zwar sogar bei der Aufklärung der Struktur des Ich.

[18] In dieser Form zuerst [FGA I,3, S. 255, 259] FSW II, S. 444, 448.

und gar bestimmt ist und wenn sie das Produkt einer Produktion sind, – muß dann noch die Produktion auch das im Produkte Ge | wußte sein? Daß es so ist, verlangt zwar die Formel vom Sich-Setzen des Ich. Nachdem sie aber bis in ihre zweite Variante entfaltet wurde, ergibt es sich, daß sie selbst zur Diskussion gestellt werden muß.

So bildet sich ein Gedanke aus, der dem tätigen Ich einen tätigen Grund vorausdenkt, aus dem sich die gleichursprüngliche Einheit seiner Momente erklärt, der aber nicht in ihm zur Präsenz kommt. Nicht er, sondern erst sein Resultat kann ‚Ich' genannt werden. Denn ‚Ich' meint Fürsichsein. Die Bedingung seiner Einheit ist aber nicht sein Thema, sondern nur sein Ursprung. Solch ein Gedanke würde den beiden Argumenten entsprechen, welche erzwingen, zwischen Ich-Produkt und Ich-Tätigkeit eine Differenz anzubringen, die von Fichte bisher nicht vorgesehen war. Er hätte darüber hinaus noch einen anderen Vorzug: In einem Ich, das auf diese Weise gedacht würde, ließe sich eine Äquivalenz zwischen Begriffsmoment und Anschauungsmoment herstellen. Ist nämlich das Ich-Objekt die ursprünglich produzierende Tätigkeit selber, so gebührt der Anschauung im wissenden Ich der Vorrang. Denn in ihr würde ja die Produktionskraft gegeben. Der Begriff bewirkte nur, daß sie als solche gewußt werden kann. Im Falle eines Ich, in dem Ich-Begriff und Ich-Anschauung *gleichwertige* Repräsentationen einer Tätigkeit sind, bestünde die Möglichkeit, die anschauliche Tätigkeit selbst durch den Begriffscharakter nicht nur als Gedanke, sondern in der Weise ihres Tätigseins zu bestimmen. Diese Möglichkeit aber öffnet günstige Perspektiven für die Begründung der praktischen Philosophie. Denn das sittliche Bewußtsein ist die Erfahrung eines Gedankens, der eine Weise der Tätigkeit zur Folge hat und somit etwas ganz anderes ist als deren Erkenntnis.

IV. ICH IST KRAFT, DER EIN AUGE EINGESETZT IST

So hat denn Fichte in der Wissenschaftslehre von 1801 seine ursprüngliche Formel durch eine ganz neue ersetzt. Selbstbewußtsein ist von nun an: ‚eine Tätigkeit, der ein Auge eingesetzt ist'. Diese Formel bedient sich einer Metapher, wenn sie von dem ‚Auge' des

Ich spricht. Das heißt nicht, daß sich Fichte mit ihr in die spekulative Poesie zurückzieht. Er macht nur den Versuch, eine fortgeschrittene Einsicht mitzuteilen, die mit den Wörtern der Sprache nicht zu formulieren ist, welche die Völker und ihre Philosophen bisher ausgebildet haben.

Die erste Formel Fichtes war ein Gegenzug gegen die Theorie vom Ich als Reflexion. Auch die neue, die dritte Formel läßt sich nur als ein Gegenzug verstehen, diesmal gegen Fichtes eigene philosophische Vergangenheit. Ausdrücklich dementiert sie die Interpretation, die Fichtes Grundgedanke in seiner frühen Lehre gefunden hatte. Man muß nur darauf hören, daß nach der ersten Formel das Wissen des Ich von sich ‚gesetzt' war, daß es aber jetzt von ihm heißt, es sei ‚*ein*gesetzt'. Das Passiv hat die Stelle des Activums übernommen. Das zeigt an, daß man der Tätigkeit, welche durch ein Auge sehend geworden ist, noch eine andere voraussetzen muß, kraft deren sie sehende Tätigkeit wurde. Damit bezeichnen wir den Gegensatz gegen die frühe Lehre noch nicht vollständig. Der Gebrauch des Passivs würde zunächst nur ergeben, daß der Tätigkeit ein Auge eingesetzt ‚wird'. Gleichwohl bildet Fichte seit 1801 stereotyp das Passiv mit ‚sein' und nicht mit ‚werden': Der Tätigkeit *ist* ein Auge eingesetzt. Diese Nuance verschärft den Sinn seiner neuen Formel. Sie betont, daß die Tätigkeit immer nur zusammen mit dem Auge gefunden werden kann: *Wird* das Auge eingesetzt, so geht die Tätigkeit voraus, ehe sie das Auge erhält. *Ist* das Auge eingesetzt, so sind Tätigkeit und Auge zusammen eines Wesens. Das Auge verhält sich zum Tun nicht wie ein Schmuck zum Körper, sondern wie das Herz zum Leben. Damit hält Fichte fest an Motiven, welche schon der ersten Form seiner Einsicht zugrundelagen, besonders aber im Zusammenhang der zweiten Formel sichtbar geworden sind: Die Momente des Ich lassen sich nicht voneinander abtrennen. Bei aller Vermittlung im Ich ist die Einheit seiner Momente vorausgesetzt; so muß auch die Theorie dafür sorgen, daß diese Einheit nicht in ihren Definitionen und Ableitungen auseinanderbricht.

In der späteren Wissenschaftslehre ist diese Einheit der Momente im Ich die Basis für einen Prozeß, den Fichte schon früh als ‚Wechseltätigkeit' beschrieben hatte. Auf der einen Seite ist das Auge der Grund eines Wissens vom Tun, das ergriffen und ausgelegt wird. Als solches ist es der Grund der Erkenntnis. Zum anderen aber ist es

IV. *Ich ist Kraft, der ein Auge eingesetzt ist*

dem Tun selbst eingewachsen. Aber nicht als Hindernis, eingesetzt wie die Plombe in den Zahn oder gar der Pfahl ins Fleisch. Dann wäre die Tat durch ihre Sicht behindert. In Wahrheit ist sie aber hellsichtige | Tat, die durch ihr Auge positiv bestimmt wird: Das Auge leitet das Tun, durch den Begriff. So ist das Ich Grund des sittlichen Handelns. Die Formel von der Augentätigkeit kann deshalb auch so lauten: „Kraft, der ein Auge eingesetzt ist, und von ihr unzertrennlich, Kraft eines Auges: Charakter des Ich, und der Geistigkeit".[19]

Bisher wurde die Formel von der Augentätigkeit als Gegenentwurf zur ersten Formel dargestellt. Wirklich wurde sie auch ausgebildet, um deren Mängel zu beseitigen. Aber diese Mängel wurden doch erst deutlich, als die zweite Formel entwickelt war, die ihrerseits gewisse Schwächen der ersten behoben hatte. So muß der Gewinn, den die zweite Formel brachte, in der dritten bewahrt werden. Es ist jetzt darauf zu achten, ob und in welcher Weise dies geschieht.

Die erste Formel von 1794 war zweigliedrig. Sie bezeichnete eine Tätigkeit und ihr Produkt. Auch die dritte Formel nennt nur zwei Glieder, – Tätigkeit und Auge. Doch die sind so gefaßt, daß der größere Reichtum der zweiten Formel unmittelbar aus ihnen folgt. Das ‚als' der Repräsentation, das Besondere der Formel von 1797, ist leicht aus ihnen zu gewinnen. Man muß nur den Sinn der Rede vom ‚Eingesetztsein' noch ein wenig näher bestimmen. Man könnte meinen, dies Auge sei dem Tun so eingesetzt wie das Elfenbeinauge dem Marmorhaupt der Statue. Dann würde der Blick des Auges vom Tun hinaus in die Ferne gehen. Fichte will aber sagen, daß das Auge dem Tun so eingesetzt ist, daß sich der Blick auf dieses Tun selbst richtet. ‚Eingesetzt' heißt hier zugleich ‚ins Innere versenkt'. So werden Tun und Auge eine Welt für sich. Die Tätigkeit ist hell durch den Blick. Dies Licht bricht nicht von außen in sie ein und strahlt auch nicht von ihr ab. Die Augentätigkeit ist eine Lichtwelt mit undurchdringlichen Grenzen. Weil es so ist, versagt jedes räumliche Modell und mit ihm die Sprache, die in der Welt des Raumes ausgebildet wurde.

---

[19] [FGA II,13, S. 318] FSW XI, S. 18. Die Stellen mit der Augenformel in der Wissenschaftslehre von 1801 [FGA II,6, S. 150, 167] (FSW II, S. 19, 37) stehen in etwas anderem Zusammenhang. Der Differenz entspricht eine Veränderung im System der Wissenschaftslehre, von der aber im gegenwärtigen Zusammenhang abstrahiert werden darf.

Nur wenn man die Augentätigkeit so denkt, wird sie zu einem Gedanken vom Ich und von dessen Fürsichsein. Dann aber ist klar, daß das Auge, welches die Tätigkeit erblickt, zugleich sich selbst sehen muß. Denn die Tätigkeit ist wesentlich Augentätigkeit; sie kann somit nur zugleich mit dem Auge gesehen werden. Der Gedanke eines Blicks, der sich selbst erfaßt, hat Fichte von 1801 an und während der letzten dreizehn Jahre seines Lebens unverändert fasziniert. Er meinte, ihn immer noch deutlicher zu fassen als das Problem der Philosophie und ihn in weitergehende Konsequenzen zu entfalten. Ein Zeugnis dafür mag die folgende, noch unveröffentlichte Stelle aus einem Manuskript sein, das vermutlich im Sommer 1812 niedergeschrieben wurde:[20] „*den 18. August*. In den Ferien In einem Traume schien mir eine Aufgabe sehr leuchtend hervor. Das Sehen sey ein sich sehendes Auge [...] sich *sehendes Auge* = Reflex *eines Lebens*, eines sich selbst offenbarens, der eben in sich selbst und seiner Faktizität bleibt." Der Selbstbezug des Ich ist das Fürsichsein eines Wissens, das sich für sich offenbar ist, zugleich aber ein Faktum, das alles aus sich erklärt, nur nicht sein Dasein. In diesem Dasein hält es sich, ohne es mit seinem Licht durchdringen zu können. Wenn nun das Auge sich soll erkennen, wirklich „für sich" sein können, so muß auch sein Blick von derselben Art sein wie das „Setzen" nach der zweiten Formel: Das Auge muß die Augentätigkeit *als* solche erblicken. Also muß sich in seinem Blick ein Anschauungsmoment und ein Begriffsmoment unterscheiden lassen. Der Blick ist (a) die Tätigkeit, sofern sie (b) anschaulich gegenwärtig und somit als wirklich erfahren ist. Er ist weiter (c) die gedachte Tätigkeit in (d) der Bestimmtheit ihres Begriffes. Man kann darüber streiten, ob die letzte Unterscheidung unentbehrlich ist oder ob es genügt, drei Momente anzugeben. Fichte führt stets die genannten vier Momente auf. Erst nach dieser erweiterten Interpretation der Formel ist es möglich, eine Wechselbestimmung im Ich zu denken, so daß es ursprünglich sowohl theoretisches als auch praktisches Selbstbewußtsein ist.

Anschauung und Begriff zugleich ist also auch das Auge der Tätigkeit. Nur dann kann es dem Tun ganz innerlich und sein wis-

---

[20] [FGA II,16, S. 209] Im Berliner Fichtenachlaß, Kapsel IV, 7. Herrn Dr. Hans Jacob vom Fichte-Archiv der Bayerischen Akademie der Wissenschaften bin ich für vielfältige Hilfe sehr zu Dank verbunden. Über die Entzifferung der im Text eingeklammerten Wörter besteht noch keine hinreichende Klarheit.

IV. Ich ist Kraft, der ein Auge eingesetzt ist

sender Selbstbezug sein, – kann es als Selbstbewußtsein verstanden werden. Kombiniert mit der Vierfalt der Momente des Setzens als Setzen scheint Fichtes dritte Formel nun fehlerlos zu sein. |

Doch gerade in der Kombination verbirgt sich wieder ein neues Problem. Die Rede vom Blick, der sich selbst schaut und je schon dieses Schauen ist, wahrt zwar die ursprüngliche Einheit der Momente des Ich. Sie besteht auf dem Selbstbezug des Ich, wie die erste gibt sie ihn für dessen wesentlichsten Charakter aus. Ist sie aber imstande, solchen Selbstbezug deutlich zu machen? Sie müßte es tun mittels der Vierzahl der Elemente, die ein Bewußtsein vom Blick als Blick einschließt. Nun sind diese Momente gewiß unentbehrlich. Genügen sie aber auch, um den Selbstbezug des Bewußtseins zu erklären? Das scheint keineswegs der Fall zu sein. Ein Begriff, der eine Gegebenheit bestimmt, kann natürlich in expliziter Form eben jenes bedeuten, was anschaulich gegeben ist. Daraus ergibt sich aber keineswegs ein *Selbst*bezug der Anschauung. Vielmehr setzt der Begriff sein Subjekt voraus, das ihn denkt und mit ihm die Anschauung begreift. Auf Grund des Begriffs wird dies Subjekt niemals das in der Anschauung Gegebene *selber* sein können. Auch ein Begriff wird offenbar nicht durch die Anschauung, die man ihm zuordnen kann, mit Beziehung auf sich selbst bestimmt. Das ist trivial. Daß eine Differenz von Gegebenheit und ‚als'-Bewußtsein entsteht, war ja auch nur die Voraussetzung für einen Selbstbezug im Ich, keineswegs schon die Definition des Ich selber. Vermittels ihrer, aber nicht als ein beliebiger Fall von ihr gibt es Selbstbewußtsein.

Man könnte nun meinen, es genüge, den Blick des Auges, der in sich selbst geht, als einen ausgezeichneten Fall zu nennen, in dem das Verhältnis von Anschauung und Begriff zu einer Selbstbeziehung wird. Doch das reicht nicht aus. Man muß auch zeigen, wie die Selbstbeziehung der Augentätigkeit in diesem Falle an Anschauung und Begriff wirksam wird. Nicht nur der Gehalt, die Beziehung selber muß die Besonderheit des Selbstbezuges aufweisen. Wäre es anders, so blieben die Mittel, kraft deren die Augentätigkeit von sich weiß, ganz beliebige, die gar nicht von ihr besessen und in ihren geschlossenen Zusammenhang einbezogen wären. Daraus ergäbe sich eine Lage, die Fichte mehr als jede andere zu vermeiden sucht: Das Ich wäre nicht für sich, sondern nur für ein höheres Ich. Dann aber wäre Selbstbewußtsein überhaupt nicht möglich. Fichte meint, dieser Notwendigkeit Rechnung zu tragen, wenn er der Vierzahl ein fünftes Moment hinzufügt: (e) die unmittelbare Wechselbeziehung von Anschauung und Begriff. Wird irgendein beliebiger Sachverhalt durch | einen Erkennenden eingesehen, so ist es seine Anschauung, die er durch einen Begriff aufklärt, oder es ist sein Begriff, den er durch eine Anschauung erfüllt. Niemals ist der Begriff kraft seiner selbst auf Anschauung bezogen und umgekehrt. Dies gilt aber für das Selbstbewußtsein: Ein Gedanke ist immer schon Wirklichkeit und erfaßt sich als solche, eine Wirklichkeitsanschauung ist unvermittelt einsichtige Kenntnis. Diese Besonderheit, die über alles entscheidet, qualifiziert Anschauung und Begriff des Ich an ihnen selbst. Da aber Anschauung und Begriff als gesonderte Charaktere des Selbstbewußtseins eingeführt worden waren, muß auch der ihnen eigentümliche Charakter der Ichheit als besonderes Moment aufgezählt werden. So wird das Selbstbewußtsein als Synthesis von nunmehr fünf Gliedern gedacht.[21]

Es ist die Via negationis, die Bestimmung durch Ausschluß des Gegenteiles, mit der auch dieser Gedanke arbeitet: Begriff und Anschauung sollen in einer Beziehung stehen, welche der gewöhnlichen entgegengesetzt ist. Auf diesem Wege soll das Wesen des Ich begriffen werden. Wirklich wird so auch auf die unverwechselbare Eigenart des Ichwesens verwiesen. Aber wird es so bestimmt, daß seine innere Verfassung vollauf verständlich ist?

Diese Frage muß man verneinen. Würde man das Ichwesen verstehen, so müßte es möglich sein, im Ausgang von einem seiner Momente den Zusammenhang des Ganzen zu rekonstruieren. So müßte man zum Beispiel sehen können, wie im Bewußtsein des Begriffes das ‚Ich' ein Wissen von sich selber entfaltet. Das ist aber unmöglich. Man nehme an, es sei ein Begriff bekannt. Es sei weiter bekannt, daß dieser Begriff eine Anschauung bestimme; und auch diese Anschauung sei gegeben. Dann wäre das Wissen, welches über den Begriff verfügt, immer noch unfähig festzustellen, daß es sich in der Gegebenheit der Anschauung *selbst* erfaßt, – es sei denn, es wäre zuvor

---

[21] Fichte nennt diese Fünfheit auch ‚synthetischen periodum' [FGA IV,2, S. 190] (Nl. S. 529). Er tritt zuerst in der Wissenschaftslehre von 1798 auf. Wichtige Stellen zur synthetischen Fünfzahl sind die folgenden: [FGA II,6, S. 165; II,15, S. 151; II,8, S. 64, 388 ff.; II,13, S. 71 ff.] FSW II, S. 35; X, S. 48, 121, 296/7, 350 ff.

schon auf andere Weise mit sich bekannt. Da dies im Falle des Selbstbewußtseins auszuschließen ist, erfüllt sich die Erwartung nicht, das Ich sei von seinem Begriffscharakter her zu verstehen. Hier macht sich auf ganz anderem Boden der Zirkel der Reflexionstheorie des Ich in seiner zweiten Variante geltend: Weiß das Ich nicht schon von sich, so kann es nie zu einem Wissen von sich gelangen.

Fichte hat diesem Einwand nicht die gleiche Aufmerksamkeit geschenkt wie dem ersten. Der hatte gezeigt, daß die Theorie des Ich als Reflexion das ganze Ich ohne Erlaubnis voraussetzt, bevor der Akt der Reflexion vollzogen ist, kraft dessen dies Ich doch zustandekommen soll. Diesem Einwand hat Fichte seine Theorie entzogen. Doch der zweite Einwand orientiert sich nicht daran, daß in jedem Fall der Rede von Ich ein Selbstbezug bereits vorliegt. Er sieht darauf, daß Ich sich in jeglichem Selbstbezug als Ich muß erkennen können. Es scheint, daß solche Erkenntnis immer nur ein Wiedererkennen sein kann. Dabei stellt sich dann stets ein Zirkel ein. Und es ist durchaus möglich, daß er auch solchen Theorien vorzuwerfen ist, welche die anderen Mängel der Reflexionstheorie behoben haben.

Schon durch seine zweite Formel hat Fichte einen Weg betreten, ohne den die Fallstricke dieses Zirkels nicht zu umgehen sind. Seine Aufmerksamkeit war aber gar nicht auf sie gerichtet. Sie war in Anspruch genommen von der Aufgabe, das Ich ohne Voraussetzung eines anderen, höheren Subjektes zu denken. Das ist so geblieben. In seinem Werk finden wir nirgends Erwägungen, deren Absicht es ist, auch dem zweiten Einwand vollauf gerecht werden zu wollen. Dies feststellen, bedeutet eine Grenze von Fichtes Beitrag zur Theorie des Selbstbewußtseins markieren.

Doch man kann mit den Mitteln Fichtes eine Lösung des Problems formulieren. Sie eröffnet zudem interessante theoretische Aussichten. Der Anfang zu ihr war schon gemacht: Es hatte sich nämlich gezeigt, daß die Wechselbeziehung von Ichbegriff und Ichanschauung dem Selbstbewußtsein unvermittelt zugesprochen werden muß. Beginnt man damit, sie von einem ihrer Glieder her aufzubauen, so ist ihre Reflexivität niemals zu erreichen, das Für-sich des Selbstbewußtseins bleibt unbegriffen. Daraus läßt sich leicht folgern, daß die Relation von Anschauung und Begriff einen eigenen Wissenscharakter besitzen muß. Ja, sie scheint es eigentlich zu sein, kraft deren das Selbstbewußtsein überhaupt wissend ist. Wäre nicht sie das, was man den wissenden Kern des Ich nennen kann, – wie anders ließe sich Selbstbewußtsein überhaupt als ein Wissen, und zwar ein unmittelbares Wissen verstehen? Man müßte dann sagen, unser Wissen von uns sei erschlossen, so daß Ich sich selbst gar nicht gegeben wäre, sondern | nur Kenntnis von sich hätte. Dieser Weg ist logisch möglich, aber im offenbaren Widerstreit mit dem Phänomen des Ich, das die unmittelbare und gewisse Voraussetzung alles erschlossenen Wissens ist.

Nun ist es wohl paradox, einen Wissenszustand anzunehmen, der subjektlos ist. Es scheint klar zu sein, daß von Wissen nur dort zu sprechen ist, wo auch derjenige bezeichnet werden kann, der über solches Wissen verfügt. Wenn aber das Ich des Subjektes selber schon ein Wissen ist, kann dieser vermeintlich evidente Satz nicht ohne Einschränkung gelten. Hätte nämlich wirklich jedes Wissen ein Subjekt, so könnte das Subjekt selbst kein Wissen sein. Sonst müßte man ein Subjekt auch dieses Subjektes annehmen und sich dem unendlichen Regreß ausliefern, den Fichte so sehr gefürchtet hat. Der Gedanke des Ich würde ins Bodenlose absinken. Dem ist die Paradoxie des subjektlosen Wissens vorzuziehen. Im Ernst ist es auch nicht verwunderlich, daß man dort, wo man zum zentralen Orientierungspunkt alles Wissens, vielleicht sogar in seinen Grund gelangt, nicht mehr die vertrauten Strukturen finden kann, mit denen wir den Akt der Kenntnis vereinzelter Sachverhalte oder abgeleiteter Einsichten angemessen beschreiben. Wer sich um eine philosophische Theorie des Ich bemüht, muß die Möglichkeit erwägen, daß weltbezogene Auslegungsformen beim Rückgang zu den Prinzipien preiszugeben sind. Hält er einen solchen Gedanken für sinnlos, so wird er niemals das Phänomen ‚Ich' erreichen und die Probleme fördern können, die es aufgibt. Statt an ihnen wird er sich an seinen Vormeinungen orientieren müssen.

Das ist freilich keine Apologie für jegliche Behauptung, die dem Ich in einem paradoxen Sinne Wissen zuspricht, – auch nicht für die Fichtes. Man muß schon den bestimmten Ort angeben, den diese Weise des Wissens einnimmt. Bei Fichte ist es die unmittelbare Wechselbeziehung von Begriff und Anschauung in einer Tätigkeit, die wesentlich von sich weiß. Zur Bezeichnung dieses Wissens verfügt er über drei Wörter: Er nennt es das ‚Als', das ‚Sich' oder das ‚Durch' des Wissens. So macht das unmittelbare Wissen des Ich erst

IV. Ich ist Kraft, der ein Auge eingesetzt ist

das ‚als' des Begriffes möglich. Denn kraft seiner stehen *im* Ich, also nicht in Beziehung auf ein Ich, Anschauung und Begriff in Relation miteinander.[22] Diese Relation kann auch als das ‚Sich' der Ichheit bezeichnet werden.[23] Denn kraft seiner steht Ich in einer Selbstbeziehung, die selbstgenügsam ist und keinen Standpunkt außerhalb ihrer nötig hat. Auch kann man sagen, daß in solchem Wissen Existenzerfahrung (Anschauung) und ‚Als'-Bewußtsein (Begriff) des Ich wechselseitig voneinander dependieren, so daß jedes durch das andere, jenes Wissen aber „das *Durch* der beiden, ihres lebendigen Zusammenhanges" ist.[24] In jedem Fall ist dieses Wissen für Fichte ‚Einheit, Licht', und zwar ein „qualitativ absolutes, nur zu vollziehendes, keinesweges wiederum zu begreifendes".[25] In Wendungen wie dieser hält Fichte daran fest, daß das Ich ‚intellektuelle Anschauung' ist. Diese These hatte schon in der ersten Wissenschaftslehre eine wichtige Stellung inne. Sie hatte viel Widerspruch erregt. Sie hat jetzt größere Eindeutigkeit gewonnen: Ehedem war es nicht deutlich geworden, ob intellektuelle Anschauung nur unser Wissen vom Ich oder das Ich selber sei. Beides ließ sich zugleich behaupten, und ein sachlicher Zusammenhang zwischen beidem muß selbstverständlich auch unterstellt werden. Jetzt aber besteht kein Zweifel mehr daran, daß der Terminus vor allem die innere Verfassung des Ich und seiner Wissensweise meint.

Bevor Bedenken gegen Fichtes Position zur Sprache kommen, muß man konzedieren, daß sie etwas ganz anderes ist als eine willkürliche These, die eine ungelöste Schwierigkeit verdeckt. Sie ergab sich in einer Folge von mehreren Stufen der Überlegung. Jede von ihnen war eine Revision der vorhergehenden. Jede korrigierte sowohl geläufige Vorstellungen vom Wesen des Ich als auch tiefergehende, nur noch immer unzureichende Konzeptionen. Schritt für Schritt wurde dabei die eigentümliche, unvergleichliche Verfassung des Selbstbewußtseins in den Blick gebracht. Mit dieser Aufklärung ging freilich eine Verdunkelung einher: Während die Verfassung des Ich-Wissens immer deutlicher gewahrt wurde, erwies es sich auch als immer schwieriger, sie zu begreifen. Der Weg, auf dem ein Bild vom

---

[22] [FGA II,13, S. 77 f.] FSW X, S. 357.
[23] [FGA II,8, S. 322 ff.] FSW X, S. 259.
[24] [FGA II,15, S. 157] FSW X, S. 61.
[25] [FGA II,8, S. 322] FSW X, S. 259.

Ich nach dem anderen verworfen werden mußte, wird schließlich zu einem wesentlichen Teil der Erkenntnis von ihm. Denn die Sätze, in denen Fichte zuletzt vom Ich spricht, sind nur noch der paradoxe Ausdruck der Erkenntnis, daß es sich der Konstruktion durch Begriffe | entzieht. Damit ist noch kein zureichendes Kriterium einer angemessenen Rede vom Ich gewonnen. Denn man könnte vermuten, daß die Reihe der paradoxen Ausdrücke, die einander überbieten, noch nicht ausgeschöpft ist. Sie könnte sogar unendlich sein. In diesem Falle würde das Phänomen ‚Ich' alle Bemühungen um eine Definition narren. Man könnte sich dann fragen, ob es selbst eine Unendlichkeit von Bedeutung einschließt oder ob nur die Disproportion zwischen dem Erkenntnissubjekt und der Erkenntnis eine unendliche ist. Fichte verfügt jedoch über ein weiteres Kriterium: Das Selbstbewußtsein ist dann in paradoxen Ausdrücken angemessen bestimmt, wenn sie es zulassen, das System des abgeleiteten Wissens zu interpretieren. Das Ich ist Erkenntnissubjekt. In ihm müssen Bedingungen liegen, welche den inneren Zusammenhang alles Erkennens miteinander stiften. Wer diesen Zusammenhang entwickeln kann, der muß auch vom Ich Zutreffendes gesagt haben, auch wenn er seiner Rede weder die Form der Deduktion noch die der Deskription eines eindeutigen Sachverhaltes geben kann. So ist das System der Wissenschaftslehre zugleich der Versuch, seine Grundlegung zu rechtfertigen.

Dennoch hat Fichte seine Theorie mit gutem Grund für unzulänglich gehalten. Die Einheit des Ich wäre nicht möglich, wenn die Momente seines Wesens nicht ‚innig' und unauflösbar miteinander verfugt und durcheinander bestimmt wären. Fichte ist es aber niemals gelungen, die Theorie dieser Verfugung eindeutig zu machen. Auch die späten Darstellungen der Wissenschaftslehre enthalten viele Unsicherheiten. Der Plan einer Veröffentlichung der neuen Darstellung der Wissenschaftslehre, die schon 1801 angekündigt worden war, mußte immer weiter hinausgeschoben werden, bis er schließlich in Vergessenheit geriet.

Abgesehen von den Mängeln, die Fichte selbst bewußt waren, müssen wir feststellen, daß seine Lehre vom Ich zu selbstverständlich Gebrauch macht von terminologischen Unterscheidungen, welche nur der Kantischen Philosophie entnommen sind. So vermißt man Analysen der Bedeutung von ‚Anschauung' und ‚Begriff', jenes

IV. Ich ist Kraft, der ein Auge eingesetzt ist

Grundgegensatzes, der 1796 in die Formel von Selbstbewußtsein einging. Ob man die von Hegel, von der Phänomenologie oder von der logischen Analysis entwickelten Methoden gebraucht, in jedem Falle kann man sich Aufschluß darüber versprechen, unter welchen Bedingungen sich solche Begriffe verwenden lassen, – Aufschluß über das hinaus, was | Fichte zu sagen weiß. So wird mehr Licht in die Struktur kommen, die entdeckt und entwickelt zu haben Fichtes bleibendes Verdienst ist.

Fichte ist stets davon überzeugt gewesen, daß der Wissenschaftslehre im Grunde nur eine einzige Einsicht zuzuschreiben ist. Seine Lehre, die oft apodiktisch, schroff und gewalttätig war, sollte auf den Standpunkt zwingen, den diese Einsicht ermöglicht, und zeigen, daß es gelingen kann, sie festzuhalten im Aufbau eines Systems des philosophischen Wissens. Dabei kam Fichte viel darauf an, den Grundgedanken so deutlich wie möglich zu machen, – eben so deutlich, wie er ihm selber geworden war. Ihm schien, daß jeder, der ihn einmal erfaßt hat, ihm alle Bemühungen seines Nachdenkens widmen werde, – auch, daß er ihm eine Gewißheit von Vorrang und Würde wissender Freiheit vermitteln werde, die nicht mehr erschüttert werden kann. Solche Gewißheit bringt aber nicht die Ruhe gesicherter Erkenntnis. Sie weckt nur ein gesteigertes Verlangen, ihr in einer Theorie, die stets verbesserungsfähig bleibt, auf den Grund zu kommen. Denn das Nächste, wir selbst, das Ich-Wissen, ist das Dunkelste für unsere diskursive Erkenntnis. Fichte hat diese Erfahrung seines Lebens in einem kleinen Manuskript niedergelegt. Es ist über den Verdacht einer verstellten Selbstdarstellung erhaben, der viele Äußerungen in seinen Vorlesungen treffen könnte. Dies Manuskript ist eine Folge von drei Sonetten, – etwa im Jahre 1812 entstanden und nicht für die Veröffentlichung bestimmt. Sie kommen einer philosophischen Biographie im Zeichen der Wissenschaftslehre gleich. Im zweiten Sonett fragt Fichte, was ihm die Kraft gegeben hat, in der Verwirrung des Weltlaufes und den Krisen seines äußeren Lebens den Weg seiner Philosophie der Freiheit unbeirrt weiterzugehen. Die Antwort lautet:

Das ist's: seit in Uraniens Aug', die tiefe
Sich selber klare, blaue, stille, reine
Lichtflamm', ich selber still, hineingesehen;

Seitdem blieb dieses Aug' mir in der Tiefe,
Und ist in meinem Sein – das ewig Eine,
Lebt mir im Leben, sieht in meinem Sehen.[26]* |

Die Einsicht in das Wesen der Ichheit weist der Wissenschaftslehre ihren Weg. Das Wesen der Ichheit ist Augentätigkeit: Sie zu begreifen, war jene Aufgabe, die dem träumenden Fichte im selben Jahre ‚sehr leuchtend hervorschien'. Spricht er von ihr, so stellen sich wieder dunkle Metaphern ein, diesmal in einem Gedicht, dessen metaphorischer Bestand im übrigen gering und konventionell, somit auch leicht zu durchschauen ist. Das Auge von Urania, der Muse der Astronomie und somit der natürlichen Weltkenntnis, ist das Subjekt des endlichen Erkennens. Fichte hat in ihm jenes andere Sehen gewahrt, das nicht in die Welt hinausgeht, sondern ein Licht im Auge selbst verbreitet, – ein Licht, das nichts erleuchtet, sondern sich selber hell ist. Dieses Licht können wir nicht anzünden. Denn wo wir sind, da brennt es schon. So müssen wir ‚still' sein, wenn es aufscheint: Dennoch können wir es nicht erblicken, wenn wir untätig sind. Denn ohne unser Sehen, außerhalb seiner findet es sich nicht. Nicht durch uns bewirkt, aber doch nur im Vollzug des ‚Ich' ist es

---

[26] [FGA I,8, S. 31 f.] Zwei der drei Sonette sind in den Werken zweimal abgedruckt (VIII, S. 461/2, XI, S. 347/8), mit der übrigens richtigen Begründung, Fichte habe „fast nirgends deutlicher das Wesen seiner Philosophie ausgesprochen". Im dritten Sonett weicht die Fassung des XI. Bandes von der des VIII. ab. Diese ist aber eine wortgetreue Wiedergabe des Originals, wie ein Vergleich mit dem Manuskript des dritten Sonetts lehrt, das gegenwärtig allein zugänglich ist. Die Datierung ergibt sich aus dem Papier, das aus der Papierfabrik Ebart stammt. Fichte hat es im Jahre 1812 für die Manuskripte seiner Vorlesungen verwendet und vermutlich nur wenig früher oder später zur Verfügung gehabt. Auch das Traumprotokoll (vgl. o. S. 26) ist auf diesem Papier geschrieben (nach freundl. Auskünften von Herrn Dr. Jacob).

* Dem Verfasser war 1966 nicht bekannt, dass Fichte zwei der drei Sonette im ‚Musenalmanach auf das Jahr 1805' selbst veröffentlicht hatte. Auch Dr. Jacob stand diese Tatsache damals offenbar noch nicht vor Augen. Fichtes Sohn hatte beim zweimaligen Abdruck des ersten und zweiten Sonettes auch darauf nicht hingewiesen – weder in der Ausgabe der ‚Nachgelassenen Werke' von 1835 (Band III, S. 347/8, später geführt als Werke Band XI) noch in der späteren Werkausgabe (Band VIII, S. 461/2). Die Überlegungen zur Entstehungszeit, die in der Abhandlung angestellt werden, sind also durch die des neuen Textes (Anm. 20) im zweiten Buchteil teils zu korrigieren, teils zu ergänzen. Der nunmehr hier abgedruckte Text entspricht der ersten Druckfassung von 1805 nach der Fassung von FGA I,8, S. 31 f.

zu finden. So kann man sagen, jene ‚Lichtflamm' sei in das Subjekt der Erkenntnis ‚still hineingesehen'.

Das Sonett spricht in der Sprache der späten Wissenschaftslehre über die Einsicht, welche Fichte auf seinen Weg gebracht hat. Wir wissen, daß Fichte sie zunächst ganz anders vortrug. Aber das schließt nicht aus, daß Fichte schon damals dieselbe Sache vor Augen stand, wenn auch seine Deutung ihr noch nicht gerecht wurde. Das ‚Unbedingte im Ich', auf das Fichtes früheste Texte zur theoretischen Philosophie führen,[27] ist in seinem Rückblick nach zwanzig Jahren nichts anderes als die ‚Kraft, der ein Auge eingesetzt ist', der Schlüsselbegriff der späten Wissenschaftslehre.

Zunächst meinte Fichte, die Selbstgenügsamkeit dieses tätigen Wissens lasse sich nur als die Tat der Freiheit deuten. Dann aber hat er sich davon überzeugt, daß es ein Tun ist, das immer schon wissend | ist. So kann es nicht wissend werden durch sich. Daraus folgt dann, daß es nur der letzte Sachverhalt ist, der unserem Erkennen im Rückgang zu den Gründen gegeben sein kann, – nicht aber das letzte Thema unseres Fragens. ‚Ich' ist weder Grund seiner selbst noch unbedürftig jeder weiteren Begründung. Wir müssen in ihm Momente unterscheiden, die doch in einem Zusammenhang stehen, der unauflösbar ist. Nach dem Ursprung dieses Zusammenhanges müssen wir also fragen dürfen.

V. ICH IST ERSCHEINUNG

Fichtes späte Wissenschaftslehre hat den Gedanken der unausdenkbaren Begründung des Selbstseins in einem ‚Absoluten' gefaßt. Leicht kann es scheinen, dieser Gedanke stehe im Widerspruch mit dem wesentlichsten Gehalt der frühen Theorie. Diese wollte Aufruf zur Freiheit und Quelle der Überzeugung sein, daß der Mensch sich auf sich selbst zu stellen vermöge. Freiheit erschlossen zu haben, war für Fichte das Verdienst der kritischen Philosophie. Seinem Lehrer Kant ist er bis an sein Ende dankbar dafür gewesen, daß er ihn aus der Gewalt seiner deterministischen Jugendphilosophie befreit hatte. Grund der Freiheit – ist das nicht ein Widerspruch in sich?

---

[27] [FGA I,2, S. 28] FSW VIII, S. 425.

Viele haben es gemeint. Sie haben Fichtes Weg als Akkomodation und Abfall von der Konsequenz seiner großen Zeit verstanden. Wirklich hätte Fichte sich kaum entschlossen, Freiheit selbst als Folge eines Anderen zu deuten, wenn ihn nicht eine neue Lebenserfahrung für diese Überzeugung geöffnet hätte. Der Streit um den Vorwurf des Atheismus, vorzüglich aber der Brief, den er von Jacobi in schwieriger Lage erhielt, hat in ihm eine Bewegung ausgelöst, die den Wandel seiner Lehre beschleunigte. Man weiß nicht, ob und wann sie sich unter anderen Bedingungen umgewandelt hätte. Überzeugende Philosophie ist abhängig von den Erfahrungen dessen, dem sie einleuchtet, somit auch von Wirkung und Echo, die sie bei anderen findet. Gleichwohl hat Fichte weder sich noch seine Hörer getäuscht, als er später so oft wie möglich versicherte, die Wissenschaftslehre sei im Grunde immer dieselbe geblieben. Alle Wandlungen, die sie erfuhr, steigerten nämlich nur die Klarheit über Eigenart und Konsequenz seiner ursprünglichen Einsicht.

Die These vom Grund der Freiheit darf man nicht mit der Behauptung verwechseln, Freiheit sei imaginär und alles Handeln sei | nur von Trieben und Vorurteilen gesteuert. Fichtes Grund der Freiheit ist anderes als die äußere Ursache von Handlungen, die dann nur vermeintlich freie sind. In der Wissenschaftslehre wird die Freiheit *selbst* aus einer ihr unverfügbaren Möglichkeit verstanden. So ist dieser Grund, umgekehrt, die Bedingung ihrer Autonomie. Er ist auch nicht ein Ziel, das dem Bewußtsein vorschwebt, damit es ihm in Freiheit diene. Dann wäre Freiheit, wie subtil auch immer, als ein Mittel gedacht. Doch Freiheit ist Selbstbestimmung und geschieht nicht umwillen eines anderen. Und wie die Existenz der Freiheit ist auch die Einheit des Ich weder kausal noch teleologisch zu begreifen. Weder ein Naturhaftes in uns noch ein Geisthaftes außer uns können unser vernünftiges Dasein begründen. Unser eigenes Wesen, das einfache und doch rätselhafte Wissen ‚Ich' kommt aus einem Grund, der Freiheit nicht hindert, sondern ermöglicht. Er stiftet Selbstbeziehung, indem er Kraft sein läßt, die wesentlich sehend ist. Es ist möglich, sogar notwendig, Freiheit zu überfragen, ohne der Philosophie einen Standpunkt außerhalb ihrer anzuweisen. Mit dieser These hat sich Fichte gegen die Philosophie des Gefühls und die der Natur zur Wehr gesetzt, die seine wichtigsten Gegner gewesen sind. So wenig wie seine frühe Lehre das Zeugnis hybrider Eitelkeit

V. Ich ist Erscheinung 37

des Menschen ist, so wenig ist seine späte Theorie eine Preisgabe der Freiheit.

Kant hatte gelehrt, daß solch ein Grund unbegreiflich, daß die Frage nach ihm ‚überschwänglich' sei. Freilich hatte er Vorstellungen von einem solchen Grunde, die mit denen Fichtes nicht vereinbar sind. Bei dem Verbot, dem Grund nachzufragen, dachte er an eine Klasse besonderer Substanzen, welche die ungewöhnliche Eigenschaft haben, Reihen von Ursachen aus sich beginnen zu lassen. Der Ontologie, die hier am Werke ist, geht es eher um eine Bestätigung in Newtons Philosophia Naturalis als in der inneren Verfassung des Selbstseins, die sie noch nicht zum Thema machen kann. Für Fichte ist ‚Substanz' kein angemessener Name für die Realität ‚Ich', so wenig wie für deren Bedingung, die als Bedingung einer Selbstbeziehung genommen werden muß. Dennoch hat es einen guten Sinn zu meinen, hinter die Augenkraft des Selbstseins reiche der Gedanke nur noch in einer leeren Bewegung. Ist doch sie selbst schon ein Grenzfall für die Auslegungskraft der Sprache unseres Erkennens. Gerade in dieser Fassung würde Fichtes Lehre einer Erfahrung der modernen Welt sehr nahekommen. |

Fichte war aber davon überzeugt, daß die Theorie den Grund des Ich einsichtig machen kann: Selbstsein ist Manifestation Gottes. Es sieht aus, als ordne Fichte nun doch der Freiheit eine Ursache in eben der Weise zu, die Kant im Auge hatte und die zu Fichtes Einsicht eigentlich nicht stimmen will. Doch so kurzschlüssig ist seine Deutung nicht. Mit Hilfe des Gottesbegriffs will Fichte das Ichwesen gerade verständlich machen. Das geschieht so: Selbstbewußtsein ist innige Einheit aus unverfügbarem und unausdenkbarem Grund. Zugleich ist es Sicherscheinen. Es hat sich *als* Selbst und muß im Vollzug seiner Tätigkeit weiteres Wissen über sich erwerben. Zum Selbstsein gehört zuletzt auch die Wissenschaftslehre. Nun hat diese Wissenschaft des Ich von sich zu ihrem Ergebnis, daß Selbstsein Einheit aus unverfügbarem Grunde ist. Man muß also sagen, daß auch dies Wissen noch aus dem Wesen des Selbstseins kommt und daß es dann eintritt, wenn Selbstsein sich vollendet. Dann aber ist es möglich, Selbstsein als *Manifestation* zu denken. Schon zuvor war es Manifestation, aber seiner selbst; jetzt ist es Manifestation dessen, was allem Wissen voraus seine *Möglichkeit* gründet. Es war klargeworden, daß man dies Eine nicht direkt einsehen kann. Nun aber läßt es sich doch aus seiner Wirkung verstehen. Es läßt Selbstsein werden, das wesentlich Manifestation ist, um selber *als* das Unergründbare manifest zu werden. So manifestiert es sich schließlich im Ich als das sich Manifestierende.[28] Und eben dies ist es, was wir meinen, wenn wir von einem lebendigen Gott sprechen.[29] |

Man sieht, daß Gott und Ich in dieser Theorie nicht äußerlich miteinander verbunden sind. Vor allem die Wissenschaftslehre von 1804 versucht ihre Vermittlung zu einer docta ignorantia von Gottes Wesen. Auch wer ihr nicht folgen will, kann ihren Tiefsinn und ihre Konsequenz bewundern. Sie verdient eine umfassende Interpretation.

VI. NACHWEISE ZUR ENTWICKLUNGSGESCHICHTE

Bisher sind unsere Überlegungen dem sachlichen Zusammenhang gefolgt. Fichtes Begriff vom Ich wurde ohne Rücksicht auf das System und die philologischen Probleme einer Fichteforschung entwickelt. Dabei sollte aber doch auch eine historische These begründet werden: die von der Einheit im Wege der Wissenschaftslehre und von der Konsequenz in der Folge der drei Formeln über das Wesen des Selbstbewußtseins. Es empfiehlt sich, sie wenigstens durch einige Hinweise zu Fichtes Entwicklungsgeschichte zu stützen. Sie sollen zeigen, daß diese These von einer detaillierten Motivgeschich-

---

[28] Es ist zu beachten, daß auf diesem Wege dem ‚Absoluten' die Charaktere zugesprochen werden, welche 1797 die des Ich gewesen sind.

[29] So zeigt sich, daß Fichtes späte Theorie zum Gedanken eines Grundes führt, der im Denken nicht weggedacht werden kann und dennoch etwas ganz anderes als ein ‚notwendiger Begriff der Vernunft' ist. Dies ist das Gemeinsame zwischen Fichte und dem Gedanken des ontologischen Gottesbeweises. Fichtes Docta ignorantia unterscheidet sich von ihm negativ dadurch, daß sie es nicht zuläßt, unser Wissen von Gott als Kenntnis von der Realität eines Begriffes zu beschreiben. Sie hat ihm voraus, daß sie eine seiner Intentionen ernster nehmen kann, als selbst Schelling es vermochte: Sie kann ‚Gott' als das eigentlich Wirkliche in unserem Erkennen, zuvor aber von Selbstbewußtsein und Sittlichkeit beschreiben. Auf diese Weise ergibt sich ein Zusammenhang zwischen den Traditionen der Ontotheologie und der Lehre vom Primat der praktischen Vernunft. Er ist auch geeignet, deren gemeinsame, früh wirksame, aber noch verborgene Voraussetzungen sichtbar zu machen. Vgl. Vf. *Der ontologische Gottesbeweis*, Tübingen 1960, und dort die Perspektive auf S. 266.

te der Wandlungen seines Werkes nicht widerlegt, sondern bestätigt werden würde. Sie geben auch Gelegenheit, den historischen Sinn unserer Rekonstruktion zu präzisieren.

a. Im Sonett von 1812 hat Fichte selbst seinen philosophischen Weg aus einer ursprünglichen Einsicht verstanden. Doch auch hier sagt er nicht, er habe diese Einsicht von Beginn an in ihrer Eigenart, ihrem Gewicht und ihren Konsequenzen begriffen. Beides entspricht dem wirklichen Geschehen. Erst spät ist Fichte die angemessene Auslegung seiner Einsicht gelungen. Und auch ihrer eigentümlichen Bedeutung wurde er sich erst einige Jahre nach ihrem Ursprung bewußt. Dazu kam es spätestens im Jahre 1797, bei der Niederschrift der ‚zweiten Einleitung' und des ‚Versuchs einer neuen Darstellung der Wissenschaftslehre'. Vermutlich sind sie aber nur eine Wiedergabe aus der verbesserten Darstellung der Wissenschaftslehre, die Fichte seit 1796 vortrug und von der wir bisher weder das Manuskript noch Nachschriften besitzen. In diesen Texten geht Fichtes Bewußtsein vom Zirkel der Reflexionstheorie des Ich und von der eigenen Theorie als einem Gegenzug zu ihr klar hervor.[30] Klassisch sind dann die Aus | führungen in der Einleitung zur Wissenschaftslehre von 1798.[31] Wenn sie auch nur in Nachschrift überliefert sind, so stehen sie doch auf einer hohen Stufe bewußter Kritik aller vorausgehenden Philosophie über das Selbstbewußtsein.

Die Wissenschaftslehre von 1794 verfügt nicht über dieselbe Klarheit. Ihr zufolge setzt das Ich schlechthin sich selbst. Dies schließt ein, daß man die unmittelbare Einheit seiner Momente behaupten kann. Aber Fichte hat auf sie zunächst gar keinen Nachdruck gelegt. Das System von 1794 erklärt vielmehr das Für-sich-sein des Ich, das doch eine direkte Folge seines Sich-Setzens ist, aus einem Dualismus: dem Widerspiel einer ins Unendliche gehenden Tätigkeit und einer anderen Tätigkeit, die ihr entgegengesetzt ist. Diese Theorie ist das Opfer von Hegels unermüdlicher Polemik geworden. Sie war aber das Vergänglichste in Fichtes Selbstverständigung. Schon in der Darstellung von 1797 ist sie verschwunden. Von da an hat Fichte den Akt des absoluten Setzens geradezu von dem her definiert, was aus

---

[30] [FGA I,4, S. 213] FSW I, S. 458/9.
[31] [FGA IV,2, S. 29 ff.] Nl. S. 355 ff.

ihm folgt. Sich Setzen heißt ohne weitere Vermittlung Objekt und Subjekt zugleich sein.[32] In diesem Sinn kann es heißen ‚Setzen *oder* Subjekt-Objekt', ein Terminus, der von Fichte zuerst im Jahre 1795 gebraucht worden ist.[33] Ausdruck für eine vermittlungslose Einheit im Ich ist er wohl erst ein wenig später geworden.

Es läßt sich zeigen, daß Fichte selbst die Unklarheiten der ‚Grundlage' gerade in dieser Sache sehr wohl erkannte. 1802 ließ er einen Neudruck seines ersten Hauptwerkes herauskommen, der nur durch wenige Zusätze und Fußnoten erweitert ist. Die wichtigste von ihnen ist der Ziffer 10 des ersten Paragraphen beigegeben.[34] Dort hatte Fichte über das wesentliche Fürsichsein des Ich gehandelt. Im weiteren Gang der Wissenschaftslehre war freilich deutlich geworden, daß dieses Fürsichsein, genetisch betrachtet, keineswegs unmittelbar ist. Die Tätigkeit des Setzens bringt es nur vermittels eines ihr Entgegengesetzten zustande. Die Anmerkung abstrahiert davon und kommentiert, das Ich sei *vermittlungslos* Subjekt-Objekt. Damit gibt Fichte einem Abschnitt seines Werkes ein Gewicht, das er zuvor und im ur | sprünglichen Zusammenhang nicht hatte. Es bestand Grund, das für notwendig zu halten.

b. So kam also Fichtes Einsicht unter Bedingungen zustande, die nicht mit den Argumenten identisch sind, welche später zu ihrer Begründung dienen. Das Licht in Uranias Aug' schien nicht auf infolge der Kritik der Theorie vom Ich als Reflexion. Und somit ist auch die Geschichte der Entstehung seiner Einsicht in unseren Überlegungen noch nicht aufgeklärt. Sie ist sogar noch nicht einmal berührt worden. Zu diesem gewichtigen Thema können wir hier nur anmerken, daß die Idee der Wissenschaftslehre vermutlich aus der Kombination von drei Problemen hervortrat: Nach dem Erfolg seiner ‚Kritik aller Offenbarung' erhielt Fichte höchst ehrenvolle Angebote zu Rezensionen in der allgemeinen Literaturzeitung. Diese Aufgabe zwang ihn dazu, in der theoretischen Philosophie auf die Höhe der Diskussion der Zeit und zu einer eindeutigen Position zu gelangen. Er hat sie sich binnen eines halben Jahres erarbeitet und etwa so begründet: (1) Den skeptischen Einwänden gegen die Kanti-

---

[32] [FGA IV,2, S. 31] Nl. S. 357.
[33] [FGA I,3, S. 255] FSW II, S. 444.
[34] [FGA I,2, S. 261] FSW I, S. 98 A.

sche Philosophie kann man entgehen, wenn man darauf achtet, daß das Selbstbewußtsein nicht Substanz, also auch nicht unerkennbare Substanz, sondern durchaus Wissen, und zwar unbedingtes Wissen ist.[35] (2) Die Philosophie der Sittlichkeit, welche einen Nachweis von der Realität einer reinen praktischen Vernunft zu liefern hat, kann ihn nur unter der Voraussetzung eines Unbedingten im Bewußtsein geben. Die Widerlegung der theoretischen Skepsis muß sich also desselben Mittels bedienen wie die der Skepsis in Sachen der Moral.[36] (3) Der maßgebliche Versuch der Zeit, Kants Lehre als System zu fassen, Reinholds Elementarphilosophie, ist eine Folge von Sophismen. Sie kann nichts anderes sein, weil sie das Bewußtsein nur als *Beziehung* von verschiedenen Momenten aufeinander versteht. Bei dem Versuch, eine Kategorienlehre des reinen Denkens aufzubauen, erweist sich aber: Eine Elementarphilosophie ist nur dann möglich, wenn alles in unserem Geiste „an einer Kette zusammenhängt". Die Deduktion muß sich auf eine höchste Einheit stützen können. Es liegt nahe, sie in der Unbedingtheit des Ich zu suchen. Die aber ist nicht Einheit, wenn auch sie nur die letzte, unübersteigbare Evidenz einer Beziehung ist. So muß das Ich als Gegen | teil einer Beziehung von Bestehendem gedacht werden. Ich ist unbedingte Tat.

Uns ist das Manuskript erhalten, in dem sich die Genese von Fichtes ursprünglicher Einsicht so genau verfolgen läßt wie die von keinem anderen Grundgedanken der Philosophie. Kleine Auszüge aus ihm hat ehedem Kabitz publiziert;[37] seine Veröffentlichung in der kritischen Ausgabe unter dem Titel ‚Eigne Meditationen über ElementarPhilosophie' steht bevor.*

Die frühe Form von Fichtes Wissenschaftslehre erwuchs also aus der kritischen Aneignung Reinholds. Wer die Meditationen von 1793/4 kennt, der sieht auch noch in den Blättern der ‚Grundlage' vom Frühsommer 1794 das Gefüge von Reinholds Werk durchscheinen. Die Kritik an dessen Schwächen und die Frage nach der Grundlage eines Systems in Kants Geist brachte Fichte auf den Gedanken von einem Ich, das sich schlechthin setzt. So war er also

---

* [FGA II,3, S. 1–177]
[35] [FGA I,2, S. 49 ff., 56 f.] FSW I, S. 11, 16.
[36] [FGA I,2, S. 28] FSW VIII, S. 425.
[37] Vgl. W. Kabitz, *Studien zur Entwicklungsgeschichte der Fichteschen Wissenschaftslehre*, 1902.

auch am Beginn kein Geniestreich, sondern Ergebnis des Versuches, in theoretischen Schwierigkeiten zu einer Lösung zu kommen. Doch blieb er damals noch ganz der Aufgabe untergeordnet, Reinhold zu überbieten, damit Kant gegen Schulze zu verteidigen und so zugleich den Primat der praktischen Vernunft zu sichern. Alle Bestimmungen, welche dem ‚absoluten Ich' zugesprochen werden, verstehen sich von daher. Fichte konnte den Gehalt der Einsicht, die er auf diesem Wege erworben hat, noch nicht frei und unabhängig von jedem Bezug zur Fragestellung der Zeit ins Auge fassen. Daß dies bald geschah, dafür haben gewiß seine Studenten und die Kollegen gesorgt, mit denen er in Jena täglich philosophierte. War er doch zu dem geworden, von dem man erwartete, daß er das Licht der kritischen Philosophie weitertragen werde, und zugleich zum ersten Philosophen der Weltuniversität seiner Zeit. Lebhaftes Interesse und leidenschaftliche Kritik umgaben ihn. Sie hätten auch einen Mann vorangetrieben, der weniger als er zu Konsequenz und Klarheit entschlossen war. So kam es bald dazu, daß sich Fichtes Systemkonzept gänzlich von den Mustern löste, die ihm zunächst durch Reinhold vorgegeben waren. Nur der Begriff des Ich, die Methode in der Entwicklung des Systems (nicht seiner Darstellung) und viele Einsichten in den Zusammenhang des subjektiven Lebens blieben erhalten. Sie gingen ein in die neue Deu | tung von Fichtes Systemidee. In der Wissenschaftslehre von 1798 ist sie uns überliefert.

Wir sahen, daß Fichtes ursprüngliche Einsicht eine neue Epoche des Nachdenkens über Phänomene des Selbstbewußtseins eröffnet. Ihre Genese stimmt recht gut dazu: Fichte gewann seine Einsicht im Anschluß an Kant und Reinhold und somit in den äußersten Bahnen der Theorie vom Ich als Prinzip von Erkenntnis. Dann aber hat er sie aus diesen Bahnen herausgehoben und für sich zur Geltung gebracht.

c. Die neue Darstellung der Wissenschaftslehre hat die Formel vom Ich erweitert: Das Ich setzt sich schlechthin als sich setzend. Man kann recht gut die Vorgeschichte dieser Erweiterung überblicken. Der Sache nach folgt dieses ‚als' schon aus einem Gedanken der Aenesidemusrezension: Das Vorstellungsvermögen existiert *für* das Vorstellungsvermögen.[38] Ich ist wesentlich Fürsichsein. Daß sich

---

[38] [FGA I,2, S. 51] FSW I, S. 11.

daraus die Konsequenz eines doppelten Wissens im Ich herleitet, hat Fichte erst 1798 begriffen. Die Aufsätze im Philosophischen Journal aus dem Jahre 1797 enthalten noch nichts davon. Aber auch die mindere Konsequenz, derzufolge jegliches Ich ausdrückliches Sichhaben ist, hat Fichte nicht sogleich gezogen. Sonst hätte er nie vom Auftreffen eines Ich auf einen Anstoß sprechen können, der das ‚Sich' des Bewußtseins erwirken soll.

Die Formel vom Ich, das sich ‚als' setzend setzt, leitet sich dennoch kontinuierlich aus der ‚Grundlage' von 1794 ab. Dies Werk lehrt bekanntlich, aus der Einschränkung des Ich durch eine Entgegensetzung folge, daß sein Setzen in doppelter Weise geschehen muß. Das Nicht-Ich ist als beschränkt durch das Ich, das Ich als bestimmt durch das Nicht-Ich zu setzen.[39] Die Formel vom ‚Setzen als ...' taucht hier zum ersten Mal im Zentrum des Gedankens auf. Sie meint zunächst nur, daß Ich sich in *bestimmter* Weise setzt, – nicht schon als Ich überhaupt. Auch besagt sie nicht, das Resultat der Setzung müsse zum expliziten Bewußtsein von ihrer Eigenart führen. Im Verlaufe des Werkes nimmt sie aber diesen Sinn an.[40] Denn ihm entspricht der Gang des Fortschrittes in der Setzung des Ich, den Fichte auch ‚das Reflexionsgesetz' nennt.[41] Die ursprüngliche Setzung wird in einer Kette neuer Setzungen aufgeklärt und dem Ich zum Bewußtsein gebracht. Im praktischen Teil der Wissenschaftslehre wird dies Reflexionsgesetz sogar als direkte Folgerung aus dem Begriff des Ich definiert. Da heißt es: „Das Ich soll sich nicht

---

[39] [FGA I,2, S. 285, 287] FSW I, S. 125, 127.
[40] [FGA I,2, S. 365, 368 f.] A. a. O. S. 223, 227.
[41] Auf Fichtes Gebrauch des Terminus ‚Reflexion' sei aufmerksam gemacht. Nach der ‚Grundlage' von 1794 ist es ein Gesetz des Ich, über sich zu reflektieren, d. h. sich seine Setzungen bewußt zu machen. Es folgt aus dem Wesen des Ich, sich zu setzen als bestimmt, gilt aber nicht für den ersten Akt der Setzung im absoluten Ich. Vor allem die ‚Theorie der Vorstellung' und der ‚Grundriß des Eigentümlichen' (1795) haben das Reflexionsgesetz zur methodischen Voraussetzung. Von 1801 an wird auch das Ich durch Reflexion gedacht, nun aber einem Begriff von Reflexion gemäß, der dem Modell der Theorie direkt entgegengesetzt ist, die wir ‚Theorie vom Ich als Reflexion' genannt haben. Die Grundform des Wissens „reflektirt sich in ihr selbst, [...] sie thut es eigentlich gar nicht, sondern sie ist es" [FGA II,6, S. 172] (FSW II, S. 41). Fichte spricht auch vom ‚Grundreflex' im Gegensatz zur Leistung der Reflexion, besonders eindrucksvoll gegen Schelling im Brief vom 15. 1. 1802 [FGA III,5, S. 111] (Briefe, ed. Schulz II, S. 350).

nur selbst setzen für irgend eine Intelligenz ausser ihm; sondern es soll sich *für sich selbst* setzen; es soll sich setzen, *als* durch sich selbst gesezt".[42] Damit ist die Formel von 1797 erreicht. Doch sie ist noch immer nicht die Grundformel der ganzen Wissenschaftslehre. So heißt es in ihr, daß Ich sich als Ich setzen ‚*soll*'. Das bedeutet, daß es nicht je schon für sich gesetzt *ist*.

d. ‚Kraft, der ein Auge eingesetzt ist', – auch diese dritte Formel Fichtes hat eine Vorgeschichte. Man findet die Metapher vom Auge zuerst in der Wissenschaftslehre von 1798. Dieser Text beruht ja auf Fichtes neuer Einsicht, daß jegliches Ich wesentlich Für-sich-sein ist. Und eben dies meint Fichte zunächst, wenn er vom Ich als Auge spricht. Der Zusammenhang macht es klar: Auge ist der Gegensatz zum Spiegel.[43] Das Bild im Spiegel ist Bild nur für einen, der es sieht. Im Ich aber ist der Spiegel selber sehend, er ist Auge geworden. So sind die Bilder des Spiegels keine Bilder von anderem und für anderes. Seine Bilder sind Bilder seines eigenen Sehens, die der Sehende auch selbst erblickt. Sie sind von und für ihn selbst. „Das ICH in der WISS=Lehre [...] ist ein sich ABSPIEGELNDER SPIEGEL, ist Bild von sich." |

Diese Metapher unterscheidet sich noch durchaus von der Fassung des Jahres 1801. Es fehlt der Gedanke, daß das Auge einem Tun ‚eingesetzt' ist. Er liegt Fichte vorerst noch ganz fern. Noch leitet er das Auge aus der Tat des setzenden Ich her. Wie es zur neuen Formel kam, zeigen zwei Stellen aus dem ‚System der Sittenlehre' (1798) und der ‚Bestimmung des Menschen' (1800).[44] In ihnen spricht Fichte davon, daß das Auge eingesetzt wird. Der sachliche Zusammenhang, in dem das geschieht, ergibt sich am besten im Text der Sittenlehre. Ihr zufolge findet das Ich, sobald es eine Erfahrung mit sich macht, in sich einen Trieb zur Selbsttätigkeit. Dieser Trieb ist blind, muß aber als Trieb des Ich dem Ich, das ihn gewahrt, zugeeignet werden. Das geschieht, indem ihn das Ich unter die Herrschaft des Begriffs bringt und so vom selbsterzeugten Gedanken abhängig macht. Dies drückt die Sittenlehre so aus: Das kräftige, bewußte Ich ‚reißt sich

---

[42] [FGA I,2, S. 406] FSW I, S. 274.
[43] [FGA IV,2, S. 49] Nl. S. 377.
[44] [FGA I,5, S. 48; I,6, S. 254] FSW IV, S. 33 A; II, S. 249.

los' vom bewußtlos gegebenen und bringt sich so unter die ‚Botmäßigkeit des Begriffs'.[45]

Im selben Zusammenhang macht ‚die Bestimmung des Menschen' Gebrauch von der Augenmetapher: „Ich [...] setze gleichsam dem an sich blinden Triebe Augen ein". Auch hier ist es noch das Ich, welches dafür steht, daß der Trieb Augen enthält. Das entspricht dem Gedanken der Sittenlehre. Aber es bewirkt einen Zustand, in dem Auge und Trieb innerlich miteinander verbunden sind, – ein Zustand, dem es erlaubt ist, seine Herkunft aus der Tat zu vergessen. Trieb und Auge sind in sich geschlossene Tatwelt. Man kann nicht sagen, dies wolle ‚die Bestimmung des Menschen' lehren. Aber es ist doch die Richtung, in die Fichtes Metapher deutet.

Zu der Stelle der Sittenlehre, welche dem Passus in der ‚Bestimmung des Menschen' zugrundeliegt, hat Fichte später eine (undatierte) Marginalie hinzugefügt. Sie lautet: „Es werden *Augen* eingesetzt dem Einen".[46] Sie war dazu bestimmt, das neu zu formulieren, was nach dem Text von 1798 im ‚Losreißen' des Ich von der gefundenen Tendenz geschieht. Damit ist aber der ursprüngliche Sinn dieses Textes völlig verändert. Augen werden nun ‚dem Einen' eingesetzt. Damit kann nicht mehr die Tendenz gemeint sein. Sie hatte ihren bestimmten Ort im System der angewandten Wissenschaftslehre, welche den Ur | sprung der Erfahrung des handelnden Selbstbewußtseins untersucht. Das ‚Eine' aber ist zumindest die reine Tatkraft des Ich, vielleicht schon das göttliche Leben der Lehre von 1801. Es gehört also in die Grundlegung der gesamten Wissenschaftslehre. Und von ihm wird nun gesagt, daß Augen ihm eingesetzt werden.

Wir haben also folgenden Vorgang zu konstatieren: Fichte bildete die Augenmetapher, um das Wesen des in sich geschlossenen Ich zu bezeichnen. Vom ‚eingesetzten' Auge sprach er zunächst im besonderen Zusammenhang der Sittenlehre. Damit war die Metapher zusammen mit dem Gedanken, den sie einschließt, vollständig geworden. Sie wurde aber noch der absoluten Tat des Ich untergeordnet. Nachdem diese Lehre sich gewandelt hatte, holte Fichte die Metapher zurück ins Zentrum seiner Wissenschaftslehre. Sie war von nun

---

[45] [FGA I,5, S. 48 f.] FSW IV, S. 32 f.
[46] [FGA I,5, S. 48] FSW IV, S. 33 A.

an die angemessene Formulierung dieser Theorie, die sich als Docta ignorantia verstand und deshalb der Metaphern bedurfte.

e. Es ist eine der interessantesten Aufgaben der Fichteinterpretation, die Gründe dieser Verwandlung aufzudecken. Wir haben gezeigt, daß es hinreichend viele sachliche Gründe gab, die Interpretation des Selbstbewußtseins zu verändern. Wirksam konnten sie allerdings erst werden, als auch andere Motive in dieselbe Richtung wiesen. Wir können sie hier nicht einmal aufzählen. Nur ein Hinweis, der die Theorie des Selbstbewußtseins unmittelbar betrifft, kann noch gegeben werden.

Die Interpreten lassen sich kaum je auf Fichtes Versicherung ein, er sei vom Atheismusstreit überrascht worden, als er eben dabei war, die höchste Synthesis der Philosophie zu vollenden. Dies sei die Synthesis von intelligibler und sinnlicher Welt. Hätte man sie gekannt, so hätte man nicht ‚Atheismus' schreien können.[47] Man mißtraut dieser Selbstinterpretation und hält sie für eine nachträgliche Rechtfertigung. Diese Meinung sollte man überprüfen, – aus folgenden Gründen: Die Wissenschaftslehre von 1798 hat nicht nur die Formel vom Selbstbewußtsein verändert. Sie hat der Theorie auch einen ganz anderen Aufbau gegeben. Das System der Sittenlehre ist in die Grundlegung selbst aufgenommen, – mit der Folge, daß das sittliche Bewußtsein zur eigentlichen Grundstruktur des Ich wird. Indem dies geschah, konnte und mußte auch die Beschreibung des sittlichen Bewußtseins | verändert werden. Denn in der ‚Grundlage' von 1794 stand es unter dem Ichbegriff. Aus ihm folgte zunächst der Begriff des Erkennens; die sittliche Aufgabe war sein würdigeres Komplement. Auch die neue Beschreibung beginnt mit der Lehre vom Erkennen. Jetzt ist sie aber nur die Einführung in die Definition des sittlichen Wissens. Ist diese erreicht, so werden die Stufen der Erkenntnis rückläufig aus ihr gewonnen und damit eigentlich erst deduziert.[48] Der Begriff der Sittlichkeit aber wird als Synthesis zweier Welten genommen.[49] Fichte ist sich durchaus dessen bewußt,

---

[47] [FGA III,5, S. 45] Briefe, ed. Schulz II, S. 323.
[48] [FGA IV,2, S. 132, vgl. S. 157, 178 f.] Nl. S. 467, vgl. S. 492 f., 516.
[49] [FGA IV,2, S. 141–144; vgl. auch I,4, S. 220] Nl. S. 476 ff., vgl. auch FSW I, S. 467.

daß diese Beschreibung tiefer und dem Kantischen Gedanken angemessener ist als die, welche er selbst früher gegeben hatte.

Mit diesem Theorem, das hier nur oberflächlich referiert wurde, hat Fichte den Begriff des Selbstbewußtseins schon in eine Position gebracht, die man mit der von 1801 vergleichen kann. Das Selbstbewußtsein ist Manifestation, die Manifestation seiner selbst aber nur die Erscheinung eines Grundes, der für alles Erkennen unausdenkbar ist. Nach der Lehre von 1798 manifestiert es das Gesetz der intelligiblen Welt, nach der von 1801 Gottes Leben. So konnte Fichte an den Gedanken von 1798 anknüpfen, als neue Erfahrungen und weitere Gründe ihn veranlaßten, die Wissenschaftslehre im ganzen umzugestalten. Weder die neue Formel seines Grundgedankens noch die neue Fassung seines Systems sind als Akkomodationen zu verstehen.

VII. AUSBLICK

Ein Ausblick soll am Schluß stehen. Unsere Abhandlung über Fichtes ursprüngliche Einsicht bezog nicht den ganzen Zusammenhang seiner Sätze über das Selbstbewußtsein ein. So wurde darauf verzichtet, die gewichtige Frage nach dem Verhältnis von Ichheit und Individualität zu stellen. Wer ‚Ich' sagt, der meint dieses bestimmte, seiner selbst bewußte Wesen. Jeder kann nur von sich als ‚Ich' reden; sinnlos ist es, einem anderen zuzurufen: ‚Du Ich da!'. Der philosophische Terminus ‚Ich' läßt sich nicht in die Sprache des Lebens einbringen. Dies feststellen, heißt durchaus nicht, ihn rechtlos machen. Es heißt, ein Problem hervorheben. Das Bewußtsein ‚Ich' individualisiert. Das tut es aber nicht wie die Warze am Kinn oder der Platz | in der Mannschaft. Die nachdenkenswerte Eigenschaft dieses Bewußtseins ist es, zugleich auch zu verallgemeinern. *Jeder* ist durch Ich individualisiert. Sofern er ‚Ich' sagt, weiß er sich als dieser. Und jeder weiß sich als dieser bestimmte Diese, indem er *dasselbe* von sich sagt, – nämlich ‚Ich'. Diese Einheit von Einzelheit und Allgemeinheit, die gar nicht spezifiziert werden kann, läßt sich leicht interpretieren, wenn man sie als eine Weise zu *sprechen* versteht. Sie ist dann ein Hinweisen, ein Indikator. Damit ist das Problem beseitigt. Freilich darf dann aber auch niemand mehr sagen, ‚Ich' sei eine Weise des Bewußtseins und somit eine Realität in dem, auf das verwiesen wird. Wenn das zugegeben wird, kehrt das ganze Problem zurück. Und es muß zugegeben werden. Sonst ließe sich das, was Menschen durch Vernunft miteinander verbindet, auf keine Weise verständlich machen.

In seinen gelegentlichen Sätzen über das Selbstbewußtsein hatte Kant dies Problem erörtert. ‚Ich' schließt ein doppeltes Bewußtsein ein, logische Allgemeinheit und empirisch bestimmtes Dasein. Er hatte aber beides sogleich zwei verschiedenen Subjekten zugeschrieben, der reinen und der empirischen Apperzeption, die zwar zueinander gehören, aber wohl zu unterscheiden sind. Dabei blieb unberücksichtigt, daß auch das empirische Ich als Ich schon allgemein, das reine aber aus demselben Grunde auch schon ein einzelnes ist. Achtet man auf das Formale, so ist diese Schwierigkeit von der gleichen Art wie die, welche in Fichtes ursprünglicher Einsicht in Angriff genommen worden ist. Einzelheit und Allgemeinheit sind im realen Ich ebenso zwei Momente in ursprünglicher Einheit wie Subjekt und Objekt in seinem Wissen von sich.

Hegel war es, der dieses Kantische Problem aufgenommen hat. Er hat die logische Konstruktion der Bedingungen versucht, die erfüllt sein müssen, damit ein Gedanke von der Einheit des Ich als allgemeinem und je einzelnem möglich ist. Auch er ging also von einem Problem aus, das Kant unberücksichtigt gelassen hat, nur von einem anderen als Fichte. In der idealistischen Theorie des Selbstbewußtseins gehen also zwei Linien von Kant aus. Die eine führt direkt zu Hegel, die andere zu Fichte. Dessen Standpunkt ist das Ich-Wissen. Was er über das Verhältnis des Ich-Individuums zur Ichheit lehrt, hat nie die Tiefe seiner ursprünglichen Einsicht gewonnen, wie sehr es auch über Kants beiläufige Dicta hinausführt. |

Man kann noch andere Dunkelstellen in Fichtes Lehre vom Ich aufweisen. Ginge es um eine umfassende Bestandsaufnahme des Problems ‚Selbstbewußtsein', so müßte das auch geschehen. Hier sollte aber nur an Fichtes ursprüngliche Einsicht erinnert werden. Die Philosophie hat sie vergessen; mehr noch, sie hat sie niemals zur Kenntnis genommen. Zwar ist sie keine Erkenntnis, mit der man sich zufrieden geben kann. Aber sie ist bisher von niemandem überboten worden. Und sie zeigt, welchen Ansprüchen sich eine Theorie unterwerfen muß, die das Licht des Gedankens zur Mitte des Be-

VII. Ausblick

wußtseins bringen will, in dem wir uns verstehen. Wem dieses Licht nur dazu dienen soll, Trivialitäten aufzustöbern, der tut gut daran, sich auf anderen Wegen zu halten.

Es würde nicht allzu schwer sein, den Nachweis zu führen, daß die bedeutenden Nachfolger Fichtes auf dem Gebiet der Theorie des Selbstbewußtseins von ihm noch immer hätten lernen können. Herbart hatte die Absicht, Fichtes sachliche Einsichten mit Hilfe einer sachlicheren Methode zu verifizieren als der der Wissenschaftslehre. Er hat aber niemals ein einheitliches Phänomen ‚Selbstbewußtsein' in den Blick gebracht, trotz aller Belehrung, die auch ihm zu verdanken ist. Husserls transzendentale Phänomenologie erliegt trotz vieler fruchtbarer Distinktionen der Kritik der Theorie des Ich als Reflexion. Heidegger hat die Philosophie des Selbstbewußtseins zwar unterlaufen, doch nur um den Preis, die sachlichen Fragen, um die sie sich müht, einfach beiseite zu lassen.

Man muß auch bedauern, daß in der Wirkungsgeschichte des Idealismus Fichtes Einsicht ohne Folgen blieb. Wirksam ist Hegels Denken geworden. Gegen es hätte Fichte zweierlei einzuwenden gehabt: Hegel denkt die Einheit der Gegensätze nur dialektisch, also aus ihrem Resultat. Das Phänomen des Ich verlangt aber, sie als ursprüngliche Einheit zu fassen. Des weiteren denkt er die Einheit von Wirklichkeit und Freiheit nur als Verwirklichung der Freiheit, somit wiederum nicht als ursprüngliche Einheit der beiden. Jede Entwicklung von Gegensätzen geschieht im Raume ihrer Einheit, der ihre Bewegung erst möglich macht. Und Freiheit ist schon in sich als wirkliche Freiheit zu denken.

Auch viele von Hegels Nachfolgern haben Einwände dieses Typs gegen ihn erhoben. Doch ihre Folgerungen haben nirgends den Rang von Fichtes Einsicht erreicht. Sie alle neigen dazu, Ich, Vernunft und | Freiheit irgendeine Wirklichkeit abstrakt vorzuordnen und zu sagen, daß sie es sei, von der wir dependieren. Dabei wird nur Hegels Fehler wiederholt, in umgekehrtem Zusammenhang und vergröbert. Nur das Faktum der Freiheit wird gedacht, nicht die Freiheit als Faktum. Dann aber muß die Frage nach Wesen, Einheit und Ursprung des Ich verstummen.

DER EINSICHT NACHDENKEN

(2019)

INHALT

I. HORIZONTE DER EINSICHT

1.	Warum eine unveränderte Auflage	55
2.	Der Akzent im Titel	62
3.	Setzen	73
4.	Für-sich-sein und Begrenztsein	79
5.	Einziges Ich und einzelne Subjekte	84
6.	Einssein im Selbstsein?	90
7.	Selbstbezug und Selbstbewusstsein	103
8.	Sonderstellung von Selbstbewusstsein	108
9.	Synthesis im Selbstsein	120
10.	Was ist Subjektivität?	125
11.	‚Dieses Ich' als Ausgangspunkt alles Verstehens	129

II. DAS PROBLEM IM ZENTRUM

A.	*Zugänge in der analytischen Philosophie*	133
12.	Ich-Gedanken und Sprache	133
13.	Quine, Davidson, Tugendhat	135
14.	Verfahrensfragen	141
15.	Castañeda und die Ansätze in der Philosophy of Mind	150
B.	*Klärungen im Bezug auf Fichte*	162
16.	Die drei Formeln, methodisch betrachtet	162
17.	Die Schlüsselbedeutung der dritten Formel	167
18.	Umstellung von Ich auf Wissen	173
19.	Allgemeinheit und Einzelheit im ‚Ich'	178
20.	Das einzelne Subjekt in der Abhandlung	184
21.	Hölderlins Gewicht in Fichtes Problemkreis	197

III. ALTERNATIVEN IM BAUPLAN

22. ‚Das Wissen' als Prinzip – Aufbau und Folgeproblem — 203
23. Fichtes Einsicht, in den Grenzen ihrer Explikation erneut verdeutlicht — 232
24. Grundzüge der Einzelheit von Subjekten — 253
25. Das Profil einer anderen Konzeption — 268

IV. EIN RÜCKBLICK ZUM HINTERGRUND

26. Kants Aussagen über Selbstbewusstsein — 283

I. HORIZONTE DER EINSICHT

1. WARUM EINE UNVERÄNDERTE AUFLAGE

Philosophische Gedanken bauen sich auf in einem vielgliedrigen Terrain. Sie erfassen ein Problem, und wollen es entfalten und lösen. Dabei müssen sie es aus einem Zusammenhang aufnehmen und in ihm orten, für den es Bedeutung hat, den sie aber nicht zur gleichen Zeit ausmessen und übersichtlich werden lassen können.

Sie gehen davon aus, dass die Klarheit, die sich aus der Entfaltung des Problems ergibt, von Bedeutung für den gesamten Zusammenhang sein wird, in den es einbegriffen ist. Der Bezug auf ihn und die Aussicht, welche die Entwicklung eines Gedankenganges verspricht, spielen überall in dessen eigene Abfolge hinein. Wo dieser Bezug in der Entfaltung eines Problems jederzeit gegenwärtig ist, kann ein Text, der diesem Problem gewidmet ist, ein größeres Interesse als dasjenige auf sich ziehen, welches dieses Problem für sich allein gewinnen würde – auch wenn es eine der Fragen betrifft, die mit dem Entschluss zum Philosophieren eng verbunden sind.

Solche Betrachtungen gewinnen ein Gewicht, wenn sich ein Autor nach einem halben Jahrhundert einem seiner eigenen Texte zuwendet, der noch immer viele Leser findet. Schon seit langem hätte dieser Text wieder zur Verfügung gestellt werden sollen. Nach einigen Jahren und dann für lange Zeit lag der Plan eines Sammelbandes mit weiteren Arbeiten nahe. Denn ich hatte bald nach dem Erscheinen der Fichte-Abhandlung einige philosophische Aufsätze und Vortragstexte geschrieben, die dem Problem der Abhandlung von einem ganz anderen Ansatz her nachgingen. Die Abhandlung entfaltete ein Problem, gab jedoch keinen definitiven Aufschluss über es. So entstanden weitere Texte, die sowohl von der wachsenden Nähe zur angelsächsischen Philosophie wie von den eigenen Forschungen zu Kant und der spekulativen Philosophie seiner Nachfolger gewonnen haben. Schon bald war für einen Sammelband aber ein weiterer Text unentbehrlich geworden. Von ihm war zu erwarten, dass er alle Überlegungen übersichtlich werden lässt, die von dem Problem veranlasst werden, dessen Gewicht von der Fichte-Abhandlung herausgearbeitet worden war. Zudem sollte er das Profil einer möglichen Lösung anzeigen. Deutlich zu machen, wie tief ein Problem reicht und in welche Dimensionen es ausgreift, hat freilich in der Philosophie gegenüber dem eigenen Lösungsversuch die größere Bedeutung und nachhaltigere Wirkung – zumindest dann, wenn ein solcher Versuch nicht für eine philosophische Konzeption insgesamt, so wie Fichte es tat, eine zuvor unausdenkbare Perspektive erschließt.

Es wurde jedoch bald immer schwieriger, den Umfang und die Anlage eines solchen Bandes zu konzipieren. Die öffentlichen Kontroversen, in die ich mit dem Gewicht, das ich Fichtes Problem gegeben hatte, einbezogen worden bin, hätten in einer Bilanz berücksichtigt werden müssen. Dazu kam die weit größere Schwierigkeit, der inneren Verwicklung der Problematik, ihrer Verfugung mit anderen Problemdimensionen der Philosophie und den historischen Versuchen zu ihrer Beherrschung gerecht zu werden – und das in dem Format, das für einen Abschlusstext zu einer Sammlung noch angemessen bleiben sollte. Dafür würde jedoch ein eigenes Buch notwendig sein – und für ein solches Buch müsste wieder eine eigene Form gefunden werden. Sie könnte dem linearen Aufbau der Erörterung eines einzelnen Problems nicht entsprechen, das sich isolieren lässt und auf dessen Lösung in einer einfachen Sequenz von Schritten zugegangen werden kann. Die Verschränkung gerade dieses Problems mit vielen Feldern der Philosophie, etwa der Ethik und der Ästhetik, hätte nach einer polydimensionalen Buchform verlangt, die neu hätte konzipiert und erprobt werden müssen.

Das philosophische Interesse an der Fichte-Abhandlung hielt aber weiter an, und zugleich begann man, ihr auch in der noch jungen Geschichte des Aufkommens einer kontinuierlichen Bemühung um die Erschließung von Fichtes Werk eine Bedeutung zuzuschreiben. Das alles führte schließlich zu dem Entschluss, die Abhandlung als einzelnen Text neu aufzulegen. Dabei sollte zudem jeder Eingriff in den ursprünglichen Text unterbleiben. Er war inzwischen oft zitiert und mehrfach übersetzt worden. Schon deshalb verband sich mit ihm eine Art von Anspruch auf die historische Integrität eines Dokumentes.

Und doch sprach wenig dafür, den Text in seiner alten Gestalt einfach noch einmal abzudrucken und ihn dafür rein redaktionell durchzuarbeiten, alles Weitere aber, damit jeden späteren Anschluss

1. Warum eine unveränderte Auflage 57

an ihn und jede Kritik, die ihm galt, beiseite zu lassen und ihn also ähnlich wie einen Nachdruck zu behandeln. Wurde er nach so langer Zeit wieder vorgelegt, so war doch zumindest eine Reflexion auf die Zeit und die Bedingungen zu erwarten, unter denen er entstanden war und zu Kontroversen Anlass zu geben begann.

Dem zu entsprechen, hatte für den Verfasser notwendig zur Folge, dass er sich den eigenen Text erneut aneignen und sich in die Zeit und die Bedingungen, unter denen er entstand, zurückdenken musste. Als der Plan zu einer isolierten Neuauflage feststand, wurde also eine neuerliche Lektüre notwendig. Dabei machte ich die Erfahrung, dass ich den Text inzwischen wie den eines anderen Autors, dessen Auslegung ich mir vornahm, zu studieren hatte. Nicht nur war inzwischen die Erinnerung an die eigene Niederschrift verblasst. Es traten nun auch solche Züge deutlich hervor, die in der Erinnerung verwischt geblieben waren – zudem solche, die schon zur Zeit der Niederschrift nicht in derselben Deutlichkeit wie der Aufbau der Argumentation vor Augen standen – die damals womöglich noch gar nicht hätten formuliert werden können. Die Distanz ließ darüber hinaus sogar Differenzen zwischen Fichtes eigenen Motiven und dem Hintergrund des Begründungszieles erkennen, der den Autor selbst in seinem Zugang zu Fichte und dessen Auslegung motiviert hatte.

Jedes philosophische Werk entsteht in einer Konstellation von Problemen und Erwartungen, zu denen es sich ausdrücklich verhält, in die es aber auch ohne distanzierte Überlegung einbezogen sein kann. So haben philosophische Untersuchungen und gewichtige Exegesen immer auch einen bestimmten historischen Ort. Das gilt in herausragendem Maß für Fichtes Werk. Es entstand im Zentrum einer der gedankenreichsten und erregtesten Epochen der Geschichte der Philosophie. Fichte selbst hatte sein Programm nur wenige Jahre nach dem Beginn seines Studiums von Kants Werk und gerade an derjenigen Universität zu vertreten und zu entfalten, an der diese produktive Erregtheit zuvor schon einen Gipfel erreicht hatte.

Meine Abhandlung hatte das Ziel, in Fichtes Werk ein Grundmotiv herauszuheben – aber nicht nur, um von diesem Motiv her sein Werk als Ganzes verständlicher werden zu lassen. Sie wollte zugleich, und offensichtlich vorrangig, die Bedeutung dieses Motivs und der neuerlichen Bemühung um es für das Denken um die Mitte des zwanzigsten Jahrhunderts deutlich herausarbeiten. Fichtes Werk wollte es als eine maßgebende Stütze bei der Erneuerung einer solchen Bemühung wirksam werden lassen.

So sollte sie wohl einerseits einen Impuls zur Bemühung um die Entschlüsselung von Fichtes schwierigem Werk ergehen lassen, das zu jener Zeit ganz im Schatten von Heideggers und Hegels Wirkung stand. Doch vor allem ging es mir darum, einem philosophischen Problem sein Gewicht zurückzugeben, das von den die Zeit beherrschenden Positionen der Philosophie ignoriert und verharmlost wurde. Darüber hinaus galt ein Interesse an ihm – über alle Kontroversen der einflussreichen Schulen hinweg – sogar als sicheres Anzeichen eines historisch überständigen und von den eigentlichen Fragen der Philosophie ebenso wie von den Lebensfragen der Gegenwart unberührten Denkens.

Fichte selbst hatte gesehen, dass mit dem Bewusstsein, das von dem Halbsatz ‚ich denke' und dem in ihm enthaltenen, vielleicht grundlegenderen Satz ‚ich bin' sprachlich gefasst wird, das Gewicht eines solchen Grundmotivs verbunden ist. Dass diese Gewichtung zutrifft, sollte nicht allein dadurch unterstrichen sein, dass Fichte es in das Zentrum seines Entwurfs einer philosophischen Systematik rückte. Seine Bedeutung im Philosophieren hatte zugleich mit den Schwierigkeiten hervorzutreten, den Gehalt des Gedankens ‚Ich denke' deutlich zu fassen, das in ihm gelegene Potential zur Entfaltung von Folgerungen aber zugleich mit den Schwierigkeiten hervorgehen zu sehen, von denen Fichte lebenslang in immer neuen Entwürfen und Durchführungen seiner Elementarphilosophie herausgefordert blieb.

Man kann nun wohl dies Motiv von einer Seite her betrachten, in der es als ein ebenso trivialer wie für die Philosophie folgenloser grammatischer Ausdruck erscheint. Aber für Fichte war mit ihm ein ausgezeichneter, in seiner Verfassung singulärer Gehalt verbunden. Und da er in dem Gesamtbereich von Wissen und Handeln eine zentrale Stellung und eine sich auf alles erstreckende Bedeutung hat, ergab sich für Fichte die Folgerung, dass im Blick auf ihn die Begriffsbildungen und die Systemform der Philosophie insgesamt einer Revolution unterworfen werden müssen. Das unterschied ihn auch noch von Kant. Der hatte zwar zuerst in dem Selbstbewusstsein, das mit dem Vollzug von Gedanken verbunden ist, ein erschließendes

Grundfaktum gesehen. Er mied es aber, sich auf dessen innere Komplexion und die Schwierigkeiten einer Explikation, die mit einem solchen Unternehmen hervortreten würden, in einem eigenständigen Arbeitsgang einzulassen. So entfaltete er seine neue Theorie der synthetischen Operationen des Verstandes zwar in Beziehung auf dies singuläre epistemische Bewusstsein, aber ohne die ihm eigene interne Verfassung in derselben Intensität zu thematisieren und genauer aufklären zu wollen. Fichte aber fand es notwendig, beide Unternehmen, die Begründung aus dem Ich und die Analyse seiner Verfassung, in einem Zuge durchzuführen. Dazu hatte ihm die Erkenntnis einen wichtigen Anlass gegeben, dass einer neuen Skepsis, die sich auch gegen Kants Grundlegung geltend zu machen begann, allein damit zu begegnen war, dass man auf die besondere Evidenz im Vollzug des Gedankens ‚Ich' hinweist und deren Implikationen entwickelt.

Mit diesem Konzept entsprach Fichte zugleich einem philosophischen Programm, das sich – gleichfalls im Anschluss an Kant – mit der Aussicht einer Erkenntnis verbunden hatte, die noch über Kant hinausführt: Der Forderung, ein philosophisches System könne nur dadurch auf eine feste Grundlage gestellt werden, dass es von einem einzigen Grundsatz aus entwickelt und begründet wird. Indem Fichte dies methodische Postulat durch die Begründung aller Herleitungen aus der inneren Verfassung des Gedankens ‚Ich' konkretisierte, hat er es mit einem anderen Begründungsgedanken verkoppelt. Er war von denen, die ihm in der Forderung nach einem einzigen Grundsatz vorausgegangen waren, weder bestimmt gefasst noch als Forderung erhoben worden. Doch für Fichte wurde der Monismus in der Verfahrensart unlösbar verbunden mit einem Monismus bei der Festsetzung des *Gehaltes*, von dem her die monistische Begründung zu organisieren war: Ein einziger Gehalt sollte mit seiner inneren Komplexion dazu genügen, die gesamte Sphäre der theoretischen und der praktischen Vernunft zumal in einem Gange durchsichtig werden zu lassen. Und ein singulärer Grundsatz sollte nur diesen einen Gehalt auf wohlbestimmte Weise ausdrücken.

Der Gehalt und die Argumentationsweise, die den Aufbau eines philosophischen Systems erlaubt, waren damit auf ganz neue Weise konzipiert. Aber der Gedanke, die Philosophie müsse alles von einem Grunde her verstehen, war so alt wie die Geschichte der Philosophie selbst. Aus der realen Einheit des Prinzips, das alles verständlich werden lässt, folgt zwar nicht, dass, was immer man von ihm erkennen kann, sich von einem einzigen komplexen Gedanken her erschließen lassen muss. Beide Erkenntnisziele können aber in einen vielversprechenden Zusammenschluss gebracht werden. Und gerade zu derselben Zeit, in der die Debatte über Kants Kritik begann und Fichte ins Philosophieren gezogen wurde, hatte das Programm einer solchen Gründungseinheit eine neue Plausibilität gewonnen. In ihr wirkte sich auch das Gewicht aus, welches Spinozas Metaphysik für die Selbstverständigung einer gewandelten Bewusstseinslage des Zeitalters gewonnen hatte – für einen Aufschluss über Gottes Gegenwart im Leben der Menschen und für ihr Verstehen der Natur in einem Ganzen als einem internen Verbund.

Man darf annehmen, dass diese Zeitströmung Fichte vielfach berührt hat. Zu Beginn hatte sie in der Dynamik seines Denkens nicht die Bedeutung eines vorrangigen Motivs. Indem seine *Wissenschaftslehre* aber in einem strukturalen Zusammenhang zwischen methodischem und metaphysischem Monismus konzipiert wurde und hervortrat, war sie auch deshalb – nicht um willen ihrer eigenen Bedeutung allein – in den Bereich der Aufmerksamkeit dieser Zeittendenz getreten. Sie forderte alle, die in deren Motivationsfeld nachdachten, aber ebenso Fichte selbst dazu heraus, ihr Verhältnis zueinander zu bestimmen. Im weiteren Verlauf ist dieser Aufgabe dann sogar ein Gewicht zugewachsen, von dem die Entwicklung von Fichtes Werk um die Wende zum 19. Jahrhundert nahezu dominiert gewesen ist.

Fichtes Begabung und Kraft zu einem Denken, das Problemlagen in ihrer Genese und Tiefe durchschaut und das eine Konzeption ausbildet, welche in dieser Tiefe ansetzt, wurde stets bewundert und in seiner Zeit als ohne ihres gleichen angesehen. Es heißt nicht, diese Einschätzung zu mindern, wenn man es dennoch für ausgeschlossen hält, dass er das Feld der Motivlinien, die er aufnahm, von Beginn an in souveräner Distanz überschaute und von einem solchen Überblick her zu beherrschen vermochte. Er unterlag ihnen zuvor immer schon, und er musste häufig aufs Neue einsetzen, um die Problemlinien, die von ihnen ausgingen, in einer einzigen Argumentationssequenz zusammenzuführen, zu entfalten und zu einer Auflösung der Probleme zu bringen. Die immer wieder neu einsetzenden Variationen seiner Wissenschaftslehre sind ein Zeugnis auch dafür, dass er sich mit nicht ermüdender Entschluss- und Arbeitskraft in diese Aufgabe eingelassen hat und seine Lebenskraft ganz von ihr absorbieren ließ. Dass der Plan, dies Unternehmen in einem gedruckten Buch zu vollenden, in kaum noch erreichbare Ferne rückte, ist neben vielem anderen eine Folge dieser seiner Ausgangslage.

Was die Abhandlung von 1966 ‚Fichtes ursprüngliche *Einsicht*' nannte, vollzog sich nicht als das ‚Heureka' des plötzlichen Gewinns der richtigen *Lösung* für ein schwieriges, aber gut formuliertes Problem. Sie war die Einsicht in die Sonderstellung des intelligenten Aktes ‚Ich' und das Eigentümliche der Selbstbeziehung in ihm. Die Einsicht schloss die Herausforderung ein, diese singuläre Weise zu wissen angemessen zu verstehen und zu explizieren. Damit tat sich aber eine Aussicht auf, die einzig mit diesem Ausgang zu verbinden war: eine philosophische Erkenntnis zu gewinnen, der die Gewissheit eines jedem Zweifel entzogenen Grundes innewohnt. So war die Einsicht eine Blicköffnung in einem mit dem Bewusstsein von einer *Aufgabe*, die zu lösen allererst anstand und die sogar auf einen langen Weg vorauswies.

Ist die historische Situation und die Ausgangsevidenz von Fichtes Denken so zu charakterisieren, dann ergeben sich Folgerungen für die Interpretation seines Gesamtwerks: Es ist nicht möglich, die Grundlinien seines Aufbaus und seiner inneren Entwicklung zu erschließen, ohne sich im eigenen Denken den Motivationslinien seines Werkes innerhalb des Kraftfelds von deren Wechselbezug auszusetzen – obwohl man auch der Meinung zuneigen mag, dies um der Reinheit einer exegetischen Bemühung willen vermeiden zu sollen. Andernfalls wird man entweder in eine Art von Dienst an Fichtes Wort und Botschaft genötigt, die Fichte selbst am meisten missbilligt hätte. Oder man fügt sich der Notwendigkeit, Fichtes Werk de facto unter der Dominanz nur einer der Problemlinien zu explizieren, die in dessen Herausbildung wirksam geworden sind.

In der während der letzten Jahrzehnte im Umfang und in der Dichte der Forschung hoch aufgewachsenen und ausgebreiteten Literatur zu Fichte ließen sich viele Beispiele für solche Profilbeschreibungen finden. In einen adäquaten Nachvollzug seines Denkens wird man nur gelangen, wenn man die Problemlinien als solche extrapoliert, denen er zu folgen hatte, um sodann darzulegen, wie er sie jeweils in eine Balance zu bringen vermochte.[1] Es kann nicht verwundern, dass die Fichteforschung diesem Muster nur in einer immer wieder erneuerten Bemühung nahekommt. Denn für die Philosophie bedeutsame Problemlinien werden sich immer in einer Beleuchtung abheben, die von jeweils einflussreichen Orientierungen des Denkens mit bestimmt sind. Aber ein Unterschied zwischen zwei Typen des Anschlusses an Fichte, der in der neueren Literatur deutlich hervortritt, erklärt sich doch daraus, in wie weit in ihnen die Absicht Gewicht hatte, Fichtes Denken von den Problemen her zu erschließen, die sich ihm gestellt haben. Ein solcher Zugang unterscheidet sich von Auslegungen, die Fichtes Denken einer Notwendigkeit unterworfen sehen, die ihm selbst verschlossen bleiben musste.[2] Aber auch dann, wenn eine im Denken Fichtes selbst wirksame Dynamik verständlich gemacht werden soll, muss dies, wenn nötig, unabhängig von den Lösungsformeln und den Selbstinterpretationen geschehen, zu denen Fichte selbst jeweils gelangt ist. Eben dies ist ja auch die Voraussetzung dafür, die Potentiale zu erkennen, die in einer durch den frühen Tod abgebrochenen Bemühung nicht ausgeschöpft werden konnten.

2. DER AKZENT IM TITEL

Doch hier geben solche Beobachtungen vor allem Anlass dazu, wieder auf die Abhandlung von 1966 zurückzukommen. Schon die Formulierung ihres Titels enthält eine Aussage darüber, dass sie nicht Fichtes Philosophie als ganze zum Thema hat – weder in einer ihrer Phasen noch ihrer gesamten Anlage nach. Sie stellt ein Problem heraus und sagt von ihm, dass es Fichte zu verdanken ist, dass dies Problem in seiner Tiefe aufgefasst und in seiner Bedeutung der Philosophie in neuer Eindringlichkeit deutlich gemacht worden ist.

[1] So zu verfahren entspricht Max Webers Methodologie eines Ausgangs von ‚objektiver Möglichkeit', die allererst eine adäquate Erklärung ermöglicht. Das Verfahren schließt auch ein, was ich in Beziehung auf Kant als ‚argumentanalytische Interpretation' bezeichnete: die Freilegung von Möglichkeiten zur Theoriebildung, über die ein Autor verfügte, ohne sie selbst ergriffen zu haben oder (aus im eigenen Werk entgegenstehenden Gründen) ergreifen zu können.
[2] Eine Tendenz, die schon in der Schule Hegels und später im Bereich von Heideggers Einfluss vorherrschte.

2. Der Akzent im Titel

Dass dieser Akzent und die mit ihm verbundene Einschränkung des Blicks schon im Titel der Abhandlung angezeigt ist, kann durch die Offenlegung eines Hintergrunds erläutert werden, der wohl nur von sehr wenigen Lesern bemerkt werden konnte: Im Jahr 1943 erschien als selbständige Broschüre eine Abhandlung von Julius Ebbinghaus, die den Titel *Fichtes ursprüngliche Philosophie* führte.[3] Titel und Text waren mir, als ich die Abhandlung schrieb, schon lange wohlbekannt. Der Text kommt einer Einführungsvorlesung gleich, die ein Kantianer mit scharfsinnigen Argumenten zugleich als eine Fundamentalkritik an Fichtes Unternehmen vorgetragen hat. Die Erklärung seiner wichtigsten Theoreme geschieht in einem durchgängigen Bezug auf Kant. Ebbinghaus will zeigen, in welcher Weise Fichte diese Lehren aufgenommen hat und inwiefern er ihnen schon in seinen Ansätzen nicht gerecht wurde, sondern sich über sie hinweggesetzt hat. So meinte Fichte, Kants Lehre von den subjektiven Bedingungen besser als ihr Autor zu verstehen. Doch dabei machte er alsbald von dem Argument Gebrauch, dass von einem Subjekt vollzogene Gedanken niemals aus irgend einem ‚Sein' hervorgehen können. Das zu wissen kann nur der in Anspruch nehmen, der über in irgendeinem Seienden enthaltene Möglichkeiten urteilen kann oder der „unversehens" annimmt, das ‚Ding an sich' könne nur eine materielle Entität sein. Damit bewegt er sich „schon bei der Ausfahrt" „mit dem vollen Winde der dogmatischen Metaphysik" (S. 8).

Diese Abhandlung spricht von dem, was in Fichtes Philosophie ‚ursprünglich' ist, in doppeltem Sinn: Sie unterstellt, ohne darauf einzugehen, die Kenntnis, dass sich Fichtes Denken später in veränderten Gestalten ausgebildet hatte; sie will es aber nur in seiner ersten Gestalt untersuchen. Diese Gestalt soll jedoch von den Schrit-

---

[3] ‚Marburger studentische Kulturblätter', im P. J. Tonger Musikverlag Köln, 16 Seiten. Ich erhielt als junger Student ein Exemplar in fragilem Kriegspapier von dem Verfasser selbst. Dies geschah kaum fünf Jahre nach dem Erscheinen der Schrift – aber nach dem Kriegsende und dem, was Ebbinghaus ‚Deutschlands Schicksalswende' nannte. Dass die Abhandlung, die von einer Anpassung an nationalsozialistische Lehren und Tonlagen ganz frei ist, „im Auftrag der Gaustudentenführung Kurhessen" (von Richard Schaal als Herausgeber) veröffentlicht werden konnte, sei als Tatsache, die als unwahrscheinlich erscheinen wird, hier angemerkt. Wieder abgedruckt wurde dieser Text in Julius Ebbinghaus, *Gesammelte Aufsätze, Vorträge und Reden*, Darmstadt 1968, S. 211–225, sowie im dritten Band von Ebbinghaus' *Gesammelte Schriften, Interpretation und Kritik*, Bonn 1994, S. 333–347.

ten her verständlich gemacht werden, über die Fichte zu dieser seiner Philosophie gelangt war. Diese Schrittfolge lässt sich nachvollziehen, erweist sich aber zugleich als Verkehrung, mit der die Kantische ‚kritische Philosophie' eigentlich von Beginn an gänzlich aufgegeben, ‚in die Luft gesprengt' (S. 7) worden ist.

Offensichtlich kann unter solchen Bedingungen von einer *Einsicht* Fichtes nicht die Rede sein. Mit diesem Wort wird Fichte nämlich eine Leistung zugeschrieben, die als bleibender Beitrag zu den Voraussetzungen für einen letzten Aufschluss zu würdigen ist, den die Philosophie in Aussicht stellen kann. Wird diese Einsicht ‚ursprünglich' genannt, so bedeutet dies zudem, dass Fichte mit ihr eine ganz neue Perspektive im Philosophieren aufgeschlossen hat – dass er also nicht nur, was andere vor ihm schon als Thema aufgenommen hatten, auf eine neue Weise begründet und entfaltet hat.

Wenn aber so von einer Einsicht gesprochen wird, dann ist damit doch nicht das Ganze von Fichtes System und Lehrgebäude gemeint. Diese Einsicht wird als ein für seine Genesis wesentliches Moment *isoliert* und hervorgehoben. Es wird aber nicht nur davon ausgegangen, dass sie für Fichtes Denken durchgängig eine formative Bedeutung hatte. Mit nicht weniger Nachdruck wird betont, dass sie unabhängig von ihrer Einbettung und Ausgestaltung in Fichtes Wissenschaftslehre für die Philosophie von bleibender Bedeutung ist. Dabei ist Fichtes Einsicht sogleich als die Erschließung eines *Problems* verstanden – nicht als eine von dessen Auflösungen, die Fichte ins Auge gefasst hat und dann etwa so ausgeführt hätte, dass nunmehr an ihr unverrückt festgehalten werden könnte und sollte.

Es wird allerdings auch betont, dass Fichtes Nachdenken an einer der Stellen ein Ergebnis von bleibender Bedeutung hatte, an der er über die Vorgaben Immanuel Kants hinausgegangen ist. Das aber geschah nicht in der Art, dass Fichte – wissend oder de facto – eine Erkenntnis jenes Dinges an sich angestrebt oder in Anspruch genommen hätte, mit Bezug auf welches das Wissen des Subjektes von sich in seinem Denken aus einem realen Grund erklärt werden könnte. Fichte konnte an die verstreuten Bemerkungen Kants zum Status und der eigentümlichen Verfassung des epistemischen Subjektes in seinem Gedanken von sich anschließen, auf die Kant selbst bei der Begründung eines Einheitsprinzips für jegliche Erkenntnis von Objekten Bezug genommen hat. Er konnte in deren Bereich hinein Nachfragen formulieren, über deren Ausrichtung von Kant her durchaus nicht so ganz leicht die Diagnose zu stellen war, dass man mit ihnen geradewegs in ‚dogmatische Metaphysik' zurückgleitet.[4]

Der Titel eines Werkes nimmt fast immer erst eine definitive Gestalt an, nachdem dessen Niederschrift weitgehend abgeschlossen ist. So verhielt es sich auch bei meiner Abhandlung. Ihre Gedanken entstanden ebenso wie dann auch ihr Text ganz unabhängig von meiner Erinnerung an Julius Ebbinghaus' Broschüre. Als diesem Text dann aber ein Titel zu geben war, schien mir die mit der Formulierung ‚Fichtes ursprüngliche *Einsicht*' verbundene These besonders angemessen – und zwar gerade deshalb, weil sie bei äußerlicher Nähe in direktem Kontrast zu der Bedeutung stand, die für Ebbinghaus mit dem Titel seiner Broschüre verbunden gewesen war. Er räumte nicht nur Fichte das Recht zu einem kritischen Anschluss an Kant ein – und zwar in einer von der Literatur bisher übersehenen Linienführung. Er trat vor allem einer Phalanx von Positionen entgegen, die sich zwar wechselseitig als unvereinbar erkannten, die sich aber einig wussten in der Meinung, man könne Untersuchungen, die im Subjekt des Denkens und sodann in Subjektivität ihr eigentliches Thema haben, getrost dem zu entsorgenden Restbestand einer überholten Epoche des Denkens anheimgeben. Wenn man dem Problem, das in Fichtes Einsicht eine bedrängende Bedeutung gewann, deutliche Konturen gab, so konnte denen, die auch seine Opponenten waren, wohl aufgehen, dass sie kurzschlüssig blieben: Sie ignorierten oder verstellten eine unabweisbare und aufschlussreiche Problemlage für das philosophische Nachdenken, und hatten auch keine Mittel zur Verfügung, sich anders zu ihm zu verhalten.

Diese Aussage betraf auch Hegel, für dessen Logik doch die Selbstbeziehung der Gedanken ebenso eine fundamentale Bedeutung hatte. Bereits mit seiner methodologischen Grundformel, in der ein ‚Für-sich-Sein' vom An-sich-Sein unterschieden wird, schließt er an Fichte an und scheint dessen Ansatz noch in der Kritik an ihm gerecht werden zu wollen. Zu der Zeit, als die Abhandlung erschien, war Hegels Ansehen neuerlich in steilem Anstieg. So hatte diese Aussage der Abhandlung gerade damals eine provozierende Ak-

---

[4] In dem Kapitel 26 dieses Textes werden Kants Gedanken zum ‚Ich denke' als Prinzip in Beziehung auf Fichte erörtert.

tualität. Dass sie, und nachhaltiger noch, eine lang anhaltende Auseinandersetzung mit der sprachanalytischen Philosophie zur Folge haben musste, die im Text der Abhandlung freilich selbst schon explizit ins Auge gefasst worden war, ist erst durch deren Rezeption und die nachfolgende Diskussion, vor allem mit Ernst Tugendhat, offenkundig geworden.

Die Abhandlung schreibt nun Fichte die Einsicht in eine Problemlage mit einer spezifischen Nuance zu, die dem entspricht, was eine grundlegende Problemlage ausmacht: also nicht so, als ob ihm am Beginn seines philosophischen Weges eine Einsicht in einen bisher verstellten *Sachverhalt* aufging, dessen Gehalt ihm dann unverrückt feststand und über alle Phasen der Ausarbeitung einer Systematik leitend geblieben ist. Zwar war mit der Einsicht in den in sich geschlossenen Selbstbezug der Wissensart,[5] welche die ‚Ich-Form' ausmacht, für Fichtes Leben als Philosoph und als Mensch eine Grundorientierung befestigt, die nicht mehr zu erschüttern war. In einem mit ihr gewann er aber die Einsicht in die zentrale Bedeutung eines Problems und einer durch es gestellten *Aufgabe*: Diese Wissensart, die allen anderen vorausgeht, zu explizieren und zu begreifen.[6] Was als einsichtiger Grund einer Überzeugung feststand, musste sich somit als eine dynamische Kraft auswirken, die immer neue Versuche erwirkte, das, was als Überzeugung feststand, tiefer und differenzierter zu fassen und in allen seinen Konsequenzen zu durchdenken. Das bedeutet, dass sich jede Fassung des Systems als die Bemühung um eine Lösung, zumindest eine Beherrschung desselben Problems, ausbildet und dass sich jede von ihnen als eine nunmehr adäquate Auffassung und Entwicklung des Problems darbieten muss. Fichtes Selbstdarstellung zwischen der These, schon die erste Fassung der Wissenschaftslehre könne verbindlich bleiben, und seiner Versicherung, die er in fast jedem Kurs wiederholte, dass die Klarheit dieser Explikation seines Grundgedankens alles Frühere übertrifft, sind also komplementär, und machen keinen Widerspruch aus.

Die Abhandlung wollte allerdings auch aufzeigen, dass die Problemlage über alle ihre vermeintlich zureichenden Auflösungen

---

[5] Wie dies ‚in sich geschlossen' genauer zu verstehen ist, wird in Kapitel 23 dargelegt.

[6] ‚Begreifen' meint hier: Im Zusammenhang alles dessen, was sich verstehen lässt, ihren Ort und ihre Auswirkungen zu bestimmen.

2. Der Akzent im Titel

hinausgedrängt hat – dass sie also in der Entwicklung von Fichtes Denken bis zu dessen Abbruch im selben Sinn eine formative Kraft geblieben ist, wie sie es in der Ausarbeitung der ersten von Fichtes Wissenschaftslehren gewesen war.

Mit der Unterscheidung von drei unterschiedlichen Formeln zur Erfassung dessen, was ‚Selbstbewusstsein' im Vollzug des Gedankens ‚Ich' ausmacht, wollte die Abhandlung auf wichtige Stufen einer Verständigung über die Problemlage in der Abfolge von Fichtes Systementwürfen hinweisen. Die Schwierigkeiten, die mit der versuchten Lösung verbunden blieben, gaben dann jeweils einen Anlass zum nachfolgenden Lösungsversuch, mit dem diese Schwierigkeiten überwunden werden sollten. Die Frage, ob die dritte dieser Lösungen für Fichte oder gar der Sache nach als zureichend würde gelten können, hat die Abhandlung nicht ausdrücklich beantwortet. Nur für die Abfolge der Lösungsversuche beanspruchte sie eine einsichtige Folgerichtigkeit. Sie hat aber, wie noch darzulegen sein wird, diese dritte Formel in einem Sinne verstanden, dem sich Fichtes Intention, über seine Einsicht ein System aus nur einem Prinzip herzuleiten, nicht einfügt, sondern dem sie entgegenwirkt.

Um sich klar zu machen, welche Bedeutung die Argumentationen der Abhandlung für eine umfassende Auslegung von Fichtes Werk und der Geschichte seiner Entwicklung haben können, ist immer zu beachten, dass man dabei eine bestimmte Problemdimension aus Fichtes Begründungsgang heraushebt und sie in dieser Isolierung zu verfolgen sucht. Dabei ist allerdings zugleich vorausgesetzt, dass es sich nicht um irgendein Sonderproblem handelt, das seinen Platz irgendwo in der Ausarbeitung einer Systematik finden muss – wie etwa die Erklärung der Kunstform der Tragödie oder die Begründung eines Völkerrechts. Wie immer das Problem und die Ansätze zu seiner Lösung für sich zu fassen und voranzubringen sind, so handelt es sich doch um ein Problem, welches die systematische Philosophie als ganze angeht. Genauer noch ist zu sagen, dass Fichte in dem Problem, das sich bei der Analyse des Grundgedankens des Systems als Ganzem stellt, zugleich eine wesentliche Perspektive darauf gehen sieht, wie die Entwicklung des Systems aus seinem Grundgedanken heraus überhaupt angelegt sein muss.

Unangesehen dessen lässt sich das Problem aus dem Zusammenhang dieser seiner Bedeutung herauslösen und in einer Folge von

Schritten weiter entfalten, die allein in dem Problem selbst und dem Sachverhalt ansetzen, der das Problem entstehen lässt. Mit der Hilfe von Fichte sollte die Frage, wie Selbstbewusstsein überhaupt verstanden werden kann, ihr philosophisches Gewicht teils zurückerhalten, teils allererst eine klare Formulierung finden. Das philosophische Interesse an dieser Frage und die Erkenntnis, dass sie jeder Antwort widersteht, die leichthin aus dem Stand und in einer Beschränkung auf Offensichtliches gegeben werden kann, ist die Motivation zur Publikation der Fichte-Abhandlung gewesen.

Sie war auch der Grund dafür, dass in meiner Abhandlung zwei Aspekte in Fichtes Bemühung um eine neue Begründung für Kants Transzendentalphilosophie weitgehend unberücksichtigt geblieben sind: Fichtes Aufnahme von Reinholds These, man müsse diese Philosophie aus einem einzigen ‚Grundsatz', jedenfalls aber aus einem in sich einigen Grundgedanken herleiten, und seine Überzeugung, dieser Grundgedanke müsse insbesondere dazu geeignet sein, der Kantischen praktischen Philosophie und seiner Freiheitslehre eine feste Grundlage zu geben. Reinholds Ausgang beim menschlichen Vorstellungsvermögen erlaubte offensichtlich keine Herleitungen, die solches überzeugend erbringen. Er schien insbesondere nicht geeignet dazu, die Kantische Begründung des Bewusstseins der Freiheit angemessen zu erfassen und so in die Grundlegung des Philosophierens einzubringen. In den Texten Fichtes, die aus der Zeit der Genese seiner Wissenschaftslehre reichlich erhalten und überliefert sind, tritt die formative Wirksamkeit dieser doppelten Evidenz in aller Deutlichkeit hervor.[7]

Fichte scheint alles dahin zu drängen, dem ‚Ich' an der Stelle von Reinholds ‚Vorstellung' wieder den Platz des ersten Gedankens als dem ‚höchsten Punkt' in der Transzendentalphilosophie einzuräumen. Eine Anhänglichkeit an Kant und Zutrauen in dessen philosophische Kraft und Übersicht wirkten sich dabei noch weniger aus, als dass Fichte die Berechtigung aller Einwände gegen Reinhold anerkennen musste und dass er gesehen hatte, einer erneuerten philosophischen Skepsis könne man nur beikommen, wenn man in der

---

[7] Vor allem in: *Eigne Meditationen über ElementarPhilosophie* 1793/94 (FGA II,3) und der Nachschrift Lavaters von Fichtes „Züricher Vorlesungen" vom Frühjahr 1794 (FGA IV,3), sowie hrsg. Erich Fuchs, in: *Züricher Vorlesungen über den Begriff der Wissenschaftslehre*. Nachschrift Lavater, Neuried 1996.

2. Der Akzent im Titel 69

subjektiven Gewissheit einsetzt, welche dem Selbstbewusstsein im Denken und in der praktischen Evidenz von Freiheit und sittlicher Weltordnung gemeinsam ist.

So waren es also die beiden Gründe, ein System auf festen Grund zu stellen und den Vollzug aus Freiheit in ihm, und zwar als wesentlichen Grundzug zu verankern, die dem ‚Ich' die Bedeutung zuwachsen ließen, Prinzip eines Systems zu sein.

Es sind dies aber gerade die beiden Aspekte, welche in meiner Abhandlung und ihrer Entwicklung der Verfassung von ‚Ich' und der Analyse der in der ihm eigenen Gewissheit gelegenen Problemlage abgeblendet geblieben sind. Dafür, dass dies möglich ist und dass sich daraus erhellende Folgen auch für Fichtes Denken ergeben, lassen sich noch weitere Gründe angeben.

Wird ‚das Ich' als Grundlage für das System in Anspruch genommen, so kommt der Charakter als Prinzip nicht einem *Grundsatz* zu, aus dem andere Sätze hergeleitet werden können. Es wird ein Grundsachverhalt begrifflich gefasst und in seinem Bestand aufgewiesen, von dem her sich andere Sachverhalte verstehen lassen – in ihrer Verfassung ebenso wie in der Notwendigkeit ihres Eintretens. Diese Bedeutung als Prinzip schließt es aus, dass das Prinzip seinerseits irgendeinen Sachverhalt voraussetzt, der von ihm nur notwendig in Anspruch genommen oder geltend gemacht wird. Die Weise, in der Fichte das ‚Ich' als Prinzip der Wissenschaftslehre fasst, entspricht dieser Bedingung eben dadurch, dass sie diesem Ich den Charakter der Selbstgenügsamkeit zukommen lässt. Durch die Integration der sich selbst bestimmenden Freiheit gewinnt dieses Ich als Selbstbewusstsein sogleich den Charakter der Selbstbestimmung. Er befähigt ein solches ‚Ich'-Bewusstsein allererst dazu, die Funktion eines ersten Grundes zu erfüllen. Doch wird dem Selbstbewusstsein damit zugleich eine Verfassung zugesprochen, die in der geläufigen Vorstellung von dem, was in dem Bewusstsein ‚Ich' gelegen ist, nicht beachtet wird. Sie ist sogar mit dieser Vorstellung nicht verträglich, so dass sie zugleich als eine fundamentale Korrektur der geläufigen Verständigung über Selbstbewusstsein auftreten muss. Aber umgekehrt lässt sich ohne diese Korrektur gar kein wirkliches Verständnis von dem erreichen, was Selbstbewusstsein eigentlich ausmacht. Die Begründung für die systemgründende Funktion von ‚Ich' ist also mit einem neuen Einsatz zu einer durchsichtigen und folgerichtigen Analyse von Selbstbewusstsein innerlich verbunden. Fichte stand dieser Zusammenhang bei der Ausführung seines Systems immer vor Augen.[8]

Diese Überlegung hat im gegenwärtigen Zusammenhang das Resultat, dass der Komplex, in dem sich Fichtes Wissenschaftslehre ausbildete, nicht in Unordnung gebracht wird, wenn man die Analyse von Selbstbewusstsein, die eine wesentliche Funktion innerhalb seiner hat, aus diesem Komplex heraushebt. Es ist legitim, sie für sich zu prüfen und den Folgerungen nachzugehen, die Fichte selbst dazu veranlassten, das, was ihm in Beziehung auf Selbstbewusstsein einsichtig geworden war, immer sicherer in eine nachfolgende Konzeption zu integrieren. Sie schloss an die vorausgehende an, erweiterte und vertiefte sie und stellte sie in ein verändertes Licht. Damit wurde zugleich den Gründen einer Selbstkritik an der vorausgehenden Fassung Rechnung getragen; und die Verständigung über die Verfassung vom ‚Ich' sowohl als Subjekt wie als Prinzip eines Systems konnte weiter vorangetrieben werden.

Die Anlage der Abhandlung, die auf der Isolierung eines der Problemfäden innerhalb dieses Unternehmens beruht, erklärt sich aus dem unterschiedlichen Gewicht, das diesen Problemfäden der Sache nach zuzuschreiben ist. Auch in der Konzeption einer Systemform tritt die Kraft und die Eigenständigkeit von Fichtes Denken eindrucksvoll hervor. Dem Programm, ein System aus einem einzigen Prinzip aufzubauen, gibt er durch den Beginn bei der Selbsttätigkeit des Subjekts eine neue Perspektive, die dann auch ein neues Verfahren für die Ordnung und Herleitung einzelner Theoreme einschließt. Aber Fichte folgt damit doch einer Bahn, die durch die Werke von Leibniz und Spinoza eingeschlagen worden war. Um nach Kant wieder in sie einzutreten und sie, statt auf den Gedanken des für sich bestehenden Dinges (der Substanz) auf den des Für-sich-seins des Subjektes zu gründen, musste er sich eines hinreichend bestimmten Gedankens von diesem Subjekt versichern. Innerhalb eben dieses Zusammenhanges der Anstrengung, die darauf ausging, in diesem Komplex einen verlässlichen Einsatz und Prospekt zu gewinnen, ist ihm aufgegangen, was ich seine ‚ursprüngliche Einsicht' genannt habe.

---

[8] Etwa in *Eigne Meditationen* (vgl. Anm. 7), FGA II,3, S. 89 f.

2. Der Akzent im Titel

Sie unterscheidet sich von der Neubegründung der Philosophie aus einem Prinzip dadurch, dass sie, um dies Prinzip zu gewinnen, die Aufmerksamkeit des Nachdenkens gleichsam umzuwenden hat: Nicht die Konstruktion einer Kette von Ableitungen, sondern die Klärung der inneren Verfassung dessen, von dem auszugehen ist, wird zur ersten Aufgabe der Philosophie. Indem es dabei um den Gewinn eines bestimmten Gedankens vom Subjekt aller Gedanken als solcher geht, wies Fichte dort ein Problem auf, wo alle Philosophen zuvor, nicht nur, die ihm unmittelbar vorausgingen, kein Problem von solchem Gewicht – und schon gar nicht von demselben Potential – gesehen hatten.

Bereits Aristoteles sprach von dem Selbstverhältnis in allen Wahrnehmungen – und zwar als von einem evidenten Sachverhalt, der ihm jedoch nach keiner Verständigung über seine Verfassung zu verlangen schien. Als erstem überhaupt wurde Fichte klar, dass in dem, was vermeintlich problemlos war, eine der größten Herausforderungen für die Philosophie gelegen ist. Dieser Mangel an Sensibilität für ein Grundproblem schien durch eine einfache Erklärung jener Selbstbeziehung bestätigt und bestärkt zu werden, die Fichte samt dem Zirkel, der in ihr gelegen ist, auch in Kants Bemerkungen über das Subjekt des Denkens wirksam fand. Fichtes Einsicht in die Wurzel und die Bedeutung dieses Problems kommt einer Entdeckung gleich, welche die Philosophie als solche angeht. Sie betrifft nicht nur die, die mit einer neuen Begründung – eben der aus dem Subjekt – die Reihe der Herleitungen aus einem Prinzip zum wirklichen Erfolg hin fortführen wollen. Sie betrifft die Philosophie überhaupt – und auch nicht irgendwie oder am Rande. Sie stellt sie vor ein Problem, das sie jederzeit mit bedenken muss, wenn sie über ihre eigenen Grundlagen nachdenkt.

Die Abhandlung hat den Zirkel dargelegt, den Fichte in allen Erläuterungen der Verfassung von Selbstbewusstsein meinte aufweisen zu können, welche in dem ihm vorausgehenden Denken explizit formuliert oder implizit angenommen worden waren: Sie konnten nur verständlich machen, wie sich Selbstbewusstsein darstellt, wenn man auf es als eine Tatsache reflektiert, die bereits vorliegt oder, als Akt, vollzogen worden ist. Sie setzen das, was so zu explizitem Bewusstsein gebracht wird, also voraus, ohne dass abzusehen wäre, wie über deren Verfassung und deren Verstehbarkeit in Gedanken eine Rechenschaft gegeben werden kann. Da im Verstehen von Selbstbewusstsein es selbst nicht schon als offenkundige Tatsache in Ansatz gebracht werden darf, so muss auf irgendeine Weise deutlich gemacht werden, wie ein Bewusstsein zu verstehen oder überhaupt möglich ist, das kraft seiner Struktur jederzeit in einer Beziehung zu sich selber steht, also in diese Beziehung nicht in irgendeinem Nachgang eintreten kann oder durch einen Eingriff in sie zu versetzen ist. Darüber hinaus hat man stets fest im Blick zu halten, dass mit der Tatsache dieser Beziehung eine andere intern verbunden ist: dass ihm nämlich in dieser Beziehung eine Art von Wissen davon notwendig innewohnt, *dass* es auf sich selbst bezogen ist. Wer diese Implikationen des Selbstwissens sicher vor Augen hat, der wird erwarten, dass sich seine Auslegung der Verfassung dieses Selbstwissens in noch ganz andere Zirkel als in den Zirkel verwickeln könnten, der alle bisherige Philosophie den Akt der Verdeutlichung dessen, dass Selbstbewusstsein besteht, mit einer Aufklärung über die Verfassung und die Möglichkeit dieses Selbstwissens selbst verwechseln ließ.

Dass das ‚Ich' aber wesentlich in einer solchen Beziehung zu sich selbst steht, ist eine Voraussetzung dafür, dass es überhaupt tauglich dafür ist, ihm die Funktion zuzuschreiben, erstes und einziges Prinzip eines Systems und seiner Herleitungen zu sein. Dass es selbstgenügsam ist, heißt ja nichts anderes, als dass es selbst als von irgendeinem anderen, das als in oder mit ihm vorausgesetzt gedacht werden muss, ganz unabhängig gedacht werden kann. Fichte wurde auch über diesen Weg zu seiner Besinnung auf die Verfassung des ‚Ich' geführt, dass für ihn sowohl das Programm eines solchen Systems wie auch dessen Begründung auf die Spontaneität in dem seiner selbst bewussten Subjekt zur einsichtigen Notwendigkeit geworden waren. Die Perspektive auf ein philosophisches System, das auf einem einzigen Prinzip begründet ist, und das Bewusstsein der Freiheit in einer von Kant her gewonnenen Fassung und Begründung waren also die inneren Voraussetzungen für den Gewinn von Fichtes ursprünglicher Einsicht.

Das aber schließt nicht aus, sondern setzt sogar voraus, dass diese Einsicht unabhängig von dieser ihrer Herkunft Bestand hat. Diese Eigenständigkeit im Profil des Gedankens ‚Ich' macht es in der Folge wiederum möglich, dass in der Einsicht eine Dynamik zu innerer Entfaltung und weiterer Entwicklung angelegt ist – und zwar einer solchen, aus der sich wiederum Folgerungen für die Anlage und den Begründungsgang des philosophischen Systems ergeben. Die Abhängigkeit des Systems samt der zu seinem Bau benötigten Verfahrensart von der Explikation seines Prinzips, also der inneren Verfassung des ‚Ich' als Prinzip, lässt somit die Fragestellung und das Verfahren der Abhandlung möglich und legitim werden. Sie kann die Entfaltung von Fichtes ursprünglicher Einsicht nachvollziehen, *ohne* dabei auf die Ausarbeitung des Systems als Ganzem Bezug nehmen zu müssen.

3. SETZEN

In Fichtes Begründung des Prinzips der Philosophie und seiner Explikation der inneren Verfassung dieses Prinzips wird vielfach Gebrauch von dem Verbum ‚*setzen*' gemacht. Der Ausdruck soll den Grundzug dieser Verfassung charakterisieren. Dabei werden mehrere Bedeutungszüge in der Aktivität aufgeboten, welche dieser Verfassung zukommen soll. Ihnen soll eine der möglichen Bedeutungen des Verbs entsprechen. Und diese Bedeutungszüge sollen jeweils strukturale Verhältnisse hervorheben, die dann hervortreten, wenn ‚das Ich' als Prinzip der Philosophie als ein Setzen gefasst wird, welches zudem ‚schlechthin' erfolgt. Das Prinzip, als ein solches ‚Setzen' gefasst, muss für sich allein, also ohne Voraussetzung und ohne Bezug auf von ihm Verschiedenes verstanden werden können. Und es muss dabei dem gemäß sein, was mit dem Ausdruck ‚ich' und der Selbstbeziehung in dem Vollzug des Gedankens (oder des Bewusstseins) ‚Ich' gemeint ist. Zugleich soll es Klarheit in diesen Vollzug bringen, der jederzeit spontan, ohne ein Bedürfnis einer distanzierten Auslegung und Rechenschaft statthat.

‚Setzen' verweist auf eine Aktivität. Es mag dies das Akzeptieren eines Satzes innerhalb einer Argumentation oder einer Tatsache als *Voraus*setzung für weitergehende Begründungen sein. Als ‚*sich setzen*' meint es zunächst die Einleitung und den Vollzug einer Aktivität des eigenen Körpers, als *Ein*setzen bezieht es sich auf einen Akt, der eine Sache in einen Zusammenhang, eine Person in ein Amt oder einen Betrag in ein Spiel einbringt.⁹ Was gesetzt ist, von dem kann man in der Folge als von etwas Fixiertem und Feststehendem ausgehen. Der Vollzug des Setzens ist zudem vom Eintreten des Resultats, von dem nun ausgegangen werden kann, nicht abzutrennen. Insofern ist er performativ: Damit, dass das Setzen vollzogen ist, ist nämlich unmittelbar auch sein Resultat eingetreten.

All das lässt sich auf den Vollzug des Gedankens ‚Ich' anwenden. Spontaneität als eigenständiges Tun sowie Unmittelbarkeit und Unabtrennbarkeit von Vollzug und Resultat können dem Vollzug des Gedankens ‚Ich' zugesprochen werden oder auch als das genommen werden, was verständlich macht, auf welche Weise der Gedanke ‚Ich' hervorgeht und einen Gehalt erhält – der Gedanke also, auf den man nun reflektiert, um über diesen seinen Gehalt nachzudenken.

Wenn nun ein solcher Gehalt als selbstgenügsames Prinzip gilt, das im Gedanken ‚Ich' gefasst ist, so ist weiter zu fragen, auf welche Weise es überhaupt zu Bewusstsein kommen kann. Darauf kann dann nur damit geantwortet werden, dass sein Selbst-Setzen ein Setzen sein muss, das gleichermaßen unmittelbar *für* es selbst eintritt. Damit wird die These vom Ich als Setzen dahin erweitert, dass es sich um ein Selbst-Setzen handeln muss, das sich wesentlich und also untrennbar voneinander in zwei Richtungen vollzieht: als Hervorgang eines Gehalts und als Hervorgang des Wissens, und zwar als eine das Setzen bestimmende Kenntnis von ihm. Erst damit ist eine Formel erreicht, welche nicht nur auf das Selbstbewusstsein im Ich-Gedanken angewendet werden kann, sondern welche die Eigenschaft, im Vollzug wesentlich von sich zu wissen, also sein *Für*-sichsein, ausdrücklich in sich einbegreift.

‚Setzen' ist eine Aktivität, die bewusst ausgelöst werden kann und der auch ein Bewusstsein von ihrem Vollzug innewohnen mag. In seiner primären Bedeutung meint das Verb aber einen Vollzug rein als solchen. In der Elementarphilosophie wird das Verbum aber nur

---

⁹ Unter den vielen Verbindungen dieses Verbs mit Präpositionen wie an-, vor-, über-, gleich-, entgegen- und voraus- sei hier noch die für Fichtes Denken allerdings bedeutungslose Variante ‚*aus*setzen' erwähnt, weil sie eine weit gefächerte Bedeutung kraft ihrer unterschiedlichen Anwendung haben kann – etwa zwischen dem Aussetzen eines Lebewesens, eines Preises, oder einer Tätigkeit. Darin ist sie der Variante ‚*ein*setzen' ähnlich. Der Unterschied zwischen deren Bedeutungsnuancen wird dann im Folgenden ein Gewicht erhalten.

3. Setzen

in Gebrauch genommen, weil es geeignet erscheint, auf Selbstbewusstsein angewendet zu werden, das also als solches eine epistemische Tatsache ist. Wenn dann in der Folge deutlich wird, dass ein Setzen *als* Vollzug des ‚Ich' nur als ein Setzen *für* es zu denken ist, so liegt sogleich eine weitere Frage nahe, nämlich die Frage danach, *auf welche Weise* dieser Vollzug in der Einheit mit seinem Resultat als ein epistemischer Akt gedacht werden kann. Diese Frage gibt den besten Anlass dafür, den Akt der Selbstsetzung durch den epistemischen Akt der ‚intellektuellen Anschauung' näher zu charakterisieren.[10]

Fichte hat sich schon am Beginn seines Versuches, eine neue ‚Elementarphilosophie' zu begründen, zu dieser Komplexion hin und in sie hineingearbeitet. Es bleibt lehrreich und lohnend, seinen Überlegungen im Einzelnen nachzugehen.[11] Fichte selbst hat dafür gute Voraussetzungen geschaffen – etwa über den Wechsel im methodischen Aufbau seiner Wissenschaftslehre und mit ‚Denktagebüchern', die erhalten geblieben sind.

In der Abhandlung sind alle die Züge zur Sprache gekommen, die für die Verständigung über die Verfassung von Selbstbewusstsein von Bedeutung sind. Hier ist aber noch darauf hinzuweisen, dass in der Rede von einem Setzen des Ich sowohl durch als für sich selbst

---

[10] Bevor der Terminus ‚intellektuelle Anschauung' in Reinholds Vorstellungstheorie die Bedeutung eines Methodenbegriffs erhielt, der die Verstehbarkeit des Wissens von den eigenen Erkenntnisvermögen verständlich machen soll, galt er, so auch bei Kant, für den Gedanken von einer epistemischen Vollzugsweise, die als solche zugleich Vergegenwärtigung von etwas Seiendem ist. Fichte konnte im Anschluss an beides in seiner Wissenschaftslehre eben diese Einheit im umgekehrten Verhältnis in Gebrauch nehmen – nämlich der Zuschreibung unbedingter Wirklichkeit zu einem intelligenten und als solchem zugleich bewussten Vollzug. Dass Fichtes Denken, anders als Schellings, in einer spannungsreichen Beziehung zu diesem philosophischen Sprachgebrauch stand, hat Xavier Tilliette in seinem souveränen Buch *Recherches sur l'intuition intellectuelle de Kant à Hegel*, Paris 1995, gezeigt.

[11] So wie schon die Abhandlung, so muss sich auch diese Nachschrift, die vor allem einen philosophischen Gedankengang entfaltet, der Aufgabe entziehen, sich auf viele Probleme der Exegese und in die Klärung der begrifflichen Verhältnisse einzulassen, welche die Texte in großer Zahl aufwerfen. Weiter unten (S. 146, Anm. 58) gehe ich auf das Problem des epistemischen Status der Rede von einer intellektuellen Anschauung etwas weiter ein. Vgl. dazu Jürgen Stolzenberg, *Selbstbewußtsein: Ein Problem der Philosophie nach Kant: Zum Verhältnis Reinhold–Hölderlin–Fichte*, in: ‚Revue internationale de philosophie' 50, Nr. 197, 1996, S. 461–482.

der Fortgang schon angelegt ist, der dann von der ersten Fassung der Wissenschaftslehre zu einer neuen Weise ihres Vortrags geführt hat. Deren Prinzip wird dann erreicht, wenn das Setzen des Ich *für* sich näher ins Auge gefasst worden ist. Denn dann muss sich herausstellen, dass in die reine Selbsttätigkeit von Beginn an ein begriffliches, sogar ein propositionales Moment einzubringen ist, kraft dessen das Ich sich *als* solches, also in der Form eines Gedankens von sich, und zwar wiederum unmittelbar, verstehen kann.[12] Das Prinzip des Systems soll doch in den Vollzug eines sich selbst bestimmenden Aktes gesetzt werden. Wenn sich abzeichnet, dass dieser Akt einen bestimmten Gedanken einschließen muss, kraft dessen er seiner bewusst wird, an dem er sich vielleicht auch orientiert, dann zieht das die Frage nach sich, wie er noch als gänzlich selbstbestimmt gedacht werden kann. Vorerst kann darauf nur mit der Erklärung geantwortet werden, dass der Akt des Selbst-Setzens einen Gehalt und den Gedanken von ihm *in einem* ergeben muss – eines Gehaltes, der dann gar nicht anders denn als in begrifflicher Form gefasst gedacht werden kann. Fichte war sich durchaus im Klaren darüber, dass eine solche Erklärung aus der offenkundigen Tatsache des Selbstbewusstseins einen extraordinären Sachverhalt werden lässt. Eben diese Komplexion begründet aber die Hoffnung, dessen Analyse werde nicht nur zum Verständnis dessen führen, was das Bewusstsein ‚Ich' ermöglicht und ausmacht, sondern auch ergeben, dass sie Folgerun-

---

[12] Mit der Unterscheidung von Formeln, welche den dem Selbstbewusstsein wesentlichen Grundzug charakterisieren, wird von der Abhandlung auch eine Abfolge von Phasen der Auslegung des Selbstbewusstseins angenommen. Mit dem Beginn einer solchen Phase soll die gesamte Entfaltung der Wissenschaftslehre im Blick auf einen solchen Grundzug erfolgen. – Es ist richtig, dass sich Fichtes Aufmerksamkeit schon innerhalb der ersten Auflage der Wissenschaftslehre auf das propositionale ‚als' im Vollzug des Selbstbewusstseins verlagert. Und doch wird sie erst mit der Konzeption der Wissenschaftslehre ‚nova methodo' zu deren Leitgedanken. Die Entstehung der Niederschrift der Wissenschaftslehre von 1794/95 nahm im Übrigen ein ganzes Jahr in Anspruch – von der Aushändigung der ersten Druckbogen an die Hörer Anfang des Sommersemesters 1794 bis zum vollendeten Druck auch des praktischen Teils des ganzen Buches Ende des Sommers 1795. Fichte erwähnt auch im ‚theoretischen Teil' schon den Sachverhalt, dass das Ich sich ‚als sich setzend' setze (FSW 1, S. 194; FGA I,2, S. 341). Aber erst im praktischen Teil, der im Winter 1794/5 vorgetragen und frühestens in dessen Verlauf verfasst wurde, wird die grundsätzliche Bedeutung dieser Formel hervorgehoben (FSW 1, S. 274; FGA I,2, S. 406 f.), die dann für die Vorlesung ‚nova methodo' zur Grundorientierung wird.

gen ermöglicht, mit und in denen sich ein System der Fundamentalphilosophie ausbildet und artikuliert.

Die Unbedingtheit des Sich-selbst-Setzens und die Unmittelbarkeit des Eintritts von dessen Resultat hatten für Fichte unter den Bedeutungszügen, welche nur das Ich charakterisieren – trotz der Unabtrennbarkeit aller voneinander – einen Vorrang: Sie waren es, in denen die Letztheit dieses Aktes und damit zugleich seine Eignung als Prinzip zum Ausdruck kamen. Das Für-sich-sein dieses Setzens charakterisiert zwar gleichfalls einen Zug seiner Unbedingtheit. Das Setzen kann als unbedingt nicht als ein Setzen irgendwohin, sondern nur als ein Setzen ‚für…', und das im Modus der Unbedingtheit, folglich als ein Setzen-für-*sich* verstanden werden. Dies Für-sich kann aber nicht als Ausgangsmoment für den inneren Zusammenhang aller dieser Momente gelten. Unbedingtheit des Setzens hat das Für-sich-sein dann als Implikat, wenn denn auch Unbedingtheit als solche für irgendetwas denkbar werden muss. Doch die formal mögliche These, der zufolge ein unbedingtes Für-sich ebenso das Sich-setzen impliziere, hätte für Fichte keinen verstehbaren Gehalt. So schließt die Unabtrennbarkeit der beiden voneinander nicht aus, dass allein mit dem Moment, welches die Selbst*tätigkeit* des Subjektes bezeichnet, der Sachverhalt ‚Ich' und seine Letztbestimmtheit begrifflich zu fixieren ist.

Dieser Vorrang liegt der Eingangsthese der ersten Wissenschaftslehre zugrunde, der zufolge ‚das Ich' als ein absolutes Setzen zu verstehen ist, in dem ein *Bewusstsein* von sich allererst über eine Entgegen-Setzung hervorgeht.[13] Sie ist gleichfalls von diesem Ich zu vollziehen, ist aber nicht als allein in seiner Unbedingtheit begründet zu verstehen. Doch Fichte hätte jenes absolute Sich-selbst-Setzen gar nicht als den Grundakt gerade *des Ich* fassen dürfen, wenn er nicht dessen *Für-sich*-sein *von Beginn an* als dessen Eigenschaft nicht nur im Blick gehabt, sondern auch in Anspruch genommen hätte. Bald hat er diesen Eröffnungszug seiner Fundamentalphilosophie mit Hilfe eines anderen Verfahrens entbehrlich machen wollen. Dies Verfahren erlaubt es, das Ganze der Momente des Ich von Beginn an auch explizit zum Thema zu machen.

---

[13] Fichte erläutert dies Bewusstsein nicht sogleich dahingehend, dass es ein begrifflich artikulierter Selbstbezug zu sein hat.

Diese Überlegungen ergeben sich, wenn man den Implikationen der Rede von einem selbstgenügsamen ‚setzen' nachgeht. Es macht die Erklärung des Selbstbezugs im Selbstbewusstsein durch einen Akt der Reflexion entbehrlich, führt aber zugleich dazu, diesem Setzen Unbedingtheit zuzuschreiben. Das Resultat dieser Überlegungen legt es nunmehr nahe, bereits einen Blick auf die dritte Form der näheren Bestimmung von Selbstbewusstsein zu werfen. Denn es hat sich gezeigt, dass sich das unbedingte Setzen von Beginn an in zwei Richtungen vollziehen müsste. Diese Doppelung und der in ihr gelegene Wechselbezug lassen sich nicht mehr als eine Folgerung aus dem Akt des Setzens und einer Unbedingtheit begreifen, welche diesem Akt als solchem zuzuschreiben ist. Die Abhandlung hatte die dritte Formel im Anschluss an die zweite als ein verändertes Konzept von dem eingeführt und erörtert, was Selbstbewusstsein ausmacht und seine innere Form verständlich werden lässt.

Der Übergang zur zweiten Erklärungsformel ist mit der Aufmerksamkeit auf das Für-sich im Setzen bereits erreicht. Er ergibt sich mit der Einsicht, dass das Sich-Setzen des Ich eines begrifflichen Momentes bedarf, wenn denn dies Setzen ein Setzen *für* sich und also ein Sich-Verstehen im Setzen sein muss. Für Fichte bedeutete ‚Begriff' etwas Statisches und als solches definitiv Wohlbestimmtes. Wenn ein solches Moment für den gesamten Prozess des Sich-Setzens definitorisch werden muss, so schließt das ein, dass der Prozess intern von etwas dependiert, das statisch und nicht prozessual ist. Ist solches gleichwohl ein wesentliches Moment in dem Prozess, so muss man danach fragen, wie es in ihn Eingang findet und zu einem konstitutiven Teil seiner aktivischen Dynamik werden kann.

Man kann diese Frage beantworten, indem man sagt, dies statische, aber den Prozess spezifizierende Moment sei in den Prozess ‚*eingesetzt*'. Jeder, der Fichtes Texte aus einem Interesse an seiner Gesamtkonzeption und ihrer Entwicklung studiert, wird das Aufkommen einer solchen Ausdrucksweise in Fichtes Werk bemerkenswert finden und ihr aufmerksam nachdenken. Denn nun wird das Verbum ‚setzen' in einer passiven Form verwendet – und zwar in Beziehung auf eben das, was zuvor schlechthin als ein Setzen gefasst worden ist. Ein Gegensatz zu seinem vorausgehenden, dem rein aktivischen Gebrauch ist dabei schwerlich zu überhören.

Wird daran festgehalten, dass das Ich durchaus selbsttätig und somit in jeder Hinsicht aus sich selbst begründet ist, dann müsste man dem Prozess seiner Selbstsetzung das Weitere und Erstaunliche zutrauen, dass durch ihn etwas in ihn selbst eingesetzt wird. Insofern jenes Ich, in Beziehung auf das ein solcher Gedanke gefasst wird, von Fichte als das eine und selbstgenügsame Prinzip von jeglicher Setzung und Bestimmtheit thematisiert wird, ist es sogar unumgänglich, sein Sich-Setzen auch mit dieser Kapazität auszustatten. Ist neben diesem Prinzip doch gar nichts mehr zu denken möglich, das als Grund dafür in Betracht käme, dass in dies Setzen etwas eingesetzt ist. Fichte muss jedoch in noch größere Schwierigkeiten geraten, wenn er mit den Mitteln der ersten Wissenschaftslehre ein solches in sich selbst etwas einsetzendes Setzen begreifbar machen sollte. In der spekulativen Theologie, auf der als Basis er die Wissenschaftslehre vom Jahre 1801 an entfaltete, könnten sich diese Schwierigkeiten eher auflösen lassen. Jedenfalls zeigt die Aufnahme des passiven Modus von ‚setzen' in seine Begründungssprache an, dass Fichtes Überlegungen von der Perspektive auf eine neuerlich veränderte Grundlage der Elementarphilosophie erreicht worden sind. Ist nicht mehr ‚das Ich' das Absolute selbst, dann ist es jedenfalls nicht mehr widersinnig, dessen Setzen selbst als eingesetzt zu betrachten. Fichtes spätere Wissenschaftslehre wird allerdings die Beziehung ‚des Absoluten' zu dem von ihm abhängigen Erscheinen nicht mehr angemessen im Bedeutungsfeld von ‚setzen' allein analysieren können.

4. FÜR-SICH-SEIN UND BEGRENZTSEIN

In der Abhandlung gelten viele Überlegungen und Beobachtungen an den Texten, die damals erreichbar waren, dem Hauptthema der vorausgehenden Abschnitte. Hier sollen weitere Schritte, die über die bisher gegebenen perspektivischen Bemerkungen hinausgehen, zurückgestellt werden. Es steht nämlich nun wiederum an, daran zu erinnern, dass dem gesamten Gang der Abhandlung die *Isolierung eines Problemstranges* im Geflecht der Komponenten von Fichtes Begründungsprojekt zugrunde liegt: Sie will allein Fichtes Gedanken zur Entfaltung dessen nachgehen, was als die Einsicht gelten kann, die von ihm für die Philosophie unter allen Bedingungen und in jeder Gestalt, die sie annehmen kann, gewonnen und in Geltung gesetzt worden ist. Diese Einsicht betrifft die Verfassung desjenigen Selbstbewusstseins, das unter dem Indexwort ‚ich' angezeigt wird. Es ist dies das Selbstbewusstsein im Denken eines jeden Subjekts. Zumindest seiner Funktion in der Theorie und den mit ihr verbundenen Implikationen nach muss es von jenem ‚Ich' unterschieden werden, das der Grundstein von Fichtes System ist – jenes ‚Ich', welches als das einige und einzige Prinzip des Ursprungs und der Herleitung von allem schlechthin verstanden werden soll. Dass diese Unterscheidung notwendig ist, geht allein schon aus Folgendem hervor: Jedes philosophische Denken – also auch jenes, dem ein solches Systemprogramm für von Beginn an als gänzlich verfehlt gilt – muss einen Ort vorsehen, an dem Probleme in Beziehung auf dies Selbstbewusstsein, seine Verfassung und seine Genesis als Thema aufgebracht und ausgearbeitet und Folgerungen aus Aspekten dieser Verfassung gezogen und abgewogen werden können.

Aus der Faszination, die von dieser Aufgabe ausgeht, ist, wie gesagt, die Abhandlung hervorgegangen. Aber neben dieser Denkaufgabe sollte ein zweites Motiv erwähnt werden, das zur Ausarbeitung der Abhandlung bewogen und sie begleitet hat. Schon zu Beginn des nachdenkenden Rückblicks auf die Abhandlung sollte es in einem eigenen Abschnitt deutlicher hervortreten. Dies Motiv ist mit einer Erfahrung im Menschenleben verbunden, die schon in der Kindheit anheben kann und der in den Lebenslehren aller Kulturen auf die eine oder andere Weise Bedeutung zugemessen wird. Es ist das Bewusstsein von einer Spannung zwischen der Eigenständigkeit im Handlungsbereich des Einzelnen, die mit seinem Wissen von sich als Subjekt verbunden ist, und seinem Wissen davon, dass er nicht kraft seiner selbst wirklich ist – dass er zwar sein Subjektsein aus sich selbst ausgestaltet, dass dies Subjektsein aber nicht durch sich selbst ermöglicht ist. Dabei werden immer offenkundige Fakten mitgemeint sein: dass der Mensch gezeugt und geboren wird, dass er einer langen Aufzucht und der Erziehung bedarf und dass er nur in einem sozialen Verband überleben und ein Leben ausgestalten kann. Doch darüber hinaus steht als weniger offensichtliche Tatsache im Blick, dass die Kräfte, aus denen er dies Leben führt und meistert, ihm nicht aus eigenem Wollen zuwachsen. Also auch das, was ihn selbst als Subjekt ausmacht, kommt

4. Für-sich-sein und Begrenztsein

und realisiert sich aus einer Quelle, die nicht in seiner eigenen Verfügung steht.

Im Denken der Moderne ist diese gedoppelte Erfahrung in aller Klarheit als Gegensatz und als Antrieb zur Selbstverständigung herausgehoben worden. Wen das Thema ‚Selbstbewusstsein' nicht nur als theoretische Aufgabe fesselt, wird von dem Bildungsprozess der Moderne in der Weise berührt sein, dass ihm auch die Spannung in der Beziehung von Selbstbestimmung und Zu-ihr-bestimmt-Sein bewusst geworden ist. Man weiß von ihr schwerlich wie von einer Tatsache, die man gleichgültig registriert. Die Tatsache betrifft unmittelbar die Lebensform eines jeden, der von ihr weiß, und verlangt danach, ein stabiles Verhältnis zu ihr zu begründen.

Fichtes Lebensweg gehört einer Zeit an, in der Kontroversen über die Auflösung dieser Spannung allgemeine Aufmerksamkeit gewonnen hatten. Umso mehr kann das Resultat beeindrucken und ins Nachdenken ziehen, zu dem Fichte aus der Turbulenz solcher Kontroversen heraus, in die er selbst beinahe wie in ein Lebensgeschick hineingesogen war, schließlich gelangt ist. Es war Fichte, der seine Lehre als Aufruf zur Selbstbestimmung begann und sein System sogar der jungen französischen Republik als das erste vorstellte, das gänzlich auf den Gedanken der Freiheit gegründet ist. Doch von der Mitte seiner philosophischen Karriere an verstand Fichte die Subjekte gerade in dieser freien Selbstbestimmung als Manifestationen des einen lebendigen Gottes – und dies, ohne dadurch etwas von seiner Freiheitslehre zurücknehmen zu wollen. Die Gedanken aber, die ihn dahin führten, waren immer zugleich Überlegungen, welche die Verfassung und die Verstehbarkeit des Selbstverhältnisses in Ich-Gedanken betreffen. Jedes Bewusstsein eigener Freiheit setzt ja auch wirklich die Selbstbeziehung des Subjektes voraus und prägt sich innerhalb ihrer aus.

Diese Erweiterung und Vertiefung von Fichtes Versuch zu einer Grundverständigung über das bewusste Leben und die Eigentümlichkeit seiner Freiheit hat mich in meiner eigenen Motivation zur Philosophie bewegt. Kant hatte Selbstbewusstsein als Prinzip in Anspruch genommen, als eigenständiges philosophisches Thema jedoch marginalisiert. Kant war aber zugleich der erste, der seine Ethik auf Freiheit begründete. Und Kant konnte in einer frühen Phase der Ausbildung seiner Ethik das Prinzip der sittlichen Beurteilung, dem Freiheit zugrunde liegen muss, aus dem Gesetz der Einheit verstehen, der die Freiheit unterworfen werden muss.[14] Eine solche Begründung der Ethik im Zusammenhang der Verständigung über Selbstbewusstsein hielt Kant also für möglich – jedoch immer nur in einem damit, dass die Unbegreifbarkeit solcher Freiheit dabei festgehalten und selbst auch begriffen wird.[15] Er ging zudem davon aus, dass mit der Freiheit des Menschen keine unbegrenzte Kapazität zu handeln verbunden ist. Das Selbstbewusstsein ebenso wie die Freiheit, die er untersucht, sind Zentren der Verfassung endlicher Vernunftwesen[16] – und als solche miteinander verbunden. Wo aber Kant Einschränkungen in der Freiheit der Endlichen konstatierte und über sie nachdachte, war seine Perspektive nicht die auf einen Grund dieser Einschränkung, der selbst zugleich als der Grund der Möglichkeit der endlichen Freiheit hätte gelten können.

Ich selbst hatte schon früh in dem Profil von Fichtes späterer Lehre ein Unternehmen gesehen, das darauf ausging, den inneren Zusammenhang dieser Aspekte, also die Bedingtheit und die Endlichkeit gerade der autonomen Freiheit zu begreifen und ihren Einheitssinn zu entfalten. Kants Lehre hatte die Wichtigkeit einer solchen Denkweise und die Tiefenlotung, über die sie allein gefunden werden kann, bereits in helles Licht gebracht. Aber der Grundriss seines Systems schloss es aus, sie selbst zum Thema einer theoretischen Verständigung zu machen. Der Versuch, den Fichte unternahm, schien mir insoweit von Kant her durchaus veranlasst und gerechtfertigt zu sein – welche Einwände gegen ihn auch gerade von Kants Diagnose und Kritik der rationalen Metaphysik her zu begründen sind.

Wenn Freiheit als solche nicht zu begreifen ist, so gilt das noch mehr für sie als endliche und somit für die ihr intern gesetzten Gren-

---

[14] In der Reflexion 7202, einer langen Arbeitsniederschrift, bemerkt Kant, dass dies Prinzip „parallel mit der apperception" in Geltung komme oder zu verstehen sei (AA XIX, S. 280).
[15] Wie er in der großartigen Schlusswendung seiner *Grundlegung zur Metaphysik der Sitten* geschrieben hat.
[16] Fichte versuchte im Ernst, an der Überzeugung Kants in seiner Theorie festzuhalten, die transzendentalen Untersuchungen beträfen nur endliche Subjekte. Aber deren innere Begrenzung ist von ihm nicht so wie von Kant zu charakterisieren. Und die Annahme eines absoluten Ich bleibt mit dessen Funktion als Möglichkeitsgrund nur endlicher Subjekte in einem kaum zu verdeckenden Konflikt.

zen. Man kann den Zusammenhang, der zwischen Selbstbewusstsein, Freiheit und dem besteht, was Freiheit eine Manifestation sein lässt, am ehesten durch den Kontrast zu dem deutlich machen, was mit der Rede von einer Begrenzung der Freiheit ‚von innen' *nicht* etwa gemeint, sondern gerade *ausgeschlossen* werden soll: nämlich eine Begrenzung durch eine Abhängigkeit von der Ausrichtung auf und vom Interesse an vorgegebenen Zwecken, sowie von der Wirkung von solchem Externen wie der Eingewöhnung, der Anpassung an versteckte Kollektivzwänge oder dem Eindruck, der von etablierten Autoritäten ausgeht. Eine solche interne Grenze der Freiheit als endlicher ist mit Fichtes Entwurf so verbunden, dass sie ganz unmittelbar einsichtig wird. Denn ein Selbstbewusstsein, das nach Fichtes späterer Lehre Manifestation ist, muss dies auch für sich und also in seinem Selbstverhältnis wissen können. Und so muss es eben dies auch in der Weise realisieren, in der es handelt und sich in seinem Handeln versteht. In solchem Verstehen wird es sich als autonome Selbstbestimmung vollziehen und zugleich relativieren. Nach Fichtes späterer Lehre konnte es sich angemessen verstehen nur als eingegliedert in einen Prozess, der es in sich einbegreift und der selbst als Manifestation zu denken ist. Das Profil dieser Lehre, das hier nur in wenigen Zügen vergegenwärtigt wurde, fand, wie gesagt, eine Resonanz in einem meiner eigenen Motive zum Philosophieren.

Es ist eine Lebensaufgabe für jede Person als Subjekt, sich in Bindungen zu geben und in Unternehmen einzuordnen, darin aber ganz, und sogar gesteigert, bei sich selbst zu sein. Diktaturen und Ideologien sind darauf angewiesen, diese Subjekte in täuschender und zugleich übermächtigender Suggestion für sich in Dienst zu nehmen. Das fällt ihnen auch deshalb leicht, weil der Zusammenhang gerade eines autonomen Selbstseins mit einer inneren Selbstbegrenzung so schwer zu verstehen ist. Fichte hat ihn in seiner Sittenlehre in vieler Hinsicht differenziert und geklärt – auch durch die Gedanken, die er erst im Verlauf des Streits um seinen ‚Atheismus' ausbildete. Dazu gehörte als erster der Gedanke, dass sich der frei Handelnde als Glied in der Konkretion der gerade ihm zuwachsenden und so *nur* ihm eigenen Pflichten einer sittlichen universalen Ordnung verstehen muss. Fichte hat diese Ethik über eine Erklärung von Wissen und Selbstsein als Manifestation ‚des Seins' untermauert. Wie diese Lehre in der Abhandlung, mitbestimmt von der in ihr wirkenden eigenen Motivation, verstanden und von ihr ausgelegt wurde, wird erst zu erörtern sein, nachdem andere Facetten von Fichtes Gesamtprogramm einer ‚Grundlegung aus dem Ich'[17] erörtert worden sind. Sie stehen mit seiner ursprünglichen Einsicht in unmittelbarem Zusammenhang.

5. EINZIGES ICH UND EINZELNE SUBJEKTE

So ist also auf das zurückzukommen, was Fichtes ursprüngliche Einsicht ausmachte. In der Folge wird dem, wie die Abhandlung diese Einsicht gefasst hat, und ihren Folgerungen weiter nachgedacht – und zwar in neuen Überlegungen, die in der Abhandlung noch nicht zu finden sind. Sie werden in diesem Text der Form einer Skizze näher sein als einer These, die zu allseitiger Sicherung verpflichtet ist. In einem Nachdenken, das sich, wenn auch nach langer Zeit, an die Abhandlung direkt anschließt, ist eine abschließende Argumentation innerhalb eines so komplexen Problemfeldes nicht zu entfalten und also nicht zu erwarten. Sie müsste, zumindest als Perspektive, die definitive Auflösung eines philosophischen Grundproblems beanspruchen.

Wie die Abhandlung Fichtes ursprüngliche Einsicht gefasst hat, sei hier in der besonderen Hinsicht auf ihre methodische Bedeutung zusammengefasst: In dieser Einsicht ging die Klarheit über das hervor, was Zentrum in der Verfassung von Selbstbewusstsein ist – dass dessen Selbstverhältnis und die Gewissheit in ihm außer Frage stehen und dass diese zum Ausgang aller philosophischen Begründungen werden müssen. Diese Einsicht bedeutet zudem, dass mit der Aufgabe, die innere Verfassung eines solchen Wissens von sich zu verstehen, der Philosophie eine schwierige, aber zugleich über sehr vieles entscheidende Aufgabe gestellt ist. Sie wird trotz der Schwierigkeit, einen Aufschluss über ihren Gehalt zu geben, für alle philosophischen Überlegungen feststehen und Folgerungen haben. Sie werden sich an diese besondere Weise von Selbstwissen anschließen und sich von ihr her orientieren – als gründende Evidenz für die

---

[17] Unter dem Titel *Grundlegung aus dem Ich* hat sich meine zweibändige Untersuchung (Frankfurt 2004) mit der Geschichte eines solchen Unternehmens in der Nachfolge von Kants Werk und Fichtes erster Wirkung befasst.

theoretische Bemühung, als Grundmuster für ein in jeglichen aktiven Vollzug eingebettetes Wissen und insbesondere für den Vollzug eines Vernunftlebens.

Dies erste Resümee von Fichtes Einsicht ist so formuliert, dass noch ganz davon abgesehen ist, was hier zuvor über die Isolierung einer besonderen Dimension in Fichtes philosophischem Programm gesagt wurde. Weitere Unterscheidungen und mit ihnen verbundene Schwierigkeiten ergeben sich dann, wenn der Gehalt der Einsicht, der Selbstbezug eines Subjektes im Wissen von sich, als Prinzip genommen wird, auf dem ein System, eine Wissenschaft von allem Wissen, aufgebaut werden soll. Zur Grundlegung eines solchen Systems, das seine Basis in einem Prinzip allein sucht, kann nur ein Gedanke dienen, der sich auf ein Einzelnes bezieht, das als solches ein *Einziges* ist. Das Selbstbewusstsein, in dem sich das Bewusstsein der Freiheit im Handeln konzentriert, muss in all den vielen Fällen wirklich sein, in denen ein Subjekt sich in seiner Freiheit versteht. Insoweit wäre ‚das Ich' seiner logischen Verfassung nach ein Allgemeines.

Gemäß dem Resümee kann nun aber auch die Verfassung eines ‚Ich' charakterisiert sein, welches als das *solitäre* Prinzip eines Systems gelten soll. Aus ihm sind dann Folgerungen herzuleiten, welche zugleich die realen Bedingungen der Genese und der Konstitution der Grundzüge alles Wirklichen und Verstehbaren anzeigen und verstehen lassen. Dieser Anschluss an das Profil von Fichtes ursprünglicher Einsicht unterscheidet sich grundsätzlich von dem anderen, der dann und zudem geradezu als Gegensatz zu dem Anschluss in der Absicht auf Systembildung zu bezeichnen ist. Der Gehalt von Fichtes Einsicht kann nämlich ebenso jeglichem Selbstbewusstsein zugeschrieben werden, das in dem bewussten Vollzug des Gehaltes ‚ich denke' dasjenige Selbstbewusstsein realisiert, von dem in der Außenperspektive als von ‚seinem' Selbstbewusstsein die Rede sein kann. Bezieht man sich auf diesen Akt in der Absicht auf eine philosophische, nämlich eine transzendentale Begründung, dann muss gezeigt werden können, dass aus der Verfassung des Selbstbewusstseins *eines jeden* Subjektes die Prinzipien seines Denkens und Handelns und weiter auch alle seine Überzeugungen zu verstehen und zu rechtfertigen sind, die über die Konstitutionsakte der Welt seines Erkennens und Handelns noch hinausgehen.

In beiden Modellen ist die ursprüngliche Einsicht mit genau demselben Gehalt aufgenommen. Doch ist ihr Bezug verschieden interpretiert. Im zweiten Fall ist dies das jeweilige Selbstbewusstsein eines einzelnen Subjektes, das diesem Kern nach mit allen Subjekten übereinstimmt. Im ersten Fall ist der Gehalt der Einsicht die innerste Form eines einzigen Subjektes, welches jedem Subjekt vorausgeht und zugrunde liegt und das von jedem selbstbewussten Subjekt als sein Kern und seine eigenste Wirklichkeit zu erfahren ist.

Unangesehen dessen, dass diese Unterscheidung für die Verständigung über Fichte wichtig ist, muss doch betont und daran festgehalten werden: Für beide mögliche Interpretationen der Einsicht ist der Ausgang von der *Evidenzbasis* unabdingbar, die in jedem einzelnen Selbstbewusstsein zu realisieren ist – vorausgesetzt, dass für das, was charakterisiert werden soll, der Ausdruck ‚Ich' als angemessen und nachvollziehbar gelten soll. Fichte ging seine Einsicht auf, als er erwog, in welcher Weise das Selbstbewusstsein und die Selbsttätigkeit, die in ihm zum Bewusstsein kommt, die Funktion eines ‚höchsten Punktes' für die Begründungen einer Transzendentalphilosophie erfüllen kann.

In einem damit geriet er aber durch das Konzept der Verfassung eines Systems der Philosophie, das auf einem einzigen realen Prinzip begründet ist, in einen folgenreichen Zugzwang. Man muss wohl davon ausgehen, dass er ihn als solchen und in seinem Gewicht zunächst kaum bedacht und folglich dies Gewicht nicht hoch genug eingeschätzt hat: Er musste das Bewusstsein ‚Ich', an dem er sich wie an einem Modell orientierte, in seiner gewöhnlichen Bedeutung quasi von sich abschütteln. Dies ‚Ich' konnte nicht als sprachliches und gedankliches Vehikel für die Selbstbeziehung eines jeden Subjektes dienen, wobei angenommen ist, dass andere Subjekte gleicher Verfassung existieren und anzuerkennen sind. Er musste somit unter diesen Bedingungen ein *absolutes* Subjekt konzipieren. Als erste Folge dieser Operation musste sich die Aufgabe stellen, aus dem Prinzip zu der Notwendigkeit einer ‚Schranke' überzugehen – um so in dem Absoluten die Form der Entgegensetzung und damit die der Endlichkeit zu begründen.

Eine weitere Aufgabe war damit ebenso unmittelbar gestellt: Die Subjekte, von denen her die Rede von ‚einem Ich' ihre Orientierung gewann, mussten im Ausgang von dem, was nun als das singuläre und ‚absolute Ich' etabliert war, wieder erreicht und verständlich gemacht werden – und dies aus ihrem Verhältnis zu dem als einziges Prinzip angesetzten Absoluten. Von Beginn an musste damit eigentlich auch Klarheit darüber herrschen, dass sie nun nicht mehr in ganz der gleichen Weise wie das ‚absolute Ich' würden charakterisiert werden können. Die Formel für den Gehalt von Fichtes ursprünglicher Einsicht konnte also wohl auf beide Anwendungsfälle bezogen werden. *Aber nicht auf beide zugleich.*

Aus dieser Anfangsbedingung ergibt sich eine Zweideutigkeit, welche die Entfaltung von Fichtes Denken noch lange durchherrscht hat. Das zweite Modell einer Verständigung über die Verfassung ‚des Ich' ist doch gleichfalls an der Wirklichkeit des Selbstbewusstseins orientiert, in dem Subjekte von sich selbst wissen. Es ist dies ein Wissen, das Subjekte von sich selbst haben, wenn sie ineins mit ihrem Wissen von sich immer auch wissen, *dass* sie *selbst* es sind, die ein Wissen aktualisieren, welches ein Wissen ist, in dem sie selbst von sich *als sich selbst* etwas wissen. Die Quelle für die Einsichtigkeit von Fichtes Aussage ist also weiterhin die Konzentration auf die Verfassung desjenigen Selbstbewusstseins, von dem her der bewusste Gebrauch der ersten Person singularis ‚ich' zu verstehen ist.

Wenn man beurteilen will, ob sich diese Ausgangsevidenz von der Verfassung eines absoluten Subjektes her verständlich machen lässt, dann ist insbesondere darauf zu achten, dass der Gehalt dieser Evidenz nicht wie ein formales Objekt analysiert werden kann. Man kann sich nicht darauf beschränken, den Selbstbezug in Ich-Gedanken als das Selbstwissen zu charakterisieren, in dem *irgendein* Subjekt von sich selbst steht – sofern es denn ein einzelnes Subjekt ist, das durch diese Kapazität definiert ist. Das ist zwar richtig. Aber es ist verständlich nur, wenn man von dem Vollzug ausgeht, in dem der, welcher Selbstbewusstsein analysiert, zu sich selbst steht. Nur über die jeweils aktuale Realisierung dieses Wissens durch ein Subjekt ist einsichtig, was es heißt, dass ein Subjekt sich seiner in einer Weise inne ist, die es ihm möglich macht, über das, was in seinem Selbstwissen erschlossen ist und was sich kraft seiner aufbaut, also von sich *als von ‚mir'* zu denken und zu sprechen.

Dieser für Selbstbewusstsein wesentliche Grundzug steht außer Zweifel. Er ist auch in Fichtes Einsicht eingeschlossen. Und doch kann er im Gange von deren Explikation übersehen und seiner Bedeutung nach nicht hinreichend hervorgehoben worden sein. Im Folgenden wird aber zunächst den Fragen nachgegangen, die für Fichte selbst bei der Begründung eines Systems auf das ‚absolute Ich' bedrängend geworden sind.

Im Verlauf der Herausforderung durch den ‚Atheismusstreit' gelangte Fichte dahin, an die Stelle des einigen ersten Prinzips die Gewissheit einzusetzen, welche *dem Wissen als solchem* zukommt. Es ist dies nicht mehr die Evidenz, die dem Selbstbewusstsein von Subjekten innewohnt. Aber der Evidenz, die nunmehr jedem Wissen von etwas in seinem aktuellen Vollzug zukommt, spricht Fichte nun denselben *Status* von Singularität und Durchgängigkeit zu, der zuvor dem absoluten Ich zugesprochen worden war. Fichte charakterisiert auch die Struktur dieser Evidenz weitgehend nach dem Vorbild der Verfassung des absoluten Ich, deren Nachfolger sie gewesen ist.[18] Insofern kann er dann dem Wissen – und dem Prozess, der in ihm angelegt ist – die Verfassung von ‚Ichheit' zusprechen.

Es ist von Interesse, den Auswirkungen dieser Wendung und den Bedingungen, unter denen sie sich ergeben, im Einzelnen nachzugehen. Dabei muss man Fichtes Operieren mit Aussagen über Wissen und über Evidenz aus der Distanz verfolgen und analysieren. Dies bestätigt ein weiteres Mal, dass es nicht möglich ist, Fichtes Wissenschaftslehre ohne eigenständiges Nachdenken auszulegen – wenn denn möglichst vermieden werden soll, dass man in einem erheblichen Restbestand von Unverständnis zu verharren hat.

In der Übersicht über ihre Wandlungen zeigt sich Fichtes Wissenschaftslehre nun in einem verwirrenden Verlauf. Es liegt nicht fern, diesen Verlauf in einer Verwirrung begründet zu sehen, in die Fichtes Denken geraten ist, als es darum ging, seine ursprüngliche Einsicht in sein Modell für ein System zu integrieren. Die Verfassung des Subjektes, dessen Identität ihm den Ausgangsgedanken seiner Deduktion gab, war für Kant, ohne dass er das eigens unterstrich, das einzelne Subjekt endlichen Erkennens gewesen. Fichtes neu gefasster Gedanke vom Ich, welches sich selbst für sich setzt,

---

[18] Die Umstellung erfolgte schnell, fast in einem Zug und jedenfalls ohne aus der Distanz zu erwägen, ob sich andere Charakterisierungen ergeben, wenn die Aufmerksamkeit ‚dem' Wissen und Weisen des Wissens ohne Vororientierung zugewendet sein würde – ob ‚Wissen' die Systemstelle des ‚absoluten Ich' deshalb gar nicht einnehmen kann.

ist durchaus dazu qualifiziert, nunmehr als einziges und absolutes Subjekt verstanden zu werden. Dieses Subjekt tritt in der Folge dann aber doch wieder in den Hintergrund – zugunsten einer Form, die allem evidenten Wissen eignet. Von Selbstbewusstsein kann in Beziehung auf es nicht mehr so die Rede sein, dass sich diese Bezeichnung auf ein jedem Subjekt eigenes Bewusstsein und dessen Evidenz stützt. Aber über alle Stufen hinweg wird die Einsicht in den Kern der Selbstbeziehung des Subjekts als das orientierende Mittel der Auslegung für das erste Prinzip unverändert in Kraft gehalten.

Das wirkliche Selbstbewusstsein des Subjektes, in Beziehung auf das Fichte seine ursprüngliche Einsicht aufgegangen ist, war aber doch pluralisierbar und aus diesem Grund notwendig endlich. Dass es solche Subjekte wirklich gibt, ist nicht zu bestreiten. Sind sie doch die Adressaten von Fichtes Lehre und seinem Aufruf zur Freiheit. Doch die Subjekte solcher Art mussten nun auf einen anderen Ort innerhalb des Systembaus verwiesen und zu ihm hin, sozusagen, herabgestuft werden – eben an den Ort, an dem Subjekte in dieser Pluralität und Endlichkeit aus dem einen und einzigen Prinzip würden abgeleitet und von ihm her begriffen werden können.[19]

In Beziehung auf die Aufgabe des Begreifens des endlichen Subjektseins drängt sich dann die Frage auf, inwieweit innerhalb der Verständigung über die Verfassung dieser endlichen Subjekte der Gehalt von Fichtes ursprünglicher Einsicht einen Platz behalten kann. Müssen sich diese Subjekte doch zu dem absoluten Subjekt in eine Relation setzen. Im Systembau aus einem Prinzip ist der Gehalt dieser Einsicht aber unabwendbar an das eine Subjekt im Status des Absoluten gebunden worden. Überlegungen, die Fichtes Weg folgen, können hier sehr weit vorausgreifen. Schließlich kam er bis zu der Folgerung, die endlichen Subjekte müssten sich dadurch, dass sie sich selbst ,vernichten', in die Erfahrung des Prozesses versetzen, der sich als göttliches Leben vollzieht und der sie samt ihrer Selbstrelativierung einbegreift, um so das, was sie sind, eigentlich erst realisieren zu können.[20]

---

[19] In seinem Brief an Jacobi vom 30. August 1795 erklärt Fichte ausdrücklich: „das Individuum muß aus dem absoluten Ich deduciert werden" und kündigt als den Ort, an dem dies erfolgen werde, sein ,Naturrecht' an (FGA III,2, S. 392).
[20] Die Notwendigkeit, dass das Ich sich selbst ,vernichte', erklärt Fichte in den Versionen der Wissenschaftslehre von 1804 an. Diese These verlangt in ihren

6. EINSSEIN IM SELBSTSEIN?

Statt den damit angezeigten Weg etwa genauer nachzugehen, kann man aber seinen Anfang noch in einer anderen Perspektive betrachten. In ihr nimmt sich dieser Anfang anders aus denn als Ansatz zu einer großen Verwirrung, die allein durch das Konzept von einem System bewirkt wird. Das Problem, in das sich Fichte hineindenken musste, kann auch als verbunden mit einem Aspekt dessen erscheinen, was durch diese Einsicht selbst deutlich geworden ist. Es stellt sich mit einer Eigenschaft, die dem Selbstbewusstsein zugeschrieben werden muss, dessen Verfassung diese Einsicht von Grund aus neu verstehen ließ: die strikte Selbigkeit aller Subjekte in dem, was die Verfassung ihrer Selbstbeziehung ausmacht. Wenn man auf diese Eigenschaft achtet, so kann eine Idee dazu aufkommen, wie sich dieser Aspekt in dem Gesamtzusammenhang der besonderen Verfassung des Selbstbewusstseins verstehen lässt – und damit auch der Gehalt dessen, in dem Fichtes Einsicht für die Gesamtkonzeption seiner Philosophie grundlegende Bedeutung gewann.

Auch dieser Problemlinie lässt sich nicht in einer exegetischen Bemühung allein nachgehen. Es ist also nötig, die Aufgabe einer philosophischen Verständigung über Selbstbewusstsein wieder in eben der Weise aufzunehmen, die für die Abhandlung selbst bereits maßgebend gewesen ist. Obwohl dies, wie gesagt, wieder nur in der Form einer Skizze geschehen kann, wird damit die Sphäre erweitert,

---

verschiedenen Variationen eine genauere Auslegung, als sie sie im dritten Teil dieser Untersuchung erhalten wird. Sie ist die zentrale Aussage des letzten von Fichtes drei Sonetten. Fichte hat 1805 nur zwei von ihnen veröffentlicht. Es spricht viel dafür, dass auch das dritte in der Nähe der beiden anderen verfasst wurde, obwohl nur eine Abschrift von 1812 erhalten ist (im Unterschied zum Abdruck des Sonetts in der Abhandlung, S. 33 f. in diesem Band). Sein Gedankengang lässt sich dem zweiten Kursus der Wissenschaftslehre von 1804 zuordnen. In diesem Falle könnte man daran denken, dass Fichte in dem ‚Musenalmanach auf das Jahr 1805' Gedanken, welche über die des zweiten Sonettes hinausgehen, nicht in der modischen Form Petrarcas ohne eigene Erklärungen vor die Augen der Berliner Intellektuellenkreise bringen wollte. Die Aussage im *Vorwort* der FGA zu den Handschriften der Sonette (FGA II, 9, S. 449) trifft nicht ganz zu. Denn es sind nicht ‚die' Reinschriften aller Sonette erhalten. Die Reinschrift des dritten ist sicher eine Nachschrift von eigener (schriftlicher oder erinnerter) ‚Vorlage', wobei das Original wahrscheinlich viel früher entstand (vgl. auch Anm. 106).

in der sich die Argumentationen der Abhandlung seinerzeit entfaltet haben.

„Ja, das Ich. – ist etwa da was zu machen? – Gehe der Unbedingtheit des Ich nach." – dieser Satz aus Fichtes Gedankenprotokoll vom Winter 1793/94 bringt uns nahe wie kein anderer Text von seiner Hand an den Moment seiner ursprünglichen Einsicht heran.[21] Von ihr hat er später mehrfach erzählt. Es ist ‚dies Ich' gewesen – die Grundstruktur von einem Wissen, das auch Kant über die erste Person singularis zur Sprache brachte, an der sich Fichtes Wissenschaftslehre orientierte, seit sie sich im Anschluss an Fichtes ursprüngliche Einsicht als fester Umriss eines Lehrbegriffs auszubilden begann.

Man kann den Bereich, dem Denken, aber auch Wahrnehmen, Erinnern und Glauben zugehören, den epistemischen nennen.[22] Innerhalb seiner lassen sich viele Prozesse voneinander unterscheiden, denen jeweils eine Art von Selbstbeziehung zugeschrieben werden kann. Zwar wäre die Rede von einer Erinnerung, die sich an sich selbst erinnert, ohne Sinn. Aber eine Erinnerung, die niemandem aufgeht, wäre doch gleichfalls etwas Widersinniges. Aristoteles fand bereits, dass mit jeder Wahrnehmung eine Wahrnehmung ihrer selbst einhergehe. Nun mag die Verdopplung des Ausdrucks ‚Wahrnehmung' in diesem Zusammenhang eine zu lockere Ausdrucksweise sein. Aber es liegt nahe zu denken, dass sich jede Wahrnehmung in einem *Felde des Bewusstseins* ereignet. Vom Bewusstsein aber lässt sich mit noch mehr Sinn sagen, dass es immer zusammen mit einem Bewusstsein von sich selbst auftritt. Denn zum Bewusstsein kommen, etwa zu erwachen, ist ein Geschehen, von dem gilt, dass, wo immer es eintritt, auch von diesem seinem Eintreten ein Bewusstsein besteht. Weil es keines Nachdenkens bedarf, um zu dieser Kenntnis zu gelangen, kann man sagen, dass in allem Bewusstsein, und zwar mit struktularer Notwendigkeit, eine Selbstbeziehung statthat. Von dieser Selbstbeziehung wird man nicht sagen wollen, dass Subjekte eine Verfügungsmacht über sie haben. Wo

---

[21] FGA II,3, S. 48. – Zuletzt bin ich in dem Buch *Werke im Werden: über die Genesis philosophischer Einsichten* (München 2011, S. 40 ff.) näher auf Fichte und seine eigenen Berichte von seiner ‚ursprünglichen Einsicht' und deren Bedeutung eingegangen.

[22] Ihm gehören auch die mentalen Tatsachen, die man als ‚Empfindung' bezeichnet, dann zu, wenn sie einem Subjekt oder in einem Verbund gegenwärtig sind.

Subjekte aktuell von sich wissen, da muss Bewusstsein eingetreten sein. Aber Bewusstsein impliziert seinerseits nicht den Gedanken ‚Ich denke', gedacht von einem Subjekt. Und so ist Bewusstsein auch nicht angemessen über diesen Ausdruck zu erfassen. Bewusstsein kann ohne Gedanken auftreten – auch wenn wir uns selbst, insofern wir Subjekte sind, nicht in einen solchen Vollzug versetzen können. Wir müssten dazu von unserem Subjektsein abstrahieren können. Zu ihm, und somit zu allen Ich-Gedanken, gehört wesentlich nicht allein der Selbstbezug, sondern ein Wissen von ihm *als solchem*. Darin ist ein Unterschied zu allem gelegen, was sich im Feld des Bewusstseins oder als dieses Feld artikuliert.

Einfache Sachverhalte, die innerhalb des Prozesses des Bewusstseins oder in dessen Feld auftreten, ziehen mit dem, was man als ihren Selbstbezug bezeichnen kann, jedoch für sich bereits ein Nachdenken auf sich. Die Farbe Rot hat jeweils eine bestimmte Farbqualität und Sättigung; es gibt den starken, den stumpfen, den stechenden und den grellen Schmerz. Dies alles lässt sich nur als etwas denken, das im Bewusstsein präsent ist. Unbewusstes Rot kann es nicht geben. Von einem Schmerz ohne Schmerzgefühl lässt sich nicht sprechen – auch wenn die Schmerzerfahrung unterhalb der Schwelle zum wachen oder expliziten Bewusstsein liegen mag. Es ist aussichtslos, die Qualität einer Farbwahrnehmung oder eines Schmerzgefühls davon abzutrennen, dass sie gewahrt sind. Dies Gewahrtsein kann nicht als eine weitere Quasiqualität zu ihnen hinzutreten. Man könnte sich also dazu anschicken, der Weise nachzuforschen, wie eine Qualität und ihr Gewahrtsein ineinander verfugt sind. Dies lässt sich von dem gedanklichen Schema her gewiss nicht verständlich machen, welches eine Qualität fixiert, ohne ihre Zugangsbedingungen zu beachten, und dann das Bewusstsein von ihr als ein Ausgerichtetsein auf sie fassen will. Doch diese Erinnerung gilt für jede Tatsache, die man als ‚mentale' auffasst und somit für den Gesamtbereich, der die sogenannten ‚Empfindungsdaten' einschließt. Gefühle machen innerhalb ihrer auch dadurch einen Sonderbereich aus, dass die Beziehung auf etwas, in dem das Gefühl aufkommt, für sie konstitutionell und in ihnen stets *mitvollzogen* ist.

Sie ist aber von der Gefühlsqualität nicht abzuheben. Eine Fledermaus mag Sättigung und Müdigkeit fühlen, ohne von einem (sich selbst als von ‚mir') zu wissen, der sich in diesen Zuständen befindet.

6. Einssein im Selbstsein?

Selbstbewusstsein aber besteht zunächst einmal in gar nichts anderem als darin, dass ein Einzelner davon weiß, *dass* er in allem, was er erfährt, von sich selbst *als* sich selbst ein solches Wissen hat. Habe ich Schmerzen, so schmerzt es mich nicht nur. Ich weiß auch von mir als von einem mit Schmerz Geplagten. Das heißt aber nicht, dass es mich in meinem Für-mich-sein schmerzt – so als ob mein Für-mich-sein zusammen mit meinem Schmerz heftiger werden oder vom Stechendsein zum Pochen hinübergleiten könnte.

Man kann nicht vorgeben, das In-eines einer Qualität mit der Erfahrung von ihr sei ein für unser Verstehen ohne weiteres einsichtiger, ein in seiner Verfassung stets schon verstandener Sachverhalt. Dieser interne Zusammenhang erfüllt nicht die Vorgabe irgendeines geläufigen Modells von einer epistemischen Relation. Man muss ihn als ein vielgliedriges, aber nicht zusammengesetztes, sondern elementares Muster zur Kenntnis nehmen. Somit gibt er also durchaus Anlass dazu, seinem Bestehen und Entstehen sowie der Unhintergehbarkeit solcher Komplexe nachzufragen. Man muss zudem Verfahren konzipieren und gebrauchen, in denen ein Aufschluss über all dies zu geben ist. Dies gilt jedoch nicht viel anders für die Verfassung alles Mentalen und dessen Eintreten in eine Welt, die offensichtlich von anderer Grundverfassung sein muss als die Welt, in der Objekte nach Gesetzen interagieren.[23] Dennoch ist es möglich, als eine neue die strukturale Einheit von erfahrener Qualität und deren Erfahrensein zu akzeptieren. Sie ist im Übrigen ja sogar die alltäglichste Tatsache allen wachen Lebens.

Damit wird es aber auch unnötig, dieser Tatsache eine *als solche artikulierte* Selbstbeziehung zuzuschreiben. Man wird also in Beziehung auf diesen weiten und elementaren Bereich mentaler Tatsachen davon befreit, sich bereits innerhalb seiner auf solche Zirkelformen gefasst machen zu müssen, wie die es sind, welche in der Abhandlung erörtert wurden. So muss man auch nicht versuchen, ihnen zu entgehen oder eine prinzipielle Rechtfertigung für sie zu

---

[23] Einer der besten Gründe dafür, in jeglichem Wirklichen einen Grundzug von ‚Psychischem' anzunehmen, also zum sogenannten ‚Panpsychismus'. Für die Verfahren, welche über Sachverhalte Auskunft geben sollen, deren elementare Fälle irreduzible Komplexe und selbstbezügliche Strukturen aufweisen, hat sich aus historischen Gründen der eher irreführende Name ‚Phänomenologie' eingebürgert.

finden – in einer Entsprechung zu den Sachverhalten, für die Fichte im Gang der Entfaltung seiner Einsicht eine Reihe neuer Formulierungen gebrauchte – Formulierungen, die dahin führen sollten, die innere Verfassung von Selbstbewusstsein zu verstehen. Es zeichnet sich somit auch ab, dass die Probleme, die ihn dazu veranlassten, von ganz spezifischer Art sind. Sie lassen sich nicht im Zusammenhang der Probleme auflösen, die im allgemeineren Bereich aller epistemischen oder mentalen Sachverhalte aufkommen. Dies gilt unabhängig davon, welche Bedeutung diesen Problemen ihrerseits, und zwar innerhalb der Philosophie, zu geben ist.

Es bleibt noch zu bemerken, dass mit dem Verhältnis von wahrgenommenen Qualitäten und ihrem Wahrgenommensein eine Tatsache immer noch in einer Isolierung betrachtet wird. Sie sieht von dem ab, was mit dem Bewusstsein und seiner Feldstruktur immer zugleich realisiert ist. Denn solche Akte des Gewahrens treten niemals für sich allein auf. Sie stehen in synthetischen Beziehungen, die ihrerseits wieder miteinander verfugt sind – von den Kontrasten, in denen die Qualitäten wahrgenommen werden, über die Abschattung von Gegenständen, denen sie zugeordnet werden, bis zu den Zusammenhängen, nach deren Art der Ordnung sie auftreten – etwa dem zeitlichen Verlauf, den sie nehmen und in dem sie ausstrahlen, formierend präsent bleiben und erinnert werden. Diese Dimension synthetischen Gewahrens weist einen großen Reichtum von Bezügen auf. Bedeutende Werke von Husserl und in seiner Nachfolge galten ihrer Erschließung. Hier ist es unmöglich, die Frage aufzunehmen, ob denn in diesen Bereichen von Synthesis ‚Subjekte' angenommen werden müssen und in welchem Sinn sie dann Subjekte sind. Es ist nämlich zulässig, von einem Subjektbezug auch dann zu sprechen, wenn ein solches Subjekt in keinem Bezug zu sich selbst steht, der ihm selbst zugleich thematisch werden kann oder der ihm jederzeit auf unterschiedliche Weise thematisch ist und sein muss.[24]

Alles Nachfolgende beschränkt sich aber darauf, von dem Zugang zum Selbstbewusstsein und von den Evidenzen auszugehen, die auch Fichtes Räsonnements zur Anleitung gedient haben. Sie waren alle an Gedanken gebunden, in denen ‚das Ich' Subjekt von Sätzen

---

[24] Eine ähnliche Unterscheidung macht John Perry zwischen subjektbezogenen und subjektsensitiven Tatsachen.

6. Einssein im Selbstsein?

ist oder in denen Sätze, in denen dies ‚Ich', sprachlich gefasst als ‚Ich denke' oder als ‚Ich bin' (welches das Ich denke impliziert), Ausgang und Thema war und die Orientierung für alle Überlegungen gegeben hat. Fichte sah in dem, was sich selbst so artikulieren kann, das einzig mögliche Prinzip eines Systems. Auch wenn man, wie es die Abhandlung tut, von der Bedeutung für die Systembildung absieht, muss man doch, mit Fichte, diesem ‚Ich'-Bewusstsein besondere Eigenschaften zusprechen, die das Philosophieren in Gang und unter Spannung bringen. Es kann zwar nicht anders sein, als dass Subjekte, die sich mit ‚ich' anzeigen, in anderen Zuordnungen und Verbindungen im Bewusstsein integriert gehalten sind. Denn bewusst zu sein ist eine Charakterisierung, die in den weiten Bereichen mentaler Strukturen und Ereignisse auch für die Ich-Gedanken gilt. Im Anschluss an die Untersuchung zu Fichte sind aber die Charaktere, welche an dem Vollzug des Gedankens ‚Ich' als gerade ihm spezifisch eigen hervorzuheben sind, von besonderem Interesse.

Diesen Charakteren ist nun etwas weiter nachzugehen. Dabei ist es durchaus nicht Ziel, die Überlegungen im Anschluss an Fichtes ursprüngliche Einsicht zu einem Abschluss zu bringen oder die Probleme aufzulösen, die vor einem halben Jahrhundert in der Abhandlung herausgearbeitet werden sollten. Eher im Gegenteil. Der Ansatz und die Überlegungen sollen wieder aufgenommen werden. Dabei sind neue Problemlagen aufzuweisen, die sich auftun, wenn Fichtes Einsatz weiter nachgegangen wird. Doch wird es sich dabei um Probleme handeln, über deren Erörterung zugleich weiteres Licht in die Dynamik zu bringen ist, der Fichtes Denken über die Folge seiner Konzeptionen zur Verfassung von Selbstbewusstsein unterlag.

Fichte erreichte für die Problemlage, mit der er rang, niemals die Stabilität einer Lehrform; und er strebte sie schließlich um der Lebendigkeit der Einsicht willen, die zu gewinnen ist, gar nicht mehr an. Doch gilt für sie wohl auch mit besonderem Gewicht, was für alle zentralen philosophischen Themen zu sagen ist: Dass es wichtiger ist, die Tiefe und Verwicklung, in die sie führen, möglichst deutlich in den Blick zu bringen, als die Unruhe, die sie bewirken, unter dem Anspruch, eine definitive Lösung sei erreicht, stillstellen zu können. Für Fichtes Thema gilt überdies, was Kants Bemerkung zur Erörterung des Freiheitsproblems deutlich machte: Ein Problem, das lange übersehen wurde und über das dann die klügsten Köpfe anhaltend nachdachten, wird schwerlich eine Lösung finden können, die nur wenig unterhalb der Oberflächen gelegen ist.

Wir können uns aus der Situation der Zeit klarmachen, warum es Fichte als notwendig erscheinen musste, die Wissenschaftslehre mit einem Grundsatz beginnen zu lassen, der über das Personalpronomen ‚ich' seinen wesentlichen Gehalt gewinnt, dass dies ‚Ich' in ihm dann aber zugleich auf ein Prinzip verweist, das einen einzigen und einigen faktischen Vollzug als Ursprung von überhaupt allem anzeigt – Wirklichem wie Denkbarem. Nur so kann es Prinzip eines Systems von der anzustrebenden Bauart sein. Im Vollzug des Bewusstseins ‚Ich' ist in diesem Sinne die höchste denkbare Gewissheit gelegen. Es muss sich nicht nur um eine unvergleichbare, sondern um eine allbezügliche Gewissheit handeln. Und dies muss gelten, *obwohl* die im ‚Ich' gelegene Gewissheit immer ein bestimmtes Subjekt heraushebt und nur für es solche Gewissheit mit sich führt. In seinem Für-sich-gewiss-Sein ist zwar jede Gewissheit von anderer Art und für andere ausgeschlossen. Aber das Subjekt, das in ihr steht, impliziert doch keinen Anspruch auf reale Exklusivität. Achtet man allein auf den sprachlichen Ausdruck, so scheint mit dem ‚ich' eine Zuordnung zu einem ‚er' oder ‚sie', also auf ein Anderes, notwendig gerade eingeschlossen.

Wird also ‚das Ich' als singuläres Prinzip für die Grundlegung des Systems, auf das Fichte meint zielen zu müssen, in Anspruch genommen, so ergibt sich eine Situation, die uns zwar aus den historischen Texten vertraut ist, die aber in einer distanzierten Rückbesinnung als wunderlich anmuten kann: Um das Prinzip als ‚Ich' zu verstehen, muss ständig eine Gewissheit aufgerufen und aktualisiert werden, die jeweils nur von einem einzelnen, einem nicht exklusiven Subjekt, und auch nur *für* es eintreten kann – nämlich für den Aufrufenden selbst. Aber eben diese Vergewisserung muss doch unmittelbar als derjenige Akt gelten können, der, recht verstanden, das System in seinem einzigen Prinzip fundiert und sichert.

Es lässt sich doch gut verstehen, dass Fichte mit diesem Doppelbezug, über den seine ursprüngliche Einsicht in sein System eingebettet werden sollte, selbst immerfort in neue Schwierigkeiten geriet. Unter anderem musste er der Begründung des Ich als Prinzip eine andere Begründung innerhalb des Systems folgen lassen, um die Wirklichkeit von Subjekten in der Mehrzahl und im je einzel-

6. Einssein im Selbstsein? 97

nen Bezug auf die Evidenzquelle des Systems zu begründen. Er hat schließlich – auch von anderen Gründen bewogen – die Gewissheit im *Wissen* als solchem an die Stelle des absoluten Ich gesetzt, dessen Gewissheit nun einmal die hatte sein müssen, die im Selbstbewusstsein als solchem gelegen ist. Diese Gewissheit des Wissens, nunmehr im Allgemeinen, hat er aber zugleich durch die Form der ‚Ichheit' charakterisiert. So musste es geschehen, dass das Faktum der Gewissheit in den Subjekten, in Beziehung auf die ihm seine ursprüngliche Einsicht aufging, nicht mehr die ganze Aufmerksamkeit auf sich ziehen konnte, die zu Beginn, und im Zusammenhang des Ursprungs seiner Einsicht, von ihr doch ganz eingenommen gewesen war. Schließlich ist es sogar nicht mehr die Selbstvergewisserung des unvermittelten Selbstsetzens, sondern die Einsicht in die Notwendigkeit seiner Selbst*preisgabe*, in der das einzelne Subjekt eine letzte Aufklärung über sich gewinnt und vollzieht.

So positionieren also Fichtes eigene Vorgaben sein System schon am Beginn der Entwurfsarbeit auf einem Boden, der, statt ihm Halt zu geben, es in ein stetiges Gleiten versetzt. Fichte war sich dessen bewusst und sah darin die in das System eingelassene Herausforderung, die Fundamente immer tiefer zu legen und immer sicherer in den Blick zu bringen. Der in der Beziehung zwischen Ich-Gedanken und Systemmodell wirksamen Spannung hat er nicht aufs Neue nachgedacht. Doch ist in ihr die meiste Antriebskraft für die Drift in der Fundierung des Systems gelegen.

Nun ist es aber doch unwahrscheinlich, dass Fichtes Einsicht einzig der unglücklichen Verbindung einer ersten Evidenz im Wissen mit dem Programm einer Systematik aus nur einem Prinzip zu verdanken ist. Wenn man sich in das Bewusstsein vertieft, welches das Pronomen ‚ich' anzeigt, dann treten besondere Züge in der Verfassung von Ich-Gedanken deutlicher hervor, welche Fichtes Verfahrensart motivieren konnten. Sie heben sich dann umso plastischer ab, wenn man Ich-Gedanken mit den anderen Typen von Bewusstseinsereignissen vergleicht, auf die eben kursorisch eingegangen wurde. Letztere gehen mit einer anderen Art von Selbstbezug einher, womöglich nur mit dessen Anschein. Die wichtigsten Folgerungen entstehen aber daraus, dass nur in jenen Gedanken ihre Selbstbeziehung als solche auch zu deren Gehalt gehört.

In Ich-Gedanken ist die Einzelheit eines Ereignisses mit seinem

Typus auf eine ihm durchaus eigentümliche Weise verbunden. Als ‚Ich' versteht sich genau ein Subjekt – und zwar das, welches jeweils der Denker eines Gedankens ist. Das, *als* was es sich so versteht, koinzidiert aber in seiner Verfassung vollständig mit dem, was jeder, der zu Ich-Gedanken befähigt ist, in jedem seiner Ich-Gedanken gleichfalls denkend mitvollzieht. Die Klarheit darüber, dass ein Subjekt, indem es nur sich selbst erfasst, etwas realisiert, was in genau derselben Weise andere Subjekte in Ich-Gedanken zu sich selbst bringt, hat ihren Grund darin, dass sich die Selbstbeziehung dieser Subjekte allein über den Gebrauch rationaler Funktionen aufbauen lässt.

Dem steht aber durchaus nicht entgegen, dass die Verfassung jedes Ich-Gedankens notwendig impliziert, einen auf diesen bestimmten Denker des Gedankens gezielten und beschränkten Bezug zu haben. Man denke an den Fall eines Schmerzgefühls zurück! Habe ich einen solchen Schmerz, so ist der Schmerz auch gespürt und drängt sich mir als mein Schmerz auf. Doch in dem Haben des Schmerzes ist nicht unmittelbar eingeschlossen, dass er als etwas erfahren wird, das anderen in genau der gleichen Weise auferlegt sein kann. Umgekehrt betrifft mich der Schmerz zwar ganz unmittelbar. Aber es ist in ihm nichts gelegen, das ihn als Schmerz ausmacht und das zugleich und in einem damit ein bestimmtes Subjekt in dem bezeichnet, wodurch es grundsätzlich von anderen unterschieden ist. Ein Schmerz geht mich unmittelbar an. Er ist aber nicht etwas, das kraft dessen, wie es für mich ist und wie ich es dann zu beschreiben versuche, mit begrifflicher Notwendigkeit ganz allein mir zugefügt werden kann. Er ist etwas, was gefühlt werden muss. Er kann jedoch in vielerlei Weise getönt, bewegt und von vielen in vielerlei Weise – etwa im Hintergrund – gefühlt werden. Und es ist nicht ausgeschlossen, dass ich meine, einen uns zugefügten Schmerz als ein mentales Ereignis gemeinsam mit einem anderen zu fühlen. Dass der Schmerz *mich* befällt und dass jeder andere von ihm als *er selbst* befallen würde, steht unverrückbar fest und lässt sich als Gedankengehalt weder steigern noch variieren.

In Ich-Gedanken sind der Gehalt des *Gedankens* und sein Bezug auf ein Einzelnes ineinander gebunden. Das bedeutet, dass man den Bezug auf ein jeweils Einzelnes, und zwar jeweils sich selbst, aktualisieren muss, um diese Gedanken zu verstehen. Man kann sie dann aber auch als eine Form von Gedanken beschreiben, die in jedem einzelnen Subjekt in ganz genau derselben Weise realisiert ist. Daraus ergibt sich dann die Möglichkeit, diese Form für sich allein zu betrachten. Geschieht dies, so muss immer noch – und in einem mit ihrer Verfassung – deren innerer Bezug zu einem bestimmten Subjekt berücksichtigt werden. Hat man aber die Form von ihrem Bezug auf das je eigene Subjekt abgehoben, von dem sie doch zuvor bereits verstanden sein muss, dann wird man sehen, dass der Schritt zu der Meinung nicht fernliegt, der Form selbst schon und als solcher einen einzigen Subjektbezug zuschreiben zu müssen. Unter den beiden Voraussetzungen aber, (a) dass man jene Isolierung eines wirklichen Subjektbezugs in der Form als solcher für möglich hält und dass man (b) ein solches singuläres Subjekt um der Systemarchitektur willen für notwendig erachtet, kann man das Resultat, das mit der Isolierung zugleich eintritt, nämlich den Gedanken von einem ‚*absoluten* Ich‘, für unabwendbar halten. Es kann dann weiter als einleuchtend und erhellend erscheinen, ein solches Subjekt, das wirklich und sogar kraft seiner Form wirklich ist, vorauszusetzen und in ihm dabei zugleich den eigentlichen Bezug aller individuellen Ich-Gedanken zu sehen. Dieser Operation voraus geht allerdings die in einer einzigen Tatsache gelegene Doppelung von Allgemeinheit der Gesamtfiguration und dem in ihr selbst gelegenen Bezug auf ein Einziges.

Wer also diesen Gedanken des Subjekts als eines ‚absoluten‘ fasst und ihm nachgeht, muss immer noch von dem Umstand irritiert werden, dass er ihm nur über den ihm als diesem einzelnen Subjekt eigenen Selbstvollzug zugänglich und verständlich wird. Er kann seinen Ansatz bei der reinen Form des Für-sich-Seins dann mit einer weiteren, etwa der folgenden Erklärung zu stabilisieren suchen: Diese reine Form, als das absolute Ich realisiert, aktualisiert sich selbst – man muss sagen: auf irgendeine, vorerst ganz unbestimmbare Weise – in der Selbstbeziehung aller der Einzelnen, die aus diesem Absoluten herzuleiten sind und die somit als dessen interne, aber zugleich verselbstständigte Folgen betrachtet werden müssen.

Auch der umgekehrte Weg kann erwogen werden. In dieser Betrachtungsart ist die Selbstbeziehung von Ich-Gedanken immer die von einzelnen Subjekten. Dass diese Selbstbeziehung die von Endlichen ist, geht auch daraus hervor, dass es keine Ich-Gedanken gibt, die ohne bestimmteren Gehalt sind. Das Bewusstsein ‚Ich denke‘ ist ungesättigt, der Satz ‚Ich denke‘ nur ein Teilsatz. Es bedarf einer

Ergänzung, aus der eine Antwort auf die Frage ‚*Was* denkst Du?' entnommen werden kann. Aber die Form dieser Gedanken hat doch eine bestimmte Verfassung, die stets genau dieselbe ist. Wer es ist, der denkt, kann und muss jeweils ebenso wie das, was er denkt, anders und spezifisch bestimmt werden. Dass er in beidem einen Gedanken fasst, der *sein* Gedanke ist und dass er damit sich als Subjekt der Gedanken mitdenkt, ist dagegen ein Vollzug, der in keiner Weise variabel, der also in sich vollständig bestimmt ist. Kant hat das ‚transzendentale Subjekt' in dem Bewusstsein ‚Ich denke' gefasst und als eine solche Form etabliert, die mit allen logischen Formen die Invariabilität gemeinsam hat. Sie geht ihnen aber in ihrer Allgemeinheit und Einzigkeit voraus. So kann sie ihnen sogar ‚zugrunde liegen', so dass die Ordnung der anderen logischen Formen des Weiteren von ihr her verständlich gemacht werden kann.

Kant hat nicht ausdrücklich erklärt, dass diese allgemeine Form immer die Einzelheit der vielen unterschiedlichen endlichen Subjekte zur Voraussetzung hat, dass also die Form von dieser Realität als Bedingung ihres realen Vollzugs abhängig ist. Damit hätte er deutlich ausgeschlossen, dass sie von dieser Bedingung abgelöst und zu einer eigenständigen Realität gemacht werden kann. Im direkten Gegensatz dazu hat Fichte den Gedanken des absoluten Subjektes auf eben diesem Wege ausgebildet. Aus dessen Stellung im System folgte, dass Fichte die Selbstbeziehung der endlichen Subjekte als eine indirekte Folge aus dem Sich-Setzen des absoluten Ich herleiten musste. Er hat sie aber dann doch nicht als eine Manifestation der Selbstbeziehung des absoluten Ich gefasst. In einer solchen dürfte die Selbstbeziehung im absoluten Ich die endlichen Subjekte nicht nur irgendwie konstituieren. Sie müsste in deren Selbstbeziehung auch zum Ausdruck kommen. Die Inkommensurabilität zwischen Kants und Fichtes Strategien ist also weniger offensichtlich als der Anschluss Fichtes an die Kantischen Vorgaben.[25] Deren Erklärungen sind in vieler Hinsicht unbestimmt geblieben – einerseits wegen Kants klugem Zögern und andererseits wegen der Spannung zwischen Fichtes absolutem Ich und dem jeweils einzelnen Selbstbewusstsein, das auch für die Thesen über ein einziges und absolutes

---

[25] Das Nachspiel des Kapitels 26 behandelt Kant in Beziehung auf Fichtes Einsicht genauer.

Ich die unentbehrliche Evidenzquelle blieb. Innerhalb von Fichtes Ansatz war es unmöglich, diese Spannung aufzuheben.

Diese Spannung zwischen dem absoluten Ich als Prinzip und dem Ursprung von Fichtes Einsicht im Inneren je *meines* Selbstbewusstseins macht sich in der Folge als der wichtigste Impuls in der Dynamik der Abfolge von Umbildungen von Fichtes Wissenschaftslehre geltend. Es wurde dargelegt, dass sich die Vorgabe eines Modells für ein philosophisches System in der Aufstellung der These von dem einen und einzigen Ich auswirkte. Der Sog, der von diesem Modell ausging, hätte sich jedoch nicht so leicht in dieser Folgerung durchsetzen können, hätte nicht das, was Fichtes Erwägungen über das Selbstbewusstsein ergaben, die Voraussetzungen für sie erbracht.

Für die Verfassung von Ich-Gedanken ist eine Verflechtung charakteristisch, die nur diesen Gedanken eignet. Sie bindet ein jeweils einzelnes Subjekt, welches ein Wissen von sich selbst aktualisiert, und eine strikt identische, invariable Form dieses Selbstbezuges aneinander. Die Form von Selbstbewusstsein lässt sich in Abhebung von jedem einzelnen Selbstbewusstsein analysieren. Aber die Analyse kann doch nur ausarbeiten, was allein im Vollzug eines jeweils einzelnen Selbstbewusstseins ausgewiesen wird und was auch nur so als ausweisbar gelten kann.

Dieser Zusammenhang zwischen der Allgemeinheit der Subjektform und der Bindung des Selbstbewusstseins jedes Subjektes an die Weise seines Vollzuges und damit der Weise seiner Vergewisserung an dies Subjekt in seiner Einzelheit charakterisiert dies Selbstbewusstsein als solches. Man könnte also sagen, dass es zu dem gehört, was Gehalt von Fichtes ursprünglicher Einsicht gewesen ist. Allerdings kann man nicht sagen, dass es das mit ausmacht, was Fichte *selbst* als den Gehalt seiner Einsicht hervorgehoben hat.

Wohl aber ist zu sagen, dass er mit dem, was Fichte als diesen Gehalt auszeichnete, eine strukturale Verbindung und Gemeinsamkeit aufweist. Im weiteren Nachdenken über die Abhandlung von 1966 wird der spezifische Gehalt von Fichtes Einsicht wieder ins Zentrum der Aufmerksamkeit kommen.[26] Fichte hat ihn in die geschlossene Form des Wissens von sich und diese wieder in die notwendige Doppelung

---

[26] Im Kapitel 23 wird der zentrale Gehalt dieser Einsicht herausgearbeitet.

von Selbstgegenwart und Selbstverstehen gesetzt – eine Doppelung, für die ihm als etablierte Terminologie nur der Zusammenhang der Anschauung von sich selbst mit der begrifflichen Auffassung von sich *als* sich selbst zur Verfügung gestanden hat. Es ist unmöglich, einem dieser Momente gegenüber dem anderen eine Priorität zuzugestehen. Die Untrennbarkeit der beiden lässt sich aber wiederum nicht einfach nur in Anspruch nehmen. Für ihr Ineinssein ist vielmehr ein besonderer epistemischer Zustand in Ansatz zu bringen. Und dieser muss wiederum auf einem Wechselprozess zwischen der Widerläufigkeit der Einsätze bei je einem der Momente ausgerichtet sein. Ihn zu fassen und auszulegen ist die Aufgabe der Explikation von Fichtes Einsicht. In der Unmittelbarkeit der Einsicht Fichtes wurde die singuläre Stellung dieser Selbstgewissheit, die zugleich unbezweifelbar und rätselhaft ist, in dieser Eigenschaft und in der von ihr eröffneten Perspektive erfasst – nicht aber in einer verstehenden Explikation durchdrungen.

Nach dieser Erinnerung wird einleuchten, wodurch die Einheit von Allgemeinheit und Einzelheit in der Vergewisserung des Subjektseins mit dem Gehalt dessen, was Fichte selbst als seine ursprüngliche Einsicht verstand, in einer strukturalen Verbindung steht: Für diese Doppelung gilt gleichermaßen, dass es unmöglich ist, sich über ihre Einheit zu verständigen, wenn man auf den Ausgang von einem ihrer Momente beharrt oder das andere Moment aus seiner Beachtung herausgleiten lässt.

Es wird nicht möglich sein, Fichtes ursprüngliche Einsicht vollständig zu explizieren, ohne auch diesen Zusammenhang aufgeklärt zu haben. Das könnte nur in einer philosophischen Abhandlung größeren Umfangs geschehen. Sie würde zeigen müssen, worauf das schon hinweist, worin beide Wechselimplikationen miteinander übereinstimmen: dass gegenständlich artikulierte Gehalte samt der Distanz zu ihnen, die sie voraussetzen, nur zusammen mit entfalteter Subjektivität realisiert werden können. *Die Rationalität schließt Subjektivität ein – nicht nur als faktische Bedingung ihres Vollzuges, sondern strukturell.*

Doch lässt sich hier zugleich eine Schlussfolgerung festhalten, die von Wichtigkeit für das Verfahren der Philosophie und ihre Selbstverständigung ist. Der Umstand, dass es sich als notwendig erweist, bei der Explikation einer Einsicht von gegenläufigen Gliedern gleichzeitig auszugehen, kann als ein Kriterium dafür gelten, dass die Untersuchung in eine Dimension gelangt ist, die nicht noch weiter hinterfragt oder tiefer begründet werden kann.[27] Diese Situation ist aber von der gewöhnlichen zu unterscheiden, in welcher der Vollzug einer Funktion durch den einer anderen zu komplementieren ist, um zu einem bestimmten Ergebnis zu gelangen. Für eine solche Situation gilt vielmehr, dass der Vollzug einer Funktion eigentlich nur verständlich ist, wenn jeweils der Vollzug der anderen bereits vorausgesetzt wird. Die Gegenläufigkeit des Vollzuges ist damit zugleich ein Anzeichen für die Grenzen jeder Auslegung, die in eine Distanz zu dem in der Situation selbst vollzogenen Verstehen gelangen soll.

7. SELBSTBEZUG UND SELBSTBEWUSSTSEIN

Es ist wichtig, an dieser Stelle einer ins Weite ausgreifenden Überlegung einzuhalten. Vorerst gilt es, dem Punkt, der im vorausgehenden Abschnitt im Zentrum stand, in weiteren Schritten nachzudenken. Mit ihm wird deutlich, was die Einheit im Selbstbezug des Selbstbewusstseins der einzelnen Subjekte von formalen Selbstbezügen unterscheidet, was sie aber zugleich für den spezifischen Selbstbezug der Subjekte grundlegend sein und zu einem Moment in ihm werden lässt. Damit fällt weiteres Licht auf die Tatsache, dass dieser spezifische Selbstbezug sowohl elementarer wie auch komplexer als irgendwelche Modelle ist, die leichter zur Hand zu sein scheinen. In einem damit wird deutlich, dass das Vertrauteste in seiner Komplexion einer Analyse, die aus der Distanz zu einem Gegenstand der Analyse heraus zu vollziehen wäre, einen großen, einen sogar über alles entscheidenden Widerstand entgegenstellt. Insofern ist sie für das Nachdenken über Selbstbewusstsein auch in anderem Zusammenhang von grundlegender Bedeutung.

Selbstbewusstsein und Ich-Gedanken realisieren ein Selbstverhältnis im Denken und in mentalen Akten. Nun gehört der formale Relationsgedanke ‚Selbstbeziehung' zum begrifflichen Inventar ei-

---

[27] Sie steht dann vor ihrem Thema ähnlich wie vor einem Relationsbegriff, dessen Bedeutung sich ja auch nicht aus zwei Voraussetzungen aufbauen lässt.

nes jeden, der intelligente Operationen versteht und ausführen kann. Potenzzahlen sind das Ergebnis der Multiplikation einer Zahl *mit sich selbst*. Lebewesen sind *selbst*reproduzierend, Vögel schwingen *sich selbst* in die Luft und Vereine können *sich selbst* auflösen. Ohne solche Selbstbeziehungen wären die Ressourcen von der Architektur formaler Systeme bis zur Regeltechnik um vieles ärmer. In allen diesen Bereichen kann etwas Thema werden, von dem dann festzustellen ist, dass es eine Selbstbeziehung aufweist oder dass, in einer Selbstbeziehung zu stehen, konstitutiv für es ist. In Beziehung auf andere Themenbereiche kann der Formgedanke der Selbstbeziehung operativ gemacht werden. Man fügt eine Bewegung zum Bogen, der in sich selbst zurückläuft, und wir bilden Gewölbe, die sich selbst tragen. Und alle Handlungen im eigentlichen Sinn muss eine Person selbst initiieren.

Diese Relationsform der Selbstbeziehung hat auch eine Anwendung auf die Tatsachen, denen Selbstbewusstsein zuzuschreiben ist. Es ist unmöglich, über Selbstbewusstsein zu sprechen, ohne diesen Formbegriff zu gebrauchen. Aber der Formcharakter ist nicht für sich allein verständlich und nachzuvollziehen, ohne dass bereits als bestimmt unterstellt wird, welches Einzelne ihn zur Eigenschaft hat. Es kann zwar davon *abgesehen* werden, dass ein in seinem Selbstbewusstsein für sich bestimmtes Einzelnes kraft seines Selbstbewusstseins für sich[28] als solches erschlossen ist. Aber zu dem, worin dies sein Für-sich-sein besteht, gehört als konstitutives Moment, *dass* es von sich in der Bestimmtheit seiner Einzelheit weiß. Man kann sagen, dass es insofern sich seiner ‚Identität' unter allen Einzelnen bewusst ist. Aber der Bezug auf eine unbestimmte Menge Einzelner und der Akt der Identifikation unter ihnen ist nicht für die Verfassung des Wissens von seiner Einzelheit konstitutiv. Dass es sich unmittelbar als sich selbst fasst und versteht, ist vielmehr umgekehrt die Voraussetzung für den möglichen Erfolg seiner Selbstidentifikation unter allen.

In der weiteren Folge dieser Nachgedanken zu der Fichte-Ab-

---

[28] Als ‚Für-*sich*-sein' ist dieser Selbstbezug in einer objektiven Perspektive zu charakterisieren. Um ihn genauer zu fassen, muss man die Perspektive mit erwähnen, in der dies Für-sich-sein von dem vollzogen wird, *dessen* Für-sich-sein es ist. Man muss dann das Personalpronomen in den Ausdruck einsetzen und von seinem Für-*mich*-sein sprechen.

handlung wird immer wieder auf die Frage zurückzukommen sein, inwiefern Fichtes ursprüngliche Einsicht diesen subtilen Grundsachverhalt zum Thema hat und ihm auch gerecht wird. Ebenso wird auf Motive Fichtes in seiner Systembildung und -umbildung eingegangen werden, die dem entgegenstehen, dass dieser Grundsachverhalt in seinem ganzen Zusammenhang artikuliert und in der Durchführung der Wissenschaftslehre bewahrt bleibt.

Offensichtlich liegt der Versuch nahe, das Für-sich-sein im Selbstbewusstsein nach einem formalontologischen Modell auszulegen, das zudem im Blick auf diesen Anwendungsfall aufgebaut wird. Das prominenteste Beispiel dafür ist kein geringeres als das der spekulativen Logik Hegels. Umso wichtiger wird es, einen grundlegenden Unterschied nicht aus den Augen zu verlieren: den Unterschied zwischen irgendeiner der vielen Weisen von gegenständlich beschreibbarer Selbstbeziehung und der Selbstbeziehung, die im Vollzuge von Selbstbewusstsein verwirklicht ist. Man kann Selbstbewusstsein nicht dadurch eintreten lassen, dass man irgendeine faktische Gegebenheit in eine Selbstbeziehung versetzt. Man kann auch nicht eine solche Relationsform von etwas, das wir Selbstbewusstsein nennen, feststellen und dem wirklichen Selbstbewusstsein in der Folge zuschreiben. Dies Selbstbewusstsein ist vielmehr eine Wirklichkeit, die von sich selbst her nicht nur in eine Selbstbeziehung gelangt.[29] Ihre Wirklichkeit besteht vielmehr allererst darin, dass sie von sich selbst als einer Selbstbeziehung Kenntnis hat. Zwar ist nichts seiner selbst bewusst, in dem nicht eine Relationsform der Selbstbeziehung als eigener Grundzug besteht. Aber diese Relationsform ist an die Wirklichkeit seines je eigenen Für-sich-seins gebunden. Sie ist angemessen und vollständig nur bestimmt, wenn sie unter Einschluss des Bezugs auf die Auffassung der jeweiligen Einzelheit verstanden und formuliert worden ist.

Man kann das Wissen von sich, das einen Denkenden in seinem Selbstbewusstsein konstituiert, also nicht zunächst einmal wie eine Selbstbeziehung von etwas Wahrgenommenem oder einen logischen Selbstbezug, in beiden Fällen wie etwas Vorliegendes beschreiben

---

[29] Das kann auch für ein Objekt gelten, das, ohne manipuliert zu werden, in einer Selbstbeziehung steht oder in sie gelangt, die dann von einem ihm äußeren Gesichtspunkt aus als eine Selbstbeziehung ganz aus sich selbst heraus beschrieben wird.

und analysieren. Zum einen ist dabei der Vollzug dessen, was betrachtet werden soll, vorausgesetzt. Zum anderen impliziert Selbstbewusstsein schon ein Sich-verstehen als Selbstbeziehung. Wie intim irgendetwas auch immer einem Subjekt gegenwärtig ist – wenn es diesen Gehalt nicht *als* sich selbst versteht, ist dies nicht ein Fall des Bewusstseins *von ihm selbst*. Diese Eigenschaft lässt sich durch keine nachträgliche Substituierung, etwa ein Analyseergebnis, in einen vorausgehenden Vollzug integrieren. Es muss von Beginn an und als Grundzug in dem vorausgesetzt sein, worüber man sich zu verständigen sucht. Man kann es durch ein auf sich selbst bezogenes Nachdenken hervorheben, nicht aber allererst eintreten lassen.

Selbstbewusstsein kann also nicht als einer der Fälle in eine Typentafel von Selbstbeziehungen eingegliedert werden, die notiert und beschrieben werden können, wenn nicht zugleich, eigentlich vorab, festgehalten wird, dass es sich selbst notwendig als solche Selbstbeziehung versteht. Diese Eigenschaft lässt sich dann nicht mehr als eine solche auffassen, die unter dem Relationsbegriff von Selbstbeziehung zu registrieren und vermittels seiner zu verstehen ist.

Man kann in dieser Eigenschaft von Selbstbewusstsein einen Aspekt jener Unbedingtheit und Geschlossenheit in sich erkennen, die Fichte im Verbund seiner ursprünglichen Einsicht aufgegangen ist und die in ihr eine zentrale Bedeutung hatte. Er erschöpft diese Einsicht selbst aber nicht. Damit, dass das Eigentümliche der Position der Selbstbeziehung im Selbstbewusstsein festgehalten wird, ist nebenbei auch betont, dass die Verfassung der Beziehung eines Falles von Wissen zu dem in ihm Gewussten in keinem Fall durch eine formale Relation angemessen zu fassen ist. Aber auch der generelle Grundzug alles Mentalen oder Intentionalen genügt offensichtlich noch nicht dazu, die Selbstcharakterisierung als Grundzug in der Verfassung von Selbstbewusstsein hervorzuheben.

So sehr nun Nachdruck auf die Eigentümlichkeit von Selbstbewusstsein zu legen ist, mit der Einzelheit dessen in interner Verbindung zu stehen, der im Vollzug des Bewusstseins von sich selbst steht, so ist doch immer auch ein Akzent von kaum geringerem Gewicht in einer Richtung zu setzen, die zunächst als gegenläufig erscheinen wird: Die Einzelheit dessen, der sich in seinem Selbstbewusstsein erschlossen ist, muss begrifflich artikuliert sein. Sie ist

7. Selbstbezug und Selbstbewusstsein

keine intuitive Selbstgegenwart, die alle Weisen diskursiven Verstehens hintergeht oder unterfüttert. Damit kommt eine Problematik auf, die zur direkten Folge hatte, dass die Auslegung von Fichtes ursprünglicher Einsicht eine Dynamik hin zur Explikation in der dritten Formel einer Fassung und Formulierung dieser Einsicht aufgenommen hat. Nach dem Vorausgehenden ist sie als eine Aufgabe zu fassen: zu verstehen, wie die Einzelheit eines bestimmten Falles von Für-sich-sein in der Form eines Gedankens aufgefasst sein und in ihm zu einem Ausdruck kommen kann.

Fichte ist in Verfolg dieser Aufgabe zu keinem Ende gekommen. Wir werden sehen, dass ihn die Motive in der Systematik, die ihn zur Umstellung der Grundlage der Wissenschaftslehre bewogen haben, eher weiter von der Aussicht auf eine solche Lösung weggezogen haben. Die Intentionen, welche die Abhandlung von 1966 im Hintergrund leiteten, sind überdies, wie gleichfalls noch darzulegen sein wird, jedenfalls letztlich ganz andere gewesen.

Doch kommt einem Lösungsversuch nicht dasselbe Gewicht zu wie der zureichenden Ausmessung eines Problemfeldes von einer so grundlegenden Bedeutung – nicht nur für die philosophische Theorie, sondern ebenso für die Verständigung über das bewusste Leben. Das Problemfeld war lange übersehen und unverstanden. Es wird noch immer durch scheinbar evidente, plausible oder unabweisbare Vorgriffe eingeengt oder deformiert. Fichtes ursprüngliche Einsicht bleibt gerade dann, wenn man sie, wie Fichte selbst, als Aufgabe für eine bestimmtere Auslegung versteht, die wohl beste Herausforderung dazu, dieses Problemfeld in seiner Weite zu sichern und zu erkunden – in seiner inneren Komplikation und Verfugung und in den Grundzügen, durch die es sich allen Modellen entzieht, mit denen man gemeint hat, es sich erschließen zu können.

Am Schluss dieser Überlegungen, die auf die Verschränkung von direktem Selbstbezug und diskursiver Selbstverständigung konzentriert waren, muss eine pauschale Erinnerung an jenen anderen Zusammenhang stehen, über den die Einzelheit des Subjektes, das sich selbst erschlossen ist, mit der Fähigkeit zu allgemein-gültigen Gedanken gebunden ist. So sehr jedes Subjekt nur für sich selbst in einem solchen direkten Bezug des Wissens von sich steht, so sehr ist doch diese Verfassung, kraft ihres Einbezogenseins in die Gesamtverfassung von Diskursivität, strikt deckungsgleich. So ist sie –

und zwar gerade in ihrer Bindung an die Selbstgewissheit des jeweils Einzelnen – eine Voraussetzung für die Fähigkeit des Bezugs auf Allgemeines und schlechthin allgemein Gültiges. Die Unterscheidung deiktischer Ausdrücke und deren Funktion in Aussagen über Einzelnes einerseits, von generellen Aussagen andererseits reicht nicht bis zu den Grundlagen der Ausdifferenzierung von Subjekten in ihrem Selbstbezug und der mit ihm verbundenen Weisen der Diskursivität und des Verstehens von Allgemeinem und als einsichtig Geltendem. Den sprachlichen Ausdruck ‚ich' kann man wohl als indexikalischen Ausdruck beschreiben. Aber ihn sinnvoll zu gebrauchen, lässt sich offensichtlich nicht aus einem Hinweisen auf sich selbst mit irgendwelchen Gesten verstehen. Um das zu sehen, muss man aber nicht einmal Fichtes ursprüngliche Einsicht aufbieten.

8. SONDERSTELLUNG VON SELBSTBEWUSSTSEIN

Im vorausgehenden Kapitel wurden Aspekte hervorgehoben und zueinander in Beziehung gebracht, die bei einer Auslegung von Fichtes ursprünglicher Einsicht von Bedeutung sind. Nunmehr können die Überlegungen weitergeführt werden, die von einem besonderen Verhältnis von allgemeinem Gedanken und einzelnem Vollzug im Selbstbewusstsein ausgegangen waren.

Auch die Erfahrung von einfachen Qualitäten (oder ‚Qualia') wie etwa rot oder heiß verlangt ein Unterscheiden: zwischen der Qualität als solcher und ihrem Erfahrenwerden. Die Unterscheidung ist explizit zu machen, wenn über die Erfahrung berichtet werden soll. In ihr werden dann nur Aspekte gegeneinander abgehoben, deren Verbindung keiner Zusammensetzung entspringen kann. Sie sind wesentliche Aspekte und können nur zusammen auftreten – wie ein Kreisumfang und eine Kreisfläche. Über die Untrennbarkeit der beiden Aspekte lässt sich diese Klasse von Gegebenheiten definieren. Es ist ausgeschlossen, dass sich irgendein Fall von Quale *in dieser Hinsicht* von anderen unterscheidet.

Aber diese Gegebenheiten *verweisen selbst* nicht auf die Eigenschaft, die sie allesamt kraft der Aspektnatur ihrer Verfassung aufweisen. Jede steht in dieser Beziehung für sich – obwohl vielfältige und mehrschichtige Verkoppelungen ihr Auftreten in synthetische

8. Sonderstellung von Selbstbewusstsein

Verhältnisse mit anderen einbinden. Mit dem Selbstbewusstsein ergibt sich eine ganz andere Situation – aufgrund des einen, aber folgenreichen Unterschieds, dass Selbstbewusstsein nur zusammen mit einem epistemischen Selbstbezug in diesen seinen Vollzug eintreten kann. Diese Beziehung ist von dem, was Selbstbewusstsein ausmacht, so unabtrennbar wie der Kreisumfang von der Kreisfläche. Seine Selbstbeziehung ist zudem nicht irgendeine essentielle Eigenschaft. Mit ihr geht in das Faktum Selbstbewusstsein auch keine Unterscheidung zwischen Ebenen ein. Die erste von ihnen (das Bestehen von Selbstbewusstsein) ist ohne die zweite (das Wissen von sich *als* Selbstbewusstsein) nicht möglich. Denn mit der Bestimmung des Sachverhalts als Selbstbewusstsein ist die zweite bei der Thematisierung der ersten bereits vorausgesetzt.

Offenbar wird mit dieser Unterscheidung wieder der Punkt berührt, an dem die Untersuchung von ‚Ich'-Gedanken einerseits in das Gravitationsfeld paradoxer Begriffsbildungen und andererseits in den Motivationsraum von Fichtes ursprünglicher Einsicht eintritt. Doch das sei jetzt nur registriert, da es vorerst weiter darum geht, einer anderen Besonderheit nachzugehen, die Anlass dazu ist, die philosophische Aufmerksamkeit und Erkundungskraft von dem Problemfeld ‚Selbstbewusstsein' in Anspruch nehmen zu lassen.

Selbstbewusstsein kann Kollektiven nur metaphorisch, Generellem (wie ‚dem Lebendigen') niemals zugeschrieben werden. Es ist die Vollzugsart, in der *Einzelne* sich zu sich selbst *als* Einzelnen verhalten können – im Wissen von sich ebenso wie im Handeln. Doch das geschieht zugleich so, dass in den Vollzug von Selbstbewusstsein ein gedanklicher Gehalt eingeht, der von beliebigen anderen Fällen von Einzelheit in exakt der gleichen Weise zu realisieren ist.

Dass darin kein Widerspruch gelegen ist, hat zum einfachen Grund, dass dieser Gehalt zugleich die Form ist, in der sich Einzelheit als solche realisiert. Kraft seiner strikten Allgemeinheit hat der Gedanke einen Gehalt, der auch universal in Geltung gesetzt sein kann – zwar unter verschiedenen Umständen, aber ohne Variation in seinem Gehalt. Aber einen Realitätsbezug hat er auch nur, indem er von einem Subjekt in Beziehung auf eben dieses Subjekt in Vollzug gesetzt ist. So sind im Selbstbewusstsein eine Weise von strikter Allgemeinheit mit dem Bezug auf *bestimmtes* Einzelnes unmittelbar aneinander gebunden.

Man darf von diesem Überlegungsstand aus nicht etwa dem Kurzschluss erliegen, es zeige sich damit schon, dass Selbstbewusstsein gar nicht solitär sein könne und also bereits mehrere Subjekte voraussetze, die sich aufeinander beziehen. Zwar trifft es zu, dass *ohne* eine Verfassung, welche *innerhalb* einer Selbstbeziehung über diese hinausweist, Intersubjektivität nicht zu begreifen wäre – auch und gerade in ihren subtilsten Gestalten. Aber das heißt nicht, dass diese Verfassung wirkliche Intersubjektivität bezeugt oder allein von ihr herzuleiten ist. Im Übrigen ist anzumerken, dass diese Offenheit für andere Fälle des Vollzugs von Selbstbewusstsein bereits eine Voraussetzung für die Möglichkeit ist, die Identität eines Subjektes in verschiedenen Situationen zu denken. Nur unter dieser Voraussetzung kann den Bedingungen nachgegangen werden, unter denen eine solche Identität dann auch wirklich zuzuschreiben ist.

Mit dem Versuch, Selbstbewusstsein zu verstehen, kommen also Fragen auf, die Anlass dafür sind, in die Voraussetzungen und in die Genesis der Grundfunktionen von Rationalität (oder ‚Vernunft') zurückzudenken. Ein solches Unternehmen hat als riskant zu gelten. Es bedarf einer ständigen Rückversicherung und verlangt auch die Bereitschaft dazu, für eine Art von Systembildung in diesem Bereich Grenzen anzuerkennen. Doch bewegt es sich auf einer Ebene, die einzig eine Aufklärung über tiefliegende Zusammenhänge verspricht. Dass sich mit dem Thema ‚Selbstbewusstsein' eine solche Aussicht abzeichnet, ist ein guter Grund dafür, ihm eine Stellung als Prinzip in der Philosophie einzuräumen. Es ist zwar nur als einzelner Vollzug denkbar, hat aber eben als solcher eine für ihn konstitutive Beziehung auf Allgemeinheit.

Die Philosophie ist erst im Verlauf des achtzehnten Jahrhunderts auf die Perspektive zu einer Grundlegung aufmerksam geworden, die sich über diesen Zusammenhang erschließt. Die Tatsache einer so späten Wendung gibt aber offenkundig keinen guten Grund dafür ab, sich vom philosophischen Interesse an Subjektivität als einem bloßen Symptom für ein Stadium der Kultur- und der Gesellschaftsgeschichte zu verabschieden. Wohl aber macht die historische Positionierung in der Nähe eines epochalen Beginns die Situation um vieles verständlicher, in der sich Fichtes Denken zu entfalten hatte. Er war der erste, der sich mit aller seiner Kraft auf diesen Punkt konzentrierte. Und so gelangte er in Beziehung auf ihn zu einer Ein-

8. Sonderstellung von Selbstbewusstsein

sicht, die, gerade weil sie auf diesen Punkt konzentriert bleibt, in vieler Hinsicht einer Entfaltung bedarf. Die zusätzliche Herausforderung, die mit der Aufgabe gesetzt ist, einen Systembau im Ausgang von dieser Perspektive nicht nur zu erkunden, sondern überzeugend zu etablieren, konnte leicht die Folge nach sich ziehen, in der eigenen Einsicht gelegene Tendenzen der Entfaltung mit übereiltem Nachdruck zu ergreifen und sie als Theoreme durchsetzen zu wollen. Auch eine allen überlegene Denkkraft ist dann nicht dagegen gefeit, durch selbst gemachte Vorgaben gebunden zu sein und sich bei der Erkundung von in der eigenen Einsicht gelegenen Potentialen nicht mehr frei orientieren zu können. Die für Selbstbewusstsein charakteristische Verschränkung von Einzelheit und Allgemeinheit könnte in ihrer Auswirkung auf den Wandel zwischen den Fassungen der Wissenschaftslehre dafür ein prominentes Beispiel sein. Immerhin ist doch das Verhältnis dieser beiden Gedanken von ‚Etwas überhaupt' seit Platon und Aristoteles ein Grundproblem der Philosophie gewesen.

Im Selbstbewusstsein fungieren, wie dargelegt wurde, Einzelheit und Allgemeinheit in einer ganz eigentümlichen Verschränkung ineinander. Wohl gilt es ganz allgemein, dass generelle Prädikate nur zusammen mit der möglichen Bezugnahme auf Einzelnes als solche verstanden werden können. Im Fall von Selbstbewusstsein ist Einzelnes aber *durch* einen Vollzug, der strikte Allgemeinheit aufweist, als solches gefasst. Damit erweist es sich als notwendig, die Aufklärung über die beiden ‚Kategorien' vermittels der Verankerung der Rationalität im Lebensvollzug und die Verfassung von Selbstbewusstsein in einem Zuge zu unternehmen. Zugleich sollte hier vermerkt und festgehalten sein, dass im Selbstbewusstsein, anders als in anderen mentalen Vollzügen, mit der Etablierung der Einzelheit als solcher zugleich auch eine Distanz zu ihr eingerichtet und in Anspruch genommen ist. Dieser Aspekt sollte bei der Erklärung berücksichtigt werden, warum Kinder die erste Person singularis in Beziehung auf sich selbst erst spät in Gebrauch nehmen, obwohl sie das Wort schon seit längerem verstehen.

Indem Fichte ‚das Ich' als einziges Prinzip des Systems ansetzt, muss er nunmehr Allgemeinheit und Einzelheit aus einem Prinzip herleiten, in Beziehung auf das sie selbst nicht bereits unterschieden sein können. Ein so starker Anspruch auf formale Herleitung lag Kant fern. Aber auch er hat Selbstbewusstsein als Prinzip der Unterscheidung von logischen Funktionen deren Einführung vorausgehen lassen. Diese Vorordnung ist zugleich die Grundlage der Unterscheidung einer ‚transzendentalen Logik' von der formalen. In Ich-Gedanken kommt eine Einheit zum Bewusstsein, die allen möglichen Unterscheidungen zugrunde liegt und innewohnt. Sie ist es, in Beziehung auf die alle logischen Funktionen und schließlich auch alle Operationen, die Gegenstände identifizierbar machen, als ein gegliedertes, aber in sich einheitliches Gefüge auf der Grundlage der ‚Kategorien des Verstandes' verständlich und übersichtlich werden. So erklärt sich dies Gefüge, wenn auch nicht dessen Genesis, in Beziehung auf die elementare und zugleich spezifische Unterscheidung des Allgemeinen vom Einzelnen daraus, dass jedem generellen Gedanken das in einer bestimmten Einschränkung zukommt, was dem Gedanken ‚Ich denke' in unbeschränkter Durchgängigkeit aller Fälle von Gedanken eignet: Allen Gedanken gehört der Vollzug ‚Ich denke' zu, bestimmten Allgemeinbegriffen aber nur in einer Unterscheidung von anderen. Kant nennt die Form, die beiden gemeinsam ist, die ‚analytische Einheit des Bewusstseins'.[30] Dies Allgemeinste kommt aber zugleich mit einer weiteren Eigenschaft von noch grundlegenderer Bedeutung in den Blick: Dass es nämlich auf der Fähigkeit beruht, alle überhaupt denkbaren Gehalte in eine Verbindung miteinander zu setzen. Aus diesem Ansatz ergibt sich dann allererst der Übergang in eine transzendentale Logik, nämlich die Begründung der Möglichkeit einer rationalen Erkenntnis von Gegenständen.

Wenn man an diese erste Explikation von Selbstbewusstsein als Prinzip die logische Formgebung anschließt und sie ihr zugleich nachordnet, wird die folgende Beurteilung des Verhältnisses von Selbstbewusstsein und logischer Generalität nahegelegt. Später wird sich erweisen, dass auf ihr als Grundlage alle wesentlichen Ergebnisse dieser Untersuchung zusammengeführt werden können[31]: Die Wechselbeziehung von Allgemeinheit und Einzelheit muss wohl in

---

[30] Klaus Reich hat den Unterschied zwischen dieser analytischen Einheit und der analytischen Einheit des *Selbst*bewusstseins hervorgehoben (*Die Vollständigkeit der kantischen Urteilstafel*, Berlin 1948, S. 32 ff.).

[31] Diese Zusammenführung erfolgt am Ende des 22. Kapitels auf den Seiten 203 ff.

8. Sonderstellung von Selbstbewusstsein

der Entwicklung der Intelligenz samt ihrem Wahrheitsbezug einer eigenen Dynamik folgen. Die Stabilität dieses Verhältnisses hat aber die durchgängige Stützung durch die Ausbildung von Selbstbewusstsein zur internen Voraussetzung. So wären also beide Formen zwar im Kern eigenständig, aber durch ihre Beziehung aufeinander und zugleich bei ihrer Herausbildung in den umfassenderen Prozess der Ausbildung des Gesamtsystems einer Weltbeziehung eingebunden. Und doch wäre nur vom Selbstbewusstsein her ein Grundriss für die Gesamtarchitektur des Systems und in der Folge auch für dessen Stabilität zu entwerfen. Insofern käme ihm die Rolle zu, Prinzip zu sein, ohne dass es als zureichender Grund für die Herleitung dessen gelten könnte, was durch es dennoch ermöglicht werden muss.

Betrachtet man das Verhältnis von Einzelnem und Allgemeinem *innerhalb* der Verfassung des Selbstbewusstseins als eines solchen, so ist ihre Verschränkung von noch anderer Art. Die Allgemeinheit ist in der Verfassung gelegen, in der sich die Einzelheit realisiert und bekundet. So ist hier nicht nur Komplementarität, sondern auch die Integration einer Differenz von Ebenen zu berücksichtigen: Allgemein ist die Form von Ich-Gedanken für sich selbst – nicht etwas, unter dem das sich Bekundende Einzelne zu denken ist. Aber diese Form hat zugleich nur in der jeweiligen Ich-Artikulation einen verstehbaren Gehalt. Insofern ist die Differenz der Ebenen zugleich immer auch eingezogen. Fichtes zweiter Versuch, Selbstbewusstsein zu verstehen, konzentrierte sich auf die begriffliche Komponente dieses Verstehens, die für diesen Einzug die Voraussetzung ist: Selbstbewusstsein tritt nur ein, wenn es zugleich dies Bewusstsein *als* solches enthält. Es blieb unbestimmt, *als was* da Selbstbewusstsein von sich selbst wissen muss. Fichte postuliert in einem ersten Zugang nur eine begriffliche Komponente, die in Wechselbindung mit einer Anschauung steht.[32] Hier wurde nun zuletzt eine Komponente in der Verfassung von Selbstbewusstsein hervorgehoben, die zu dem gehört, was das Subjekt zumindest im Randbereich der Intention

---

[32] Fichte verwendet das Kantische Paar der Termini, wobei ‚Anschauung' für die einzige Weise stehen soll, in der etwas als in seiner Wirklichkeit ‚gegeben' gelten kann: Dies, obwohl Subjekte zwar wohl in ihren empirischen Eigenschaften, aber nicht als solche sich in irgendeinem bestimmten Sinn kraft einer Anschauung ‚gegeben' sind. (Dies gehört zu dem Themenbereich, den Tobias Rosefeldt durchdacht hat: *Das logische Ich*, Berlin 2000, vgl. Kapitel 26.)

seiner Gedanken von sich wissen muss, wenn es von sich weiß. Der im Sich-selbst-Verstehen gelegene Gehalt reichert sich dann zunehmend an. Das hat zur Folge, dass es immer schwieriger wird, die Form dieses Grundbewusstseins als eine solche so zu begreifen, dass sie aus einem eigenen Akt des *Setzens* im Vollzug einer Selbstbegründung hervorgeht.

Fichtes Einsicht ist aufs Engste mit einer kritischen Diagnose der Situation der Philosophie der Vergangenheit vor einer Grundtatsache verbunden: Der Vollzug, in dem das Subjekt von sich selbst weiß, das Selbstbewusstsein, ist ihm zwar so vertraut und alltäglich wie nichts anderes. Aber es entzieht sich doch dem Versuch eines expliziten Verstehens. Die nächstliegenden Ansätze dazu sind einer Verfahrensart nachgebildet, die für kluges Erwägen und Handeln unerlässlich ist: Der Besinnung (Reflexion) der Person auf ihr Tun und Lassen. Die aber setzt die ihrer selbst bewusste Person samt ihrer Handlungsart voraus; sie agiert in einer Welt, zu deren Genesis nur über andere, nicht so geläufige Vorbegriffe Zugang und Aufklärung zu gewinnen ist. Die Klarheit darüber, dass die nächstliegende und die wirklich auch dominante Erklärung von Selbstbewusstsein in einem schlechten Zirkel leerläuft, stand am Anfang von Fichtes ursprünglicher Einsicht.

Die Abhandlung hat gezeigt, dass Fichte bei den Folgerungen, die er aus seiner Einsicht zog, eine Reihe von Leitlinien in den Blick kommen: Um Selbstbewusstsein zu verstehen, muss man mit dem Auftreten einer Situation rechnen, die zirkuläre oder paradoxe Konzepte begünstigt, und sich klar darüber werden, was sie hervortreibt. Sie sind jeweils zu durchdenken – auch auf Perspektiven hin, die sich mit ihnen eröffnen könnten. Zudem kommt es darauf an, Klarheit darüber zu gewinnen, inwieweit solche Konzepte aus dem Wege zu räumen sind, wo und wie sie weiter zurückgeführt werden müssen und wo sie dann etwa selbst in das Fundament eines definitiven Verstehens eingehen. In diesem Fall müsste sich zusammen mit ihnen die letzte und umfassende Orientierung erreichen lassen.

Die Zirkel, die bei Fichte zum Thema werden, sind für die einander folgenden Fassungen der Wissenschaftslehre von unterschiedlicher Bedeutung. Der Nachweis, dass die geläufige Zugangsweise zum Selbstbewusstsein dieses bereits als vollständig artikuliert voraussetzt, ist das Zentrum einer Kritik, die für ein ganz neues

Unternehmen allererst den Boden bereinigt und bereitet. In einem damit folgt aus ihr ein Hinweis auf die besonderen Bedingungen, mit denen dies Unternehmen von Beginn an zu rechnen hat. In der Entfaltung der Wissenschaftslehre sind es immer wieder drohende Zirkel, welche zu vermeiden sind und die Antriebskraft zum Fortgang freisetzen. Das kann dadurch geschehen, dass Vermittlungsglieder postuliert werden, aber auch dadurch, dass die Wechselbestimmung von Momenten herausgearbeitet wird, von denen keines eine bestimmte Bedeutung hat, ohne dass es in einer realen Relation an das andere gekoppelt ist. Die wechselseitige Voraussetzung kann von der Art bleiben, dass man in ihr immer zu dem jeweiligen alternativen Glied zurückgetrieben wird, ohne eine Einsicht in den für sie konstitutiven Zusammenhang zu gewinnen. Insofern wird eine zirkuläre Wechselvoraussetzung zum Anzeichen einer grundlegenden Begrenzung des Verstehens in dem für alles weitere Verstehen konstitutiven Bereich.

Eine solche Wechseldependenz ergibt einen Zirkel, weil man im Ausgang von einer Seite immer bereits die andere vorausgesetzt hat. Er ergibt sich auch in dem Zusammenhang, der zuletzt als konstitutiv für Selbstbewusstsein aufgezeigt wurde: bei der Betrachtung des Verhältnisses von Einzelheit und Allgemeinheit im Selbstbewusstsein. Von sich als Einzelnem zu wissen ist nicht ein erratischer, gänzlich isolierter Wissenszustand, der dann gar kein Wissen sein könnte. Er ist wohlbestimmt, und soll im selben Subjekt – wie auch in jedem anderen denkbaren Subjekt – unter je anderen äußeren Gegebenheiten in genau der gleichen Weise eintreten. Ebenso gilt aber, dass es unmöglich ist, von einem solchen Zustand etwas zu wissen, ohne ihn als den *eigenen* Zustand vorab kennengelernt zu haben. In diesem Fall setzt also nicht nur die Kapazität, Einzelnes zu denken, die Kapazität zu allgemeinen Gedanken voraus. Im jeweiligen Vollzug von Selbstbewusstsein muss der allgemeine Gedanke aktualiter mit vollzogen sein. Hat man dies klar erfasst, dann ist offenbar: Man kann nicht von dem einzelnen Vollzug aus zur Allgemeinheit dieser seiner Form allererst übergehen. Ebenso widersinnig ist es, allein von einem allgemeinen Gedanken eines solchen Vollzuges aus diesen Vollzug erreichen oder gar organisieren zu wollen. Jeder von beiden kann nur in der essentiellen Verwicklung beider ineinander eintreten. Da eine solche Verwicklung die Annahme einer wechselseitigen Abhängigkeit impliziert, tritt mit der Aufgabe, diese explizit zu denken, noch eine andere Denkaufgabe hervor.[33]

Wird man aus großer Distanz auf diese Verwicklung aufmerksam gemacht, so kann es scheinen, als handele es sich um die Feststellung einer Tatsache von offensichtlicher und ebenso banaler Wahrheit. Dennoch ist zu konstatieren, dass selbst Fichte ihr nicht sogleich, eigentlich sogar niemals umfassend hat gerecht werden können. Ist nämlich einmal der Gehalt seiner Einsicht mit dem Grundstein einer monistischen Systemarchitektur in eins gesetzt, dann kann die Herausforderung zu allseitigem Erwägen, die sich daraus ergibt, dass sich Fichtes Einsicht in der Gestalt dieser Verwicklung expliziert, nicht mehr ohne Rücksicht auf den Systembau zur Wirkung kommen. Ist das Subjekt nämlich ‚das absolute Ich', so kann der einzigen Weise seiner Bekundung, nämlich der in einzelnen aktualen Ich-Gedanken und dem, was für deren Vollzug und Evidenz charakteristisch ist, kein grundsätzliches Gewicht mehr zugemessen werden. Umgekehrt ist in der Form des Selbstbewusstseins jedes einzelnen Subjektes die Selbstbeziehung im Sich-Wissen, die der Gehalt von Fichtes Einsicht ist, nicht mehr als an seiner primären Quelle festzumachen. Die Architektur des Systems nötigt dazu, die Explikation des Selbstseins im ‚Ich' und die Herleitung von vielen ‚Ichen' in voneinander getrennten Schrittfolgen zu entfalten.[34] Sie sind zwar aneinander gekoppelt, aber die zweite ist der ersten doch subordiniert und kann nicht zu einem Teil der ersten gemacht werden.

In dieser Überlegung, welche die Form des Selbstbewusstseins an den Vollzug im einzelnen Subjekt gebunden hält, wird auf andere Weise deutlich, wie viel dem entgegensteht, einen Akt der Selbst*setzung* zum Ursprung von Selbstbewusstsein zu erklären. Mit diesem Gedanken hatte Fichte eine Alternative zu der gedankenlosen Her-

---

[33] An dieser Stelle kann die Rede von einer ‚intellektuellen Anschauung' im Ganzen der Gedankenführung von Fichtes Wissenschaftslehre mit der besten Rechtfertigung eingeführt werden: Sie ist die Fähigkeit, kraft deren beide Dependenzen in einem Akt und einem Nu als ein einiger Sachverhalt vergegenwärtigt werden. Doch Fichte zeigt, obwohl er den Ausdruck im Rahmen der *Wissenschaftslehre Nova methodo* in scharfer Profilierung verwendet, keine ungehemmte Neigung zu seinem Gebrauch.

[34] Fichte verwendet diesen Plural ausgiebig in den Vorlesungen seiner Zeit als Berliner Professor vom Jahr 1810 an.

leitung aus einem Akt der Reflexion als einer Art Selbstbeobachtung formuliert. Er etablierte damit zugleich einen unmittelbaren Übergang zum Bewusstsein ‚Ich' als Zentrum und Ausgang von selbstbestimmtem Handeln. Diese Perspektive war für ihn entscheidend dafür, seinen Gegenentwurf nicht nur als eine formale Umkehrung zum untauglichen Reflexionsmodell anzusehen, sondern ihn kraft seines Gehalts als aufschlussreich und orientierend für das Subjektsein gelten zu lassen. So sehr es aber Ziel sein muss, die Einheit dieser beiden Weisen von Subjektsein (Von-sich-Wissen und Aussich-Handeln) zu wahren und zu begreifen, ist es doch zu vermeiden, dieses Verstehen auf das Bewusstsein von einem Unbedingten im metaphysischen Sinne zu gründen. Wer seine Gedanken auf ein Verstehen von Freiheit hin orientiert, wird immer aus dem Bereich allgemeiner Erklärungspraxis herausgezogen. Bleibt Freiheit aber an selbstbezogene Gedanken von Subjekten gebunden, so kann sie nur Subjekten zugeschrieben werden, denen auch ein anderer Ursprung als sie selbst zuzuordnen ist. Die Aufgabe ist also die, einen Gedanken vom Hervorgang von Freiheit zu fassen. Dies ist eine Freiheit, die man auch ‚endliche Freiheit' nennen kann – nicht etwa wegen der Einschränkung ihres Wirkungsbereichs, sondern aufgrund der ihr eigenen Verfassung. Ein solcher Gedanke liegt Fichtes erstem Verstehen von Selbstbewusstsein fern. Es liegt aber nahe, ihn mit Fichtes dritter Auslegung seiner Einsicht in Zusammenhang zu bringen. Denn in deren Umkreis können Subjekte als in ihre Selbstbeziehung *‚eingesetzt'* verstanden werden.[35]

---

[35] Diese Bedeutung des Ausdrucks hatte Fichte selbst nicht im Sinn, als er ihn zuerst verwendet. Er tut es in seiner Marginalie zur *Sittenlehre* (FSW 4, S. 33; FGA I,5, S. 48) und in *Die Bestimmung des Menschen* (FGA I,6, S. 254), an der zweiten Stelle eindeutig im Sinne einer Operation an einem Körper. Was ihn wann veranlasste, die Marginalie in seiner *Sittenlehre* zu notieren, lässt sich leider nicht sagen – vermutlich im Zusammenhang, in dem die Sittenlehre neuerlich sein Thema war. Das ‚Einsetzen' eines Auges ist für Fichte ein nur unter einer Beschränkung brauchbares, jedenfalls jeweils eigens zu interpretierendes Bild. Das geht auch daraus hervor, dass Fichte von der *Wissenschaftslehre* von 1801 an beim Gebrauch der Metapher vom Auge auf den Gebrauch des Verbs ‚einsetzen' auch verzichten kann. Sie erklärt den Gedanken, den das Bild vom in sich geschlossenen Auge zum Ausdruck bringt, zum Garanten der Geschlossenheit seines Systems (FSW 2, S. 19, 37; FGA II,6, S. 150, 168).
Das Auge als ‚eingesetzt' zu betrachten, liegt besonders nahe, wenn die Bedeutung des Sehens für das sittliche Bewusstsein und die Weise betrachtet wird,

In diesem Gebrauchsfall wäre das Verb ‚einsetzen' in einer besonderen Bedeutung zu verstehen. Ein Beispielsfall für ihn wäre nicht der Glaser, der in einen Fensterrahmen eine Scheibe einsetzt, sondern der Gouverneur, der eine Person in ein Amt einsetzt – besser noch der Stifter, der eine Neugründung definitiv vollzieht. Die Gründung setzt etwas in den ihm eigenen Vollzug ein. In dieser Analogie wird deutlich, dass keines der Momente, die in dem Vollzug ineinandergreifen, als vorgegeben anzusehen ist. Sie können nur gemeinsam zu Bestand und Wirksamkeit kommen. Man kann fragen, ob es sich überhaupt denken lässt, dass irgendetwas, was den in diesem Funktionszusammenhang fungierenden Momenten entspricht, schon vor der Stiftung ihres Gesamtvollzugs bestehen oder in einer anderen Zuordnung operieren könnte. Eine ursprüngliche Gründung hat nichts von einer Zusammensetzung an sich.

Die Perspektive, die mit dieser Überlegung verbunden ist, reicht nun sehr weit: Im Selbstbewusstsein sind eine letztbestimmte Einzelheit und die strikte Allgemeinheit einer Form so ineinander verfugt, dass sie nicht nur untrennbar sind. Ihre Einheit kann auch nicht aus vorausgesetzten und aus solchen separierten Elementen konstruiert werden.[36] Daraus kann weiter gefolgert werden, dass Subjekte nicht dadurch verständlich werden, dass sie samt ihrer Besonderheit in einen Bezugsrahmen eingegliedert werden, der seinerseits bereits aufgrund der Unterscheidung von Einzelnen und Allgemeinem strukturiert ist. Der Auftritt von Subjekten könnte für die

---

wie dies Bewusstsein in das Triebleben eingreift. Fichte gebraucht die Metapher aber auch außerhalb des Themenbereichs der Ethik – und im Übrigen sogar insbesondere lange nach der Umbruchszeit um 1800 – so in dem Denktagebuch von 1808 (FGA II,11, S. 185) und der Wissenschaftslehre von 1811. (FSWV II, S. 108, 111; FGA II,12, S. 214, 215). Hier markiert das ‚eingesetzt' nicht einen Akt, sondern das ursprüngliche, unauflösbare Verhältnis des Auges mit seiner Sicht auf sich selbst. Die Metapher bezeichnet also nun eben jenen ‚in sich geschlossenen Blick', das in sich geschlossene Selbstverhältnis des Wissens und genauer das Wissensstadium, in dem dies Wissen zum ausdrücklichen, als solches in seiner Geschlossenheit realisierten Selbstwissen geworden ist.
Günter Zöller hat in ‚*Life into which an Eye Is Inserted*': *Fichte on the Fusion of Vitality and Vision* die Gebrauchsweisen dieses Komplexes von Metaphern durch Fichte interpretiert (Rivista di Storia di Filosofia, 69, 2014, S. 601–617).

[36] Man kann also, wie Kant es mehr als nur implizit tut, jeden möglichen Gebrauch der Unterscheidung von Allgemeinheit und Einzelheit von selbstbewussten Denkern abhängig werden lassen.

8. Sonderstellung von Selbstbewusstsein

Gliederung des Gesamtrahmens, in den sie eintreten, selbst konstitutiv sein. Das führt dann zu der Folgerung, dass die Unterscheidung von Allgemeinem und Einzelnen des Auftretens von Subjekten bedarf – zumindest um stabil werden zu können.

Der Folge dieser Erwägungen gebührt ein Platz in dem Zentralbereich von philosophischen Grundlegungsfragen. Sie müsste Anschluss suchen an die Unternehmen, in allem Verstehen, Behaupten und Begründen eine alles gliedernde Architektur zu erkennen und deren Anlage und Genesis aufweisen zu können. Die Überlegungen, die nur der Abhandlung über Fichte nachdenken sollen, müssen sich aber davor hüten, sich vollends in eine Erkundung dieses faszinierenden Prospekts hineinziehen zu lassen. Doch es bleibt festzuhalten: Überlegungen solcher Art sind mit dem Aufstieg von Selbstbewusstsein zum Kandidaten für ein erstes Prinzip in der Philosophie notwendig verbunden. Um das deutlich zu sehen, muss man sich nur dessen erinnern, dass Kant die Bedingungen der Möglichkeit aller Erkenntnis von dem Gedanken ‚Ich denke' her verstand. Fichte hatte in der Entfaltung des Systems einer Lehre von dem Wissen[37] überhaupt Kants Vorausgang im Blick; seine Einsicht sollte auf demselben Weg, nunmehr aber durch interne Entwicklung des Prinzips, zu einer umfassenden Erkenntnis führen.

---

[37] Der Ausdruck ‚Wissenschaftslehre' erhält mit der Umstellung von Ich auf Wissen als Prinzip diese neue Bedeutung, in der nunmehr der Bezug auf Wissenschaft zu einem störenden Element geworden ist.

9. SYNTHESIS IM SELBSTSEIN

Nun ist ein anderer Problemfaden desselben Themenkomplexes aufzunehmen. Mit ihm ergeben sich aus dem, was erwogen wurde, von einer anderen Seite her Folgerungen, die für die Intention und das Profil von Fichtes Denken eine ähnliche Bedeutung haben. Sie betreffen die Grundlegung einer praktischen Philosophie. Eine Erinnerung wird nützlich sein, um zu ihr überzuleiten: Zwischen den Episoden, in denen ein Bewusstsein von irgendetwas besteht, und den Ich-Gedanken, in denen ein Subjekt seiner selbst bewusst ist, wurde eine tiefreichende Differenz angenommen. In diesen Episoden sind Gehalte und dies, dass von ihnen Bewusstsein besteht, nur über eine Abstraktion voneinander zu unterscheiden, aber nicht als real unterschieden zu denken. Selbstredend haben solche Situationen auch vieles miteinander gemeinsam. Eine Erklärung ist möglich, welche eine allen gemeinsame Verfassung herausstellt. Aber *in* diesen Episoden ist das ihnen Gemeinsame in keiner Weise von Bewusstheit selbst auch *thematisch*.

Im Selbstbewusstsein sind Einzelheit und Allgemeinheit zwar auf gänzlich andere Weise ineinander eingebunden, als dies für Gehalt und Bewusstsein in anderen Arten von mentalen Episoden gilt. Doch diese Bindungen sind immerhin miteinander vergleichbar. Zudem stehen sie in einer realen Kontinuität miteinander, die unter dem allgemeinen Titel ‚Bewusstsein' gefasst werden kann. Viele Synthesen im Feld des Bewusstseins integrieren von Beginn an alle einzelnen Episoden und schaffen eine Art von Kontinuität der Komplexionen, an die Selbstbewusstsein dann immer einen Anschluss hat. Aber die Beziehungen zwischen beiden Typen von Vollzügen lassen sich dennoch scharf voneinander unterscheiden, und dies nicht etwa nur wie Stufen der Reflexion. Ich-Gedanken haben nicht nur einen besonderen Bezug – den auf ein Subjekt. Sie haben diesen Bezug nur, indem sie zugleich die Form ihres Vollzuges in Beziehung auf andere solche Vollzüge in ihrem Gehalt mit zur Kenntnis nehmen.

Insofern eignet den Ich-Gedanken, gerade dort, wo sie immer in dem wirklichen Vollzug von einzelnem Selbstbewusstsein realisiert sein müssen, eine innere Beziehung auf Allgemeinheit als solche. Auf diesen Grundzug können sich weitere Möglichkeiten aufbauen, aus denen sich für die Subjektstellung in einem bewussten Leben

Folgerungen von Bedeutung ergeben. Wiederum kann auf alle diese Perspektiven hier nur im Vorübergehen eingegangen werden:

Anders als Episoden von Bewusstsein ist Selbstbewusstsein niemals eine von anderem Bewusstsein getrennte, insuläre Episode und auch nicht beschränkt auf Passagen einer Abfolge solcher Episoden, die ineinander übergehen. Das Subjekt, das auf sich mit dem Ausdruck ‚ich' Bezug nehmen kann, schreibt sich damit eine Identität zu, die Perioden solcher Passagen umspannt. Von Identität irgendetwas zu wissen, setzt wiederum eine Fähigkeit zur Beherrschung des Unterschieds zwischen allgemeinen und einzelnen Gedanken voraus. Wer von sich selbst in Beziehung auf alles weiß, was immer er denken kann, kann auch eine Allgemeinheit konzipieren, die strikt und also unabhängig von Umständen für einen ganzen Bereich gilt – zuerst die logischen Funktionen, aber auch die Normativität, unter der alles Handeln steht.

Was nun das Subjekt selbst betrifft, so ist es mit seiner Einbindung in eine Situation zugleich über diese Situation erhoben. Dies ist eine Voraussetzung für eigentlich alle anderen Realitäten, die das bewusste Leben der Menschen ausmachen. Sie ist notwendig für die Vergegenwärtigung von anderen Subjekten jenseits der unmittelbaren Interaktion mit ihnen; ebenso für die Fähigkeit zur Integration in soziale Ordnungen, ohne aber in sie hinein absorbiert zu werden.[38] Dieselbe Voraussetzung ist in wieder anderer Weise die Grundlage für die intimste Nähe zwischen Menschen. Diese Nähe ist nämlich ganz anders zu verstehen als durch ein Aufgehen in dem Bezug zum Anderen, der ein Leben vervollständigt und dabei überformt und verwandelt. Dies käme auf eine Art von Selbstpreisgabe hinaus und lässt sich manchmal wohl wirklich als Entlastung von sich selbst

---

[38] Der vierte Buchteil von *Denken und Selbstsein: Vorlesungen über Subjektivität* (Frankfurt 2007) hat diesen Teil einer ‚Theorie der Inter-subjektivität' auf der Grundlage der Theorie der Subjekte eingeführt. Die hier folgenden Bemerkungen zeigen an, dass die weitere Ausführung des Themas in ganz andere Richtungen weitergeführt werden könnte. Ich kann nicht erwarten, dass mir auch dafür noch Lebenszeit gewährt ist. Diese Seite der Theorie der Subjektivität könnte wohl das größte Interesse auf sich ziehen, ist doch ein beträchtlicher Anteil der Bemühung von Autoren des 20. Jahrhunderts auf den Gewinn der intersubjektiven Perspektive für die Philosophie gewendet gewesen. So nötig dies ist, so wenig kann es dadurch erreicht werden, dass man die Vertiefung des Ansatzes bei dem Subjekt als obsolet zu erkennen meinte.

erfahren. Doch lässt sich ihre Grundanlage niemals von daher denken. Und was ein Verstehen der Inter-Subjektivität sein soll, verwikkelt sich, wenn man meint, von anderen Voraussetzungen ausgehen zu müssen, in aussichtslose Windungen der Begriffsbildung und in einen unwillentlich oberflächlichen Umgang mit komplexen, tiefreichenden Tatsachen. Das Subjekt geht im *Ganzen* seiner Selbstbeziehung in sein Mitsein ein. Nur seine isolierende Abschließung, nicht sein Für-sich-sein wird in seiner Bindung aufgehoben.

Dies freilich muss man begreifen können. Und dazu ist ein hinreichend profunder Ansatz zum Verstehen von Selbstbewusstsein und von Subjektivität unentbehrlich. Er kann nicht allein durch umfassende Erschließungsarbeit an den Tatsachen des bewussten Lebens gewonnen werden. Und diese ist selbst wiederum etwas ganz anderes als die disziplinierte Beschreibung von Tatsächlichem. Angesichts der zentralen Stellung und dem aus ihr folgenden beirrenden Irisieren des Subjektsinnes verlangt jede solche Verständigung den Gewinn von Begriffen, die solche komplexe Tatsachen erreichen können, sowie eines allgemeinen Bezugsrahmens für die Thematisierung von Selbstbewusstsein. Die Bemühung um sie ist also eine Voraussetzung für die Aussicht, in der Wirklichkeit des Lebens über sich verständigt zu sein, ohne dass die Passform des von der Theorie vermittelten Selbstbildes den Kontakt mit den Konturen der gelebten Wirklichkeit an allen möglichen Stellen verliert.

Im Übrigen gilt nicht erst für diese Dimension, sondern schon für den Anschluss von Ordnungsgedanken an die Selbstbeziehung von Subjekten, dass er ebenso wenig durch einfaches logisches Folgern einsichtig wird. Die Einheit des Subjektes ist ja in seiner Selbstbeziehung auch nicht die reale Quelle aller Gehalte, obwohl sie, weil sie unter dieser Einheit stehen, auch einen strukturalen Bezug aufeinander haben. Für diese Bezüge können verschiedene synthetische Anschlussformen aufzubieten sein, deren Gebrauch dann immer noch zu rechtfertigen bleibt. Auf alle diese Perspektiven und Aufgaben könnte nur in besonderen Untersuchungen anderen Zuschnitts oder in einer systematisch angelegten Arbeit eingegangen werden. In deren Zentrum müsste die Frage nach den Bedingungen und den Formen selbstbezüglichen Bewusstseins und Urteilens stehen. Fichte selbst hat für das Format dieser Aufgabe und ihrer synthetischen Komplexion, darunter auch der Gebrauch verschiedener Formen von Herleitung, in jeder seiner Wissenschaftslehren neue Muster gegeben.

Diese Aufgaben sind hier unter einer allgemeinen Voraussetzung angezeigt worden, die in Fichtes Begründungsgang hineinspielt, auf die er sich selbst jedoch kaum festlegen lassen würde. Der essentielle Bezug des Selbstbewusstseins auf eine strikte Form von Allgemeinheit und eine Bindung an weitere Ordnungen von solcher Form lässt sich nicht so, wie es in Fichtes System geschieht, aus der Voraussetzung eines einzigen und absoluten Subjekts begreifen, das alle anderen Subjekte, die insofern endliche sind, zu dem werden lässt, was sie als Subjekte ausmacht. Die Verfassung der Subjektivität, die man ‚Ichheit' nennen mag, ist immer die Verfassung *einzelner* Subjekte. Zwar ist sie gewiss nicht aus irgendwelchen Erfahrungen zu abstrahieren. Aber ihre Realität ist daran gebunden, dass sie im Verband dessen, was einzelne Subjekte ausmacht, konstituiert wird. Von diesen ist wiederum nur innerhalb ihres eigenen Vollzuges und dann aus ihm heraus etwas zu wissen. Etwas zu wissen ist somit zunächst einmal immer Wissen von ihnen selbst allein – wenn auch mit dann umso weiter reichenden Folgerungen.

Diese Situation ist so beschaffen, dass sie den irritierenden Eindruck auslösen kann, in ihr habe man es mit einem gegenläufigen Anspruch auf einen Primat zu tun, bei dem eine Entscheidung gar nicht denkbar ist. Das Widerspiel von zwei Komponenten, nämlich der Form, die dem Vollzug von Selbstbeziehung der Einzelheit innewohnt, ist die für Subjektivität grundlegende Tatsache. Jedoch erklärt sie sich durchaus nicht aus sich selber. Fichte überlässt sich einer solchen Vorstellung, wenn er Subjektivität von einem absoluten Subjekt her versteht, das die endlichen bedingt und an das die endlichen irgendeinen ihnen internen Anschluss haben, durch den sich aber alles bestimmt, was sie sind und zu werden vermögen. Subjektivität als solche ist nicht selbsterklärend. Aber man hat doch fast gleichgewichtige Schwierigkeiten damit, sie entweder als einen letzten Horizont zu akzeptieren oder den Grund, der sie verstehen lassen soll, in irgend einer bestimmten Weise deutlich zu artikulieren. Dieser Grund dürfte nicht hinter dem Formniveau von Subjektivität zurückbleiben, könnte aber ebenso wenig als eine bloße Steigerung dessen gedacht werden, was als einzelnes Selbstbewusstsein in seinem Vollzug bekannt ist. Von ihm ist einzusehen, dass es einer sol-

chen Erklärung bedarf. In Beziehung auf das, was diese Erklärung geben soll, darf jedoch dasselbe nicht sogleich wieder eingefordert werden müssen. Es kann also nicht als eine höhere Vollzugsart eben derselben Form gedacht werden. Andererseits kann es ihr nicht inkommensurabel gegenüberstehen, wenn denn das Selbstbewusstsein seiner Form nach von ihm gegründet sein soll.[39]
Dass sich die Subjektivität des Selbstbewusstseins nicht aus sich selbst verstehen lässt, ist Anlass dafür, ihr Endlichkeit zuzuschreiben, und zwar als Grundzug, der ihre *Verfassung* charakterisiert. Daran, dass dennoch immer von ihr, nicht von Unendlichem, das irgendwie präsent ist, auszugehen ist, lässt sich die These von der Faktizität auch all unseres Verstehens festmachen. Einige der Ordnungen, die sich an den in dieser Subjektivität gelegenen inneren Bezug auf Allgemeinheit anschließen, lassen sich aus diesem selbst herleiten. Sie sind damit auf seine Endlichkeit einzuschränken. Das mag sogar für die logischen Grundfunktionen gelten. Aber Fichte hat doch Recht, wenn er andere Weisen der Synthesis, in der sich Subjektivität ausbildet und Subjekte auf andere Subjekte bezogen sind, nur zusammen mit einer Verankerung denken kann, die den Subjekten vorausgeht und von ihnen nur in einem Ausgriff über den Bereich ausweisbarer Gedanken gedacht werden kann.

Eine solche Ordnung ist insbesondere die Welt, in der sittlich handelnde Subjekte ihren Ort haben. Rousseau hatte sie durch ihren Kontrast zu jeder naturalen Welt gekennzeichnet. Fichte hatte die Absicht, diesen Gedanken in einem Traktat über die ‚intelligible Welt' tiefer aufzuklären. Manches von diesem Plan ging in seine Streitschriften um den Verdacht des Atheismus ein. Zugleich war es der bedeutendste Faktor auf dem kurzen Weg zur Umbildung der Wissenschaftslehre in der Zeit der Wende zum neunzehnten Jahrhundert. Dieser Weg führte dahin, dass Fichte an den Anfang des Systems die Evidenz der Gewissheit im adäquaten Wissen und zu-

---

[39] Nikolaus Cusanus nimmt bei der Ausarbeitung eines Gedankens, der sich der schaffenden Wissensweise Gottes annähert, auf beide Aspekte Rücksicht. Hegel versuchte eine adäquate und vollständige Lösung dieser Aufgabe: In der logischen Form der ‚Idee' versteht sich der Geist selbst und ist in dieser Selbstbeziehung über die Selbstbeziehung in jedem Bewusstsein sowohl erhoben wie für sie begründend. Hegel fehlt jedoch Fichtes Einsicht in die Schwierigkeiten des Verstehens dieser Selbstbeziehung als solcher und in ihrer primären Gestalt als dem Von-sich-selbst-Wissen der Subjekte.

sammen mit ihm den Prozess der Manifestation Gottes im Prozess dieses Wissens stellte, der als ein in sich geschlossenes Singulum genommen werden soll. Offensichtlich ist dies zugleich der Gedanke einer Ordnung in Beziehung auf alle endlichen Subjekte, welche in diesem Prozess hervorgehen. Diese mögen immer belebte Naturwesen und als Einzelne sogar zufällig im metaphysischen Sinn des Ausdrucks sein. Indem sie zu Subjekten des Wissens werden, treten sie in eine Ordnung ein, der Allgemeinheit und Notwendigkeit innewohnt.[40]

10. WAS IST SUBJEKTIVITÄT?

Die Rede vom ‚Ich' im Zusammenhang mit der vom ‚Subjekt' bedarf auch hier einer kursorischen Erläuterung.[41] Das ‚ich' ist zunächst ein sprachlicher, und zwar ein deiktischer Ausdruck. Er verweist auf die Quelle, von welcher der jeweilige Gebrauch des Ausdrucks ausgeht. Er muss nicht als ein verlautendes Wort auftreten; und er kann auch von Automaten regelkonform verwendet werden. Wird in seinem Gebrauch ein Verstehen des Ausdrucks, also auch des Verstehens der Regeln seines Gebrauches vorausgesetzt, so nimmt man an, dass, wer ihn in Beziehung auf sich selbst verwendet, ihn auch selbst in Gebrauch genommen hat. Er emittiert ihn nicht nur als Signal bei bestimmten Anlässen, sondern zielt auf ein Verstehen dessen, dass der Emittierende damit bezeichnet ist. Auf diese Weise geht in die Bedeutung des Ausdrucks im Singular praesentis bereits die Zuschreibung einer Selbstbeziehung ein. Wird der Ausdruck nicht in einer singulären Situation und ein einziges Mal ausgelöst, so verbindet er sich mit dem elementaren Gedanken eines Subjektes: eines Einzelnen, das unter variablen Bedingungen eine Selbstzuschreibung zu vollziehen vermag. Sie wird von demselben Subjekt[42]

---

[40] Auf diese Themen wird im Zusammenhang mit Fichtes dritter Formel zur Definition von Selbstbewusstsein wieder zurückzukommen sein.
[41] Trotz der zahlreichen historischen Belege wird in Joachim Ritters maßgeblichem *Historischem Wörterbuch der philosophischen Begriffe* die Dynamik der Bedeutungsgeschichte der mit ‚Subjekt' zusammenhängenden Ausdrücke nicht deutlich.
[42] Dem Wortsinn nach dem ‚Unterliegenden'.

initiiert, von dem man annehmen kann, dass es sich in der Abfolge seiner Selbstzuschreibungen und im Wissen von sich für sich selbst als dasselbe kontinuiert.

Dieser Gedanke von einem Subjekt ist in einer Betrachtung gewonnen, die von dem sprachlichen Ausdruck ‚ich' ausgeht. Obwohl sie also zu einem Begriff vom Subjekt von einer Außenperspektive her gelangt, die von dem Ausdruck ‚Person' Gebrauch macht, ist in ihr doch nichts in Anspruch genommen, was die Existenzbedingungen solcher Subjekte in irgendeinem Universum betrifft. Sie sind Subjekte verschiedener Signale dann, wenn sie sich selbst als deren Emittenten und wenn sie den Bezug der Signale auf sie selbst verstehen. Es liegt nahe zu denken und trifft auch zu, dass Signale nur von einem auf irgendeine Weise verkörperten Subjekt ausgehen können. Doch davon kann bei der weiteren Bestimmung der Rede von einem Subjekt vorerst noch abstrahiert werden.[43]

Vom Subjekt als Ort des Vollzugs eines Verstehens wird wohl nur der sprechen, der sich selbst in den Gesichtspunkt eines solchen Verstehens versetzen, sich als Subjekt also für sich selbst realisieren kann. Der Begriff eines Subjekts ist dann weiter zu bestimmen, wenn es nunmehr von dieser Perspektive her geschieht. Er bezieht sich dann auf eine Zentralinstanz, die auf Dimensionen von Gehalten bezogen ist, und von der in Beziehung auf diese Gehalte mentale Akte initiiert werden können – und zwar so, dass diese Instanz alle diese Gehalte selbst in Beziehungen zu setzen vermag und auch nicht umhin kann, sie sich in solchen Beziehungen vollziehen zu sehen. Diese Akte können in Koordination, in Verwicklungen oder in einer Sukzession zueinander eintreten. Aber das Subjekt ist in Beziehung auf sie alle und im Vollzug der Tatsache und der Art ihrer Kopräsenz ein und dasselbe, wenn es sich selbst unmittelbar und im Vollzug dieser Kopräsenz durchgängig *als solches* versteht. Dies ist, auf Subjekt mit Selbstwissen bezogen, der elementare Sinn von ‚Subjekt'.

Als ‚Subjektivität' kann, gleichfalls in elementarem Sinn, die *Verfassung* von Subjekten verstanden werden, so wie sie soeben charak-

---

[43] Den begrifflichen Zusammenhang zwischen Subjekt und Person im Ausgang vom ‚Subjekt' selbst aufzuzeigen, bleibt eine unerlässliche Aufgabe. Ich habe in dem Essay ‚Selbstbewusstsein und spekulatives Denken' von 1982 einen Ansatz dazu gemacht (*Fluchtlinien*, 1. Auflage, Frankfurt 1982, S. 125–181).

terisiert worden ist. Seine eigentliche Bedeutung gewinnt der Ausdruck aber durch seinen Bezug auf einen viel weiteren Gehalt. Um ihn deutlicher zu fassen, ist eine andere Bedeutung zu berücksichtigen, mit der das Adjektiv in der Bedeutung von ‚nur subjektiv' zuerst in Gebrauch kam und mit der es wohl bis heute vorherrschend verbunden ist: Mit ihm werden Erkenntnisansprüche zurückgewiesen und auf bloße Meinungen Einzelner oder auf im Subjekt allein begründete Formen, etwa zur Aufnahme von Eindrücken, beschränkt. Diese anfängliche Gebrauchsweise des Adjektivs wirkt sich auf das Bedeutungsspektrum von ‚Subjekt' aus, dessen elementare Bedeutung das Adjektiv seinerseits voraussetzt.

Denn die Einschränkung von Erkenntnisansprüchen auf die Kapazitäten und Funktionen von Subjekten hat zur Folge, dass diese Subjekte von nun an als Quelle und Zentrum von Binnenwelten verstanden werden können. Hält man dann daran fest, dass Subjekte schon nach ihrer elementaren Bedeutung in einer Selbstbeziehung stehen, dann kann man diesen Subjekten nunmehr zentrierte Ganzheiten von Vorstellungen und Erfahrungen zuschreiben. Sie sind von deren Selbstbeziehung durchherrscht und durch die Konzentrationen und Distanzbildungen moduliert, die wiederum von dieser Selbstbeziehung in all dem ermöglicht sind, was seinerseits aufeinander bezogen ist.

In dieser Bedeutung ist die Rede von Subjektivität erst seit dem frühen neunzehnten Jahrhundert allgemein in Gebrauch. Es wird dann auch möglich, sie von der Bindung an den einschränkenden Gebrauch innerhalb der Erkenntnistheorie ganz zu lösen. Fichtes Wissenschaftslehre verwendet sie nicht in diesem Sinne. Doch hat er schon mit dem Akzent, den er auf subjektive Gewissheit als höchste Form der Erkenntnis gelegt hat,[44] den wichtigsten Schritt dahin getan. Die Wissenschaftslehre kann darum durchaus auch als Entfaltung von Subjektivität als allbefassender Dimension charakterisiert werden. Hegel hat sodann die Form solcher Subjektivität zur Verfassung alles Wirklichen überhaupt erhoben. Aber er hat eben auch

---

[44] Die Rezension des *Aenesidemus* gründet bereits ihre Argumentation, die strategisch am weitesten reicht, darauf, dass „das *Ich bin* nur für das Ich" gilt, das ‚ich bin' selbst also ‚nur subjektive' Gewissheit hat. Damit ist das ‚nur' in dieser Formulierung und also der Vorrang der objektiven Gewissheit gegenüber der subjektiven unterminiert (FSW 1, S. 20, 23; FGA I,2, S. 62, 66).

kraft dieser Operation die Beziehung auf Subjekte in diesem für ihn grundlegenden Begriff von Subjektivität ganz gelöscht oder zu einer Assoziation marginalisiert.

Das zeigt wiederum, dass es nunmehr möglich geworden ist, von Subjektivität als dem zu sprechen, was eine Weise, wirklich zu sein, geradezu ausmacht – nämlich die des Lebens, das bewusst und aus den Potentialen geführt ist, die Subjekten wesentlich sind. Die Entwicklung der Bedeutung des Ausdrucks bis dahin ist in der Mitte des neunzehnten Jahrhunderts abgeschlossen. Mit Diltheys Werk ist das dokumentiert – und weithin wirksam geworden.

Während Subjektivität als die Verfassung von Subjekten jedem Menschen zuzuschreiben ist, kann durch die Bedeutung von Subjektivität im zuletzt erreichten Sinn auch ein historischer Wandel markiert werden. Das gilt nicht schon für die Zuschreibung der Fähigkeit und einer gewissen Entfaltung einer personalen Binnenwelt. Alle Hochreligionen nehmen eine solche Welt in Anspruch. Aber die Aufmerksamkeit auf sie und die Begünstigung ihrer Ausbildung, sowie die Begründung von sozialen Ordnungen, die sie voraussetzen und die sich auf sie stützen, markiert einen Wandel in der Geschichte der Kultur der Menschheit.

Hier sollte noch hervorgehoben werden, dass alle diese Erwägungen zur Bedeutung der sprachlichen Ausdrücke ‚Subjekt' und ‚Subjektivität' zu entfalten waren, ohne dass dabei auf Fichtes ursprüngliche Einsicht Bezug genommen werden musste. Es ist zwar nicht möglich, über den Gebrauch der Ausdrücke nachzudenken, ohne dabei die Selbstbeziehung im Bewusstsein zu thematisieren. Dabei muss sich die Frage, *wie* Selbstbeziehungen in diesem Zusammenhang vollzogen werden und wie solche Selbstbeziehungen zustande kommen können, noch gar nicht aufgedrängt haben. Gerade in Beziehung auf Bewusstsein scheint die Zuschreibung von Selbstbeziehung zu dem Selbstverständlichsten zu gehören, wovon man immer auszugehen hat. Wer Fichtes ursprüngliche Einsicht mitvollzogen hat, der weiß dies zwar auch. Er weiß aber darüber hinaus, dass sich gerade durch die kritische Besonnenheit, die zu dieser Einsicht führte und die sie weiterhin veranlasst, sich eine neue Tiefendimension für die menschliche Nachfrage nach der eigenen Subjektivität und für seine Selbstverständigung unter deren Einbezug aufgetan hat.

11. ‚DIESES ICH' ALS AUSGANGSPUNKT ALLES VERSTEHENS

Am Schluss dieser ersten Folge von Gedanken, die Fichtes Einsicht in verschiedenen Kontexten betrachten und verdeutlichen sollten, kann nun noch ein erweiterter Blick auf das philosophische Umfeld gehen, in dem von Fichtes Einsicht ausgehend neue Perspektiven auszuziehen sind. Es ergab sich, dass im Selbstbewusstsein der Bezug auf eine alles umfassende Allgemeinheit mit der Aktualisierung im je einzelnen Bewusstsein zusammengeht. Von daher lässt sich schon verstehen, dass die Bedeutung des Interesses an der Verfassung von Subjektivität für die Philosophie ganz unterschiedlich beurteilt werden kann. Es wird leicht zugestanden werden, dass man sich auf das Selbstverhältnis des Menschen konzentrieren muss, wenn die Dynamik in seinem Leben Thema ist und wenn er aus dem Verstehen dieser Dynamik heraus eine Orientierung sucht. Dann können freilich statt seiner ‚Selbstfindung' auch die Weisen seiner ‚Selbstüberwindung', die Gestalten seines Mitseins oder seine Einbindung in Ordnungen, die ihn überragen und zugleich von ihm getragen sein müssen, das Zentrum des Interesses besetzen.

Für Descartes, auch noch für Christian Wolff, lag im Wissen von uns selbst ein sicherer Schutz gegen den radikalen Skeptizismus. Doch schon für Leibniz und dann für Kant war die Bedeutung dieses Wissens zu einem weit höheren Grade gesteigert. Im Anschluss an Kant ergab sich für Fichte die Vertiefung in des Menschen Ich-Gedanken aus einem noch einmal weiter gesteigerten Interesse: Die Gründung auf ‚das Ich' sollte zu dem eigentlichen Aufschluss über *alles* Verstehen und Erkennen überhaupt führen. ‚Ce Moi', das nach Leibniz so viel besagt,[45] wurde im Zusammenhang mit dieser weitestgehenden Aussicht zum Prinzip der Philosophie. Eine solche Aussicht werden wohl nur solche Menschen teilen, die schon von der Frage erreicht und irritiert worden sind, ob vielleicht alles Erkennen auf die Subjektivität beschränkt sei. Von ihr ist, als von der ersten, der erkenntniskritischen Variante dieses Ausdrucks, im vorigen Ka-

---

[45] G. W. Leibniz, *Discours de Métaphysique*, § 34. Von Leibniz selbst nicht publiziert. In vielen späteren Ausgaben auch zweisprachig verfügbar, so in ders., ‚Monadologie und andere metaphysische Schriften', hrsg. und übers. von Ulrich Johannes Schneider, Hamburg 2002.

pitel die Rede gewesen. Wer sich auf einen Realismus verlässt, den man heute gern ‚robust' nennt, wird den Schlüssel für das Verstehen von großen Ordnungen wie der einer ganzen materiellen Welt oder der formalen Objekte wie von Mengen und Zahlen nicht bei sich, dem hinfälligen Winkelbewohner, und auch nicht bei der Milliardenzahl aller seiner hinfälligen Artgenossen suchen. Jeder von ihnen und wohl gar alle zusamt scheinen ja doch für solche Welten als solche durchaus entbehrlich zu sein.

Es wird ihm schon eher einleuchten, dass die Art, wie Menschen zu einer Erkenntnis gelangen, mit dem, was sie selbst sind und woraus alles seinen Bestand hat, in irgendeinem Zusammenhang stehen muss. Erkenntnisse können nicht wie ein Zauber über die kommen, die sie gewinnen. So wird er einräumen, dass man sich auch dafür interessieren kann, wie Selbsterkenntnis zustande kommt – und dann weiter auch, wie das vor sich geht, dass Menschen über sich selbst nachdenken, um über sich Klarheit zu gewinnen, was einschließt, mit sich selbst ‚ins Reine zu kommen'.

Vielleicht wird im Zuge dieser Überlegung noch ein anderer Ausgangspunkt des Nachdenkens über ‚ce Moi' seine Anziehungskraft entfalten: Die Erkenntniskritik, aber auch die Forschungsgeschichte legten es gleichermaßen nahe, dass die Erkenntnis von natürlichen Prozessen, auch von Lebendigem, nicht erschöpfend sein kann und immer wieder auf neue Grenzen stoßen wird. In seinem Selbstbewusstsein scheint der Mensch aber in einem spezifischen Wissen von sich zu stehen, das von solchen Einschränkungen frei ist. Jeder wird zwar zugeben, dass dies Selbstbewusstsein in keiner anderen Perspektive auf ihn, die nicht die ihm selbst eigene ist, erreicht werden kann. Daran kann sich aber die Vermutung anschließen, man werde durch die Auslotung gerade der unübertragbaren Binnenperspektive des Menschen einen Zugang zum Wirklichen selbst finden, der in anderen Zugangsweisen durch Erkenntnisbedingungen wie etwa Konstruktionsmuster gefiltert und überformt ist. So lasse sich wohl allein über diese Binnenperspektive ein unmittelbarer Zugang zu dem erreichen, was Wirkliches insgesamt eigentlich ausmacht. Dieser Zugang mag nicht so leicht in eine adäquate Erkenntnis überführt werden können. Er hätte aber schon Bedeutung genug, wenn über ihn eine gut gegründete Alternative zu dem freigesetzt wird, was durch die Naturerkenntnis samt den scheinbar unausweichlichen Folgerungen aus deren Wissen in kaum noch zu erschütternde Geltung gesetzt scheint. Schon wegen der in der Akzeptanz dieses Wissens gelegenen Demütigung menschlicher Ambitionen werde man sich auf diese Alternative einlassen müssen.

Schopenhauer hatte, darin zumindest von fern Leibniz folgend, seine gesamte Philosophie auf das Argument eines Aufschlusses über die Binnenperspektive des Individuums gegründet. Es wird auch immer wieder einmal eine philosophische Position zur Wirkung kommen, die so argumentiert. Sie kann sich dabei, so wie Whitehead es tat, zugleich auf eine eigenständige Analyse der Naturerkenntnis ihrer Zeit berufen. Die tief gestaffelte Phalanx der Wissenschaften, die von der Physik der Quantenwellen bis zur Mikrobiologe und Neurologie reicht, macht zwar zunächst den scheinbar überwältigenden Eindruck, vor ihr sei jedes derartige Unternehmen schon in seinem Ansatz obsolet geworden. Im Nachdenken derer, die den Erfolg dieser Disziplinen weiter vorantreiben und zugleich überblicken, ist die Zweifelsfrage, wie sich dieser Erfolg erklärt und was ihn eingrenzt, aber niemals, und auch heute nicht, übertönt worden.

Auf der anderen Seite sollte aber auch niemand, nachdem Fichte mit der Explikation seiner Einsicht zu keinem Ende hat kommen können, der Meinung anhängen, eine Grundorientierung der Philosophie an jenem ‚ce Moi' könne zu einem Aufschluss gelangen, der leichter gewonnen ist als die Ergebnisse einer auf die Welt hin orientierten Wissenschaft – und wohl gar mehr noch als sie wie formalwissenschaftliche Theoreme durch Beweise gesichert sein. Die Begründungsart innerhalb der Aufklärung über Subjektivität verlangt mehr begriffliche Anstrengung, Differenzierung sowie Kunst der Selbstrevision als die Unmittelbarkeit, die im Selbstwissen gelegen ist, vermuten lässt. Schopenhauer, der zumindest die Grundform des eigentlich Wirklichen der Selbstwahrnehmung unmittelbar abgewinnen wollte, konnte so im Selbstbewusstsein das uns am meisten rätselhafte Wissen sehen.[46] Es liegt nicht fern, darin eine späte Folge

---

[46] In seiner Dissertation *Über die vierfache Wurzel des Satzes vom zureichenden Grunde* von 1813 schrieb Schopenhauer am Ende des zweiten Absatzes von § 42: Wer die Unerklärlichkeit der ‚*unmittelbar gegebenen*' Identität des erkennenden Subjektes mit dem des Wollens sich recht vergegenwärtigt, "wird sie mit mir das Wunder κατ' εξοχην nennen". Im zweiten Band von *Die Welt als Wille und Vorstellung* (früh in Kapitel 19, unter Ziffer 1) verweist

seiner Erfahrungen in Fichtes letzter vollendeter Vorlesung über die Wissenschaftslehre zu sehen, deren Hörer Schopenhauer war.[47]

Auch aus solchen Überlegungen geht hervor: Die Aufgabe, das Selbstbewusstsein in ‚Ich-Gedanken' zu verstehen, steht über mehrere Problemlinien mit weiter ausgreifenden Grundfragen der Philosophie im Zusammenhang. Jeder Versuch, dieser Aufgabe nachzugehen, kann Schwierigkeiten damit haben, sich über seine eigene Motivation im Zusammenhang mit allen diesen Problemlinien Rechenschaft zu geben. In jedem Fall wird die Philosophie aber zu einer Antwort auf die Frage gelangen wollen, ob der Bemühung um eine Erklärung von Selbstbewusstsein – samt deren Schlussfolgerungen und Bilanz – ein Platz im Zentralbereich aller ihrer Problemstellungen zuzuweisen ist.

Schopenhauer auf diese Stelle zurück und temperiert sie ein wenig, indem er schreibt, er habe diese Identität „in meinem ersten philosophischen Erstaunen" so bezeichnet. Dabei übersetzt er den griechischen Ausdruck, den er nun mit Akzenten schreibt, in Klammern als ‚(schlechthin)'. – Schopenhauer schrieb seine Dissertation nur wenig nachdem er den Vorzeichen der Erhebung gegen Napoleon in Berlin ausgewichen war – also in lebhafter Erinnerung an Fichtes Vorlesungen und die Probleme um das Selbstbewusstsein, die auch Fichtes spätere Wissenschaftslehren durchherrschen.

[47] Die Akademieausgabe gab im Rahmen der nachlässigen Nachschrift der Wissenschaftslehre von 1812 von Schopenhauer die im Kolleg notierten Glossen zu Fichte bei (FGA II,13, S. 41 f.).

II. DAS PROBLEM IM ZENTRUM

A. Zugänge in der analytischen Philosophie

12. ICH-GEDANKEN UND SPRACHE

Einer positiven Antwort auf die Frage, ob der Verständigung über Subjektivität für die Philosophie eine Grundbedeutung zukommt, steht vor allem die folgende These entgegen: Über Ich-Gedanken kann man nur von einem größeren Kontext her Aufschluss gewinnen, und dessen Struktur ist wiederum nur über einen ganz anderen Ansatz als dem bei den Ich-Gedanken selbst zu erschließen. Die Problemlinie, welche zu dieser Überzeugung hinleitet, hat in die Debatte über die Fichte-Abhandlung hineingewirkt. Sie wurde sehr bald in Heidelberg geltend gemacht und ist bis heute immer wieder aufgenommen worden. Früh wurde in der Debatte über das Verfahren die These stark gemacht, das Selbstbewusstsein sei nur im Zusammenhang der Sprache zu thematisieren, in der es sich ausdrückt. So müssen auch hier die Hauptlinien, die in ihr Gewicht haben, Beachtung finden – wenn auch in diesem Zusammenhang nicht mehr als eine Übersicht über die Argumentationen anzustreben ist.

‚Ich' ist ein sprachlicher Ausdruck. Beim Nachdenken über Selbstbewusstsein muss man auf die Bedingungen aufmerksam bleiben, unter denen er verwendet wird. Die Verfahren der logischsemantischen Sprachanalyse haben die Philosophie im letzten Jahrhundert am weitgehendsten verwandelt. Sie hatten in Deutschland zur Zeit der Veröffentlichung der Abhandlung die Attraktion einer neuen und vielversprechenden Methode der philosophischen Aufklärung. So lag und liegt es immer noch nahe, Fichtes Einsicht unter die Lupe eines solchen Verfahrens zu bringen. In ihm gilt Freges These als grundlegend, dass Gedanken nur in der Form von Sätzen mit dem Anspruch auf Wahrheit zu verstehen sind. Andere sprachliche Ausdrücke, die in ihnen verwendet werden, haben als Beiträge zur möglichen Wahrheit solcher Sätze ihre Bedeutung. Das ‚ich' als deiktischer Ausdruck verweist auf den jeweiligen Sprecher eines

Satzes, wobei der Satz dann wahr ist, wenn sein Gehalt in Beziehung auf diesen Sprecher wirklich besteht.

Die kritische Pointe dieser Art von Analysis ergibt sich im gegenwärtigen Zusammenhang daraus, dass sie jeder Untersuchung, die sich Selbstbewusstsein als solchem in Isolation zuwendet, einen Grundfehler im Verfahren vorzuhalten vermag: Dabei soll übersehen werden, dass ein Subjekt von Ich-Gedanken nur im Zusammenhang mit dem Gefüge verstanden werden kann, in dem Gedanken, nämlich wahrheitsfähige Propositionen, einen Gehalt haben. Der Eindruck, den dies in der Sache ergiebige, in der Kritik ins Zentrum zielende Verfahren macht, war und bleibt nachhaltig. Es lässt dennoch die Verwunderung darüber zurück, ob wohl über eine solche Wendung in der Betrachtungsart allein eine angemessene Explikation der komplexen Wirklichkeit von Selbstbewusstsein tatsächlich, und sogar fast umstandslos zu erreichen ist. Hatte doch die Verwunderung über die unscheinbare Omnipräsenz einer Tatsache, die bei näherem Zusehen immer komplexere Züge aufweist und sich jedem hintergehenden Verstehen entzieht, den Impuls zu einer Konzentration der Aufmerksamkeit der Philosophie auf sie freigesetzt und eine Gipfelepoche subtilen Philosophierens eingeleitet. Eine solche Wirklichkeit wird doch schon damit angenommen, dass, um nur eines anzumerken, auch diese Analyse davon ausgeht, Sätze mit Wahrheitsanspruch müssten im Prinzip aus einem *Erwägen* ihrer Wahrheit hervorgehen.

So soll denn im Folgenden mit wenigen Strichen ein Gesamtbild von den Zugangsbedingungen wichtiger Positionen der analytischen Philosophie zu den Überlegungen skizziert werden, die im Zentrum der Fichte-Abhandlung standen. Diese Übersicht wird einen Bogen bis zu der Zeit schlagen, seit der das Interesse am Verstehen von Selbstbewusstsein nicht mehr nur aus einem Defizit an sprachanalytischer Aufklärung verstanden wird. Inzwischen gilt es nämlich erneut als ein eigenständiges und legitimes Motiv des Philosophierens auch innerhalb der analytischen Philosophie und für die meisten ihrer maßgebenden Autoren.

13. QUINE, DAVIDSON, TUGENDHAT

W. V. O. *Quine* hat vorgeführt, wie man dem sprachphilosophischen Ansatz zugleich mit dem Primat der propositionalen Form von Sätzen gerecht werden kann, *ohne* dass von Selbstbewusstsein die Rede sein muss.[48] Er bezeichnet seine Untersuchung über die Entstehung der sprachlichen Beziehung auf Objekte als die spekulative Rekonstruktion von deren Genesis. Ihr Ziel ist es, die Entstehung der Sprache der Wissenschaft in einer Weise zu beschreiben, die dann ihrerseits wiederum in den Bereich wissenschaftlicher Erklärungen einbezogen werden könnte, ohne dass dies in dem wirklichen Versuch zugleich unternommen werden muss.

Die Möglichkeit dazu ergibt sich aus dem Ansatz bei sprachlichem *Verhalten*, das beobachtet werden kann. So bleibt Bewusstsein als Thema suspendiert. Ein solches Verhalten beginnt mit Gelegenheitssätzen wie ‚Mama', wenn die als eine Art Muster erfahrene Person für das Kleinkind auftritt oder für es erscheinen soll. Diese Sätze haben, wie die elementaren Formen des Spracherwerbs, allesamt eine indizierende Komponente; sie haben keinen Gebrauch, an dem über die Sprechsituation hinaus festgehalten werden kann. Aber die Sprachentwicklung führt von ihnen aus weiter bis zur Beherrschung der aussagenlogischen Funktionen, über deren Formalisierung sich wissenschaftliche Theorien vom allgemeinen Sprachgebrauch abheben können. Sie bleiben gleichwohl in den weiten Verbund sprachlichen Verhaltens einbezogen.

Donald Davidson unterscheidet sich von seinem Freund und Lehrer Quine von Grund aus dadurch, dass er das Ziel, das wissenschaftliche Weltbild folgerichtig durchzuführen, als Leitprinzip des Philosophierens nicht akzeptiert – ob die wissenschaftliche Erklärung selbst nun nach den pragmatistischen oder den positivistischen Vorgaben verstanden wird.[49] Dass er dem Wissen von sich selbst eine Bedeutung einräumt, ergibt sich am deutlichsten aus einer anderen Differenz zu Quine, die er allerdings in großer Nähe zu dessen The-

---

[48] W.V.O. Quine, *The Roots of Reference*, La Salle 1974, deutsch als: *Die Wurzeln der Referenz*, Frankfurt 1976.
[49] Quine, für den Wissenschaft nur eine der möglichen Endstadien einer Evolution sprachlichen Verhaltens ist, konnte es in dieser Alternative zu keiner stabilen Entscheidung bringen.

se von der Unbestimmbarkeit der Übersetzung entwickelt hat. Davidson meint, dass die Frage nach der Festlegung der Bedeutung von Wörtern nicht von sprachlichen Äußerungen her angegangen werden sollte, die als Wirkung von Objekten ausgelöst werden, welche die sinnlichen Rezeptoren des Sprechenden stimulieren. Auch in den allerersten Einwortsätzen, die (wie ‚Mama') noch rein reaktiv und genetisch determiniert gebildet werden, sei zumindest ein einleitendes (preliminary) Vorspiel in die Interaktion von Menschen innerhalb einer gemeinsamen Welt zu erkennen. Auf dieser dreigliedrigen Interaktion zwischen mindestens zwei Individuen und dem, worauf sich beide zugleich innerhalb der gemeinsamen Welt beziehen, ist der Gehalt aller Gedanken und die Bedeutung gegründet, welche ihre Wörter für sie haben.

Dies Grundkonzept für die Semantik ermöglicht es Davidson und veranlasst ihn dazu, die Rede von einem Wissen, das Subjekte von sich selbst haben, seinerseits als wesentlich und auch als ursprünglich anzuerkennen. Man muss die Annahme solcher Subjekte und ihres Wissens nicht für Konstrukte halten, die eine Form sprachlichen Verhaltens mit einer Ideologie überlagern. Auch muss die Selbstbeziehung im Wissen nicht erst von einer sprachlichen Interaktion hergeleitet werden. Denn die Möglichkeit auch dieses Wissens ist selbst schon eine Voraussetzung für jegliches Verstehen. Ist die Konstitution von Bedeutung in einer Dreiecksbeziehung zwischen (mindestens) zwei Personen und einem Gehalt in der Welt begründet, muss man allerdings in einem Zug drei Weisen des Wissens voraussetzen, die einerseits autochthon sind, die aber andererseits in der Konstitution von Gedanken in sprachlich artikuliertem Sinn wesentlich aufeinander bezogen operieren. Sie können nur in Kooperation entstehen und sich entfalten. Wissen von den eigenen Gedanken ist so wenig auf das Wissen von den Gedanken anderer zurückzuführen, wie beide auf das Wissen von dem, was in der gemeinsamen Welt für wirklich zu gelten hat. Aber keines entfaltet sich für sich allein und lässt sich für sich allein verstehen.

Diese Position kann den verblüffen, der sich in die Verzweigungen moderner Theorien der Subjektivität, etwa in die von Husserl, hineingearbeitet hat. Hier wird in einem Zuge das Thema Subjektivität wieder gegen die restituiert, die meinten, jede Weise von Fürsich-sein von irgendeinem Prozess der Interaktion her erklären zu können. Zugleich wird das Wissen von sich – und dies zugleich mit dem Wissen von anderen – in Anspruch genommen und in aller seiner Komplexion vorausgesetzt – allerdings zugleich bei Vermeidung aller weiteren Nachfragen. Sie gelten als bedeutungslos für die Auflösung philosophischer Grundprobleme. Selbstständigkeit im Denken und Raffinesse im Aufbau der philosophischen Semantik können also Voraussetzungen dafür sein, die Position, die man den naiven Realismus genannt hat, in neuer Weise philosophisch zu legitimieren. Es ist aber von Interesse, dass diese Position in Verbindung mit der These formuliert ist, dass das Wissen der Person von sich selbst eigenständig, ursprünglich und in allem Verstehen impliziert ist. Davidson hielt alle Versuche, es von irgendetwas anderem herzuleiten, für naiv und einer ideologischen Vormeinung verdächtig. In vielen Gesprächen erkannte er jedoch immer an, dass man Fragen nach seiner inneren Verfassung aufbringen kann. Sie waren für ihn nur nicht von einem gewichtigen philosophischen Interesse oder bedeutsam für die eigene Lebensführung.[50]

Die Profilskizzen von Quine und Davidson können als Vorspiel gelten, wenn nun in einer weiteren Bemerkung auf *Ernst Tugendhats* sprachanalytische Philosophie zurückgekommen wird. Tugendhats Kritik an der Fragestellung der Fichte-Abhandlung und der Disput, den sie auslöste, ist viel beachtet und erörtert worden. Dem vorab ist noch eine Differenz zwischen Quine und Davidson hervorzuheben, deren Beachtung für die retrospektive Einschätzung dieser Debatte von Nutzen sein kann.

Quine erreicht die logische Form der Artikulation von Gedanken auf dem Weg der Analyse von sprachlichen Äußerungen. Es ist sein erklärtes Ziel, in der Verständigung über die Genese der Bedingungen wissenschaftlichen Erkennens keinen Raum für eine ‚Philosophie des Geistes' offenzulassen. Davidson scheint zunächst nur in einem vergleichsweise unbedeutenden Punkt von Quine abzuweichen: bei der Frage nämlich, ob Einwortsätze aufgrund sinnlicher Reizung oder kraft triangulärem Weltbezug artikuliert werden. In dieser Differenz kommt aber der grundlegende Unterschied zwischen ihnen zum Ausdruck: Für Davidsons Position ist der sprach-

---

[50] Donald Davidson, *The Irreducibility of the Concept of the Self*, in: Marcelo Stamm (Hrsg.), ‚Philosophie in synthetischer Absicht', Stuttgart 1998, S. 123–130, im Anschluss an unsere Gespräche.

liche Ausdruck ohne konstitutive Bedeutung. Die Möglichkeit der Verständigung beruht auf der Beziehung von Weisen des Wissens aufeinander. Dass und wie erstpersonales Wissen, Wissen von Weltgehalten und Wissen von einer zweiten Person artikuliert und vermittelt werden können, ist eine legitime, aber keine philosophisch grundlegende Frage. Davidson lässt aber die Weise, wie sich der Selbstbezug der Subjekte und ihre Kommunikation miteinander vollziehen, ohne weiteres als *Wissen* gelten.

Tugendhat arbeitete an den Begründungen seiner sprachanalytischen Philosophie in Vorlesungen zur gleichen Zeit, während der die Argumente der Abhandlung über Fichtes ursprüngliche Einsicht ausgearbeitet wurden. Die Abhandlung hat bald, sowohl in der Fichte-Forschung wie in der Philosophie der Zeit, eine gewisse Beachtung gefunden. Tugendhats Semantik fand zugleich noch weit mehr Beachtung. Von ihr aus unterzog er nun Fichtes Ansatz, so wie er in meiner Abhandlung expliziert worden ist, bald einer Kritik, die Fichte ebenso wie die Thesen des Interpreten betrafen. Diese Kritik konnte zugleich als eine negative Bewährungsprobe von Tugendhats eigenem Ansatz verstanden werden.

Daran hat sich ein Austausch von Argumenten als Replik und neuerlicher Entgegnung angeschlossen.[51] Nach einigen Jahrzehnten ist diese Debatte mehr erloschen als erledigt gewesen.[52] Hier kann es nicht darum gehen, sie zu referieren oder wieder aufzunehmen. Ein Text zur Neuauflage der ersten Abhandlung ist darüber hinaus auch nicht der Ort, auf die zahlreichen anderen Arbeiten einzugehen, die von dieser Debatte angeregt worden sind.[53]

---

[51] Tugendhat hat seine Heidelberger Vorlesung *Selbstbewußtsein und Selbstbestimmung: sprachanalytische Interpretationen* 1979 bei Suhrkamp (Frankfurt) als Buch veröffentlicht. Ich habe in einer Festschrift für den gemeinsamen Freund Fahrenbach mit Verspätung geantwortet: *Noch einmal in Zirkeln: Eine Kritik von Ernst Tugendhats semantischer Erklärung von Selbstbewußtsein*, in: Clemens Bellut/Ulrich Müller-Schöll (Hrsg.), ‚Mensch und Moderne', Würzburg 1989, S. 93–132.

[52] Sie glimmte weiter bis in meine Rezension von Tugendhats Mystik-Buch *Mystik ohne Subjektivität? Buchkritik über: Ernst Tugendhat, Egozentrizität und Mystik. Eine anthropologische Studie, München 2003*, in: ‚Deutsche Zeitschrift für Philosophie' 2006, S. 169–188.

[53] Das Buch von Jindrich Karasek (*Sprache und Anerkennung: Philosophische Untersuchungen zum Zusammenhang von Selbstbewusstsein, Intersubjektivität und Personalität*, Göttingen 2011), ist ein gutes Beispiel dafür.

Die Kontroverse wurde dadurch belebt, dass zwei Unternehmen am selben Ort und vor klugen Studenten miteinander kollidierten. Sie hatten beide die Veränderung einer Situation zum Ziel, in der das Philosophieren der Zeit festgefahren zu sein schien. Die Abhandlung über Fichte sollte dem Subjekt, das in Beziehung auf sich den Ausdruck ‚ich' verwendet, die Bedeutung im Zusammenhang systematischen Philosophierens zurückgeben. Alle Positionen, die damals als avanciert galten, gingen davon aus, dass diese Bedeutung längst erloschen sei. In einem damit sollte gezeigt werden, welche Schwierigkeiten sich ergeben, wenn über das, was unbestreitbar und von weitreichender Bedeutung ist, ein Aufschluss gegeben werden soll, der nicht auf hinweisende Umschreibungen von ohnedies Bekanntem beschränkt bleibt. Damit war zugleich die Absicht verbunden, die Theorien der klassischen deutschen Philosophie an diesem Punkte kritisch zu untersuchen – dies aber in der Perspektive, an sie auf neue Weise anzuschließen und die Bahn für Ausdeutungen und Entwicklungen frei zu machen, mit denen ein ähnlich differenziertes Bewusstsein bei der Selbstverständigung in einer veränderten Lebenserfahrung und Weltsituation würde erreicht werden können.

Tugendhat hatte ein nicht weniger weitreichendes Ziel. Schon als Heranwachsender lernte er in der Emigration über Heideggers Schülerin Helene Weiß, seine Tante, Nachschriften früher Vorlesungen von Heidegger kennen. Sie weckten in seinem scharfdenkenden, aufs Prinzipielle und zugleich auf Klarheit zielenden Geist das Interesse an der Frage, was Wahrheit sei und wie und in welchem Gesamtrahmen die Wahrheit von Aussagen zu verstehen ist. Jahrzehnte der Arbeit an Aristoteles und an der Phänomenologie Husserls hat er auf der Suche nach einer klaren und sachgerechten Antwort verbracht. Diese Erfahrung mit Lösungsversuchen, die immer neue Nachfragen aufkommen ließen, hat ihn zu einer methodischen Umorientierung vorbereitet. Da es eine Umorientierung in der philosophischen Verfahrensart war, die Tugendhats Kritik an der Fichte-Abhandlung inspirierte, musste die nachfolgende Debatte insbesondere den Anspruch auf die Überlegenheit dieses Verfahrens in jedem Bereich und den Bereich seiner Aufschlusskraft mit betreffen.

Meine Darlegungen der Schwierigkeiten, die sich ergeben, wenn Selbstbewusstsein in philosophischen Kontexten erläutert und an zentraler Stelle in Begründungen situiert werden soll, wiesen zu jener Zeit, vor allem in Beziehung auf ‚Identität', noch formale Defizite auf. Doch mit der berechtigten Kritik daran war das Problem durchaus nicht gemindert oder gar beseitigt, dem die Abhandlung das ihm gemäße Gewicht hatte zurückgeben wollen. So schien es als eine nachhaltige Antikritik besonders wirksam zu sein, im Einzelnen nachzuweisen, dass das, was sich als Gegenzug gegen die Problemexposition der Abhandlung geltend machte, in eben dieselben Schwierigkeiten zurückgeraten muss. Der Gegenzug Tugendhats hatte sich ja als Auflösung der gesamten Problematik selbst empfohlen.

Diesem Zweck diente das Resultat des sprachanalytischen Verfahrens, dem zufolge jeder Gebrauch des deiktischen Ausdrucks ‚ich' die Möglichkeit zur Identifizierung dessen, der ihn äußert, in einer Außenperspektive impliziert. Der Ausdruck ist also darauf bezogen, dass von anderen Sprechern durch einen Verweis auf ihn, den Sprecher, vermittels des Gebrauchs des deiktischen Ausdrucks ‚er' Bezug genommen werden kann. Daraufhin hatte die Antikritik ihr Zentrum in dem Nachweis, dass die ‚er'-Perspektive, die eine konstitutive Voraussetzung im ‚ich'-Gebrauch ausmachen soll, ihrerseits impliziert, dass der, der das Pronomen ‚ich' verwendet, von sich weiß und dies Wissen auch als Wissen von sich versteht. Damit sollte klar sein, dass die sprachanalytische Verfahrensart, obwohl Tugendhat sie differenzierter als seine sprachanalytischen Vorbilder einsetzte, das Selbstbewusstsein als ein Wissen in einem Sinn, den zu bestimmen weiterhin aussteht, unberührt und unverstanden als bloße Voraussetzung in Anspruch nehmen muss.

Hier soll nur an diesen Grundzug der Kontroverse erinnert sein. Schon so tritt deutlich hervor, wieso mit einer philosophischen Grundfrage zugleich die Frage nach der Verfahrensart der Philosophie erörtert wurde. Damit korrespondiert, dass in diesem Disput schlussendlich nicht einmal Klarheit darüber erreicht wurde, worin die Differenz eigentlich gelegen war. Tugendhat bestritt schließlich, auf eine Erklärung von Selbstbewusstsein überhaupt abgezielt zu haben.[54] Das überraschte manche seiner Leser, musste aber wohl zu-

---

[54] In seinem Beitrag *Über Selbstbewusstsein: Einige Missverständnisse*, zu dem Manfred Frank gewidmeten stw-Band ‚Anatomie der Subjektivität:

gleich bedeuten, dass über das hinaus, was sich mit den Mitteln der Sprachanalyse von Selbstbewusstsein aussagen lässt, philosophisch überhaupt gar nichts als Problem und somit als Thema einer Erörterung anerkannt werden sollte.

Man kann in dieser These, die Tugendhat erst in den letzten Akt der Debatte einbrachte, eine Distanzierung schon von Fichtes allererstem Zugang zu seinem Lebensthema ‚Selbstbewusstsein' konstatieren. Fichte hat doch von Beginn an eine Grundschwierigkeit für sein philosophisches Unternehmen im Blick gehabt, die zugleich dessen Aussicht auf wirklich grundlegenden Aufschluss begründet – nämlich über das Begreifen von Selbstbewusstsein eine neue Basis für philosophisches Verstehen überhaupt zu gewinnen. Er ging in diesem Unternehmen von Beginn an davon aus, dass es in ihm jederzeit auch darum geht, die eigene Denkkraft gegen die Voraussetzungen aufzubieten, welche von der natürlichen Sprache mitgeführt werden, und in diesem Widerstreit dennoch eine in sich stabile und in Evidenz hinreichend gestützte Konzeption zu gewinnen. Auch die Abhandlung zu Fichtes Einsicht ist darin mit Fichte eines Sinnes geblieben. Im Unterschied zu Fichtes Selbsteinschätzung endet sie freilich ohne eine Aussage darüber, dass Fichte selbst, oder irgendjemand seither, dieser Schwierigkeit Herr geworden ist.

14. VERFAHRENSFRAGEN

Es war die Epoche der klassischen deutschen Philosophien selbst, in der die Bedeutung der Sprache für das Denken und für jegliches Verstehen hervorgehoben und zum ersten Mal mit Nachdruck zum Thema gemacht wurde. Nicht die systembildenden Philosophen, sondern Hamann und Herder haben dafür den Weg gebahnt. Sie waren, neben Jacobi, die bedeutendsten Kritiker dieses Unternehmens, wahrscheinlich auch deshalb, weil sie in der größten Distanz zu ihm standen – allerdings so, dass sie zwar dessen Motive nicht selbst aufnehmen und durchbilden, aber dessen Grundkonzept ein ganz anderes Totalbild entgegenstellen konnten. Jedoch auch Fichte und Hegel

Bewusstsein, Selbstbewusstsein und Selbstgefühl', hrsg. von T. Grundmann, Frankfurt 2005, S. 247–254.

haben innerhalb ihres Denkens der Sprache eine neue Bedeutung beigemessen. Freilich wurde erst durch Ludwig Wittgenstein eine Philosophie begründet, die als ganze, samt ihrem Verfahren und kritischen Potential, ‚sprachanalytisch' zu nennen ist.

Wenn die Rolle der Sprache und der Aufschluss, den die Analyse der Sprache erreicht, in einer bedeutenden philosophischen Thematik so weitgehend divergieren, muss man von jeder Seite eine Erklärung zu diesem Thema erwarten. Ich habe meinen Versuch, sie zu geben, erst spät vorgetragen.[55] Unstreitig ist, dass eine Sprache notwendig ist, um Gedanken zu fixieren, mitzuteilen und anschlussfähig zu machen, sowie dass durch sie feine Differenzierungen möglich werden und stabil zu machen sind. Ob Gedanken und logische Operationen ohne Zeichengebrauch möglich sind, wird dagegen wohl immer eine Streitfrage bleiben.

Offensichtlich können solche Fragen nur in Verhältnissen aufkommen, in denen sich Gedanken in einer Sprache artikulieren. Auf ihrer Grundlage können Sondersprachen entworfen werden. Die Sprache ist aber auch das Medium, in dem sich Lebensformen nicht nur kommunikativ vollziehen. Die Bemühung um die Fortbildung und die Vertiefung des Verstehens schließen sich an dieses bildsame Medium an. Sie erweitern in einem mit dieser Bemühung den Formenschatz und die Aussagekraft der Sprache. Obwohl sich diese Bemühung in der Sprache vollzieht, so ist sie doch nicht als eine Art von Herausbildung der in der Sprache selbst bereits gelegenen oder festgelegten Potentiale zu begreifen. Es ist somit auch möglich, Konzeptionen zu entwickeln, die sich, indem sie grundlegenden oder exzeptionellen Sachverhalten gerecht zu werden suchen, diszipliniert im Grenzbereich der Sprache entfalten.

Es liegt auf der Hand, dass die soeben skizzierte Auffassung die Bereitschaft begünstigt, ein Denken für real zu halten, das einen vom sprachlichen Ausdruck unabhängigen Status hat, obwohl es sich nur innerhalb der Sprache artikuliert. Daraus ergeben sich Folgerungen für das, was von einer Aufklärung des Gebrauchs des deiktischen Ausdrucks ‚ich' und der Rede von dem ‚Subjekt' als einem philosophischen Thema erwartet werden kann. Das verlautbare ‚ich' ist

---

[55] *Die Philosophie in der Sprache*, Preisrede zum Deutschen Sprachpreis 2006, Paderborn 2007.

14. Verfahrensfragen

gewiss ein Wort der Sprache; sein Gebrauch ist in ein überschaubares System von Regeln eingebunden, welche diesen Gebrauch in Beziehung auf den Gebrauch anderer Ausdrücke festlegen. Gilt für Subjekte dasselbe – und das deshalb, weil die Rede, mit der sie sich bekunden, in diesem Geflecht einen bestimmten Stellenwert hat?

Soll mit einem solchen Verfahrensansatz eine Untersuchung über Subjekte in Gang gebracht werden, so muss das unter Voraussetzung des umfassend entfalteten und artikulierten Systems geschehen, in dem über Subjekte gesprochen werden kann. In diesem System treten sie immer als Personen auf, welche in Raum und Zeit zu identifizieren sind. Als Subjekte in diesem Sinn agieren Personen unter anderem dann, wenn sie sprechen. Es geschieht leicht und geschah immer wieder, dass mit dem berechtigten Hinweis auf solche basalen Sachverhalte eine einschränkende Regulierung für das Problembewusstsein der Philosophie verbunden wurde, die jedoch durch sie gar nicht zu legitimieren ist.

Was Personen sagen und über sich sagen, muss nicht wegen ihrer Stellung als personale Sprecher in sprachlichem Interaktionszusammenhang auf etwas festgelegt sein, was ihnen kraft dieser ihrer Stellung in einem solchen Zusammenhang zukommt. Die sprachanalytische Verfahrensart wird aber jegliches Interesse an der Verfassung des Subjekts auf diesen Zusammenhang ausrichten und einschränken. Sie kann gar nicht umhin, damit Grenzlinien für philosophische Argumentationen zu ziehen, und wird zugleich immer dazu ermahnen, sich als Glied einer im Alltag zu erfahrenden Welt zu verstehen. Tugendhats späte Mitteilung, er habe Selbstbewusstsein gar nicht irgendwie ‚erklären' wollen, fügt sich in dieses Gesamtprofil ein. Zwar macht er nur den Versuch, im Rahmen der Sprachanalyse über den Gebrauch von ‚ich' einen Aufschluss zu geben. Man kann dabei wohl noch weiter fortschreiten, etwa wenn man den Gebrauch von ‚ich' als mit Weisen von nicht nur sprachlichem Verhalten verbunden sieht, das von einem ‚ich'-Sprecher zu erwarten ist.[56] Wenn sich dann aber herausstellt, dass dieser Aufschluss von Beginn an

---

[56] Unterscheidungen dieser Art, die John Perry noch weiter ausgearbeitet hat, nimmt Tobias Rosefeldt auf in seinem Aufsatz in der Zeitschrift für philosophische Forschung *Sich setzen, oder Was ist eigentlich das Besondere an Selbstbewußtsein? John Perry hilft, eine Debatte zwischen Henrich und Tugendhat zu klären* (Band 54, 2000, S. 425–444).

und als ihm vorausgehend bereits eine Weise von Selbstbewusstsein in Anspruch nehmen muss, so kann Tugendhat ihn nur in den Bereich von Vorausgesetztem eingliedern, um ihn sodann dort unberührt liegen zu lassen und zu bestreiten, dass damit ein Thema von philosophischem Rang berührt ist. Ob in diesem Bereich weitergehende Untersuchungen oder Erklärungen möglich sind, wird mit einem deutlich skeptischen Unterton allenfalls offengelassen. Eine philosophische Bedeutung wird dem jedenfalls nicht beigemessen. So kann es einem Autor scheinen, das Scheitern eines vom ihm etwa doch einmal erhobenen Erklärungsanspruchs und die Voraussetzung von Selbstbewusstsein in dessen gesamtem Gang ergebe überhaupt kein erhebliches Defizit in seinem Unternehmen.

Man kann diese Situationsbeurteilung in einer Beziehung zu Davidsons Konzept betrachten – obwohl Davidsons Verfahren gar nicht das der Sprachanalyse war. Er erkennt das Wissen von sich als Weise von Wissen an und unterscheidet sie so von einem sprachlichen Verhalten, das elementar und auf kein anderes reduzierbar ist, und ebenso natürlich von einer bloßen Disposition zu einem solchen. Aber er lässt doch keinerlei Aussicht auf ein weitergehendes Verstehen dieser Weise von Wissen (oder was immer es sei) aufkommen. Selbstbewusstsein gilt auch Tugendhat nicht mehr für imaginär. Zudem will er es nun auch nicht mehr als herleitbar ansehen aus irgendeinem Prozess, der seine Genese verstehen lässt.

Diese Modifikationen sind auch Folgen des Auslaufens einer langen Periode, die sich den idealistischen Systemen zu entziehen sucht und Anschluss an die Verfahrensart moderner Wissenschaften und auch der modernen Ideologiekritik gewinnen wollte. Sie alle wollten die Art der Selbsterkenntnis, welche die idealistischen Systeme ausarbeiteten, ernüchtern, unterlaufen und einen Weg zu einem weniger ambitiösen, dennoch aber ‚ursprünglicheren' Fragen erschließen. Das Ergebnis war, dass Selbstbewusstsein als ein Problem nicht nur aus dem Blick, sondern auch in Verruf gekommen ist.

In dieser Situation wurde die Abhandlung über Fichte geschrieben. Sie hatte zum Ziel, dem für Fichte alles beherrschenden Problem – das er zum ersten Mal mit dem Anspruch formuliert hatte, das Grundproblem aller Philosophie auszumachen, und dem er mit nie erschöpfter Energie nachging – seine Bedeutung und eine angemessene Beachtung in der Philosophie zurückzugewinnen. Fichte selbst war früh davon überzeugt, dass man, um es zu entfalten, noch über das Verfahren hinausgehen muss, mit dem Kant für die Philosophie ein neues Zeitalter eröffnet hatte. Zwar war in diesem Verfahren der Impuls, der von dem Programm eines Systems aus nur einem Prinzip ausging, mit dem, welcher die Schwierigkeit nach sich zog, Selbstbewusstsein zu begreifen, miteinander verkoppelt. Aber Fichtes ursprüngliche Einsicht war doch unabhängig von dieser Einbindung nur in einer Sprache zu fassen, die – in einer Art Gegenzug zu der alltäglichen Verständigung und den in der wissenschaftlichen Forschung maßgebenden Regeln und Kategorien – eine ihrem Thema angemessene Begriffsform anstrebt und zu entfalten sucht.

Die Abhandlung hat insofern darauf Rücksicht genommen, als sie den Gründen nachging, die für Fichte in der Abfolge der Formeln für eine angemessene Thematisierung des ‚Ich' deren Fassung motiviert haben. Die Bewegung hin zu immer komplexeren Formeln, die immer mehr das Alltagsverstehen hinter sich ließen, ergibt sich aus der Selbstkritik an den vorausgehenden Formeln und in einem damit aus einem tiefer gehenden Verstehen der Verfassung von Selbstbewusstsein. Die Veränderung auch der Mitteilungsart gegenüber dem Alltagsverstehen wird dabei immer deutlicher.

Dabei hat die Abhandlung auf Fichtes Verfahren, kraft dessen ‚das Ich' als einziges und generatives Prinzip für ein System in wirklichen Gebrauch zu setzen war, keine Rücksicht genommen.[57] Diese Abblendung war eine Konsequenz ihrer Absicht, Fichtes ursprüngliche Einsicht als das Resultat einer Verständigung über die Verfassung des *einzelnen* Selbstbewusstseins zu explizieren. Sie hat sich aber Fichtes Selbstverständnis insoweit angeschlossen, als sie mit ihm davon ausging, dass in der Explikation von Selbstbewusstsein diesem als Grundform von Wissen und Leben eine Verfassung zugeschrieben werden muss, die dem nicht entspricht, wie im alltäglichen Verstehen irgendeiner Sache oder Sachlage eine Verfassung beige-

---

[57] Nach einem Vorausgehen von Jürgen Stolzenberg hat Ulrich Schwabe in einem umfangreichen Werk das Prinzip des Sich-Bestimmens in der Entgegensetzung in seiner generativen Bedeutung innerhalb der Wissenschaftslehre rekonstruierend durchgeführt (U. Schwabe, *Individuelles und Transindividuelles Ich: die Selbstindividuation reiner Subjektivität und Fichtes Wissenschaftslehre; mit einem durchlaufenden Kommentar zur Wissenschaftslehre „nova methodo"*, Paderborn 2007, benutzbar in digitaler Fassung unter Digi20 im Netz).

legt wird. Dabei wurde diese Explikationsweise nicht eigenständig gewonnen und begründet. Sie sollte aus ihrer Entgegensetzung zu dem, was *nicht* zu einer Explikation taugt, ihr Profil gewinnen. Das ist eine Erklärung gemäß dem Verfahren der Via negationis. Dessen Wurzeln reichen bis zu Parmenides zurück – mit allen seinen immer wieder erörterten Stärken und Schwächen. Fichtes eigene Begründungsart entspricht dem weitgehend.[58] In Beziehung auf das Selbstbewusstsein geht sie zusammen mit der Annahme, dass sich das uns Vertrauteste der Weltkenntnis den uns gleichfalls vertrauten Verfahren der Begründung beim Gewinn von Erkenntnis entzieht. Dies ist umso mehr der Nachfrage bedürftig, weil es sich nicht um

[58] Der Ausdruck ‚intellektuelle Anschauung' kann in Fichtes Gebrauch nur mit einem Vorbehalt als ein Resultat dieses Verfahrens verstanden werden. Er hat über die Umsetzung von Vorgaben, die er, wie Fichtes Texte im Winter 1793/94 anzeigen, von Karl Leonhard Reinhold her gewann, in der Rezension des *Aenesidemus*, danach aber erst wieder in der *Wissenschaftslehre nova methodo* eine prominente Funktion. – Fichte verwendet diesen Ausdruck in diesem zweiten Zusammenhang auch mit der Nebenbedeutung, dass in dem von ihm bezeichneten epistemischen Akt die gewöhnlichen Bedeutungen von ‚Begriff' und ‚Anschauung' kraft der Aufhebung ihres Gegensatzes gegeneinander über ihre Grenzen hinausgehoben werden. Auf der anderen Seite lässt er aber einen für ‚Anschauung' wesentlichen Bedeutungszug, nämlich den der unmittelbaren Gegenwart und der in ihr gelegenen Gewissheit von Existenz, in die Bedeutung von ‚intellektueller Anschauung' hineinwirken. Um ein Wissen von sich, und sei es auch nur via negationis, zu verstehen, ist die Eliminierung dieses Bedeutungszuges, nämlich dem von ‚quasi gegenständlichem Begegnen', aber essentiell – und zwar auch dann, wenn aus eben diesem Grunde nunmehr gar keine Möglichkeit mehr besteht, die epistemische Selbstgewissheit positiv von irgendetwas anderem her zu charakterisieren.
Es besteht zwar ein theoretisches Bedürfnis, der Rede vom Sich-selbst-setzen einen epistemischen Modus zuzuordnen, in dem sich dieser Akt als epistemischer Vollzug thematisieren lässt. Doch hat die singuläre Stellung dieses Gedankens eben auch dies zur Folge, dass sein Profil irreführend angezeigt wird, wenn es – und sei es in der via negationis – über die Bedeutung von ‚Anschauung' fixiert werden soll.
Aus den hier in großer Kondensation angezeigten Gründen hat schon die Abhandlung von einer Diskussion von Fichtes Gebrauch des Ausdrucks ‚intellektuelle Anschauung' abgesehen.
Dafür, dass man seinen Gebrauch durch Fichte mit besonderer Umsicht analysieren muss, argumentiert die souveräne Untersuchung von Xavier Tilliette *Recherches sur l'intuition intellectuelle de Kant à Hegel*, Paris 1995. Tilliette zeigt: Die Varianten der Bedeutung des Ausdrucks sind in Fichtes Zeit vielgestaltig; und zugleich ist das Vertrauen darauf groß, mit dem Gehalt von einer seiner Ausprägungen könne ein grundlegender Aufschluss verbunden sein.

irgendeinen verborgenen Urgrund, sondern um eine Wissensweise handelt, die in ihrem Vollzug selbst nicht entzogen sein kann. Von ihr ist darüber hinaus noch zu sagen, dass sie in sich selbst vollständige Klarheit hat. Doch gerade diese Klarheit gehört selbst zu dem, was der Explikation zugleich widersteht. Kant kam einer solchen Problemlage nahe, als er lange vor dem Entstehen der *Kritik der reinen Vernunft* über Begriffe nachdachte, die (wie zum Beispiel der Begriff von ‚Kraft') einerseits als komplex wie andererseits als nicht weiter analysierbar anzusehen sind. Seine Ergebnisse aus jener Zeit haben noch viele Aspekte der Konzeption seiner *Kritik der reinen Vernunft* mitbestimmt – darunter deren Zurückhaltung bei Aussagen, die sich einer Analyse des ‚Ich denke' annähern, welche über ein Hervorheben der in ihm gelegenen Momente hinausgehen.[59]

Fichte verstand solches Wissen sogleich als die Grundlage für die Konstruktionsform eines philosophischen Systems. Hegel ist ihm gefolgt, indem er die Selbstbeziehung in einem Gehalt als Grundform alles Wirklichen betrachtete – allerdings ohne, wie schon angemerkt wurde, das sicher im Blick zu halten, worauf Fichtes ursprüngliche Einsicht gerade konzentriert war. Wer den Idealismus nach zweihundert Jahren zu vergegenwärtigen sucht, kann ihn nicht in dieser Verbindung erneuern wollen. Sie kam in jener Zeit ohne Zögern zustande. Denn sie schien, wenn ‚das Ich' einmal als Prinzip etabliert war, ohne Alternative zu sein. Und sie setzte zugleich eine Konstruktionskraft frei, die hochkomplexe Architekturen von Gedanken wirklich werden ließ. Diese überzeugten zudem durch ihre Fähigkeit, auf ganz neue Weise ein Verstehen von Lebensformen, aber auch aller Weltgehalte sozusagen ‚von innen' und in dem Hervorgang des ihnen eigenen Ganzen zu geben, über die bisher nur in Hinweisen, Metaphern und Analogien gesprochen werden konnte.

Doch dem allen folgte mehr als ein Jahrhundert, das fast überall davon ausging, dass diesen Konstruktionen extremer Wagemut

---

[59] In einer Abhandlung von 1967 habe ich die entwicklungsgeschichtliche Bedeutung dieser Begriffsbildung des ‚vorkritischen' Kant aufgewiesen. Nach der Aufgabe meiner Versuche, ein zirkelfreies Modell für das Selbstbewusstsein zu entwickeln, hatte ich dies Vorbild eines theoretischen Auswegs in kniffliger Lage für eine Weile als Teil einer möglichen Orientierung im Auge (*Kants Denken 1762, über den Ursprung der Unterscheidung analytischer und synthetischer Urteile*, in: ‚Entwicklungsstudien zu Kants Denken', hrsg. v. H. Heimsoeth u. a., Hildesheim 1967, S. 7–36).

und eine übersteigerte Ambition innewohnt. Die skeptische Reserve gegen sie wurde unterfüttert durch ganz andere, in vielem tiefere Blicke in die menschliche Subjektivität und deren Verwicklungen. Sie haben der philosophischen Mitteilungsart jegliches Pathos im Bedeutungsfeld von Vernunft und Autonomie den Boden entzogen. Nach dieser Epoche wäre eine trotzige oder gar triumphierende Restitution des Idealismus nur eine blasse Kopie und eine Karikatur von dessen ehemaliger Erschließungskraft. Will man, was von ihm zu lernen und zu gewinnen ist, nicht im Kollaps eines Abenteuers der Selbstermächtigung verschwinden lassen, besteht die erste Aufgabe darin, die Problemlage zu verdeutlichen, von der diese Weise zu philosophieren ausging, und die Gründe zu ihrer Denkweise wieder zu der Beachtung zu bringen, die ihnen durchaus gebührt. Das kann und sollte geschehen, ohne zugleich von der Tragfähigkeit und der Selbstevidenz eines seiner Systeme überzeugen zu wollen.[60] Ohne die Potentiale dieser Denkweise im Problembewusstsein der Philosophie wirksam zu halten, droht ihr die Verkarstung in einer gelehrten und aufklärenden Schulform.

Die Fichte-Abhandlung, die sich unter diese Aufgabe gestellt sah, entstand in einer Zeit, in der sich die Großwetterlage der Philosophie umbildete. Sie begann damals bereits, unter eine Vorherrschaft der angelsächsischen Analysis zu geraten.[61] Bis zu dieser Zeit hatte wiederum Misstrauen gegenüber allen Motivlinien vorgeherrscht, in denen ein Anschluss an die deutsche Philosophie der Subjektivität zu erkennen war. Dieser Vorbehalt hatte schnell wachsende Unkenntnis zur Folge. Allerdings war mit der Tatsache des Wissens von sich seit Descartes doch so viel Problemgewicht verbunden, dass sie von keinem Philosophen nur hätte übergangen und ignoriert werden können. Doch die Fichte-Abhandlung hatte davon auszugehen, dass das, worauf überall wohl irgendwie Rücksicht genommen wurde, in seinem auch von Descartes erhobenen Anspruch, von grundlegen-

---

[60] Jean-Paul Sartre hat solches in seiner Verbindung zwischen Hegelschen Begriffen und phänomenologischer Untersuchungsart auf seine Weise versucht.
[61] Die ehedem selbstständigen Schulen des logischen Empirismus in Mitteleuropa waren über den Exodus der Emigration inzwischen fast ganz in den breiten Strom der angelsächsischen Schulen der Philosophischen Analyse eingegliedert.

14. Verfahrensfragen

der Bedeutung zu sein, weiterhin einer allgemeinen Fundamentalkritik ausgesetzt geblieben war.

In den vorausgehenden Jahrzehnten waren auch wichtige Untersuchungen und Theoreme zum Themenbereich von Subjektivität entstanden – so von Peirces Zeichentheorie über William James bis hin zur Phänomenologie. Ein noch nachhaltigerer Eindruck ging von Heidegger und Wittgenstein aus. Man konnte leicht sehen, dass beide die vermeintliche Evidenzbasis einer in Subjektivität gegründeten Philosophie nunmehr definitiv zu zerstören suchten. Beide suchten gegen den Anspruch einer Subjektphilosophie eine ganz andere, die wirklich gründende Dimension allen Verstehens freizulegen. Der tief wurzelnde Unterschied zwischen den Zielen und den Verfahren beider widersetzt sich jedoch den Versuchen zu einer schnellen Zusammenbindung, die alsbald unternommen worden sind.

Heidegger betrachtete die Philosophie ‚des absoluten Subjektes' in ihrer eigenen Herkunft als Extremgestalt in einem zugleich unausweichlichen Fehlgang dessen, was für ihn ‚Metaphysik' war: Vorherrschaft der Auslegung über das Aufgehen von Sinn. Wittgenstein ging von dem Verdacht aus, dem auch der Empirismus vergeblich zu entkommen suchte: dass nämlich alles, was sich von sich aus ‚zeigt', Gehalte von bloßen Vorstellungen sein könnten, die den Einzelnen in eine Eigenwelt eingeschlossen halten. Er unternahm es, den Common Sense durch semantische Untersuchungen wieder in sein Recht einzusetzen. Sie wollten zeigen, dass jede Vorstellung, die eine Skepsis in Beziehung auf andere Personen und eine ‚Außenwelt' nahelegte, durch die Inkohärenz der Voraussetzung zum Einsturz gebracht werden kann. Daraus lässt sich der Nachweis führen, dass in einer solipsistischen Situation kein verstehbares Sprechen, auch über die Situation selbst, noch möglich sei. Wittgensteins Untersuchungen drangen dabei tief und nachhaltig in das Geflecht der Überlegungen und Argumente ein, welche dem Skeptizismus in solchen Fragen den Anschein geben können, unbezwingbar zu sein. So ist in seinem Werk ein Arsenal von Analysen enthalten, das auch für den, der die Stellung von Subjektivität als Prinzip neuerlich begründen will, ein Terrain der Bereicherung, aber immer zugleich der Herausforderung und der notwendigen Bewährung bedeutet.

Ich habe an vielen Stellen Heideggers Diagnose des Idealismus und den Ansatz seines Denkens kritisch durchleuchtet. Wie sich meine Versuche gegen Wittgensteins Argumente behaupten können, ist über der Auseinandersetzung mit Tugendhat, der in vielem auf Wittgenstein aufbaut, wenigstens in Grundzügen abzusehen. Dies ist nun gewiss nicht der Ort, an dem das eine zu vertiefen, das andere zu explizieren wäre. Doch musste dieser allgemeinere Zusammenhang deutlich gemacht werden, um die schon erwähnte Veränderung in der Gesamtsituation zu charakterisieren, in welche die Fichte-Abhandlung bei ihrer Veröffentlichung eingetreten ist.

15. CASTAÑEDA UND DIE ANSÄTZE IN DER PHILOSOPHY OF MIND

In Deutschland haben sich zu der Zeit, in der die Abhandlung entstand, einige andere Autoren Fichtes Denken oder seinem Grundproblem zugewendet – in jeweils eigener philosophischer Absicht, die nicht von Fichte, sondern von Heidegger oder Husserl her ihren Impuls erhalten hatte. In einem Rückblick auf die Abhandlung muss nicht auf sie eingegangen werden.[62] Dagegen sollen die angelsäch-

---

[62] Insbesondere ist Wolfgang Janke zu nennen. In der Abhandlung habe ich zu Recht auch Hermann Schmitz genannt. Über den eigenen Versuchen in der verwickelten Problemlage kam ich leider niemals dazu, dessen mehrfach neu, aber stets in der gleichen Orientierung einsetzende Versuche zur Erklärung der zirkulären Verfassung von Selbstbewusstsein ausführlich zu erörtern. Obwohl sie umsichtig angelegt und scharfsichtig durchgeführt sind, halte ich sie bereits vom Ansatz beim Grundphänomen des emotionalen Betroffenseins her für fehlgehend. Ohne Voraussetzung von Schmitz' gesamter Phänomenologie des Körpers wird sie selbst zirkulär, sie hat in der Selbstfindung in Aufgaben eine Alternative und kann ohnedies begriffliche Notwendigkeiten wie die der Implikation des ‚als' und des ‚jeder' im ‚ich' nicht fundieren.

Zu einem anderen Aspekt dieses uns gemeinsamen Interesses ist wohl hier ein klärendes Wort am Platze: Denn Schmitz ist zuerst auf das uns gemeinsame Problem ausführlich eingegangen. Ich habe seine wenig früher erschienenen Ausführungen selbst erst bei der Literatursuche zu der schon entstehenden Abhandlung kennengelernt. Danach hat mir Schmitz mehrfach vorgehalten, meine Abhängigkeit von ihm in anderen Veröffentlichungen zu verschweigen. Später hat er wohl akzeptiert, dass man sich ein philosophisches Grundproblem nicht in kurzer Zeit aneignen kann. Mir ist das Problem, das die Abhandlung in Fichte hervorhob, im Umgang mit der Philosophie Wolfgang Cramers aufgegangen, die ich in den fünfziger Jahren gründlich durchdachte. In meiner Besprechung von Cramers Monadologie in der Philosophischen Rundschau von 1958 (Jahrgang 6, Seite 250) ist das Problem der Abhandlung auch schon expo-

15. Castañeda und die Ansätze in der Philosophy of Mind

sischen Untersuchungen im Bereich der ‚Philosophy of Mind', die auch in die Debatten um Fichte und in die Rezeption der Abhandlung hineinwirkten, Beachtung finden. Sie haben einen Stellenwert im Zusammenhang der analytischen Philosophie. Ihnen kommt ein bedeutendes philosophisches Gewicht deshalb zu, weil sich in ihrem Zusammenhang eine Stützung für das Problembewusstsein ergeben hat, in dem Fichtes Denken ansetzte – und dies ohne irgendeine Vororientierung, die irgendwie schon in einer historischen Nähe zu Fichtes Denkweise einsetzt.

Sehr komprimiert lässt sich die Veränderung, die auch im angelsächsischen Philosophieren um diese Zeit Platz zu greifen begann, wie folgt beschreiben: Es zogen nun, weitgehend unabhängig von der Kritik an den Voraussetzungen von Skeptizismus und Idealismus, solche Tatsachen und Überlegungen ein eigenständiges philosophisches Interesse auf sich, die ehedem schon Fichtes Denken motiviert hatten. So wurde es möglich, die eigene philosophische Tradition und Unternehmung mit einem gewissen systematischen Interesse an Fichtes Argumentationen in Verbindung zu bringen. Das schuf umgekehrt eine Voraussetzung dafür, die Disziplin der analytischen Philosophie und ihre Potentiale nicht mit einer Destruktion und Abkehr von dem Denken zu assoziieren, das so wie Fichte die Subjektivität des Menschen zum zentralen Thema hat.

Mir selbst ist diese Veränderung sehr bald in einer mir wichtigen Begegnung deutlich geworden, die ich nicht übergehen möchte. Als meine Fichte-Abhandlung fertiggestellt war und sich im Druck befand, lebte ich für einen Monat im ‚Queen Elisabeth House', dem Gästehaus der Universität Oxford. Ein anderer Philosoph, der zu dieser Zeit im selben Haus wohnte, war der damals noch kaum bekannte Hector-Neri Castañeda. Bei unseren Frühstücksgesprächen bemerkten wir sehr bald, dass unsere Themen und Interessen ganz nahe beieinander lagen. Die Verständigung mit ihm war leicht, weil sein guatemaltekisches Temperament und seine heitere Offenheit ihn völlig von einer gewissen Steifheit aus der Distanz im Bewusstsein der Überlegenheit im Argumentieren unterschied, die man nicht ganz ohne Grund gelegentlich als für Oxford charakteristisch

niert. In der Festschrift für Cramer, die ich zusammen mit Hans Wagner herausgab, ist ja dann auch die Abhandlung erschienen (*Subjektivität und Metaphysik*, Frankfurt 1966).

angesehen findet. Wir waren bald miteinander befreundet – und ich war auch präsent, als er (als Gast) in der Sub-faculty of Philosophy seinen heute berühmten Text ‚He': *A Study in the Logic of Self-Consciousness* vortrug.[63] Alle vielstudierten und vielgerühmten Professoren, von Gilbert Ryle angefangen, und die Fellow-‚Dons' der Oxforder Philosophy waren zugegen. Mir selbst schien schon der Titel, der den für die britischen Analytiker verdächtigen Terminus ‚Bewusstsein' einschloss, Vorzeichen für ein kontroverses Thema und folglich eine lebhafte Debatte zu sein, die kommen musste – so wie dieser Titel für mich ein Programm enthielt, das von ganz besonderem Interesse war. Zu meinem Erstaunen kam es aber nur zu höflichem Beifall und einem Austausch über Quisquilien am Rande.

Was Castañeda vortrug, gab zu weit mehr wohl Anlass und Gelegenheit. Denn er brillierte in der Aufstellung und der Bestimmung des logischen Verhältnisses von Sätzen mit Indikatoren und Personalpronomina. So untersuchte er zum ersten Mal das Pronomen der dritten Person ‚he' (‚er'). Es verweist nicht direkt auf etwas, sondern bezieht sich auf eine Person aus der Perspektive einer anderen. So kann das Wort auch auf die Gedanken und Intentionen einer Person aus der Perspektive einer anderen Bezug nehmen. Castañeda zeigt, dass der Ausdruck auf verschiedene Weise fungiert, wenn er nur auf irgendwelche wirkliche Eigenschaften einer Person oder wenn er auf das bezogen wird, was eine Person in Beziehung auf sich selbst weiß oder meint. Er zeigt weiter, dass dieser zweite Gebrauch auf keinen anderen zurückgeführt werden kann. Auf diese Weise wird aber Selbstbewusstsein, nämlich hier als Selbstbewusstsein des Anderen, zu einem Thema, das in der Analyse der normalen Sprache einen Platz zu beanspruchen hat. Castañedas Untersuchung lässt sich zwar in vielem an Wittgensteins Unterscheidung zwischen dem Objektgebrauch und dem Subjektgebrauch von ‚ich' anschließen. Sie ist dennoch ein Dokument der genannten Umwendung der Richtung des Interesses auch innerhalb der analytischen Philosophie auf Subjektivität.[64] Es zeichnete sich bereits deutlich ab, dass Castañeda

---

[63] In: ‚Ratio', Band VIII/2, Dezember 1966, S. 130–157 – wieder abgedruckt in dem in Anm. 64 zitierten, von G. Hart und T. Kapitan herausgegebenen Sammelband von Castañedas Abhandlungen zum Thema ‚Selbstbewusstsein'.

[64] In Paul Edwards' *Encyclopedia of Philosophy*, New York 1967, Band 6, S. 458–464, hat H.-N. Castañeda den Text zum Eintrag ‚Private Language

15. Castañeda und die Ansätze in der Philosophy of Mind

im Ausgang von dieser logisch-semantischen Untersuchung zu einer ontologischen Aufklärung über das weitergehen würde, wie und als auf was bezogen sich jenes ‚ich' verstehen lässt, auf welches mit dem ‚er' in der Rolle des ‚Quasi-Indikators' Bezug genommen ist.[65]

Es ist hier nicht der Ort, Castañedas Werk auf diesem Weg weiter nachzugehen. Er wurde zum Vorreiter einer Bewegung, die sich ein knappes Jahrzehnt später schnell ausgebreitet hat. Erst durch sie wurde, was Castañeda als Selbstbewusstsein thematisierte, zu einem zentralen Thema der Semantik und der ‚Philosophie des Geistes'. Sie zu erörtern und dabei auf Fichtes Unternehmen zu beziehen, würde vollends zum Gehalt eines eigenen Buches werden müssen. Hier können nur Hinweise einen Platz haben, die zu einer Art von kartographischen Übersicht dienen mögen.[66]

1978 bezog sich *John Perry* auf Castañeda, als er die Notwendigkeit der Annahme von ‚wesentlichen Indexikalen' begründete. Er zeigt, dass es nicht möglich ist, die Stellung (etwa in Raum und

---

Problem' beigetragen. Er gelangt schon hier zu dem folgenreichen Ergebnis (S. 463), dass kein alles entscheidendes Argument für oder gegen die Grundlagen der These von der Unmöglichkeit einer Privatsprache vorgetragen worden ist. Vielleicht sei nur weiterzukommen, wenn beide Seiten ihre Beurteilung zu einem im Einzelnen und streng begründeten philosophischen ‚View' ausarbeiten, so dass dann diese ‚Views' von ihren Grenzen her beurteilt werden können. Diese Verbindung von Strenge, Offenheit und einem synthetischen Zugang sind charakteristisch für Castañedas Gesprächsstil und ebenso für alle seine künftigen Arbeiten. Einer der Herausgeber einer Sammlung von Castañedas Aufsätzen über Selbstbewusstsein sieht in seiner Philosophie eine Gestalt von ‚Kontinentaler Philosophie' (James G. Hart, *Castañeda: A Continental Philosophical Guise* in: Hector-Neri Castañeda, ‚The Phenomeno-Logic of the I', hrsg. zusammen mit Tomis Kapitan, Indiana U. P. 1999, S. 17–31) im Anschluss an Castañedas ontologischen Begriff von ‚a guise', einer Gestaltung, mit dem er für viele philosophische Probleme eine Lösung anbietet – unter anderem zur Frage nach der Möglichkeit eines Aufbaus der Ich-Identität einer individuellen Person aus Perioden oder Episoden von Subjektivität.

[65] Im klaren Unterschied zu Tugendhats rein semantischer Analyse, vgl. oben S. 139/140.

[66] Ich gehe dabei zunächst auf Autoren ein, deren Intention auf eine gegenüber Frege veränderte Begründung der Semantik im Ganzen zielt. Danach komme ich auf Autoren zu sprechen, deren Arbeit eher der ‚Philosophie des Geistes' zugehört. Die Übersicht endet dort, wo die unterschiedlichen Zugangsweisen in der Thematisierung von Selbstbewusstsein als solche erkennbar geworden sind, also bereits um 1990. Manfred Frank hat die späteren Entwicklungen in dem weiteren Bereich der analytischen Philosophie in vielen Veranstaltungen und Veröffentlichungen kritisch begleitet.

Zeit), welche eine Person sich selbst zuschreibt, auf andere Weise als durch den Gebrauch solcher Indexikale zu fassen. Dies ‚Wissen' ist nicht in eine objektive oder neutrale Weltbeschreibung zu integrieren. Wenig später, doch auch mit Bezug auf John Perry, begründete *David Lewis* die These, dass Selbstzuschreibung eine konstitutive Bedeutung für die Bestimmung von Wirklichkeit hat. Welche Welt ich unter allen möglichen für wirklich halte, ergibt sich daraus, welcher ich kraft meiner Selbstzuschreibung zugehöre. Diese muss aber direkt sein, kann also nicht durch die Zuschreibung von Eigenschaften vermittelt werden. Von beiden Autoren wird damit auf unterschiedliche Weise der Selbstzuschreibung eine zentrale Stelle in der Semantik zugeschrieben. Schon früher hatte *David Kaplan* damit begonnen, in einer Untersuchung über indexikalische Ausdrücke zu zeigen, wieso ein Ausdruck wie ‚ich' unmittelbar auf ein Wirkliches Bezug haben muss (also, wie gesagt, nicht vermittelt etwa durch Eigenschaften). Sie sind dann ‚wesentliche Indexikale'; auf ihnen beruht ein Meinungszustand, der sich nicht als eine Meinung verstehen oder in sie übersetzen lässt, welche in der Annahme von Sätzen besteht.[67] Als gemeinsamer Zug, und gemeinsame Grenze, aller dieser Untersuchungen sollte hervorgehoben sein, dass für alle diese Autoren die Selbstbeziehung über das ‚ich' der ersten Person singularis für die Semantik deshalb von zentraler Bedeutung ist, weil sich viele Probleme nur dann lösen, wenn man einsieht, dass es wesentlich und nicht reduzierbar ist. In der Selbstbeziehung als solcher, die in dem Gebrauch von ‚ich' gemeint und zugeschrieben ist, wird dagegen auch von ihnen kein Problem gesehen, das nach besonderer philosophischer Aufmerksamkeit verlangt.

Ein viel farbenreicheres Bouquet von Argumentationen ergibt sich, wenn die Philosophen eingebunden werden, deren Ziele und

---

[67] Diese Allianz, die im Detail auch für mich kaum zu durchschauen ist, hat in der philosophischen Semantik eine neue Situation etabliert. Ob ihr eine grundlegende Bedeutung zukommt, ist bis heute kontrovers geblieben. Dies zeigt zum Beispiel die Kampfschrift *The Inessential Indexical: On the Philosophical Insignificance of Perspective and the First Person* von Herman Cappelen und Josh Dever, Oxford Univ. Press 2013, sowie die Kritik dieser beiden Autoren an der Verteidigung der philosophischen Bedeutung der Perspektive der ersten Person von José Bermudez in seinem Buch *Understanding I: Language and Thought*, Oxford Univ. Press 2016. Ihre Rezension ist 2017 in: ‚Notre Dame Philosophical Reviews' erschienen.

Begründungsformen nicht in der Semantik ihren Schwerpunkt haben. *Roderick Chisholm* ist der erste Erkunder in diesem Bereich gewesen, der die Wahrnehmung, also die Grundlagen der Beziehung auf eine eigenständige Wirklichkeit und die Identität von Personen einschließt. Seine Argumentationen sind nicht sprachanalytisch. Aber er war ein Meister der Distinktion und der Herleitung von Theoremen über Ketten von Schlussfolgerungen. Er suchte dabei oft Anschluss an Argumente und an die Begründungsart von Franz Brentano. Insgesamt drei Mal hat er einen jeweils anderen Ansatz zu einer Aufklärung der Vollzugsart des Wissens einer Person von sich oder der Evidenz in der Selbstzuschreibung von Eigenschaften genommen und systematisch durchgeführt. Der nachfolgende Ansatz suchte dann aus der Einsicht in die Schwächen des vorausgehenden einen Gewinn an Stärke und Ausbreitung zu ziehen. Der schließlich maßgebende Versuch erschien 1981 und war das Ergebnis vieler Vorlesungen und Debatten.[68] In ihm war die Form der Selbstzuschreibung nunmehr die grundlegende Form für alle Objektbeziehungen. Die Beziehung auf andere Objekte ist über die Selbstzuschreibung von Eigenschaften vermittelt, wobei zusätzlich anzunehmen ist, dass die Eigenschaften, die selbstzugeschrieben werden, auch selbstpräsentierend sind (woraus sich die Gewissheit der Selbstattribution ergibt).[69]

Thomas Nagel hat als Philosoph ein ganz anderes Profil. Er ist beeindruckt von Rätselfragen des menschlichen Daseins und sucht, seinen Anfängen in der Moralphilosophie gemäß, sie deutlich herauszuarbeiten und Voraussetzungen zu benennen, von denen her sie eine Antwort finden könnten. In seiner Dissertation ist er der

---

[68] *The First Person: An Essay on Reference and Intentionality*, University of Minnesota Press 1981, die deutsche Übersetzung, erschienen als: *Die erste Person: Theorie der Referenz und Intentionalität*, Frankfurt 1992, ist gegenüber dem englischen Original vielfach überarbeitet. Die beiden vorausgehenden Theorien über Selbstbewusstsein sind charakterisiert und kritisiert in: Dieter Henrich, *Zwei Theorien zur Verteidigung des Selbstbewußtseins*, in: ‚Grazer philosophische Studien' 7/8, 1979, S. 77–99. Ich hatte das Privileg, im August 1977 und im Juli 1980 einen Monat lang in einer Art Seminar zu zweit Chisholms neue Überlegungen mit ihm zu diskutieren (die von mir damals geschriebenen Protokolle unserer Treffen sind aufbewahrt).

[69] Das Ergebnis kommt dem von David Lewis nahe, ist aber auf andere Wege als das seine begründet (vgl. oben S . 153 f.). Zur Selbstpräsentation vgl. oben die Bemerkung zu wesentlich erfahrenen Qualitäten (S. 92).

Frage nach der Möglichkeit von Altruismus nachgegangen. Als Schüler von John Rawls spielte dabei für ihn die Unterscheidung von verschiedenen Gesichtspunkten und Einstellungen zum Leben und Handeln eine zentrale Rolle. Daran konnten sich leicht weitere Überlegungen über Subjektivität und die Grenzen der Möglichkeit anschließen, Erfahrungsgehalte und Einstellungen, die man dem zurechnen kann, was mit ‚Subjektivität' gemeint ist, in ein ‚objektives', insbesondere das moderne wissenschaftliche Bild von der Welt als ganzer zu integrieren.[70] Am bekanntesten wurde Nagel durch seinen Aufweis, dass es Modifikationen in der Struktur gibt, Erfahrungen zu machen und in einer Welt zu leben. Sie entziehen sich notwendig einer solchen Integration und einem Aufschluss über sie aus einer neutralen Perspektive, so dass sie als subjektive Tatsachen bezeichnet werden können. Sie nehmen inzwischen unter dem Namen ‚Qualia' einen festen Platz in der Philosophie des Geistes ein.[71]

In Überlegungen, die sich von einem Interesse an Fichtes Denken aus Autoren zuwendet, die der analytischen Philosophie zugehören, ist nun insbesondere noch auf *Robert Nozick* einzugehen. Ist er doch der einzige, der seine Untersuchung zum Thema ‚Selbstbewusstsein' ausdrücklich an Fichte angeschlossen hat. Dem liegt freilich nicht eine Lektüre von Texten Fichtes, sondern nur die Kenntnis der Begründung von Fichtes zweiter Formel zugrunde: ‚Das Ich setzt sich selbst als sich setzend'. Nozick fand in ihr sowohl das Problem, so wie es ihm selbst vor Augen stand, wie auch die Skizze zu seiner Lösung prägnant angezeigt.[72]

---

[70] Vgl. oben S. 130.
[71] Der Name ‚Qualia' lässt zuerst an das denken, was zuvor als sinnliche Qualitäten wie Farben und Töne gefasst wurde – eine Einschränkung gegenüber Nagels Intention. Ich habe versucht, Nagels Gesamtkonzeption zu würdigen und dabei zu zeigen, welchen Einschränkungen sie unterliegt, in: *Dimensionen und Defizite einer Theorie der Subjektivität*, in: ‚Philosophische Rundschau', 1989, S. 1–24.
[72] *Philosophical Explanations*, Harvard Univ. Press, Cambridge Mass. 1981. Man beachte die Nennungen im Personen-Index. Diese Bezugnahme auf Fichte war innerhalb des selbstzentrierten Universums der angelsächsischen analytischen Philosophie ganz ungewöhnlich. In einer der Rezensionen von Nozicks Werk (Leslie Stevenson in: The British Journal for the Philosophy of Science, 35,1, 1984, S. 83–85) hieß es, dass der zweite Teil des ersten Kapitels „marks, in my view, a quite unnessesary regress to metaphysical speculation, in Fichte's style" (S. 83). Ich selbst habe 1973 in meiner ersten Vorlesung an der Harvard-

15. Castañeda und die Ansätze in der Philosophy of Mind

Bereits in Nozicks Formulierung für das Programm seiner ‚Erklärungen' ist ein Bezug auf einen Aspekt der klassischen deutschen Philosophie, nämlich auf Kant, nicht zu überhören: Aufgabe der Philosophie ist es nicht, durch unwidersprechliche Beweisführungen Schlussfolgerungen zu erzwingen. Sie soll grundlegende Sachverhalte, von denen man ausgehen muss, die aber zunächst ganz unverständlich und einer sehr besonderen Art von Erklärung bedürftig erscheinen, dadurch verständlich machen, dass dargelegt wird, woraus und in welcher Weise sie zustande kommen *können*. Der Anklang an Kants Programm der Rechtfertigung aus den Bedingungen der Möglichkeit ist offensichtlich. Aber auch in diesem Fall erfolgt diese Anlehnung aus eigener Motivation und in eigenem Stil. Kant sah in seinen ‚Deduktionen' ein eigentümliches Verfahren des Nachweises und verwendete es zur Begründung von Grundsätzen, die nicht nur von ihrer Möglichkeit her verständlich werden. Sie bedürfen ihrer auch zu ihrer Rechtfertigung, so dass begründbare Zweifel an ihnen hinfällig werden können. Einige von Nozicks ‚Erklärungen' können diesem Verfahren zugerechnet werden. Sie erklären dann nicht nur die Möglichkeit der Sache, sondern geben in einem damit eine genauere Bestimmung dessen, was die Sache eigentlich ausmacht. Mit dem Selbstbewusstsein sind aber Eigenschaften verbunden, die dann, wenn man sie im Zusammenhang erwägt, den Eindruck hervorrufen können, man müsse etwas als wirklich ansehen, das man eigentlich für unmöglich halten sollte. Denn eine Erklärung für es scheint ausgeschlossen zu sein. Umso wichtiger wird es somit, dass eine Erklärung seiner Möglichkeit gegeben werden kann.

Fichtes zweite Formel lässt sich als die Formulierung eines solchen Sachverhalts verstehen. Nozick denkt zunächst alle Möglichkeiten durch, welche die Selbstbeziehung im Selbstbewusstsein als das Er-

---

Universität Fichtes Theorie des Selbstbewusstseins entwickelt (*Between Kant and Hegel*, Harvard Univ. Press 2003, S. 246 ff. – eine Ausgabe der Vorlesung von 1973, hrsg. von David S. Pacini) und mit Nozick während der Ausarbeitung seiner *Philosophical Explanations* immer wieder einmal Gespräche geführt. Seine philosophische Denkkraft konnte sich aber an einzelnen Stichworten anhaken und ihr Thema dann selbstständig weiter entfalten. – Die im Folgenden diskutierten Überlegungen zu Fichtes Fragestellung in Nozicks *Explanations* sind übrigens in den angelsächsischen Debatten kaum aufgenommen worden. Der gemeinsame alte Problembestand um die Kritik des Skeptizismus und die Analyse der personalen Identität hatten lange den Vorrang.

gebnis einer reflexiven Beziehung verstehen wollen. In jeder von ihnen muss etwas vorausgesetzt werden, das diese Reflexion vollzieht oder das notwendig bereits in ihr steht. In allen diesen Fällen bleiben jedoch für den Gedanken ‚Ich' charakteristische Eigenschaften unverständlich – dass nämlich die Beziehung notwendig als Selbstbeziehung gewusst und immun gegen jeden Zweifel an der Identität dessen ist, der in ihr steht.[73] Man muss in jeder Fassung dem, von dem die Beziehung ausgeht und aus dem sie begründet werden sollte, eben diese Selbstbeziehung bereits vorab zusprechen.

Das Versagen jeder Erklärung, die diesem Modell folgt, scheint also eine allgemeine Schlussfolgerung zu erzwingen: Jegliche Selbstbeziehung, welche das Selbstbewusstsein definiert, kann nicht ‚von außen' erstellt oder zugesprochen werden. Sie muss vorab im Vollzug ‚von innen', also zusammen mit dem Eintritt von Selbstbewusstsein und also in dem Sinne wissend vollzogen werden, in dem Selbstbewusstsein selbst eine Weise von Wissen ist. Da alle Versuche kollabiert sind, ein solches Faktum zu entschlüsseln, lässt es sich wohl nur als ein elementares Faktum registrieren, das freilich in der Folge der Überlegungen immer mehr als verwirrend und ins Staunen versetzend erscheint. Es kann von keiner Erklärung hintergangen werden. Aber es hat doch eine tiefreichende Bedeutung für die Verständigung über andere epistemische Probleme und insbesondere über das Selbstsein des Menschen.

Nozick widersetzt sich allen Versuchen, dies Faktum zu trivialisieren oder die mit ihm verbundene Herausforderung dadurch abzuwenden, dass man charakteristische Züge seiner inneren Verfassung unbeachtet lässt. Für ihn versteht es sich nahezu von selbst, dass alle sprachlichen Züge und grammatischen Besonderheiten um die erste Person singularis von den Tatsachen her zu erklären sind, die ihnen zugrunde liegen. Dieser Zug seiner Untersuchung bringt Nozick bereits in eine Nähe zu Fichtes philosophischem Impuls, in der ihm kaum ein anderer der analytischen Philosophen gleichkommt – mit der Ausnahme von Castañeda und Chisholm, die ihm vorausgingen und deren gesamtes Werk eines seiner Motive in den Problemen hat,

---

[73] Mit Beziehung auf die berühmte Argumentation von Sidney Shoemaker von 1968 in *Self-Reference and Self-Awareness* in: ‚Journal of Philosophy' 65, 19, 1968, S. 555–567.

15. Castañeda und die Ansätze in der Philosophy of Mind

welche mit der Aufgabe verbunden sind, Selbstbewusstsein zu verstehen.

Die Aufgabe der philosophischen Erklärung ist es, nach einem Konzept zu suchen, das die Möglichkeit von Grundsachverhalten verstehen lässt. Müsste es also im Falle von Selbstbewusstsein bei der nunmehr naheliegenden Schlussfolgerung bleiben, so müsste dies Programm schon im ersten Kapitel seiner Realisierung sein Scheitern eingestehen. Daraus ergibt sich für Nozick Anlass genug dazu, den Versuch einer Erklärung der Möglichkeit von Selbstbewusstsein um eine Stufe weiter voranzutreiben. Ist er aber im ersten und negativen Teil seiner Erklärung von Reflexivität seiner Sache noch sicher, so sagt er von diesem zweiten, dass er ihn nur zögernd vorbringe. Er sehe keine andere Alternative, sei aber auch nicht dazu imstande, diese Erklärung mit Nachdruck zu vertreten.

In diesem Versuch zur Erklärung gibt ihm Fichtes zweite Formel gleichfalls die Leitlinie vor. Das Arsenal für seine Problembehandlung ist dagegen von der erneuerten Debatte in der angelsächsischen Philosophie über die persönliche Identität bestückt. So bleibt es zu bedauern, dass Fichte ihm nur über seine Formel maßgebend geworden ist. Dessen eigener Argumentationsgang bleibt unberücksichtigt.[74]

Nozicks neuer Erklärungsansatz ergibt sich durch eine einzige Modifikation an denen, die ihm ohne Ergebnis vorausgingen: Es soll nun in dem Akt des *Setzens* jeder Gedanke an einen oder etwas vermieden werden, das ihm vorausgeht und das Setzen vollzieht. So möchte er auch Fichtes zweite Formel verstehen: Was sich setzt *als sich* selbst setzend, ist nichts anderes als das, was als setzend gesetzt ist. Hier kann nicht auf dies Strategem eingegangen werden. Jeder Leser Fichtes wird bemerken, dass es nicht der zentralen Intenti-

---

[74] In einer Notiz außerhalb des Anmerkungsteils von *Philosophical Explanations* erwähnt Nozick Fichte zum ersten Mal (S. 76). Er unterscheidet dabei sogar die beiden ersten Formeln Fichtes zur Charakterisierung von Selbstbewusstsein. Umso mehr fällt auf, dass dies ohne Bezug auf irgendeinen Text Fichtes geschieht – wie im Falle eines überall vorauszusetzenden Kenntnisstandes. Er unterscheidet die beiden Formeln in Entsprechung zu seinen eigenen beiden Erklärungsversuchen von Selbstbewusstsein. Man kann in der Anmerkung also einen Vorblick auf den gesamten zweiten Teil des ersten Kapitels sehen, das unter dem Titel ‚Reflexivity' steht. So wird es also mit Fichte als dem Entdecker seines Problems verbunden.

on Fichtes folgt. Fichte sah, dass jedes selbstbezügliche Setzen einen Gedanken von diesem Vollzug einschließt, der von der Realität eines Gesetzten noch zu unterscheiden ist und der doch in den Akt des Setzens einbegriffen sein muss.[75] Nozick muss dagegen in den setzend-referierenden Akt der Bezugnahme Elemente des Handelns, der Intention und der Kausalität wie selbstverständlich impliziert sein lassen.[76] Fichte würde auf sie die analytische Kraft seines Aufweises von Gegensätzen wenden, die dennoch und notwendig nur in einem Verbund bestehen können.

Mit Nozicks Werk von 1981 kommt der Durchgang durch eine erste Phase der Aufnahme von Fichtes Intentionen und Problemen innerhalb der analytischen Philosophie zu ihrem gehaltreichsten Abschluss.[77] Was sich aus ihr ergibt, lässt sich in einem Resümee von wenigen Sätzen zusammenfassen. 1.) Das sprachanalytische Verfahren greift beim Versuch der Auflösung von Fichtes Problem zu kurz. 2.) Wer das Wissen von sich als eine besondere Tatsache in einen weiter ausgreifenden Begründungsgang einbezieht, ohne sich in ein weiteres Nachdenken über dessen Verfassung und in die Verstehbarkeit dieser Verfassung hineinziehen zu lassen, lässt ein Interesse außer Acht, das mit dem wesentlich verbunden ist, was ein philosophisches Interesse überhaupt ausmacht. 3.) Wer diesem Interesse nachgeht, muss mit der Notwendigkeit zur Ausbildung oder zum Gebrauch von begrifflichen Instrumentarien rechnen, die mit Rücksicht auf eben diesen Problembereich oder ganz von ihm her entwickelt werden müssen. 4.) Man muss daraus folgern, dass die Philosophie schlussendlich das, was dem Wissen von sich eigentümlich ist, in einem Zusammenhang muss betrachten können, der es in einer Beziehung zu allem verstehen lässt, was überhaupt ihr Thema wer-

---

[75] So ist die zweite Formel für Fichte auch nicht, wie für Nozick, eine Anzeige der Lösung des Problems, das von der Tatsache des Selbstbewusstseins aufgegeben ist, welche nun komplexer gefasst ist.
[76] *Philosophical Explanations*, S. 88.
[77] Es sei daran erinnert, dass dieser Abschluss als der einer ersten Phase beginnender Aufmerksamkeit in der analytischen Philosophie auf Fichtes Probleme verstanden ist. In den letzten Jahrzehnten haben sich neue, zum Teil weit verzweigte Debatten über Aspekte der Thematik entwickelt. Auf sie kann ich im gegenwärtigen Zusammenhang nicht eingehen – leider auch nicht auf den eigenständigen Vorschlag zur Lösung von Fichtes Problem, den Charles Larmore gemacht hat – und ebenso wenig auf eigene spätere Theorieansätze.

15. Castañeda und die Ansätze in der Philosophy of Mind

den kann. Daraus ergeben sich Überlegungen über den Status der Weltbeschreibung, die in der physikalischen Theorie zentriert ist.[78]

5.) Mit allen diesen Perspektiven geht zusammen der immer wieder aufkommende Vorbehalt von in der Logik Versierten gegenüber den spekulativen Konstruktionsmitteln der idealistischen Philosophie (der ‚Logik der Entgegensetzung' und ihrer Varianten) – und ebenso der Vorbehalt einer vom Empirismus geprägten Grundeinstellung gegenüber einer Koalition der Philosophie mit der Aufgabe der Lebensdeutung, somit auch einer modernen Metaphysik.[79]

Fragt man nun unter diesen Voraussetzungen, ob die analytischen Philosophen Fichtes ursprünglicher Einsicht Rechnung getragen haben, so muss die Antwort differenziert ausfallen. Indem sie ihrerseits zeigten, dass Selbstbewusstsein nicht so verstanden werden kann, dass es in diesem Verstehen bereits vorausgesetzt ist, haben sie zu dieser Einsicht das Ihre beigetragen. Es gibt jedoch bei ihnen keine Hinweise darauf, dass sie Fichtes Übergang zur dritten Formel für die Charakterisierung von Selbstbewusstsein etwas hätten abgewinnen können. Vielleicht liefe das, was sie zu sagen vermögen, hinaus auf eine Verbindung der Anerkennung und der Analyse von exzeptionellen Tatsachen mit einer Bewegung des Denkens, die über sie hinaus greift, die aber zu keinem Ergebnis führt, das als ausgewiesene Wahrheit geltend zu machen ist.

Dies könnte eine vorläufige Schlussfolgerung in einem schwierigen Prozess der Annäherung sein – wenn auch nur für die, deren Nachdenken nicht von der Überzeugung beherrscht ist, das mathematisch-physikalische Weltbild müsse gegen jede Herausforderung durch Subjektivität behauptet werden – und dies geschehe am besten dadurch, dass es selbst über alle unter dem Titel Subjektivität subsumierte Sachverhalte mit den eigenen Mitteln aufklärt. Vielleicht

---

[78] Die Begriffsbildung in der Physik des materiellen Universums führt an Grenzen, die zu denen einer adäquaten Verständigung über Subjektivität wohl in eine Beziehung gesetzt werden müssen.

[79] Dieter Henrich, *Was ist Metaphysik – was Moderne? Zwölf Thesen gegen Jürgen Habermas*, in: ‚Konzepte. Essays zur Philosophie in der Zeit', Frankfurt 1987, S. 11–43. Nozick war sich dessen bewusst, dass die Überlegungen, auf die er sich einließ, zu solchen Anschlüssen hinziehen können, fand es aber entbehrlich, auf solche ‚grander issues' einzugehen, während die Ausgangsfragen zur Subjektivität doch bereits auf so überraschende Weise verwirrend sind (S. 94) und zu ihnen hindrängen.

werden jene anderen dann auch noch dazu beitragen, die Verzichte hinfällig werden zu lassen, die soeben unter der letzten der fünf Ziffern benannt worden sind. So ergäbe sich das Profil einer Grundverständigung, in die ich mich gern selbst eingliedern würde.

B. Klärungen im Bezug auf Fichte

16. DIE DREI FORMELN, METHODISCH BETRACHTET

In den vorausgehenden Kapiteln dieses zweiten Buchteils wurde die philosophische Zugangsart der Abhandlung über Fichte zu ihrem Problem im Verhältnis zu der sprachanalytischen Verfahrensart und zu anderen Positionen innerhalb der angelsächsischen Analysis betrachtet. In einem damit konnte über Entwicklungen in dieser philosophischen Vormacht unserer Zeit berichtet werden, die in die Nähe der Problematik der Abhandlung führten und die deren Rezeption begünstigen. Das geschah, nachdem im ersten Teil diese Problematik in ihren Grundzügen aus mehreren Perspektiven neu beleuchtet worden war.

Nun wird die Abhandlung selbst zum Thema. Dabei ist das Ziel, die Weise, in der sie Fichte philosophierend zurückgewinnen wollte, mit der Entwicklung von dessen philosophischer Systematik zu konfrontieren. Dabei wird nunmehr zunehmend auf deren neue Anlage nach dem Jahr 1801 Bezug genommen. Auf diese Weise wird schließlich ein Unterschied zwischen beiden hervortreten. Mit ihm soll deutlich werden, dass Fichtes System schlussendlich ohne einen stabilen Erfolg darum bemüht war, seiner ursprünglichen Einsicht gerecht zu werden. Zugleich sollen sich Grundzüge einer Möglichkeit abzeichnen, diese Einsicht in einer anderen Denkweise zurückzugewinnen und in ihr zu bewahren.[80]

Der vor mehr als einem halben Jahrhundert konzipierte Text der Abhandlung ist hier unverändert reproduziert. Er soll als Wegmarke, auf die vielfach Bezug genommen worden ist, in einer verzweig-

---

[80] Im Zugang auf dies Ziel hat der folgende Text Passagen in Kauf genommen, die Überlegungen des ersten Buchteils variieren, anstatt nur auf sie zu verweisen.

ten Folge von Unternehmen zu seinem Thema wieder zugänglich gemacht werden – also mit allen Zeitbezügen und ohne Veränderungen, seien es Korrekturen oder Verdeutlichungen. Zu solchen hätte die eine oder andere Kritik an dem Text durchaus Anlass gegeben. Auch dieser neue Text im selben Band, der dem über Fichtes Einsicht in vielen Richtungen weiter nachdenkt, wird sich an die damit angezeigten Einschränkungen halten. Er hebt nur Differenzen hervor, durch die sich die Abhandlung grundsätzlich von Fichtes eigenen Intentionen unterscheidet.

Das bedeutet zunächst, dass die Interpretation der Texte Fichtes nicht auf den Stand gebracht wird, der gegenwärtig möglich geworden ist – sowohl durch eine viel weiter entfaltete als auch spezialisierte Forschungsliteratur, als vor allem durch den Abschluss der Akademieausgabe und die Erschließung weiterer Quellen. Nach 1960 habe ich selbst mich zwar darum bemüht, nicht nur dem damals verfügbaren Werk Fichtes gerecht zu werden, sondern meine Argumentation auch durch unveröffentlichte Texte zu stützen. Immerhin hatte ich mich um 1965 des Interesses, der Unterstützung und auch der Zustimmung des damals am meisten ausgewiesenen Editors, Dr. Hans Jacob, erfreuen können. Ohne sie hätte ich mich kaum mit einer These hervorgewagt, die wiederum Thesen über eine Dynamik in Fichtes gesamtem Werk und dessen Entwicklung einschloss. Doch hatte ich die Komplexion von Fichtes Gedankensuiten, jeder in sich und viele in ihrer Abfolge, nicht in ihrem ganzen Ausmaß vor Augen. Die beiden Verfahren, die ich später beim Aufschluss über die Positionen der idealistischen Philosophie entwickelte, die Konstellationsforschung und die argumentanalytische Exegese, waren damals auch noch gar nicht als solche benannt.

Ich habe später noch mehrmals über Fichte Vorlesungen gehalten.[81] Im Zusammenhang mit der Konstellationsforschung zur Entstehung der nachkantischen Philosophie habe ich mich dann um 1990 in einer Arbeitsgruppe noch einmal intensiv um einen Aufschluss über die Genese von Fichtes Denken bemüht. Dabei verband sich ein leitendes Interesse mit der Frage, welche Faktoren und Lektüren neben dem Impuls durch Kant und der Kritik an Reinhold für

---

[81] In meiner Vorlesung an der Harvard-Universität im Jahr 1973 (vgl. Anm. 72) ist meine Zugangsweise von damals dokumentiert (*Between Kant and Hegel*, a.a.O., Kapitel 11–18).

Fichte in der Formation seiner Texte während der Eruption seiner philosophischen Kreativität mitbestimmend waren. Diese Arbeit verlangte bald so viel Aufwand, dass sie nicht abgeschlossen wurde. Bei der Darlegung der Ergebnisse der Konstellationsforschung ist sie, wie manches andere, sogar ganz beiseite geblieben. Ein Durchgang durch Fichtes Gesamtwerk würde noch höheren Ansprüchen genügen müssen. Er müsste in genauer, auch komparativer Kenntnis der Texte, die Fichte stets neu erarbeitete, und doch in der philosophierenden Distanz erfolgen, welche die Einschränkungen bezeichnen und die Schwierigkeiten entfalten kann, in die er verwickelt war. Dies wäre zu einer Aufgabe geworden, die einem geübten Autor alles abverlangt. Was Kant und Hegel angeht, so ist das ja nicht anders. Man wird auch nicht sagen können, dass solche Aufgaben von irgendeinem Werk erfüllt worden wären.

Die Abhandlung von 1966 lässt sich nicht als die frühe und unzulängliche Antizipation eines solchen Programms verstehen. Sie ist, wie gesagt, ganz einem Problem der Philosophie zugewendet. Es ist dies Problem, dessen Gewicht zusammen mit den Komplikationen, in die es hineinzieht, das die Abhandlung in der Gestalt einer Auslegung Fichtes deutlich herausarbeiten will. Das erfordert eine andere Verfahrensart als die, welche mit der Bestandsaufnahme und Analyse von Texten anhebt und sich einem Gesamtbild anzunähern sucht, indem sie solche Auslegungen in Beziehung zueinander setzt. Doch schon einer historischen Exegese muss es immer auch darum gehen, sich in die Gesichtspunkte des Autors zu versetzen, die für die Erschließungskraft seines Denkens eine leitende Bedeutung gehabt haben. Dafür sind seine Texte die wichtigste Quelle. Die Texte selbst geben aber für sie keine Anleitung.

Viel später habe ich zu zeigen versucht, dass philosophische Werke von höchstem Rang sehr oft über einen kreativen Moment ins Dasein kommen.[82] Ich habe mich dabei wiederum auf Fichtes Selbstzeugnisse berufen können. Schon 1966 waren diese Selbstzeugnisse für mich, auch in der Gestalt von Fichtes zweitem Sonett, ein wichtiger Anstoß und Beleg. Dass Fichte selbst sein gesamtes Werk vom plötzlichen Aufgehen einer Einsicht bestimmt sah, gibt einen weiteren Hintergrund zu dem in seinen Vorlesungen immer wieder

---

[82] In *Werke im Werden* (vgl. Anm. 21).

Versicherten, die Wissenschaftslehre sei eigentlich immer dieselbe geblieben. Fichtes Erinnerungen, über die er selbst freigiebig gesprochen hat, ermutigten dazu. Wichtiger ist noch, dass diese Berichte es leicht machten, Fichtes alles erschließende Einsicht zugleich als den Ursprung eines *Problems* zu verstehen. Für dieses gilt zweierlei: Es kann für es keine Lösung mit alltäglichen Mitteln geben; aber es ist dennoch mit einer Einsicht verbunden, die zwar extraordinär ist, die aber über alle Zweifel feststeht. Daraus folgt dann, dass es die erste und eigentliche, vielleicht sogar die einzige Aufgabe der Philosophie sein muss, diese Einsicht sicher zu erfassen, zu entfalten und dann in einem systematischen Zusammenhang auszuarbeiten.

Der Zugang der Abhandlung zu Fichtes Texten ist von einer solchen Voraussetzung begründet. In ihrer Unterscheidung von drei Formeln der Verständigung über den Kern von Selbstbewusstsein, die zugleich als Leitgedanken für drei Phasen der Wissenschaftslehre gelten können, ist offenkundig ein konstruktiver Ansatz wirksam und auch eingestanden. Man muss ihn deshalb aber nicht als eine Art von Zwangs- und Willkürmaßnahme missdeuten, welcher es an Respekt vor den Texten des Autors und an Sensibilität für seine Gedankenführungen mangelt. Denn ein solches Verfahren dient gerade dazu, ein Verständnis für die Dynamik in seinem Denken zu gewinnen. Max Weber hat nachgewiesen, dass solche konstruktiven Vorgriffe Bedingungen für jeden tiefgehenden Aufschluss sind.[83] Insofern sie nur ein wohl motivierter Ausgriff sind, können sie nicht für sich schon den Anspruch erheben, ausgewiesene Erkenntnis zu sein. Folglich könnte man die drei Formeln für Selbstbewusstsein durchaus als *Idealtypen* in einer der methodischen Rollen verstehen, die Weber als Mittel historischer Begriffsbildungen analysiert hat. Was von wenigen Ausgangsevidenzen her verständlich gemacht wird, muss jedoch in der Folge als Interpretation am Wortlaut der Texte zur Bewährung kommen.

Aber auch diese Bewährung kann nicht als bloße Bestandsaufnahme vor sich gehen. Es wurde schon dargelegt, dass eine Interpretation bedeutender philosophischer Texte Tendenzen erkennen

---

[83] Zu diesem methodologischen Thema kann ich auf meine Dissertation: *Die Einheit der Wissenschaftslehre Max Webers*, Tübingen 1952, verweisen, in der die ‚idealtypische' Begriffsbildung als Bedingung von ‚Verstehen' betrachtet wird (vgl. Anm. 1).

lassen muss, die in dem Text wirksam geworden sind – so etwa, mit welchen Aufgaben und Fragen der Autor ringt, welche Vorentscheidungen und Rücksichten sich in seinem Denken geltend machen, wo er sich auf für ihn selbst unsicheren Grund begeben muss und wo er, wenn es sich um Vorlesungen handelt, womöglich Thesen nur provisorisch formuliert hat.

In der Abhandlung hat die Unterscheidung von drei Formeln für das Verstehen von Selbstbewusstsein wirklich die Bedeutung einer Achse der Begründungen. Doch das meint anderes, als dass Fichte selbst den Formeln diesen Status ausdrücklich zugesprochen hat. Noch weniger ist damit in Anspruch genommen, die Formeln seien, als ganze oder zu einem wesentlichen Teil, nur in den Texten einer der Perioden zu finden, weshalb diese Perioden dann durch die Formeln als strikt voneinander unterschieden zu gelten hätten. Die Bedeutung der Zuordnung lag darin, dass durch eine solche Formel und in ihrem Gebrauch eine Fassung der Wissenschaftslehre in dem bezeichnet werden kann, was für ihre *Ausgangsthese* charakteristisch ist – und zwar in Beziehung auf die Bestimmungen von Selbstbewusstsein, die ihr vorausgingen. Damit kann verbunden sein, dass eine Formel im Vorfeld einer Veränderung der Wissenschaftslehre geläufig zu werden beginnt. Aber der Auftritt einer Formel in einem anderen Zusammenhang und ohne den Anspruch, die Grundlegung der Wissenschaftslehre sei mit ihr verbunden, ergibt keinen Einwand gegen den Gebrauch der drei Formeln als Gliederungsprinzip für die Entwicklung und die Verwandlung von Fichtes Konzeption in ihrer Gesamtanlage.

Ein Disput über das Gewicht der Formeln und die Belege für sie müsste hier wohl als ziemlich verspätet erscheinen. Es ist schon länger möglich und an der Zeit, dem Gebrauch der Ausdrücke, die in den Formeln dominieren, in Fichtes Werk mit der Genauigkeit nachzugehen, die dem Text von 1966 noch abgeht.[84] Im Vorübergehen sollte dennoch angemerkt sein, dass der Hinweis auf einige ganz offenkundige Befunde in Fichtes Texten nicht als schlüssiger Einwand gegen die Argumentation der Abhandlung gelten kann. So ist es offenkundig, dass Fichte ‚dem Ich' über das Sich-Setzen hinaus noch

---

[84] Das betrifft auch die leichten Variationen innerhalb von Fichtes Gebrauch der Vorstellung von einem in seinem Blick in sich selbst geschlossenen Auge, die sein späteres Denken stets begleitet hat (vgl. Anm. 35).

weitere Akte zuschreibt, die aber unter der Dominanz der Selbstsetzung stehen. Es ist kaum weniger offenkundig, dass die zweite Formel zur Charakterisierung von Selbstbewusstsein schon im § 5 der Wissenschaftslehre von 1794/5 eine wichtige Rolle spielt. Doch abgesehen davon, dass dieser Text geraume Zeit nach dem § 1 niedergeschrieben und in Vorlesungen mitgeteilt wurde,[85] hat die Formel an dieser Stelle nicht, so wie später, die Bedeutung einer Formulierung für das Programm und die Eigenart der Wissenschaftslehre im Ganzen.

17. DIE SCHLÜSSELBEDEUTUNG DER DRITTEN FORMEL

Was nun die dritte Formel betrifft, so ist die Situation eine andere. Es ist zwar kaum strittig, dass die Wandlung in der Verfassung der Wissenschaftslehre, die mit deren Fassung von 1801/02 eintritt, fortan von grundlegender Bedeutung für Fichtes Arbeit war. Sie schließt eine Reformulierung ihres Prinzips ein und beruht auf ihr. Die Abhandlung von 1966 lässt dieser Wandlung eine Umwendung der Formel vom Sich-selbst-setzen des Ich entsprechen: Nicht das Setzen, sondern das Sehen eines Auges, das ganz auf sich selbst fokussiert ist, charakterisiert nun das, was die Ichheit ausmacht – und zwar eines Auges, das einer setzenden Aktivität *ein*gesetzt ist. Der Blick dieses Auges ist für die Konstitution der Ich-Verfassung wesentlich; denn nur durch ihn wird sie wissend und in ihrem Setzen zugleich Wissen, und in diesem Wissen wiederum selbstbezüglich. Ist das Auge aber *ein*gesetzt, so ist die Ich-Form insgesamt nicht ein aus sich allein gegründetes, insofern dann auch kein absolutes Setzen.

Nach ihrer gesamten Anlage ist nicht zu übersehen, dass Fichte in dieser neuen Wissenschaftslehre darauf ausgeht, der Selbstbeziehung des Subjektes einen Ursprung zuzuordnen. Ihm gehört das Subjekt aber selbst ebenso wesentlich zu, wie sich der Ursprung

---

[85] Fichte hat bekanntlich die Bogen der Wissenschaftslehre sukzessive verfasst und seinen Hörern, sowie einigen wichtigen Adressaten wie etwa Goethe, zur Verfügung gestellt. Die Entstehung der Bogen nach dem 11ten ist nicht dokumentiert, aber in das Wintersemester 1794/95 zu setzen. Das fertige Buch war erst im Sommer 1795 auf dem Markt (FGA I,2, S. 184 f.).

seinerseits allein und wesentlich in ihm realisiert. Die Subjektivität ist zur *Manifestation* eines ‚Absoluten' geworden. Für einen solchen Prozess sind nur Kennzeichnungen angemessen, die den Bereich einer zielbezogenen Aktivität nicht assoziieren lassen. Folglich ist nun von einem absoluten *Ich* nur noch gelegentlich und mit einer veränderten Bedeutung die Rede.

Dies alles will die Abhandlung mit ihrer dritten Formel für die Auslegung von Selbstbewusstsein festhalten. Mit der Metapher von dem in sich selbst geschlossenen Blick eines Auges, der metaphorisch weiter noch als ein stetiges Licht gefasst wird, ist denn auch wirklich der erste Begründungsgang dieser Wissenschaftslehre zusammengefasst.[86] Doch darauf kann man sich nicht als Beleg dafür berufen, dass die dritte Formel für Selbstbewusstsein nunmehr eine zentrale Bedeutung für die Wissenschaftslehre gewonnen hat. Denn es fehlt in Fichtes Synopsis mit Hilfe der Metapher des in sich selbst geschlossenen Auges die Erklärung, dass dieses Auge eingesetzt ist. Die Abhandlung hat – auch unter dem Eindruck von Fichtes Gebrauch der Augenmetapher in Texten, die der künftige Herausgeber freundlich mitgeteilt hat – es verabsäumt, diese Differenz eigens hervorzuheben und in ihrer eigenen Argumentation zu berücksichtigen.[87]

Diese Unterlassung hat jedoch einen philosophischen Hintergrund in der Art des Zugangs der Abhandlung zu Fichtes Einsicht und ihrer Absicht bei der Entfaltung von deren Implikationen: Sie hat die Formeln, die für Phasen der Wissenschaftslehre eine grundlegende Orientierung anzeigen, als Skizzen für eine Erklärung des Selbstbewusstseins verstehen wollen – und zwar des Selbstbewusstseins, das *jedes einzelne Subjekt* als Bewusstsein von sich zu aktualisieren vermag. Indem sie sich darauf konzentriert, was mit Fichtes Einsicht zu *deren* Verständnis gewonnen worden ist, wollte die Abhandlung Fichte als einen Denker rehabilitieren, der Maßgebendes zu Problemen geltend zu machen hat, die überall als legitime Fragen anerkannt werden müssen. Die Abhandlung legte dar, dass diese Probleme von den maßgebenden philosophischen Schulen so-

---

[86] FSW 2, S. 37–38; FGA II,6, S. 167–169.
[87] Bereits oben (Anm. 35 S. 117 f.) und in der Abhandlung selbst ist über die mögliche Bedeutung von ‚eingesetzt' gehandelt worden.

gar ignoriert werden, woraus folgen muss, dass deren Beachtung und Bearbeitung umso mehr Bedeutung zukommt.[88]

Nun ist in diesem Text neuerlichen Nachdenkens schon viel Gewicht auf die Verdeutlichung eines Zusammenhangs gelegt worden, der für Fichtes Denken in seiner historischen Situation und ebenso kraft der Ambition seines Zugriffs selbstverständlich und verbindlich geblieben ist: In dem Programm der Wissenschaftslehre war von Beginn an das singuläre Bewusstsein ‚Ich' als nicht hintergehbarer Vollzug mit dem Programm einer Philosophie, die aus einem einzigen ersten Prinzip ein vollständiges System herleiten soll, in eine feste Verbindung gebracht worden. Fichte orientierte sich am ‚Ich'-Bewusstsein und gewann damit zugleich eine Einsicht, die den Kern alles Erkennens überhaupt auszumachen schien. Somit ergab sich die Aussicht, dass auf diesem ‚Ich' ein System aufzubauen war. Es sollte die universale und formative Bedeutung dieses seines Kerns entfalten. Die Verfassung des ‚Ich'-Bewusstseins blieb dabei als Ausgangsevidenz und als Anhalt für die Sequenz der Entwicklungen des Systems immer im Spiel. Dessen weitere Entwicklung zielte zunächst auf eine Herleitung der Verfassung von ‚Vorstellung', somit auf die Genesis einer Weltbeziehung aus der selbstbezogenen Tätigkeit des Grundaktes des ‚Ich'. Es war somit möglich, den Deduktionsgang von Fichtes Systembildung mit einer Auslotung von Selbstbewusstsein engzuführen, mit den Grundzügen einer Theorie des Bewusstseins ebenso wie einer solchen von Trieb, Sehnsucht und Streben.

Die Abhandlung hat betont, dass sie unterscheidet zwischen Fichtes Einsicht, die Selbstbewusstsein betrifft, und dem Einsatz und Aufbau eines philosophischen Systems, dessen Prinzip sich aus dem Gehalt der Einsicht ergibt. Es ist zwar leicht zu sehen, dass Fichte zu der Einsicht kam, als er sich um die Grundlegung des Systems bemühte. Die Bedeutung der Einsicht für dessen Aufbau ist ebenso offenbar wie die Verwicklungen beider ineinander. Dennoch sollten Fichtes Gedanken, die Selbstbewusstsein als solches betrafen, in der Isolation hervortreten – und zwar umwillen der klaren Darlegung eines vernachlässigten Problems in der Philosophie des eigenen

---

[88] Die Abhandlung sagt selbst ausdrücklich, dass sie sich nicht auf die ‚gewichtige Frage' nach der Differenz von allgemeiner Ichform zu individuellen Subjekten eingelassen hat (oben S. 47).

zwanzigsten Jahrhunderts. Sie sollte eben deshalb unabhängig bleiben von einer Debatte über Fichtes Systematik. Auch auf die Exegese seines Werkes sollte sie sich nur im Zusammenhang der Erörterung seiner Einsicht einlassen. Eine wirklich professionelle Form hätte diese Exegese damals ohnedies nur zusammen mit einem Studium von Fichtes Handschriften annehmen können.

In der Folge wird nun aber zur Sprache kommen müssen, welche Unterscheidungen in der Abhandlung wegen dieser ihrer Grundintention haben ignoriert werden müssen. Dies ist von besonderem Belang für eine weitere Klärung von Gehalt und Hintergrund gerade der dritten Formel zur Charakterisierung von Selbstbewusstsein.

Solche Erklärungen sind hier deshalb am Platze, weil mit dem Übergang zu der dritten Formel für eine Charakterisierung von Selbstbewusstsein zugleich auf eine Wissenschaftslehre Rücksicht zu nehmen ist, deren Aufbau – zumindest der äußeren Erscheinung nach – gänzlich verändert war. Die Entfaltung des Systems setzt nicht mehr mit dem Appell an Evidenzen ein, die sich mit der Vergegenwärtigung dessen einstellen, was im Selbstbewusstsein und im Verstehen des Ausdrucks ‚ich' gelegen ist.

Damit verliert die Abfolge der Schritte in der Entfaltung des Systems die Engführung mit einer Untersuchung über die Implikationen des Bewusstseins ‚Ich'. Folglich haben sich die Bedingungen für die Ablösung der Thematisierung des Selbstbewusstseins von dem Begründungsgang des Systems deutlich erschwert. Das wiederum hat zur Folge, dass der Überlegungsgang der Abhandlung nicht in Übereinstimmung bleibt mit einigen Begründungen, die in der Gesamtanlage von Fichtes Denken sogar Positionen waren, auf die er sich festgelegt wissen musste als Folgerung aus dem, was er im Ansatz angenommen hatte.

Als eine solche Position, samt der Schwierigkeiten, die sich aus ihr ergeben, ist Fichtes Behandlung des einzelnen Ich-Subjekts in Beziehung auf die singuläre Form der ‚Ichheit' zu konstatieren. Fichte hatte immer die Form der Ichheit, die alle Subjekte miteinander gemeinsam haben, von dem abgehoben, wodurch sich individuelle Subjekte voneinander unterscheiden. Dass nicht nur jedes Subjekt einer solchen Form entspricht, sondern dass es sich selbst im Bewusstsein solcher Allgemeinheit vollzieht, macht ja wirklich auch das aus, wodurch die Selbstbeziehung von Subjekten von anderen basalen

Tatsachen der Subjektivität unterschieden ist.[89] Sie ist die Voraussetzung dafür, dass ein einziger Gedanke, das Kantische ‚Ich denke', alle ‚Vorstellungen begleiten' und dass dieser Satz für schlechthin evident gelten kann. Dass die Existenz einzelner Subjekte nach dem gesamten Begründungsgang der ersten Wissenschaftslehre allererst erklärt und also abgeleitet werden müsse, hat er selbst klargemacht.[90]

Doch unabhängig von dieser Ausgangssituation muss in Beziehung auf deren eine Seite, die Untersuchung der allgemeinen Form der ‚Ichheit', noch eine feinere Unterscheidungslinie hervorgehoben werden: Es liegt wohl nahe, jene allgemeine Ichform zunächst als den Inbegriff der Eigenschaften und der Vollzugsweise eines jeden Subjektes zu verstehen. Sie ist dann ein Allgemeines, dessen evidente und invariante Realisierung für jedes Subjekt immer noch verständlich gemacht und realisiert werden muss. Dies kann nicht über eine genauere Beschreibung, sondern muss über die Heraushebung der Weise von Selbstpräsenz geschehen. In Fichtes philosophischer Orientierung sind jedoch zumindest zwei Momente gelegen, die Anlass dafür sein können, in der Ichheit etwas ganz anderes als ein Allgemeines zu sehen: Zum einen ist ihr die Rolle eines singulären, aber realen Prinzips zuteil geworden – nämlich als Prinzip des Systems und als dem wirklichen Vollzug jeder Form von Selbstbestimmung. Zum anderen hat Fichte im Blick, dass sich alle Subjekte kraft der Identität der Vernunftforderung, unter der sie stehen, zur Einheit in einer Weltgestaltung zusammenschließen müssen und dass sie sich unter dem Imperativ und in der Realisierung dieser Forderung als eine einzige Entität zu verstehen haben.[91]

---

[89] Vgl. oben S. 94 in Zusammenhang mit S. 101.
[90] Brief an Jacobi 1795 (vgl. Anm. 19).
[91] In den Vorlesungen *Von den Pflichten des Gelehrten*, die Fichte schon im Herbst 1794 veröffentlichte, ist der Tendenz zum Gedanken der ‚völligen Einigkeit' der sittlichen Personen so weit Raum gegeben, wie dies mit der Lehre von der Freiheit zusammengehen kann. Alle Individuen sollen über unendliche Annäherung in ‚Einmüthigkeit' miteinander vereinigt werden (3. Vorlesung, viertletzter Absatz). Die Vorlesungen folgen in gemindeter rhetorischer Emphase der Schlussvorlesung von Fichtes erster Vorlesungsreihe über seine Wissenschaftslehre vom Frühjahr 1794 in Zürich. Dieser Text, eigentlich eine Schlussrede, wurde sogleich unter dem Titel ‚Über die Würde des Menschen' veröffentlicht (FSW 1, S. 412–416; FGA I,2, S. 83–89). Sie fasst die Lehre der Philosophie „alles im Ich aufzusuchen", so, dass sie seine Selbstschöpfung bedeutet. Und Fichte formuliert hier zum ersten Mal ganz explizit, dass diese Lehre

Man kann diese Unterscheidung über lange Strecken vernachlässigen. Werden doch die Begründungsgänge vorerst im Wesentlichen in Beziehung auf die Verfassung dessen ausgelegt werden, was im mit ‚ich' verbundenen Bewusstsein zum Ausweis kommen kann. Viele Vollzüge einer Ichtätigkeit im weiten Bereich von Akten des Setzens müssen allerdings explizit so verstanden sein, dass sie Vollzüge des individuellen Subjektes sind, und als solche initiiert werden.

Hier ist nun wohl der Ort, um ein Problem zur Sprache zu bringen, das von einem Grundzug von Fichtes Denken und Lehren ausgeht. Es kann ein entscheidender Faktor für Sympathie oder Abneigung gegenüber der Lebenslehre werden, die in Fichtes System zum Ausdruck kommt. Fichtes leidenschaftliches Eintreten für die Freiheit ist immer auch ein Aufruf zur Vereinigung der in ihrer Freiheit miteinander gleichen Einzelnen. Er ergeht stets als Aufruf an die Vereinigung in dem, was den Einzelnen gemeinsam ist. Es sind die ‚Millionen' von Schillers Hymne an die Freude. Das gilt selbst dort, wo eine der wichtigsten Entdeckungen Fichtes im Rahmen der Kantischen Ethik hervorzuheben ist: Dass nämlich jeder Handelnde im Verbunde der Menschheit die moralischen Aufgaben zu finden und auf sich zu nehmen habe, die gerade von ihm und von ihm allein ausgeführt werden können. Auch dies ist immer noch seine Pflicht im Dienste der Menschheitsaufgabe in ihrer Allgemeinheit. Fichte sieht keine Möglichkeit, der Bindung des Menschen an einzelne Andere als solcher einen sittlichen Status zuzuschreiben. Das erklärt seinen moralischen Rigorismus und seine Orientierung des Lebens aller Einzelnen auf die Selbstvervollkommnung der Menschheit als solcher.[92]

Nun ist es allerdings alles andere als leicht, dem Thema ‚Liebe und Selbstheit' unter Kantischen Prämissen gerecht zu werden. Ich selbst

---

das ‚Schwinden des Individuums' impliziert. ‚Ich führe Sie nicht zu demselben zurück'. Belege allein zu den höchst kritischen Reaktionen im Kreis um C.L. Reinhold auf diesen kleinen, aber weit vorausweisenden Text finden sich (nach *Fichte im Gespräch*, hrsg. Erich Fuchs , 7 Bände, Stuttgart 1978–2012) in Manfred Kühn, *Johann Gottlieb Fichte – ein deutscher Philosoph*, München 2012, S. 195.

[92] Diese Selbstvervollkommnung sollte nicht nach dem Bild eines gemeinsamen Hievens einer Glocke durch Ziehen an einem Strang verstanden werden, sondern nach dem des Aufschlagens und Ausgestaltens eines einzigen Blattes in einem gemeinsamen Buch, von dem wir nur den vieldeutigen Titel kennen und von dessen vorausgehenden Seiten uns vielleicht einiges erzählt worden ist.

sehe eine ebenso schwierige wie gewichtige Aufgabe darin, diese Beziehung philosophisch zu durchdenken und zu begründen, ohne in Jacobis Appellation an eine unmittelbare Gewissheit zu Lasten der Ansprüche der Vernunft einstimmen zu müssen. In diesem Text wird davon nicht mehr die Rede sein können. Man wird aber schnell einsehen, dass unter Fichtes Voraussetzung, alles Selbstbewusstsein sei zuletzt als das eines einigen und singulären Ich zu begreifen, keine Lösung für sie zu erreichen sein wird.

18. UMSTELLUNG VON ICH AUF WISSEN

Mit der Veränderung der Wissenschaftslehre in der Nachfolge des Atheismus-Vorwurfs und der Sendschrift von Jacobi hin zu ihrer Gestalt von 1801/02 wuchs sich diese Situation, die durch eine latente Spannung noch eben unter der Oberfläche gekennzeichnet war, zu einem manifesten Problem aus. Fichte hatte über ‚das Ich' und die ‚Ichheit' in anderer Weise zu sprechen und folglich das Problem der Vereinzelung der vielen Subjekte, die in Ich-Gedanken existieren, neu zu durchdenken. Der Leitfaden der Abhandlung von 1966 ist von dieser Wandlung de facto stärker betroffen, als sie zu erkennen gegeben hat. Fichte vollzieht den Schritt, den Leitgedanken der Wissenschaftslehre von dem weg zu verlegen, was in der Konzentration auf den Vollzug des wirklichen Selbstbewusstseins aufzuweisen ist – eben desjenigen Selbstbewusstseins, das sich zusammen damit ausbildet, dass der Gebrauch des Wortes ‚ich' gemeistert wird. Fichtes Grundgedanke ist nunmehr nicht mehr der von einem absoluten Ich. Daraus allein ergibt sich schon, dass nun mehr Bemühung dafür nötig wird, Fichtes eigenen Begründungsgang in einer Aufklärung von Selbstbewusstsein geltend zu machen, während doch die Argumente, auf denen die Systembildung beruht, davon eigentlich separiert bleiben sollten.

Fichte folgte Motiven, die sich leicht nachvollziehen lassen, als er an die Stelle des Singulars ‚absolutes Ich' nunmehr als einen anderen Singular ‚das Wissen' setzte. ‚Ich' und Wissen stehen ohnedies in einer engen Verbindung miteinander. Dem Subjekt ist ein Wissen von sich wesentlich. Und die Einheit des Ich im Wissen von sich konnte, sei es als Grund, sei es als Index, einem Inbegriff von allem, wovon

Wissen möglich ist, zugeordnet werden. Mit Wissen lässt sich zudem die *Gewissheit* verbinden, für die man in dem Wissen des Subjekts von sich das eigentliche Paradigma hat sehen können. Auf der anderen Seite schützt sich, wer als sein Fundament ‚das Wissen' samt einer ihm zukommenden Gewissheit in Anspruch nimmt, davor, alsbald in den Verdacht von Subjektivismus und Relativismus zu geraten – ein Verdacht, dem eine Begründung in ‚dem Ich', wie Fichte es selbst erfuhr, sich sogleich und beinahe ungehemmt aussetzt. Fichte konnte hoffen, durch die Umstellung seiner Begründung alles für die Wissenschaftslehre Grundlegende zu erhalten, ihrem Namen sogar eine bessere Deutung zu geben, und dennoch den Vormeinungen der Zeit entgegenzukommen – sowie ihren Missdeutungen eher zu entgehen. All dem kommt im Gewicht der Umstand fast gleich, dass Wissen ohne auffällige Schwierigkeit als Singular betrachtet werden kann. Die Rede von einem ‚absoluten Ich' bedarf immer einer Begründung. Sie muss sich von dem Gebrauch von ‚ich' in der indexikalen Bedeutung losmachen, die mit ‚ich' den Bezug auf jeweils ein einzelnes Subjekt verbunden sein lässt. Auch Wissen ist zwar nicht denkbar ohne diejenigen, denen es erschlossen ist und all das, von dem etwas gewusst wird. Aber das Ganze des Wissens (etwa einer Disziplin oder einer Epoche) lässt sich doch leicht als ein Inbegriff auffassen, der sich als ein Einzelnes von der Vielzahl der einzelnen Subjekte abhebt, welche Anteil an ihm haben. Es ergibt sich jedoch die Frage, wie das, was nun ‚Wissen' heißt, ein solches sein kann, welches für alle Subjekte nicht nur ein ihnen Gemeinsames ist, sondern als das in sich Einig-Gemeinsame ihrer Subjektivität als solcher verstanden werden kann.

Es sollte hier angemerkt werden, dass Fichtes neuer Organisation der Wissenschaftslehre nicht eine Einsicht von der Art und Eindringlichkeit zugrunde lag, die ihn 1793 auf seinen Weg gebracht hatte. Der Bedeutung dieser Einsicht, die ihn für immer auf seinem Weg orientierte, kam für Fichte nichts anderes gleich. Wie weit die Umstellung, die sich nun in seiner Arbeit vollzog, auch reichte – Fichte sah in ihr nichts grundsätzlich anderes als die Wiederholung eines Prozesses, der schon 1795 zu einem neuen Aufbau der Wissenschaftslehre geführt hatte. Auch diese Neufassung war weitgehend. Führte sie doch zur Auswechslung der Methode und zur Verabschiedung des Modells für ein System als Herleitung aus ei-

18. Umstellung von Ich auf Wissen

nem einzigen ersten Grundsatz. Die neuerliche Umbildung bildete sich in den für sie wesentlichen Schritten überdies, obwohl in kurzer Zeit, nahezu ohne die Anstrengung aus, die ganz neue Hindernisse überwinden lässt – auch bei Gelegenheit von privaten Vorträgen seiner Lehre, zum Teil im Einzelunterricht für einen Berliner Bankier. In deren Verlauf konnten sich die Motive zur verbesserten Selbstdarstellung, die im Zusammenhang der öffentlichen Streitfälle um diese Lehre Gewicht gewonnen hatten, in der Darstellung und ihren Begründungen immer wieder bewähren. Eine erste Form, die ihm als ausgereift galt, hat seine neue Begründungsart allerdings erst im Vorfeld der Vorlesungen von 1804 angenommen.

In der Umstellung vom sich setzenden, vorindividuellen Ich auf ‚Wissen' vollzog sich in Fichtes Denken dennoch eine markante und folgenreiche Wendung. Und sie war für Fichte mit einem erheblichen Risiko verbunden, das er selbst kaum richtig hat einschätzen können. Über Selbstbewusstsein und seine mögliche Bedeutung als Prinzip für philosophische Begründungen hatte er zumindest vom Beginn seines Kant-Studiums an nachgedacht.[93] Er hatte verlangt, dass die Philosophie an ihm in der Anlage ihrer Begründungen Maß nehmen müsse.[94] Im Nachdenken über die ‚Unbedingtheit' des Ich war ihm die Einsicht aufgegangen, die sein Werk fortan bestimmte.[95] In Kants Werk war dem Bewusstsein ‚Ich denke' bereits die Position eines ‚höchsten Punktes' der Transzendentalphilosophie zugewiesen. Fichte sah auf der Stelle, dass das handelnde Subjekt, dessen Freiheit durch Kants Argumente für ihn wieder zur Lebensüberzeugung wurde, auch im Anschluss an diesen ‚Punkt' in ein neues Licht gebracht werden kann. Im Nachdenken über Selbstbewusst-

---

[93] Dem Freund und Ausleger Kants, dem Mathematiker und Hofprediger Johann Schulz, hat Fichte, wie er selbst berichtet (FSW 1, S. 473; FGA I,4, S. 225 f.), schon während seines Aufenthalts in Königsberg eine solche Idee vorgetragen. Es muss im Sommer 1791 gewesen sein.

[94] Reinhold hatte über seine These, ein einziger Grundsatz mit ganz allgemeinem Gehalt müsse alle philosophischen Sätze begründen, die Bedeutung einer Begründung aus dem Selbstbewusstsein selbst gegenüber Kant abgeschwächt. Gottlob Ernst Schulze bestritt, zumal im Zusammenhang der Moraltheologie, das Recht jeder Begründung aus ‚nur subjektiver' Gewissheit. Fichtes Rezension des Aenesidemus wendet sich mit ihren kraftvollen Argumenten gegen beide zugleich (vgl. Anm. 44).

[95] Vgl. S. 91, Anm. 21.

sein war Fichte zu dem Philosophen aufgewachsen, der einer Epoche eine neue Denkbahn erschloss.

Was aber ‚Wissen' anlangt, so sind Fichtes Aussagen auch für seine Zeit konventionell und global formuliert. Man kann seine Situation in einem umgekehrten Verhältnis zu der von Kant sehen: Kant gelangte über Differenzierungen in Beziehung auf Denken und Erkennen schließlich definitiv auf den Weg zur kritischen Philosophie. Erst spät hat er, inspiriert von Rousseau, dem Selbstbewusstsein, das schon bei Leibniz und Wolff eine beiläufige Bedeutung in der philosophischen Letztbegründung hatte, zum Zentralgedanken seiner theoretischen Philosophie aufsteigen lassen. Fichte dagegen spricht über Wissen wie aus Überlegungen heraus, die ihm aufgrund der strategischen Lage seiner Wissenschaftslehre gerade jetzt abverlangt sind. Er charakterisiert dies Wissen in einer Weise, die nur Merkmale aufbietet, die aus propädeutischen Kenntnissen abrufbar sind. Dabei konzentriert er sich auf Weisen des Wissens, die apriorische Evidenz haben und die sich in die systematische Zielsetzung einpassen, die aber keine davon unabhängigen Überlegungen zu dem voraussetzen, wie ‚Wissen' zu verstehen ist.

Nun meint ‚Wissen', im Unterschied zu Bewusstsein, auch eine Disposition. Prozedurales Wissen hat als Fertigkeit eine andere Bedeutung als das Wissen von Sachverhalten und Tatsachen. Diese werden durch unterschiedliche Weisen der Evidenz[96] wahrheitsfähig. Auch ein ‚Kennen', und in anderer Weise ein ‚Spüren', dessen Gehalt keine propositionale Form hat, gehört der Dimension der Weisen des Wissens zu. Solche Unterscheidungen mögen für das, was Fichte im Auge hat, zu ignorieren sein – aber nur, wenn sie sich denn lediglich aus Verwendungsspektren von Wörtern ergäben. Nun hat schon Kant zwischen logischer Richtigkeit, synthetischer Demonstration und gegenständlicher Erkenntnis, die immer diskursiv ist, Unterscheidungslinien gezogen, die für die kritische Philosophie grundlegend sind. Dem, was Wissen meint, ist – wohl in einem Unterschied zu ‚Wahrheit' – nicht dieselbe Einheit und Einigkeit beizulegen, die der Gedanke des reinen Selbstbewusstseins notwendig und ohne weiteres einsichtig mit sich führt. Seit im vo-

---

[96] Im angelsächsischen juristischen Sinn als zureichende Begründung von Tatsachenbehauptungen.

18. Umstellung von Ich auf Wissen

rigen Jahrhundert die platonische Analyse von ‚Wissen' als begründete und wahrheitsgemäße Überzeugung erschüttert wurde, ist das Verstehen von ‚Wissen' zudem zu einem von Unsicherheit und von Kontroversen bestimmten Thema geworden.

Doch Fichte musste darauf ausgehen, die Ergebnisse der Analysen des absoluten Ich auf die Evidenz und Gewissheit von Wissen ohne Verformung zu übertragen. Nach der Umstellung auf Wissen soll doch noch dieselbe Ausgangsperspektive auf die Geschlossenheit eines allbefassenden Ganzen mit neuer und sogar erhöhter Evidenz die Entwicklung beherrschen, die Fichte anfänglich aus dem Gedanken der Unbedingtheit des Subjektes gewonnen hatte.

Aus seinen Schriften um die Wende zum 19. Jahrhundert geht hervor, dass Fichte ein Gesamtprofil und dessen wesentliche unterscheidende Merkmale, die er bis dahin dem ‚Ich' in seiner Unbedingtheit über einen Prozess fortschreitender interner Weiterbestimmung zugeschrieben hatte, nun dem Singular ‚das Wissen' zuschreibt – in einem Transfer, der sich schnell vollzog und der fast ohne Kommentar durch seinen Autor geblieben ist. Dass das, was die beiden Ausdrücke bezeichnen, nur in einer Beziehung zueinander zu verstehen ist, steht wohl nicht in Frage. Aber die Ablösung des einen durch den anderen als Träger einer in so viel Wesentlichem eigentlich identischen Beschreibung muss ein Zögern und eine Reserve hervorrufen.

Die Abhandlung von 1966 hat die Kontinuität von Fichtes Denken betont, insoweit auch seine Wendung durch Überlegungen begründet war, die sich aus dem fortgesetzten Nachdenken über die Verfassung dessen ergaben, was in seiner Einsicht in die Unbedingtheit des Ich eingeschlossen ist. Dennoch tritt mit der Umstellung ein Grundzug und das mit ihm verbundene Problem allererst deutlich hervor, das in Fichtes Lehre bereits durch die Verbindung der Verständigung über Selbstbewusstsein mit der Grundlegung eines monistischen Systems eingegangen war. Die Abhandlung hat, wie sie selbst erklärt, auch von ihnen abstrahiert. Im Zusammenhang mit Fichtes Umstellung sollten aber Unterscheidungen und Probleme, die sich in diesem Zusammenhang ergeben, doch deutlich artikuliert werden.

Die Wissenschaftslehre hatte bisher die Schrittfolge der Entfaltung der Wechselbestimmung fest an das Sich-selbst-Setzen des Ich angeschlossen und aus ihm hergeleitet. Auch weiterhin ist Wissen für

Fichte eine Aktuosität, die in sich eine Unterscheidung in der Einheit von Vollziehendem und Vollzogenem verlangt. In ihm ist also die Unterscheidung von Setzen und Gesetztem abgebildet – wobei das Gesetzte unter Einschluss des Status begrifflicher Bestimmtheit zu verstehen ist. Was zuvor über das Ich zu sagen war, ist nun dem Wissen beizulegen. Insofern kann diesem Wissen der Charakter der ‚Ich*heit*' zugesprochen werden, womit die Kontinuität zwischen der Auftrittsweise der beiden Begründungsgänge betont wird.

Aber Fichte kann und will nun, wenn er das Prinzip des Systems beim Namen nennt, ebenso von ‚dem Sein', ‚dem Einen' und von ‚Gottes Leben' sprechen. Er will damit gewiss nicht etwa seine Einsicht in die Verfassung des ‚Ich' dementieren. Er will nicht an die Stelle des in sich selbst geschlossenen Blicks ein für die Tiefen des Wirklichen weit geöffnetes Auge treten lassen. Die neue Sprache soll zugleich der alten Einsicht, und ihr sogar allererst vollauf, entsprechen. Sie ist jedoch offenbar anderes als eine verbesserte Wortwahl. Sie schließt an etwas an und fasst es zugleich mit größerer Deutlichkeit, was von Beginn an eine durch die Gesamtanlage von Fichtes Denken festgelegte Tendenz gewesen ist.

19. ALLGEMEINHEIT UND EINZELHEIT IM ‚ICH'

Fichtes Einsicht fasste in dem Moment, in dem sie ihm aufging, auf neue Weise die Grundverfassung des Selbstbewusstseins, das mit der Aussicht auf ein neues Grundverstehen schon lange im Zentrum seines Nachdenkens gestanden hatte. In diesem Selbstbewusstsein ist ein Wissen von der Selbigkeit seiner Verfassung in allen wirklichen Fällen von Selbstbewusstsein gelegen. Dieser in ihm gelegene Bezug auf rationale Notwendigkeit war schon eine Voraussetzung dafür, dass Kant an das Bewusstsein ‚ich denke' die Aufklärung über die Konstitution von Erkenntnis hatte anschließen können. Damit stellt sich aber eine Frage, die ebenso gewichtig ist wie sie häufig vernachlässigt bleibt: Wie ist dieser innere Bezug auf Allgemeinheit in jedem einzelnen Subjekt von Gedanken verankert, so dass er kraft dieser Verankerung als von jedem Subjekt jederzeit und ohne weiteres aktualisiert wird und verstanden werden kann?

Zwei Weisen einer Antwort auf diese Frage lassen sich denken. Sie markieren zugleich eine grundlegende Unterscheidung: *Entweder*: Die Allgemeinheit im Subjektsein ist aus einer Art von Verfassungsnorm bestimmt – jedes Subjekt weiß von ihr und entspricht ihr kraft seiner Konstitution. *Oder:* Die einzelnen Subjekte sind weitere Ausprägungen eines singulären Konstitutions*aktes*, an dem alle Subjekte teilhaben, indem sie in ihn (auf irgendeine Weise) einbegriffen sind. Im ersten Fall versteht sich der Bezug auf Allgemeinheit aus einem Prinzip, das selbst wieder den Status einer besonderen Weise von Allgemeinheit hat. Diese Allgemeinheit wird, da sie nicht hintergehbar ist, auch nicht durch Abstraktion erreicht, sondern ist, aus noch zu bestimmendem oder letztlich unaufklärbarem Grund, von sich aus in Geltung. Im zweiten Fall ist Subjektivität in einer Art von Prozess begründet, in den alle Subjekte einbezogen sind, innerhalb dessen sie sich dann aber ebenso voneinander differenzieren.

Es ist wiederum anzumerken, dass beide Varianten nur zu begründen sind, indem sie sich auf eine Überlegung, welche Subjektivität betrifft, und dabei wieder auf das *je eigene* Subjektsein stützen. Das macht verständlich, dass von Subjekten weithin die Rede sein kann, ohne dass gerade diese Unterscheidung überhaupt berücksichtigt wird. Soll aber die Entfaltung von Fichtes Einsicht verstanden werden, so ist die Rücksicht auf sie unabdingbar. Die Abhandlung von 1966 ging darauf jedoch nur marginal ein. Sie erklärt sogar ausdrücklich, Fichtes ursprüngliche Einsicht und ihre Bedeutung für die Verständigung über Selbstbewusstsein *unter Abstraktion* von dieser Unterscheidung in ihrer Bedeutung herausarbeiten zu wollen.[97]

Nun bleibt also zu erwägen, für welche der beiden Alternativen in der Situation nahezu wie von selbst entschieden werden muss, in der ein philosophisches Projekt bereits darauf angelegt ist, aus der Struktur, die mit dem nominalisierten Pronomen ‚das Ich' angezeigt ist, ein System zu begründen, das monistisch verfasst sein und seine Herleitungen aus ‚*dem* Ich' als seinem einzigen Prinzip gewinnen soll. Die Einsicht in die Struktur dieses Ich kann zwar immer nur auf das je eigene Selbstbewusstsein begründet sein. Doch indem das,

---

[97] Vgl. Anm. 19 der Abhandlung *Fichtes ursprüngliche Einsicht*, S. 25 in diesem Band.

was diese Einsicht erschloss, in die Position des Prinzips des Systems eingerückt ist, muss die Einzelheit des Subjektes wieder abgeblendet werden. Damit kommt jedoch dasjenige außer Betracht, von dem her doch die Einsicht in das Prinzip gewonnen worden ist. In anderen Worten: Das jeweils eigene einzelne Selbstbewusstsein muss aus sich (oder in sich) ein Prinzip hervortreten lassen, von dem als dem einen und einzigen Ich ausgegangen werden kann. Von ihm müssen sich dann alle Differenzen in ihrer Wechselbestimmung herleiten lassen, kraft deren irgendwelche bestimmte Gedanken zu formieren sind. Der methodische Anspruch des monistischen Systems erzwingt somit die Annahme einer in sich einigen einzelnen Realität des einen und einzigen Subjekts als internes Fundament jeden einzelnen und vereinzelten Falles von Subjektivität.

Damit scheint zunächst einmal noch kein gravierendes Problem aufgebracht zu werden. Man kann freilich annehmen, dass alle Subjekte in ihrer basalen Verfassung eigentlich nur *ein einziges* Subjekt ausmachen. In diesem Subjekt ist dann jenes Prinzip anzusetzen, kraft dessen sich die Einheit dieses Einen selbst differenziert, so dass sich einzelne Subjekte ergeben. Zwischen ihnen müssen in der Folge äußere Beziehungen eintreten – aber solche, die der identischen Subjektnatur derer entsprechen, die aufeinander bezogen sind. Was sie als Subjekte ausmacht, versteht sich und verstehen sie auch selbst weiterhin ganz aus dem, worin sie gar nicht realiter voneinander unterschieden sind. Auf solchen Grundgedanken hat Fichte den ersten Formen der Wissenschaftslehre eine Rechtslehre und dann eine Sittenlehre zugeordnet. Dabei rekurriert die Sittenlehre in hohem Maße auf die reale Bindung der Subjekte in einer sittlichen Weltordnung, die sich selbst in den Subjekten vollzieht – jenem aktivischen Ordo ordinans, als den Fichte im Verlauf des Atheismusstreites den Gehalt dessen interpretierte, was jede sittliche Handlung voraussetzen muss. Dies ursprüngliche Ganze aller Einzelnen lässt sich als ‚intelligible Welt' weiter bestimmen.

Fichtes Nachdenken über diese nähere Bestimmung war eine Voraussetzung dafür, dass er die Wendung zur späteren Form der Wissenschaftslehre wie in einem Nu vollziehen konnte und dabei doch versichern durfte, dass sie nichts anderes als eine neue Formulierung von in seinem wesentlichen Gehalt Unverändertem sei.

Nun wohnt diesem ganzen Überlegungsgang eine Schwierigkeit

inne, die zu berühren er vermeidet. Sie tritt heraus, wenn man beharrlich nachfragt, wo eigentlich das besondere Selbstverhältnis realisiert ist, das jegliches Selbstbewusstsein auszeichnet, das es aber zugleich zu einem Problem für das Nachdenken werden lässt: kann innerhalb der Selbstbeziehung jedes einzelnen Subjekts eben diese seine Selbstbeziehung, die doch sein Einzelsein gegenüber anderen gerade konstituiert, identisch mit der Selbstbeziehung des einen Fundamentes sein, in dem alle Subjekte miteinander identisch sind? Dass ‚das Ich' sich selbst setzt, war im Anschluss an das Bewusstsein von dem hervorgehoben worden, dessen sich das einzelne Subjekt an ihm selbst bewusst werden kann. Doch lässt sich für die Zuschreibung der Potenz zur Selbstsetzung im einzelnen Subjekt kein hinreichender Anhalt finden. Unter den Bedingungen der ersten Wissenschaftslehre mag deshalb die Antwort auf die Eingangsfrage in der Schwebe bleiben: ob die Selbstbeziehung des Subjekts in dem, was als Prinzip des Systems fungiert, in den für sie wesentlichen Grundzügen aktualisiert ist – *oder* ob sie erst im einzelnen Subjekt zu der Selbstbeziehung wird, von der *als* solcher ein Bewusstsein besteht, welches Selbstbewusstsein ausmacht.

Die dritte Charakterisierung von Selbstbewusstsein ergibt sich dadurch, dass Fichte das Prinzip des Systems auf die Einheit im Vollzug von Wissen umgestellt hat. Gleichzeitig damit hat er die dynamische Selbstentfaltung dieses Prinzips als einen sich selbst bestimmenden Prozess gefasst, dessen Grund angemessen mit ontologischen Substantiven wie ‚Sein' und ‚Eines' und mit johanneischen Gottesnamen anzuzeigen ist. Zwar ist auch dieser Prozess nicht von außerhalb seiner zu beobachten. Die Evidenz jeder Aussage über seine Geschlossenheit und die ihm innewohnende Gewissheit ist weiterhin aus der Eigenperspektive der Subjekte begründet, die zur Verständigung über sich selbst imstande sind. Aber diesem Prozess muss wiederum die Selbstbeziehung zugesprochen werden, welche für seinen Vorgänger, nämlich für die Selbstbestimmung des absoluten Ich, konstitutiv gewesen ist. So lässt sich Fichtes Folgerung begründen: Dieser Prozess muss sich in einer für sich selbst einsichtigen, in sich geschlossenen Selbstbeziehung vollziehen und als ganzer als ein solches sich selbst erfassendes geschlossenes Ganzes eingesehen werden. Er resultiert in einem solchen Ganzen, insofern die Genesis von jeglichem Wissen, jegliches Wissbare eingeschlossen, in ihm hervorgeht. Er vollzieht sich von Beginn an in ihm, da es eben diese Weise der Selbstbeziehung ist, welche die Dynamik des Prozesses in Gang setzt und durchherrscht. Fichte erklärt, dass in diesem dynamischen Wissensganzen der lebendige Gott sich als sich selbst *manifestiert* – sich also als der in diesem Universalprozess einige verwirklicht, entfaltet und so in dem, was er ist, expliziert.

Fichte konnte diese neue Konzeption wohl als eine andere Fassung des Gedankens von der ‚Ichheit' des Ichs darstellen, welches zuvor als das absolute Ich hatte gedacht werden sollen – in einem noch nicht abgeschlossenen Anlauf. Doch in einer Hinsicht ist mit ihr eine weittragende Wendung verbunden – nämlich in Beziehung auf die Stellung des einzelnen Subjekts zu der Selbstbeziehung in dem absoluten Ich, das nun ‚Manifestation des Einen' oder des ‚Wissens' zu nennen war. In diesem Ich war auch zuvor die in ihm gelegene geschlossene Beziehung auf sich gegründet. Jedes Subjekt musste diese Selbstbeziehung als seiner Einzelheit vorgeordnet betrachten. Aber es musste sich doch, als Subjekt, das sich *in seiner Selbstbeziehung* versteht und verwirklicht, in einer Identität mit diesem singulären Ich begreifen können.

Nun aber ist das in sich selbst blickende Auge und die Entfaltung dieses Blickes nicht als Setzen eines allbefassenden Ich-Subjekts, sondern als Gottes Leben in seiner Selbst-Manifestation zu verstehen. Jedes einzelne Subjekt hat, wie alles überhaupt Denkbare, seinen Ort in diesem Prozess. Ist das Subjekt aber ein einzelnes und eingeschränktes, so kann es durch eigenes Tun nicht daran beteiligt sein, dass sich dieser Prozess überhaupt vollzieht. Als Subjekt kann es nur an ihm Anteil haben, insofern es zulässt, sich in ihm zu vollziehen, und vor ihm beiseite zu setzen, was scheinen könnte, ihm allein eigen zu sein. Der Prozess der Selbstverwirklichung schließt somit in seinem Zentrum einen Prozess der Selbst*preisgabe* ein. Ein Subjekt kann und muss als Subjekt die Selbstbeziehung und die aus ihr hervorgehende Selbstbestimmung erfassen und wirken lassen, um zu begreifen, was von ihm schon in Anspruch genommen ist, wenn es sich als ‚Ich' mitteilt und orientiert.

Nun ist kaum zu übersehen, dass in der Einsicht, die zur Selbstpreisgabe der Einzelheit des Subjektes führt, ebenso wie in deren Vollzug das Subjektsein des Einzelnen dennoch wirklich und am Wirken sein muss. Eine in sich stimmige Konzeption ist also nicht so leicht zu gewinnen wie die eben referierte Schrittfolge es nahezulegen scheint. Es droht die Situation, in der die Selbstbeziehung der Ichform so erklärt wird, dass sie im Gange der Erklärung vielfach bereits vorausgesetzt werden muss, oder statt dieses Zirkels eine Verdoppelung der Identität der einzelnen Subjekte eintritt. Fichte hat sich in den vielen Varianten der neuen Wissenschaftslehre mit diesem Problem konfrontiert gesehen. Dem nachzugehen wird also zu einer anspruchsvollen Aufgabe für jede ausgearbeitete argumentanalytische Interpretation der Wissenschaftslehre.

Hier besteht weder die Möglichkeit noch ein zwingender Anlass dafür, sich dieser Aufgabe zu unterziehen. Denn es ist nun hervorzuheben, dass Fichte die Anordnung der Aussagen, welche in dieses Problem hineinzwingt, eben deshalb nicht umgehen kann, weil er in einem einzigen Gang die Unbedingtheit des ‚Ich' verstehen und eine Grundlegung des Systems aus dem Ich als Prinzip gewinnen wollte. Für ihn waren beide Aufgaben nicht voneinander abzutrennen. Wenn Fichte den Grundriss der Wissenschaftslehre nach 1800 als Konsequenz von deren erster Ausarbeitung sah, so muss ihm damit ebenso deutlich gewesen sein, dass gerade dies Problem von Beginn an in seinem Plan angelegt und virulent gewesen ist. Die Möglichkeit, jedem Subjekt die identische Form des Selbstbezugs und innerhalb seiner einen Grund seiner Vereinzelung zuzusprechen, hat für ihn von Beginn an niemals bestanden. Er hätte einen solchen Gedanken als inkonsistenten Ansatz zurückgewiesen.

Im Blick auf die Abhandlung von 1966 soll nun dieser Problemzug, der in der Wissenschaftslehre mit ihrer Umstellung von Selbstbewusstsein zu Wissen drängend geworden ist, verstärkt Beachtung finden. Denn im Durchdenken der dritten Formel für eine Verständigung über Selbstbewusstsein weicht die Abhandlung, dem Anschein entgegen, von Fichtes eigenen Intentionen ab. Sie unterstand zwar der Absicht, Fichtes Einsicht in ihrer Bedeutung für eine Verständigung über Selbstbewusstsein aufzuweisen. Dass dabei Fichtes eigentliche Systemkonzeption *beiseite gelassen* werden musste, war auch in ihr angemerkt worden. Für die Erwägungen zur dritten Formel hat diese Scheidung aber eine gravierende Folge gehabt: Ohne darauf zu sprechen zu kommen, *entfernt sich die Abhandlung in der Auslegung der dritten Formel weit von Fichtes eigenen Intentionen.*

Ehe in der Erklärung dieser Differenz weiter gegangen wird, sei ein Resultat festgehalten, das sich in den vorausgehenden Überlegungen ausprofiliert hat. Es fixiert eine Bedingung, die von jeder philosophischen Untersuchung über die Verfassung von Selbstbewusstsein zu erfüllen ist. In einem weiten Vorausblick lässt sich auch absehen, warum es ausgeschlossen ist, ein Verständnis von Selbstbewusstsein, das von ihm selbst ausgeht und von ihm selbst anzueignen ist, auf dem Wege zu einer Integration dieses Selbstbewusstseins in ein ‚absolutes' Wissen zu erreichen: Auf der einen Seite muss dieses Selbstbewusstsein zwar einen inneren Zugang zu der Allgemeinheit von Wissen aufschließen. Auf der anderen Seite ist es aber nur unter Einschluss derjenigen Weise von direkter Gewissheit zu verstehen, in der je ein einzelnes, und jedes Subjekt, in allem Verstehen, für sich selbst als Subjekt überhaupt realisiert ist. Der innere Zusammenhang dieser beiden Weisen der Verschränkung von Einzelheit und Allgemeinheit wird sich für eine wirklich anhaltende Überlegung als eine Verfassung von hoher Differenzierung erweisen. Keine Analyse kann sie auf Einfacheres zurückführen. Doch kann sie, wie Kant absah, als der innerste Kern eines Denkens und Verstehens gelten, das selbst einsieht, seine Endlichkeit nicht hinter sich lassen zu können, und doch in einer ihm gemäßen Art über sie hinaus zu gelangen vermag – und darauf auch gewiesen ist.

20. DAS EINZELNE SUBJEKT IN DER ABHANDLUNG

Indem die Abhandlung davon ausgeht, dass es eine von der Philosophie vernachlässigte Aufgabe ist, die Verfassung ‚des Ich' aufzuklären, unterstellt sie, dass ‚Selbstbewusstsein' nicht nur ein Titel ist, unter dem ein breiter Fächer von mentalen Strukturen und Prozessen zusammenzufassen ist. Sie denkt über eine rationale Grundverfassung nach, die es erlaubt, dies Selbstbewusstsein als einen einzigen, invarianten Zusammenhang verständlich werden zu lassen, sowie Bedingungen und Folgen aufzuklären, die mit ihm verbunden sind. Die Singularität dieser *Struktur* ist aber in der Abhandlung nicht mit der Vorstellung verbunden, sie impliziere es vielleicht, dass sie nur in einem singulären *Fall* realisiert sein kann. Viele, in ihrer in sich einigen Verfassung nicht unterschiedene Subjekte sind möglich.

20. Das einzelne Subjekt in der Abhandlung

Darum ist Selbstbewusstsein nicht – wie ‚die Zeit' oder ‚der Allmächtige'– ein conceptus individualis.

Selbstbewusstsein – nicht anders als ‚Ich'-Bewusstsein – ist für die Abhandlung immer das Selbstbewusstsein eines einzelnen Subjektes. Sie betrachtet gar nicht die Möglichkeit, die Fichte kraft seines Einsatzes beim Aufbau eines Systems von vornherein im Blick haben musste: Dass gerade in dem, was sie zu Subjekten macht, alle wirklichen Subjekte in mehr als nur einer Übereinstimmung und Kooperation stehen – dass sie vielmehr, prinzipiell betrachtet, sogar ein einziges reales Subjekt ausmachen und insofern gar nicht voneinander zu unterscheiden sind. Diese Betrachtungsart begünstigte dann wiederum den Einsatz der späteren Wissenschaftslehre bei der Gewissheit von Wissen überhaupt und ermöglichte ihn eigentlich überhaupt erst. Die Beziehung auf einen von Meinungen unabhängigen Gehalt, der zur Definition von Wissen gehört, lässt es sinnvoll werden, das Corpus des Wissens der Menschheit als reale Einheit zu betrachten und ihm dann ein einziges kollektives Subjekt zuzuordnen – obwohl die Evidenz im Akte des Erfassens von Richtigkeit oder Wahrheit doch immer nur von einzelnen Subjekten verstanden werden und für ein je individuelles Subjekt einen neuen Wissenszustand ergeben kann.

Wenn man, wie die Abhandlung, Selbstbewusstsein als eine invariante *Form* versteht, die dennoch nur in je einem Subjekt instanziiert ist, so ist man allerdings anderen Problemen ausgesetzt. Man muss auf einen Rahmen hinaussehen, in dem die Verbindung einer invarianten Grundform mit unbestimmt vielen solcher Einzelner begreifbar wird. Es ist darüber Rechenschaft zu geben, wie innerhalb einer invarianten Grundform der für sie wesentliche Bezug zu einzelnen Fällen ihrer Realisierung verankert ist, und wie dies alles in einer Verständigung über Selbstbewusstsein geschehen kann, die doch immer nur von seinem wirklichen Vollzug aus zu gewinnen ist. Allem solchen gegenüber könnte es manchmal sogar als die leichtere Aufgabe erscheinen, die Akkumulation alles Wissen zu einer singulären kollektiven Einheit verständlich werden zu lassen.

Doch geht es hier nicht darum, in eine Debatte über Fichtes Konzeption einzutreten. Es geht nicht einmal darum zu verfolgen, wie und mit welchem Gewicht Fichte in den späteren Fassungen der Wissenschaftslehre das Verhältnis der einzelnen Subjekte zu der singulären Einheit des geschlossenen Selbstwissens als Problem auffasst und dies Problem aufzulösen sucht. Denn dass hier auf eine Abweichung der Abhandlung von Fichtes Konzeption etwas genauer einzugehen war, hatte doch zur Voraussetzung, dass die Abhandlung Fichtes dritte Charakterisierung von Selbstbewusstsein nicht als Folge des weiteren Nachdenkens über die vorausgehenden Charakterisierungen von Selbstbewusstsein nur referierte. Die Abhandlung hat sich mit dieser Umsetzung der Lehre Fichtes in ihrem Grundzug durchaus identifiziert. Und so hat sie die Konzeption, die in der dritten Formel zum Ausdruck kommt, wie die vorausgehenden als einen Beitrag Fichtes von bleibender Bedeutung dargestellt. Jenseits der Differenz, die erst hier hervorgehoben wird, verband sich für sie mit Fichtes Wendung etwas Gemeinsames von größerem sachlichem Gewicht – und zwar gerade in der Verständigung über Selbstbewusstsein. Sie ging davon aus, man könne die Differenz darüber unbeachtet lassen.[98]

Im Abschnitt V der Abhandlung ist Fichtes Wendung auf eine Weise begründet, die nichts von dem aufbietet, was nur innerhalb des Begründungsganges des Gedankens von einem einzigen absoluten Ich bedeutsam ist und nur zu seiner Rechtfertigung dienen könnte. Die Abhandlung ist mit Fichte einig in der Schlussfolgerung, dass aus keinem Element, von dem im Verband des Selbstbewusstseins Notiz genommen werden muss, die Geschlossenheit des Ganzen als Folge hergeleitet werden kann. Auch ein Wechseleinschluss aller solcher Elemente innerhalb irgendeiner Art ihrer Beziehung aufeinander kann die Einheit des Selbstbezugs nicht verständlich machen. Soll die geschlossene Einheit ‚des Ich', trotz ihrer funktionalen Grundbedeutung, nicht als eine erratische Gegebenheit im Bereich des Wissens und im Universum betrachtet werden, so muss ein Grund für sie zu denken sein, der dann eine andere Verständigungsart über Selbstbewusstsein als seine interne Selbstexplikation in Anspruch nimmt. Aber dieser Grund muss Grund der Möglichkeit sein. Indem er zu-

---

[98] Es wäre wohl sachangemessen, Fichtes Einsicht von Beginn an mit einem kritischen Blick auf die Spannungen zu erläutern, unter denen er sie zu explizieren hatte. Doch wäre mir das selbst auch von Beginn an deutlich gewesen, hätte ich sie wohl nicht mit derselben Resonanz wieder ins Bewusstsein der Zeit eingehen lassen können. Diese Resonanz gebührt ihr allerdings durchaus – auch und gerade *ohne* die Schlussfolgerung auf das Ich als einen conceptus individualis.

20. Das einzelne Subjekt in der Abhandlung

gleich Grund für das Eintreten ist, muss er zum tragenden Grund werden. Der aber muss dem, dessen Bestehen von ihm bedingt ist, adäquat sein. Als ein solcher kann nur das in Betracht kommen, dem das in sich geschlossene Für-sich-sein der Subjektivität überhaupt als mögliche Folge zugeordnet werden kann.[99]

An dieser Stelle hat nun Fichtes Koppelung der Verständigung über Selbstbewusstsein mit der Fundierung eines monistischen Systems ihre bedeutsamsten Auswirkungen. Ist daran festgehalten, dass Selbstbewusstsein nur als Selbstbezug einzelner Subjekte zu verstehen ist, dann bleibt es grundsätzlich möglich, aufgrund der besonderen Weise von Einheit, welche die philosophische Analyse deutlich gemacht hat, auch aufzuweisen, dass diese Einheit nicht aus sich selbst allein verstanden werden kann. Das hat zur Folge, dass der gesamten Sphäre, die im Zusammenhang von Selbstbewusstsein begriffen werden kann, eine andere Dimension vorzuordnen ist – wenn auch nicht als Voraussetzung für dessen Thematisierung, wohl aber für ein Verstehen, das den Gedanken von einem letztgründenden Ganzen einen Gehalt zu geben versucht.

Nun hat ja Fichte durch die Umstellung der Wissenschaftslehre selbst einen solchen Schritt getan. Er hat an die Stelle der Einheit im Selbstbewusstsein die Einheit im Sinn und der Weise von Gewissheit von Wissen und deren dynamische Verfassung treten lassen. Auf sie lassen sich dann die allgemeinsten ontologischen Begriffe von Einheit und Sein und die johanneischen Gottesnamen beziehen. So könnte es scheinen, als habe Fichte die eben genannte Möglichkeit selbst erfüllt. Wirklich hat er zur Verständigung über Selbstbewusstsein einen ganz anderen Bezugsbereich und eine ihm angemessene Begriffsform eingeführt.

Die beiden Operationen entsprechen zwar einander darin, dass in je anderer Weise über Selbstbewusstsein hinausgedacht wird. Sie unterscheiden sich dabei aber in einer für Fichtes Programm grundlegenden Hinsicht: Fichte kann und will nicht im Übergang zu einem Gedanken von Gottes Selbstmanifestation den Aufschluss über die Einheit der Selbstbeziehung, die er im Moment seiner ursprüngli-

---

[99] In *Sein oder Nichts*, München 2016, habe ich zeigen wollen, warum in dem Übergang, der sich mit diesem Schritt vollzieht, noch unbestimmt ist, ob er zu einer Rechtfertigung des Vernunftlebens in einem Unbedingten oder zur Gründung eines Nihilismus mit spekulativem Tiefgang führen wird.

chen Einsicht eingesehen hatte, an eine transzendente Instanz delegieren. Die neue Grundlegung soll vielmehr die Mängel hinfällig werden lassen, welche diesem Aufschluss in den vorherigen Charakterisierungen von Selbstbewusstsein noch im Wege gestanden hatten. Die Entfaltung des Prinzips, welches die Dimension von ‚das Wissen' fundiert und ‚das Eine' heißt, soll vielmehr die innere Genesis der Selbstbeziehung der Subjekte vollends verständlich werden lassen. Das monistische System erlaubt keine Entlastung von einem letzten Aufschluss über die Verfassung und die Genesis der ‚Ichheit', so wie sie sich in den einzelnen Subjekten ausbildet.

In der Abhandlung von 1966 muss ein eigenständiger, wenn auch an Fichtes ursprüngliche Einsicht angelehnter Versuch gesehen werden, die Probleme philosophisch zu entfalten, welche mit dem Faktum des Selbstbewusstseins aufgegeben sind. In der Auslegung der dritten Formel, die er für eine Charakterisierung annimmt, wird die Abweichung von Fichtes Gesamtprogramm besonders deutlich – zusammen mit ihren weitreichenden Folgen.

Ein anderer Unterschied zwischen den Intentionen der Abhandlung und der Konzeption der späteren Wissenschaftslehren ergibt sich aus der soeben erläuterten Grunddifferenz. Er tritt dann hervor, wenn man fragt, in welcher Weise von einem Grund *gewusst* werden kann, aus dem die geschlossene Einheit des Selbstbewusstseins hervorgeht oder zu verstehen ist. Fichte kann sagen, das einzelne Subjekt werde sich *unmittelbar* dessen bewusst, dass es in die innere Genesis des Absoluten einbezogen ist. Dies geschieht dann, wenn es sich in die Geschlossenheit des Blicks konzentriert, in dem sein eigenes Dasein als Subjekt sich vollzieht. Es steht zwar immer schon in diesem Vollzug. Aber seine Gedanken in ihm sind zunächst, und zwar notwendig, stets auf anderes gerichtet und von Eigeninteressen okkupiert. Aus diesem primären weltbezogenen Selbstsein muss sich das Subjekt befreien, um das göttliche Leben in sich selbst unverstellt zu gewahren. Auch diese Wandlung hin zum eigenen und eigentlichen Leben muss freilich über einen Vollzug des Subjektes erreicht werden. Sie setzt also eine Aktivität des einzelnen Subjektes als solchem voraus.[100] Aber das Konzept lässt

---

[100] Womit wieder die doppelte Identität des Subjektes bedrohlich aufkommt (vgl. oben S. 182).

Raum für ein Überlegen, in wie weit zwar nicht der Vollzug des Selbstseins, wohl aber das ausdrückliche Innewerden seiner als eine Art intuitiver, wenn auch nicht begriffsloser Vergegenwärtigung verstanden werden kann.

Für das Konzept, das von der Abhandlung als das eigene angezeigt wird, ist das ausgeschlossen. Ihre Überlegungen gehen der Frage, wie Selbstbewusstsein zu verstehen ist, nicht im selben Zug mit einem monistischen Systembau nach. Sie können sich also gar nicht auf ein Wissen von einem Absoluten stützen, dessen eigene Verfassung und prozessuale Entfaltung die Form des Selbstbewusstseins einbegreift, so dass sie insofern als dessen Grund vergegenwärtigend nachvollzogen werden kann. Ist die geschlossene Form der Selbstbeziehung im Selbstbewusstsein, dem die Überlegungen gelten, auf keine Weise aus ihr selbst oder aus irgendwelchen Bedingungen im Prozess ihres Hervortretens zu begreifen, so muss ein Grund für eben diese Geschlossenheit aufgeboten werden. Er kann nur jenseits der Dimension angesetzt werden, in der Selbstbewusstsein aufkommt – also auch jenseits der Ausbildung von Mentalität und Intelligenz. Aber wegen seiner konstitutiven Bedeutung für diese kann er in Beziehung auf sie nicht einen schlechtweg inkommensurablen Status haben.

Diese Begründungsart ist durch eine ganze Reihe ihrer Eigenschaften von Fichtes Programm unterschieden. Sie ist nicht auf eine Letztbegründung in Systemform verpflichtet, deren erste Grundlage in adäquater Evidenz bewahrheitet ist. Im Selbstbewusstsein scheint für den, der in ihm steht, eine solche Evidenz gelegen zu sein. So ging Fichte von Beginn an darauf aus, diese Evidenz so zu verstehen und auszudeuten, dass sie im Selbstbewusstsein des einzelnen Denkers freigelegt, als die Grundverfassung von jeglicher Gewissheit verstanden und in einem damit zum absoluten Prinzip würde erhoben werden können. Diese Vororientierung macht bereits mehrere gewichtige Folgerungen unumgänglich: Wenn auch vom Selbstbewusstsein des einzelnen und endlichen Subjektes ausgegangen werden muss, so steht doch zugleich fest, dass es durchaus nicht ganz und gar von allen anderen Subjekten geschieden ist. Ebenso steht fest, dass es nicht nur in ein Unendliches eingeschlossen sein kann; es muss *in* der Selbstbeziehung seines Subjektseins dem einen Prinzip, zu dem es hinführen soll, auch zugehören. Die Wendung hin zur späteren Wissenschaftslehre hat an diesen Implikationen nichts verändert. Man kann sagen, dass sie in ihrem Profil, aber auch in den in ihm gelegenen Spannungen, sogar noch deutlicher hervortreten. Ganz ausgeschlossen ist von diesem Einsatz, was für Kant sogar der erste Charakter eines Denkens war, das sich unter dem Bewusstsein ‚Ich denke' vollzieht: dass dies Organisationsprinzip unmittelbar deutlich macht, es könne nur das Kennzeichen eines in seiner Verfassung *endlichen* Denkens sein.[101]

Die Abhandlung bevorzugt unter den Varianten von Fichtes Metaphern, die Wissen als in sich selbst versenkten Blick eines Auges beschreiben, diejenigen Formulierungen, in denen das Auge als einer Tätigkeit *eingesetzt* gefasst wird. Es ist zuvor schon dargelegt worden, dass dies Einsetzen nicht als ein Implantieren, sondern als ein Instituieren verstanden werden sollte.[102] Diese Bedeutung von ‚Einsetzen', angewendet auf den in sich geschlossenen Blick des Ich, legt deutlich den Akzent darauf, dass die Konstitution eines solchen ‚Ich' nicht durch ein Unendliches *in* ihm, sondern durch etwas erfolgen muss, dem die Grundverfassung dieser Selbstbeziehung selbst *nicht* in eben der Weise zuzuschreiben ist. Sie würde ja sogleich die Frage nach dem Grunde ihrer Möglichkeit erneut aufkommen lassen. Damit ist wieder festgelegt, dass unter den Voraussetzungen der Abhandlung eine Dimension der *Herkunft* von grundlegenden ‚Institutionen' der Erkenntnis anzunehmen ist, die nicht über die systematische Entfaltung dessen zu erschließen ist, was als Folgerung aus diesen ‚Institutionen', also intern, in seiner Möglichkeit begriffen werden kann.

Das heißt jedoch nicht, dass dann, wenn über die Form der geschlossenen Selbstbeziehung des Subjektes hinausgedacht werden

---

[101] Dies ist für Kant bereits durch die Angewiesenheit des Subjekts der Gedanken auf zum Denken gegebene Gehalte gesichert. Fichte hat seinerseits wiederholt die ‚Endlichkeit' des Selbstbewusstseins hervorgehoben, dem seine Untersuchungen zugewendet sind. Doch darf er damit, will er konsequent bleiben, nur das Selbstbewusstsein des einzelnen Subjekts in der Beziehung zu dem absoluten meinen, welches von ihm vorausgesetzt wird. Dies absolute Subjekt kann nämlich von ihm nicht selbst noch einer Einschränkung unterworfen werden, die es nur als das Absolute *für* eine Subjektivität nimmt, die sich selbst als endliche versteht. Sie wäre damit Alternativen ausgesetzt, auch wenn diese unausdenkbar bleiben.

[102] Oben S. 117/18.

20. Das einzelne Subjekt in der Abhandlung

muss, der Ausgang dazu von dem her folgenlos bleibt, was die Verständigung über die Verfassung des Für-sich-seins dieses Subjektes ergeben hatte. Es ist doch offensichtlich ausgeschlossen, diejenigen Gedanken, welche dem Bereich zugewendet sind, innerhalb dessen Subjekte hervorgehen, der Begriffsform zu unterstellen, welche deren eigene Verfassung kennzeichnen soll. Denn wenn etwas wegen seiner Verfassung nach einer Erklärung verlangt, so kann diese Erklärung nicht unter Voraussetzung eben dieser Verfassung gegeben werden. Aber es ist nicht weniger sinnlos, eine solche Erklärung nach irgendeiner Begriffsform geben zu wollen, deren Abhängigkeit von der Form der Subjektivität erwiesen ist. Der Gedanke vom Grund von Subjektivität schließt es darum aus, über eine Restitution des alltäglichen oder des objektsetzenden Weltbezugs gewonnen zu werden. Deshalb bleibt auch ein Denken, das den Grund von Subjektivität nicht mit deren eigener Form identifiziert, darauf angewiesen, seine Gedanken, welche letzten Gedanken nahekommen, in einem *Gegenzug* zum primären Weltbezug und also als spekulatives Denken auszubilden.[103]

Von Fichtes Beginn her gesehen, zieht ein solches Konzept allerdings den Einwand auf sich, die Position der Abhandlung gleite in die Kantische Annahme einer intelligiblen Welt zurück, die wir voraussetzen, aber auf keine Weise erschließen können. Man kann diesen Einwand sogar verschärfen: Fichte wollte die überhaupt erste Philosophie begründen, die ganz und gar im Bewusstsein der Freiheit verankert ist. Das verstand er nicht so, dass neben ihr noch eine andere Denkart einen Platz behaupten könne. Die Wissenschaftslehre sollte in ihrer Begründungsleistung sogar der mathematischen Demonstration vorgeordnet werden. Diese demonstrierende Beweiskraft sollte ihr nicht nur unter einer Voraussetzung eignen, die ihren Geltungsbereich wiederum beschränkt. Sie sollte den Anspruch jedes anderen Konzepts auf eine doch mögliche konkurrierende Wahrheit definitiv niederschlagen. Wird dem Prinzip, das die innere Genesis unserer Erkenntnis zu konstruieren erlaubt, dem Subjekt also, irgendein Ursprung vorausgesetzt, so wird damit die

---

[103] Im fünften Teil von *Denken und Selbstsein* (vgl. Anm. 38) ist in Beziehung auf die Frage nach der Möglichkeit endlicher Freiheit ein Gedankengang dieser Verfassung entworfen.

Gewissheit unterminiert, die eigene Erkenntnis als Manifestation eines Absoluten zu verstehen.

Zweifeln dieser Art den Boden zu entziehen, hatte einen Anteil an der Motivation, aus der die Wissenschaftslehre hervorging. Selbst Kant würde nicht beanspruchen, es sei der Gedanke als widersprüchlich auszuschließen, dass die intelligible Welt einem Substrat der materiellen Welt entspricht. Daraus kann eine Situation hervorgehen, in der jeder Wissensgewinn an einer letzten Ungewissheit seine Grenze findet. Sie hat sich inzwischen unter dem fast alltäglichen Umgang mit unterminierendem Zweifel zu einer Lebensführung im Bewusstsein entzogener Bodenhaftung vertieft: Wir haben einerseits Klarheit darüber, dass alle mentalen Prozesse neurale Voraussetzungen und Korrelate haben. Andererseits aber sehen wir ebenso klar, dass diese Korrelationen, die für sich allein abgründig dunkel bleiben müssen, grundsätzlich nicht von erklärenden Herleitungen komplettiert werden können.

Dass das Hin und Her dieses Erwägens ohne Abschluss bleiben kann, ist nur einer der Gründe, die daran hindern müssen, eine sicher gegründete Überzeugung von einer letzten Realität des Subjektseins und der Freiheit in einer Universalwissenschaft oder sogar vermittels ihrer stützen zu wollen. Dieser Überzeugung muss ein Zug zu eigen bleiben, der als Idee, als summierender, alle Denkbahnen zusammenführender Abschlussgedanke oder als ‚das beste Resümee mit Rücksicht auf alle relevanten Gründe' charakterisiert werden kann. Doch eine philosophische Überlegung kann zeigen, dass eine Stützung durch eine demonstrable Erkenntnis für eine Überzeugung, die ein Subjekt gewonnen hat, nicht nur unmöglich ist. Sie ist – und dies ist das Gewichtigere – mit seinem Subjektsein selbst unvereinbar.

Viele Züge in Fichtes Profilzeichnung seiner Freiheitslehre sind darauf ausgerichtet. Das Prinzip der Wissenschaftslehre muss selbst auch in Freiheit von jedem selbst vollzogen sein. Doch an das Bewusstsein, seiner selbst nur im selbst vollzogenen Gedanken inne zu werden, und seiner anderen Gestalt, dem freien, tätigen Sich-auf-sich-selbst-Stellen, schließt sich in Fichtes Geist von Beginn an das Bewusstsein an, die Einheit des Einen zu erfassen und in ihm Stand zu gewinnen. Auch dies Bewusstsein hat die Wandlung der Lehrform der Wissenschaftslehre nicht nur überstanden. Es hat sie mit bewirkt und ist in ihr immer noch deutlicher hervorgetreten. Nur sie konnte die Blickbahn wie fraglos zur Vorherrschaft bringen, der zufolge die einzelnen Subjekte, und zwar *in* ihrem Für-sich-sein, in einer realen Verbindung miteinander stehen, die ihrerseits in ihrer aller einzigem Selbstsein zentriert ist.

Zusammen mit Fichtes Systemprogramm hat die Abhandlung jedoch diesen Aspekt abgeblendet, und damit wohl noch mehr, als sie damals vor Augen hatte. In Beziehung auf das, was von der Philosophie zu erwägen ist, ging sie davon aus, dass in jedem Selbstbewusstsein ein einzelnes Subjekt in einem Verhältnis zu sich steht und dass es selbst engagiert ist, wenn dies Verhältnis sich entfaltet. Daraus folgt, dass Aussagen Fichtes, die besagen, es müsse eben dieser Selbstbezug ‚vernichtet' werden, von ihr nicht beim Wort genommen werden *konnten*.[104] Sie unterscheiden sich ganz und gar von Aussagen, welche den spezifischen Bezug auf Allgemeinheit hervorheben, und auch von denen, die jener eigenständigen Aktivität der Subjekte ein sie Gründendes voraussetzen und ihm dann diese Aktivität einschreiben. Fichtes Aussagen über eine Selbstvernichtung der ‚Iche' sind deshalb in der Abhandlung nicht einmal erwogen worden.

Insofern ist in der Abhandlung die Zugangsweise Immanuel Kants zum Thema ‚Selbstbewusstsein' eine der Leitlinien geblieben. Kant hat in dem Vollzug ‚Ich denke' einen intelligenten Actus gesehen, der unmittelbar auf begriffsmäßige Einheit zielt, der deren je einzelnes Subjekt in seiner diskursiven Spontaneität anzeigt, der aber dieses Subjekt auch in das Mannigfaltige einer Welt einbindet. Vollständig kann es sich damit weder von seiner Welt noch von seiner Einzelheit lösen. Es muss aber doch Gedanken zulassen, die in den Grund seines Selbstseins zurückgehen. Fichtes Einsicht hatte klar werden lassen, dass sich das Selbstbewusstsein, in dem das Subjekt sich als solches erfasst, nicht nach einem leicht eingängigen Modell verstehen lässt. Das legt es nahe, in das Nachdenken über seine Verfassung die Voraussetzungen seiner Konstitution einzubeziehen – und dies umso mehr, weil die Grundlegung der praktischen Philosophie

---

[104] Das 3. Sonett (FGA I,8, S. 32; FGA II,9, S. 452) verbindet die Vorstellung, dass sich das (jeweilige) Ich selbst vernichten muss, mit der Aussicht, sich als aufgegangen in Gottes Leben zu erfahren. Es ließe sich verstehen, dass Fichte diese Quintessenz seiner Lehre nicht ohne Vermittlung im Druck und in Petrarcas dichterischer Form mitgeteilt sehen wollte (s. oben Anm. 20).

Kants eine solche Blickführung ohnedies notwendig werden lässt. Doch all dies hält sich noch weit von dem Schritt Fichtes entfernt, die Einzelheit des Subjektes in der Einheit eines einigen absoluten Subjektes zu begründen und aufgehen zu lassen.

Fichtes Lehre war nicht nur durchdrungen vom Aufruf zur Freiheit, sondern ebenso von dem zur Gemeinschaft. Man könnte meinen, dass ein Festhalten an der Einzelheit der Subjekte ihn zu nahe in die kühle Unendlichkeit von Leibniz' Welt gebunden halten würde, in der Millionen Monaden sich aus ihrem internen Gesetz widerstandslos neben- und miteinander entfalten. So wäre Fichte von den edelsten Grundtendenzen seiner Zeit ferngehalten, obwohl doch seine Theorie der Intersubjektivität den ‚Aufbruch der Freiheit zur Gemeinschaft' bedeutet habe.[105] Solche Gedanken, die im Hintergrund des Erwägens aufkommen können, sind Anlass genug dafür, mit einem Wort auf sie einzugehen.

Jacobis Resümee von Spinoza, dass alles in Einem bestehe (Hen kai Pan) lässt sich als Leitsatz der Denkweise verstehen, für die alles in Einem begründet und letztlich von ihm ungetrennt ist, so dass jedes sich mit anderen in ihm als dem einzig eigentlich Wirklichen ‚vereinigen' kann. Und doch kann man das Eine gar nicht ohne die verstehen, die sein ‚All' ausmachen. Schon deshalb leuchtet es nicht ein, dass die vielen ihre Untrennbarkeit vom Einen letztlich und eigentlich durch ihre Selbstpreisgabe zu bezeugen haben. Sind die Vielen keine bloße Täuschung, so folgt doch in Wahrheit, dass sie sich *in gerade ihrem eigenen Selbstsein* als dem einzig letztlich Wirklichen zugehörig zeigen müssten. Daraus ergibt sich wieder ein Hinweis darauf, wie das spinozanische Grundmotto der Zeit in Einsichten über den Menschen umgesetzt werden sollte: Die Hingabe an eine gemeinsame Aufgabe kann ebenso wenig wie eine intime Gemeinschaft über eine Art von Preisgabe der Einzelheit der Einzelnen begriffen und wirklich gelebt werden. Je mehr sich das Einzelleben in einem Anderen zentriert, umso mehr muss es zugleich in seiner Selbstheit verwirklicht sein. Ein Mitsein, in dem die Subjektivität des Einzelnen nicht vertieft wird, ist wohl eine Vereinigung von Lebewesen im Rudel, in der Herde oder im Schwarm, nicht aber eine

---

[105] Wilhelm Weischedel, *Der Aufbruch der Freiheit zur Gemeinschaft: Studien zur Philosophie des jungen Fichte*, 1. Auflage, Leipzig 1939.

Vereinigung von Subjekten. In vielen ihrer Züge unterstreicht Fichtes Lehre dieses Prinzip. Aber der Bauplan der monistischen Systemarchitektur hat andere Kräfte in ihr zur Wirkung kommen lassen. Angesichts der erschließenden Bedeutung, welche Fichtes Einsicht in die Problemlage, die mit dem Ich-Gedanken verbunden war, zukommt, ist es zunächst verwunderlich, dass die späteren Wissenschaftslehren den Erschließungsbereich der Verfassung von Selbstbewusstsein eingeengt haben. Die Fassungen aus und nach der Berliner Rektorenzeit haben ihn wieder erweitert, aber niemals mehr den freien Raum für ihre Erkundung aus der Gründungszeit der Wissenschaftslehre zurückgewonnen. Doch eben dies versteht man aus der Dominanz, welche die ‚Ichform' über einen anderen Prinzip-Gedanken als den des Subjektes gewonnen hat. Die ‚Ichlehre' war nun im Prinzip einer Grundlegung zu verankern, dem die ‚Ichform' diesseits ihrer Zuweisung an die einzelnen Subjekte beizulegen war. Die Entscheidung darüber, ob sie dann wirklich noch unverkürzt für die Verständigung über deren Verfassung zur Verfügung stand, war von einem neuen systematischen Aufbau der Wissenschaftslehre abhängig geworden.

Ich habe in der Abhandlung Fichtes dritte Formel als These über das *einzelne* Selbstbewusstsein aufgefasst. Damit ist klar, in welchen Grenzen sie die Aussicht auf eine Verständigung über Selbstbewusstsein eröffnen konnte. Schon in Beziehung auf die erste Formel konnte sie nicht im Ernst daran denken, das ‚Sich-Setzen' der ersten Formel als ein Hervorbringen seiner selbst zu verstehen. Was unvermittelt in einem Akt hervorgehen soll, ist das einem Subjekt wesentliche Selbstbewusstsein. So ist die Selbstschöpfung auch nicht die Vorstellung, die mit der dritten Formel der späteren Wissenschaftslehre preisgegeben wird. Wenn in beiden Formeln nur eine Weise gefasst ist, die innere Genesis des Selbstbewusstseins zu verstehen, so müssen sie sich dadurch unterscheiden, wie sie diese Aufgabe angehen. Die dritte Formel unterscheidet sich von ihren Vorgängern dann zuerst dadurch, dass sie über den Selbstbezug der einzelnen Subjekte im Zusammenhang mit dem Grund ihres Bestehens einen Aufschluss geben soll.

Diese Zuordnung kann nicht mehr anbieten als eine Orientierung in begrifflich-theoretischem Zusammenhang. Sie hat aber einen ganz unmittelbaren Bezug zu dem Leben des Menschen, das bewusst zu führen ist und das einer Verständigung über sich selbst bedarf. Es gehört zum Gehalt von Fichtes Formel, dass sich dies Leben zunächst, aber nicht allein auf seine Eigenständigkeit und seine Fähigkeit zur Selbstbestimmung zu besinnen hat. Es wird sich immer als in einen Zusammenhang einbegriffen verstehen müssen. Die Frage, welcher dies ist, wird dort immer virulent sein, wo es sich darum bemüht, das Wissen von sich in einen solchen Zusammenhang einzubetten.

In Fichtes Lehre, auch in seiner Bemühung um das Verstehen von Selbstbewusstsein, ist diese Dimension gegenwärtig, und zwar immer mehr unter der Dominanz des einzigen selbstbezüglichen Einen. Sie hat in der Wendung zur dritten Formel einen hohen Grad an Explizitheit und in ihrem Gehalt eine bestimmte Orientierung angenommen: Die Subjekte haben sich in ihrem Selbstverständnis in diesen ihren Ursprung zurückzustellen. Zusammen mit allen müssen sie sich als Manifestationen ‚des Einen' begreifen. Nur aus seiner Entfaltungskraft beziehen sie auch in der Selbstgestaltung ihres Lebens eine Art geliehener Realität.

Die Abhandlung hat angesichts der Züge in Fichtes Konzeption, die für sie sachlich bedeutsam waren, über die neuerliche Umbildung ihres systematischen Kerns hinweggesehen: nachdem das ‚Ewig Eine' sich im Wissen manifestierte und die ‚Ichheit' des Wissens allererst zu endlichen Subjekten werden musste, war es Fichte nunmehr nahegelegt, die Selbstbegrenzung der Subjekte über die Gewissheit vom Ursprung ihrer Freiheit hinaus bis zur Forderung nach deren Selbstvernichtung zu steigern und mit ihr das Versprechen auf die höchste Einsicht in ihrer Selbstverständigung zu verbinden.[106]

Die Abhandlung ist Fichte nicht bis in diese neue Schwierigkeit seines Gesamtkonzeptes hinein nachgegangen. Sie hob, ihrer eigenen Überzeugung gemäß, die Züge hervor, die verstehen lassen, dass jedem einzelnen Selbstbewusstsein ein Konstitutionsakt vorausliegt, der seinem Vollzug kontinuierlich innewohnt, es bestimmt,

---

[106] So bezeugt es eindrucksvoll das dritte Sonett Fichtes, das zwar mit dem zweiten Kursus der Wissenschaftslehre von 1804 im Einklang ist aber in der Veröffentlichung von 1805 die beiden anderen noch nicht begleitete (vgl. oben Anm. 20). Die späteren Berliner Versionen verstärken zwar wieder die Bedeutung des Selbstseins der Subjekte im Prozess der Manifestation des Einen. Auch sie folgen aber dem mit der neuen Grundlegung eigentlich schon gesetzten Zugzwang hin zu einer solchen Folgerung.

der es in seine Kapazität einsetzt und von dem her es sich in diesem Selbstvollzug letztlich auch verstehen muss. Für ihn gelten besondere Verstehensbedingungen: Die Weise, wie er im Leben wirksam wird, bedarf eines besonderen Aufschlusses. Er ist auch überall dort gründend, wo einzelne Subjekte sich in freier Assoziation miteinander verbinden.

Die Abhandlung hat jedoch mit Fichte gemeinsam, dass es ihr nirgends allein darum ging, theoretische Grundprobleme zu lösen. Was die Philosophie erarbeitet, soll unmittelbar dazu dienen können, den Menschen ihr eigenes Leben verständlich zu machen und ihnen damit neu beleuchtete und zugleich vertiefte Wege für dies Leben zu erschließen. Von diesem Blickpunkt aus musste die dritte Formel zur Verständigung über Selbstbewusstsein besondere Bedeutung gewinnen – aber eben doch nur in dem Rahmen, in dem sie als Grundentwurf für ein bewusstes Leben dem eigenen Verstehen des Autors der Abhandlung hat gelten können.

21. HÖLDERLINS GEWICHT IN FICHTES PROBLEMKREIS

Macht man sich beides klar, diese Dimension der Lehre Fichtes und die Orientierung, welche die Abhandlung von sich aus der späteren Fassung der Wissenschaftslehre zuschrieb, so wird gleich deutlich werden, welche Faszination für mich von der Entdeckung von Friedrich Hölderlins frühen philosophischen Versuchen ausgegangen ist. Der Band der Großen Stuttgarter Ausgabe, in welcher der Entwurf, von Friedrich Beißner unter den Titel ‚Urtheil und Seyn' gestellt, zum ersten Mal veröffentlicht wurde, ist im Jahre 1961, also nur fünf Jahre vor der Abhandlung, erschienen.[107] Ich stieß nicht sogleich auf diese neue Quelle aus der Frühgeschichte des Idealismus. Im Umkreis der damaligen Hölderlinforschung gab es auch kaum einen Anlass dafür, auf die Bedeutung gerade dieses Textes aufmerksam zu machen.[108]

---

[107] Beide Halbbände (4,1 und 4,2), Stuttgart 1961.
[108] Schließlich wurde es ja notwendig, Hölderlin nicht nur als Schreiber des Textes, sondern auch als Autor des Gedankenganges gegen naheliegende Zweifel zu sichern. Ich musste das tun, bevor ich eine Begründung auf den Text stüt-

Man hatte nun eine Niederschrift vor Augen, die im Zug eines Disputes um Fichtes Theorie des Selbstbewusstseins entstanden sein muss – ein erregter Entwurf, der das Argument, das in der Sache für entscheidend gilt, gleich noch in die Grundzüge einer allgemeineren systematischen Skizze eingliedert. Es ist das Zeugnis eines jugendlichen Impulses, der sich eine Zeit zu geduldigem Studium nicht einräumt – zumal Fichte selbst in seinem ersten Entwurf der Wissenschaftslehre von philosophischer Inspiration und Tiefensicht mehr als von wiederholter, nachhaltiger Besinnung getragen war. Aber viele von Fichtes Erwägungen haben keine Spuren in Hölderlins Text gesetzt. Dazu gehört die Fragestellung, die für Fichtes weitere Entwicklung von so großer Bedeutung sein sollte: Wie nämlich in der Spontaneität des Sich-Setzens des Ich ein konzeptuelles Moment einbezogen sein konnte – wie ein solches Moment, dem notwendig Rechnung zu tragen war, als ein Element in der Einheit des Fürsich-seins des Subjekts und seiner Unbedingtheit begriffen werden kann.

Im bisherigen Gang dieser Nachgedanken sind einige der Schwierigkeiten dargelegt worden, in die Fichtes Konzeption in ihrem Einsatz wie in ihrer Entfaltung hineinzieht. Die Abhandlung von 1966 wollte einer von ihnen durch die Orientierung ihres Zugangs auf die innere Verfassung des *einzelnen* Selbstbewusstseins ausweichen. Hölderlins Entwurf zeigt den jungen Autor und Hörer Fichtes in einer vergleichbaren Situation. Obwohl er keinen Ansatz dazu macht, das Verhältnis der Allgemeinheit in der Konstitution von Selbstbewusstsein und der Einzelheit seiner Wirklichkeit zu erwägen, ist doch klar, dass ihm das einzelne Selbstbewusstsein die Basis für die Evidenz ist, die er geltend macht. Dass es endlich, gewiss nicht

zen konnte (*Hölderlin über ‚Urtheil und Seyn'*, in: ‚Hölderlin-Jahrbuch' 1967, S. 73–96).

Inzwischen sind viele Veröffentlichungen um Hölderlins Stellung in der Frühphase der idealistischen Philosophie entstanden. Hier sei auf die letzte Veröffentlichung von Friedrich Strack verwiesen, *Über Geist und Buchstabe in den frühen Schriften Hölderlins*, Heidelberg 2013. Strack hat seit langem meine Datierung von Hölderlins Text ‚Urtheil und Sein' um etwa ein Jahr später ansetzen wollen und dafür nun neue Gründe vorgebracht. Hier sei nur darauf verwiesen, dass die Abhängigkeit der Entwürfe Sinclairs von Hölderlins Gedanken große Bedeutung für die Frage der Datierung hat. Sinclair ist Hölderlin zuletzt in Jena und dann erst wieder nach dessen Einzug in Frankfurt Anfang 1796 persönlich begegnet.

21. Hölderlins Gewicht in Fichtes Problemkreis

selbstgründend ist, weist für ihn die ‚Trennung' aus, die für seine Verfassung konstitutiv ist. Zugleich greift er Fichtes eigenem Überlegungsgang weit voraus, wenn er eben deshalb dem Selbstbewusstsein einen Grund zuordnet – und zwar einen ihm internen Grund, welcher selbst vermittels jener ‚Trennung' in die Verfassung von Selbstbewusstsein übergeht, ohne selbst von der Form des ‚Ich' sein zu können. Einige Jahre später lehrte Fichte in sehr viel umsichtigerer Begründung, dass Sein in der Ichform zur Erscheinung kommt. Die Abweichung Hölderlins geschieht aber an einem Punkt, der noch gegenüber der späteren Wissenschaftslehre von Bedeutung geblieben wäre. Hölderlins lebendige Anteilnahme an dem Thema Selbstbewusstsein geht zuerst von der Frage seines Hyperion-Romans aus: wie ist in der Lebensbahn des Menschen, die immer in entgegengesetzte Richtungen gewiesen und auch deshalb von Fehlgängen bedroht ist, eine Summe und Sammlung in einem Verstehen zu gewinnen, das mit seinem Grund dessen Ort in einem Ganzen und in einem mit ihm die Möglichkeit seiner selbst als eines Ganzen fasst? Die Bedeutung des Prinzips Selbstbewusstsein, welches die Architektur eines Systems trägt, das Hort der Freiheit ist, bleibt für ihn marginal – im Vergleich mit der Fundierung einer Lebenslehre, welche die Konflikte des Menschen aus ihrem Grunde begreift – im Wissen von dem Bezug beider aufeinander und von dem, was in Streit und Leid über diese hinaushebt.

Wer auf dieser Bahn ins Nachdenken über Selbstbewusstsein hineingezogen wird, der wird kaum darüber in Zweifel kommen, ob das Selbstsein des je einzelnen Subjekts Thema ist oder ob ein einziges singuläres Ich zu untersuchen ist, in dem die Subjektivität der Einzelnen fundiert ist. Was immer eine solche Alternative im Ernst zu beachten verlangt und von welcher Bedeutung sie auch für ein System mit dem Subjekt als Prinzip ist – die Aufmerksamkeit dieses Philosophen wird auf die Verfassung des individuellen ‚ich'-Sagers und auf das konzentriert sein, was den Prozess seines bewussten Lebens ausmacht.

Damit ergibt sich wieder Anlass zu einer allgemeineren Bemerkung: Das philosophische Interesse am Selbstbewusstsein wird von der Aussicht gestützt, dass, wer dessen Verfassung versteht, viel für eine Antwort auf die Frage gewinnen kann, was ein Menschenleben ausmacht und was es mit ihm auf sich hat. Schließt doch jedes Lebensthema in sich eine Ungewissheit darüber und zugleich eine Perspektive darauf, wie sich in der Ausrichtung einer Lebensführung und der Suche nach einer Lebensbilanz die Gewichte einpendeln. Jedenfalls gibt es kaum ein anderes Grundproblem der Philosophie, das als solches in höherem Maße die Aussicht auf eine Aufklärung mit sich führt, welche dann auch die je eigene Lebensführung betrifft. Dass Selbstbewusstsein als ein solches Grundproblem in der modernen Philosophie zu einer Dominanz gekommen ist, steht sicher in einem Zusammenhang mit der Entfaltung einer Kultur der Subjektivität und den von ihr untrennbaren Krisen.

Theoretische Debatten über Selbstbewusstsein sind ein unerlässliches Ferment für den Gewinn eines stabilen Gleichgewichts in der Orientierung auf einem schwierigen Gelände. Worauf sie konzentriert sind, hat jedoch eine viel ausgedehntere Präsenz – von philosophischen Autoren in Eigenproduktion bis zu bedeutenden Dichtern. So sehr die Konzentration auf Details in einem möglichen Gesamtverstehen unerlässlich ist und dabei faszinierend sein kann, so ist doch das Gefüge der philosophischen Thematik verkürzt und ausgedünnt, wenn ihre Lebensbedeutung aus dem Umkreis der Erwägungen ausgeschlossen bleibt. In Fichtes Texten ist sie jederzeit präsent und sogar meist motivierend. Ebenso haben sich Fichtes Schüler überwiegend deshalb in Denkbahnen hineingearbeitet, die von der ihres Lehrers abwichen, weil sie, was sich ihnen als ihr Leben erschloss, nicht in Fichtes Deduktionsfolgen einbringen konnten. Wer sich in der Theorie der Subjektivität engagiert, in dem muss nun einmal immer eine Tendenz dazu angesprochen worden sein, deren Fragen mit den Problemen seines eignen bewussten Lebens im Sinn nachzugehen. Dass Gedanken, die den Status von Ideen haben, der Dynamik dieses Lebens zugehören und sie nicht überfremden, ist die von Platon her erneuerte Lehre der Idealisten gewesen. Mit ihr und mindestens insoweit haben sie die meisten der produktiven Geister der Zeit für sich gewonnen. Und etwas von ihr ist dauerhaft in die Tradition der philosophischen Theorie der Subjektivität eingegangen. Autoren wie Kierkegaard und Sartre gelten so als Begründer einer Theorie der Subjektivität, für die theoretische Grundfragen mit den Themen, die Georg Simmel die der ‚Lebensanschauung' nannte, durchgängig verbunden sind. Montaigne und Pascal gehört ein Platz in ihrer Vorgeschichte. Und wenn einmal, wie in Husserls

Werk, Kontroversen um ‚das Ich' in der kühlen Atmosphäre reiner Theorie gelöst werden sollten, so haben Husserls Schüler alsbald dessen Werk in das überkommene Muster einer Theorie transformiert, der es fremd wäre, ganz und gar ‚rein' nicht nur zu sein, sondern auch zu bleiben.

Die Abhandlung hat mit dem Problem des Selbstbewusstseins auch Fichtes Werk wieder eine Aktualität geben wollen. Sie hat es wie selbstverständlich in einer solchen Profilierung getan. Sie charakterisiert Fichtes Theorieansätze im Zusammenhang mit der Lebensbedeutung, die sich für Fichte mit ihnen erschloss. Und gerade deshalb lassen sich in ihrer Darstellung von Fichtes dritter Konzeption die Konturen einer Lebensmöglichkeit abzeichnen, die nicht mit Fichtes eigenen Folgerungen zur Deckung zu bringen war. Sie musste dabei aber einige der Implikationen ignorieren, zu denen Fichte selbst über die Folgerungen aus der Grundverfassung seines Systems geführt worden war. Man mag auch sagen: Zu denen er genötigt gewesen ist.

Den Herausforderungen, welche in der Entschlüsselung der Selbstbeziehung im Wissen gelegen waren, wollte Fichte – unter den Theoriebedingungen seiner Epoche – im Gang der Analyse einer einzigen absoluten Subjektform entsprechen. Auf die einzelnen Subjekte war dann schließlich nur noch in einem zwar essentiellen, aber untergeordneten Begründungsgang einzugehen. So diente die Gegenrede dazu, mit Fichtes Einsicht in die Verfassung von Selbstbewusstsein ein Lebensverstehen zu verbinden, das Fichtes Einsicht selbst letztlich besser gerecht wird. Doch diese Gegenrede könnte ein Missverständnis begünstigen, dem sogleich vorgebeugt sein sollte:

Es könnte vielleicht scheinen, als werde der *transzendentale Charakter* der philosophischen Untersuchung preisgegeben, wenn in die Verfassung des Gedankens von einem Subjekt als solchen die Pluralität der Fälle seiner Verwirklichung Eingang findet. Doch die Gegenrede zielt durchaus nicht auf einen Empirismus in der Verständigung über Subjektivität. Es gibt auch keinen Grund zu der Vermutung, dass sie eine solche Folgerung immerhin riskiere. Mit der Form von Selbstbewusstsein und dem Wissen von ihr, deren Eckpfeiler jedes Selbstbewusstsein einschließt, ist der Unterschied zwischen seiner Verfassung und anderen mentalen Tatsachen bereits etabliert. An diesen Umstand kann sich die Untersuchung anschließen, die gera-

II. B. Klärungen im Bezug auf Fichte

de in dem Bezug auf die Einzelheit des Subjektseins offenlegt, was man den Vernunftcharakter der Subjektivität nennen kann. Wenn das Subjekt wesentlich als ein Einzelnes verstanden werden muss, so heißt das nicht etwa, dass es zu seiner Form gehört, seine Identität unter Milliarden Individuen bestimmen zu können. Nicht welches Einzelne es ist, sondern *dass* es ein Einzelnes ist, definiert es als Subjekt. Daran kann die transzendentale Untersuchung anschließen, um aus faktischen Aspekten der Subjektivität Weisen der Organisation von Erkennen und Handeln zu begründen.[109]

---

[109] Es ist eine andere Frage: Ob die Weise, wie Subjektivität auf ihren Grund hin in Frage steht, die Grenzlinie des Kantischen Denkens verletzt oder im Rahmen einer Kantischen Lehre von den ‚Ideen' als legitim anzusehen ist (vgl. vom Vf.: *Systemform und Abschlussgedanke*, in: ‚Information Philosophie', Dezember 2000, S. 7–21). Dies zweite wird in diesem Text vorausgesetzt.

III. ALTERNATIVEN IM BAUPLAN

22. ‚DAS WISSEN' ALS PRINZIP – AUFBAU UND FOLGEPROBLEM

Die Einsicht Fichtes ist für die Philosophie wegweisend geblieben – auch wenn sie selbst dies über lange Zeit ignoriert hat. Davon wollte die Abhandlung von 1966 überzeugen. Sie sollte es wohl noch heute tun können. Aber sie hat, mit diesem Ziel im Blick, diese Einsicht doch aus dem systematischen Zusammenhang von Fichtes Programm herausgehoben. Fichte ist dagegen seinerseits gerade in dessen Zusammenhang zu ihr gelangt. Er hat sich zugleich an ihr orientiert in der Grundlegung, der Ausbildung und der Darlegung seines Systemkonzeptes – und über alle Veränderungen dieses Konzeptes hinweg, die ihm notwendig schienen. Dass sein Denken dieser Einsicht folgte und Raum gab, war für ihn ein Kriterium für dessen Eigenständigkeit und Tiefgang sowie für seine Überlegenheit, ja Inkommensurabilität gegenüber den Zeitgenossen (die sich ihm bald ihrerseits überlegen glaubten). Doch blieb sie zugleich immer in den Zusammenhang der Aufgaben eingebunden, zu denen er von seiner Systemkonzeption geführt wurde.

Damit, dass die Abhandlung es notwendig fand, einige der systematischen Perspektiven auszublenden, mit denen für Fichte seine Einsicht verbunden gewesen ist, war eine Differenz zwischen Fichtes Philosophie und den Intentionen der Abhandlung gesetzt, die Fichtes Einsicht erschließen und verspätet wirken lassen sollte. Diese Differenz wurde in der Abhandlung selbst kaum artikuliert und gewiss nicht durchdacht. Im Rückblick musste sie nunmehr aber zum Thema gemacht werden.

Die Überlegungen, welche den dritten Versuch zur Kondensierung der Einsicht Fichtes hervorbrachten, sind dafür insbesondere der Anlass gewesen. Im Zusammenhang damit, dass er Selbstbewusstsein in Beziehung auf eine in ihm gelegene Bedingtheit analysierte, wirkten weitere Gründe dahin, dass Fichte auch die Fundierung des Systems modifizierte.

Nun entstand für Fichte die komplexe Aufgabe: Was als ein Konzept für das Selbstbewusstsein, und zwar als absolutes und somit singuläres Prinzip, auf den Weg gekommen war, unter dem Leitgedanken der Letztbestimmtheit von *Wissen* festzuhalten, zu bewähren und auf neue Weise durchzuführen. Der Exeget von Fichtes Einsicht wird mit seinem eigenen Verständnis dieser Einsicht durch die Umstellung des Systems, die Fichte vornahm, gleichfalls auf ein eigenständiges philosophisches Konzipieren verpflichtet: Er muss rechtfertigen können, dass auch die dritte Formel als eine Skizze verstanden werden kann, welche die Verfassung *vereinzelter* Realisationen von Selbstbewusstsein in ihrem Zentrum treffend charakterisiert. Er hat also in einem Dickicht von Problemen, in dem Fichtes Einsicht ein Fixpunkt der Orientierung ist, einen eigenen Weg auszulegen.[110]

Fichte hatte die *Rede* über das Geschehen eines ‚Einsetzens' zuerst in Beziehung auf einzelne, vorzüglich moralische Subjekte ge-

---

[110] Hier soll ein *kurzer Hinweis auf neuere Veröffentlichungen* seine Stelle finden – und zwar auf solche, *die in der Folge nicht diskutiert werden können, die aber in der einen oder anderen Weise für das Folgende Bedeutung haben:*
Der ständige Bezug auf die eigene philosophische Perspektive, welche schon die Abhandlung von 1966 bestimmte, unterscheidet die Analysen dieses Kapitels von den Veröffentlichungen in der Fichte-Literatur der letzten Jahre, in denen es darum geht, die Intentionen und die Anlage der späteren Wissenschaftslehre in Beziehung auf deren Jenaer Versionen herauszuarbeiten. Ich kann hier nur die Namen einiger Autoren von mehreren wichtigen Untersuchungen dieser Art nennen: Christian Klotz, Ulrich Schlösser, Andreas Schmidt, Günter Zöller.
Den Unterschied zwischen den späten Berliner Wissenschaftslehren erläutert Reinhardt Lauth in der Einleitung zum 2. Band von *J. G. Fichte, Späte wissenschaftliche Vorlesungen*, Stuttgart 2003.
Leider kann ich hier auch nicht auf die Argumente der Veröffentlichungen zweier Kollegen eingehen, die über lange Jahre meine Assistenten waren: Hans Peter Falk und Anton Friedrich Koch. Die Werke Kochs sind vielfach im Anschluss an Überlegungen Falks entstanden, und beide enthalten eine unausgesprochene Kritik an meinen Versuchen und Formulierungen zu einer Theorie von Selbstbewusstsein. Falk, der darauf zielte, Aussagen zur Subjektivität über einen starken Wahrheitsbegriff zu rechtfertigen, hat in diesem Zusammenhang noch vor seiner schweren Erkrankung mehrere Abhandlungen zum späten Fichte geschrieben. Koch hat im Anschluss an Falks Bezugnahme auf die ‚es scheint mir, dass'-Sätze eine Theorie von drei Stufen des Gebrauchs des Indikators ‚ich' entwickelt (*Versuch über Wahrheit und Zeit*, § 31; *Wahrheit, Zeit und Freiheit. Einführung in eine philosophische Theorie*, VII, beide Paderborn 2006). Es liegt nahe, sie in ihrer kritischen Distanz gegenüber dem hier skizzierten Versuch zu betrachten, die Dimension des Transzendentalen *innerhalb* des Selbstbezugs jedes Selbstbewusstseins herauszuheben.

braucht. In den Wissenschaftslehren seit 1801 musste sie aber einen anderen Bezug gewinnen – und zwar im Zusammenhang der neuen Formulierung für das Prinzip der Wissenschaftslehre selbst, die eine Vertiefung in die Verfassung des Wissens in seiner Beziehung zu dem ‚Sein' zu erreichen hatte. Als dessen Erscheinung war dies Wissen nun zu verstehen, so dass es sich in allen seinen Aspekten und Formen als eine solche Manifestation realisieren sollte.

Diese Herausforderung reichte – auf dem hohen Niveau der Reflexion und der Vielfalt der schon gewonnenen Theoreme – nicht weniger weit als die andere, die den Interpreten dazu nötigt, eine Konzeption zu entwerfen, die dem Prinzip von Fichtes System, dem *Ausgang* vom Absoluten, entgegengestellt werden kann. Fichte musste seinerseits den Theoremen, die er in Beziehung auf das singuläre und absolute Ich formuliert hatte, ein Äquivalent und dabei eine Vertiefung geben, wenn Wissen im allgemeinsten Sinn nunmehr den Platz der Eingangsevidenz besetzen sollte. Diese Stellung musste es in allen Spezifikationen von Wissen behaupten, so dass Fichte alle Folgetheoreme an die neue Grundlegungsart anzuschließen und dafür neu zu formulieren hatte. Das gilt zumal für diejenigen, welche das Erscheinungsbild der Wissenschaftslehre am deutlichsten profiliert haben.

Das wichtigste dieser Theoreme ist der *epistemische Idealismus* gewesen – also die Lehre, der zufolge der Gehalt von realitätsbezogenen Gedanken jeglicher Art als *bloßer* Gehalt von Vorstellungen, kognitiven Tatsachen und epistemischen Akten zu begreifen ist. Dieser Idealismus war mit dem Gewicht der Einsicht in die Verfassung des Selbstbewusstseins insofern verbunden, als diese Einsicht in der Gestalt der Konzeption vom Sich-selbst-Setzen des Ich zugleich die Grundfigur für ein Denken bereitstellte, das sich von Kants Lehre vom Ding an sich loszumachen vermochte. Diese Lehre Kants war von Gottlob Ernst Schulze und Friedrich Heinrich Jacobi gleichermaßen als die Achillesferse der kritischen Philosophie einer hämischen Kritik unterzogen worden. Deren Argumente akzeptierte Fichte, war sich aber sicher darin, dass ihr mit einer vertieften Transzendentalphilosophie entgegenzutreten sei.

Die Fülle und die Mächtigkeit der Probleme, die damit in den Blick kommen, gibt wieder Anlass zu einer Zwischenbemerkung. Sie dient auch dazu, dass deutlich wird, was von diesem Text noch zu erwarten ist und was nicht erwartet werden kann: Er wird keine Probleme aufnehmen, welche schon die Abhandlung bei der Entfaltung von Fichtes Einsicht meinte beiseitelassen zu sollen. Auch insofern ist er als Nachschrift zu einer vor langem erschienenen Abhandlung zu verstehen. In ihr ist eine Differenz zwischen der Gesamtintention von Fichtes Denken und der philosophischen Motivation des Autors herausgestellt worden, die Fichtes ‚ursprünglicher Einsicht' im Denken und im Selbstverständnis der eigenen Zeit wieder zur Geltung verhelfen wollte. Diese Aufgabe wird auch weiterhin ihre Leitlinie vorgeben.

Diese Differenz, die von der Abhandlung im Untergrund gehalten war, kann zwei Erwartungen aufkommen lassen. Sie werden von dem dargelegten Grundunterschied zwischen Fichtes Begründungsziel und der Motivation seines Exegeten geradezu provoziert. Als vordringlich wird dabei wohl den meisten die Frage erscheinen, ob und wie Fichte seine Einsicht im Zusammenhang der veränderten Grundlegung bewahrte und etwa auch erweiterte. Man hat davon auszugehen, dass er seine Aufgabe anders als die einer bloßen Umschreibung eines schon überall feststehenden Gehalts in eine andere Sprachform verstand. Die Umstellung auf *Wissen* war für ihn zugleich die Aufgabe zur tieferen Aneignung und Entfaltung der für die Wissenschaftslehre grundlegenden Thematik – also durchaus zu noch beweglicherem und zugleich profunder erkundendem Denken. Ging doch schon allein aus der Überzeugung von der Notwendigkeit der Umstellung selbst hervor, dass die vorausgehenden Fassungen der Wissenschaftslehre, ungeachtet ihrer Subtilität und ihrer vielgestaltigen Teildisziplinen, den in den Blick genommenen Lehrbegriff noch nicht angemessen gefasst und ausgearbeitet haben konnten.

Der Aufgabe eines Unternehmens, das die Dynamik und den Gewinn von Fichtes Arbeit von zwölf weiteren Jahren in eine Übersicht zu bringen sucht, würde eine solche Nachschrift aber gewiss nicht gewachsen sein. Noch weniger könnte sie im Anschluss daran die Figurationen der Begründungen, deren sich Fichte wirklich und wiederholt bediente, durchleuchten und diskutieren. Dem steht bereits die Fülle der Quellen entgegen, die mit der Akademieausgabe und in ihrem Umkreis erst vor Kurzem zugänglich gemacht worden sind – darüber hinaus die inzwischen erreichte Forschungsqualität

22. ‚Das Wissen' als Prinzip – Aufbau und Folgeproblem   207

der spezialisierten Exegese der Fichtetexte. Eine genauere Exegese der Berliner *Wissenschaftslehren* aus und nach Fichtes Rektoratszeit hat überdies kaum erst begonnen. Diese Fassungen der Wissenschaftslehre haben oftmals einen weitgehend geänderten Aufbau, der wohl erst im Gange des Kollegs von Fichte immer weiter konkretisiert wurde. Die Entwicklungsgeschichte Fichtes und die Typologie seiner Argumentationen werden somit noch für lange Zeit das Thema von ausgedehnten Forschungsunternehmen bleiben.

Der Autor der Abhandlung hat sich nach ihrer Publikation seinerseits darum bemüht, Fichtes ursprünglicher Einsicht in der Lebenserfahrung einer anderen Zeit und einer ebenso weitgehend veränderten Situation der Philosophie Gehör zu verschaffen. Er hat zugleich versucht, sie in einem eigenen, anders angelegten Denkversuch maßgebend werden zu lassen, der gegenüber dem Fichtes einen weit zurückgenommenen Erkenntnisanspruch erhebt. Der zweite Teil dieser Nachschrift wird zudem schon deutlich gemacht haben, wie ausgebreitet vorerst die Schwierigkeiten sind, wenn solches unter einer Problemregie unternommen werden muss, die von der angelsächsischen Analysis verfeinert und weiterhin dominiert ist. Zwar haben seit etwa zwanzig Jahren die Wandlungen dieser Analysis einem Nachdenken, in dem ein Interesse an Subjektivität wirksam ist, das Feld wieder aufgeschlossen. Auf die Zeit bis etwa 1990, in der sich diese Wandlung vollzog, wurde zuvor schon zurückgeblickt.[III] Aber schon durch eine Vielfalt von Lehrstücken und methodischen Rücksichten, die dabei in Kraft bleiben, stehen einem umfassenden Konzept, in dem die Grundverfassung von Subjektivität das Thema ist, gegenüber der Zeit, in der sich Fichte seinen Weg bahnte, weit vielfältigere Hindernisse entgegen. Wer an diesen Aufgaben engagiert geblieben ist, kann nicht zur gleichen Zeit Texte, die eben erst zur Verfügung gestellt wurden, erschließen helfen und sodann auch noch einzelne von deren Resultaten in die philosophische Untersuchung einbeziehen.

Im Folgenden werden also weder Forschungen zur ‚späten' Wissenschaftslehre kondensiert vorgetragen noch Möglichkeiten zur Analyse von deren gesamten Begründungsgängen erwogen. Aber diese Nachschrift hat schon allein durch ihre eigenen Überlegungen

---

[III] In den Kapiteln 13 bis 15.

das Profil von zwei möglichen Monographien in den Blick kommen lassen. Sie kann ein Interesse an ihnen wecken, von dem doch offensichtlich ist, dass sie ihm selbst nicht bereits genügen kann. Sie würde aber doch einem beträchtlichen Mangel unterliegen, würde sie nicht wenigstens bis zu einem Vorblick auf die beiden Aufgaben führen, deren sie sich selbst entziehen wird. Denn die Differenz zwischen Fichtes weiteren Folgerungen und den Intentionen, die den Interpreten seiner Einsicht in der Abhandlung leiteten, sind zwar hervorgetreten. Sie würden aber, ohne dass ihrem Kontrast weiter nachgegangen wird, unbestimmt und beinahe leere Platzhalter von gegensätzlichen Möglichkeiten bleiben.

Darum soll noch zu einem Vorblick übergegangen werden. Er soll nicht wie der Eintrag in einem Handbuch gefasst sein, der kondensiert über Tatsachen berichtet. Die Überlegungen sollen sich allein auf die Begründungen stützen, die in der Abhandlung selbst und den hier vorausgehenden Kapiteln entwickelt worden sind – gleich ob sie Fichte zugeschrieben wurden oder Einwände gegen seine Strategie ergeben haben. Dabei hat der wichtigste Zielpunkt immer die Verständigung über Selbstbewusstsein zu sein, die sich aus der jeweiligen Argumentation gewinnen lässt. Denn die Abhandlung hatte doch Fichtes Einsicht als eine unerlässliche Vorbedingung für eine solche Verständigung ausgelegt, die als angemessen gelten kann. In Beziehung auf die späten Fassungen der Wissenschaftslehre steht insofern fest, dass diese Argumentationen nicht aus ihnen allererst zu abstrahieren sind. Sie sind vielmehr als Bedingungen anzusehen, die in deren Begründungsgängen beachtet sein müssen, wenn eine neue Ausarbeitung der Systemform den Grundannahmen uneingeschränkt genügen soll. Sie sind damit gesetzt, dass ‚Wissen' entweder als Ausgangsgedanke alle Grundzüge dessen, was Selbstbewusstsein ausmacht, bereits aufweist oder dass von ihm her dem wirklichen Selbstbewusstsein samt seinen Grundeigenschaften im Ganzen der Entfaltung von ‚Wissen' als Prinzip ein angemessener Platz hergeleitet und eingeräumt werden kann.

Schon Fichtes Einsatz bei dem Grundlegungsgedanken, dass die Philosophie von einem einzigen Prinzip auszugehen habe, welches nicht nur Gehalt eines Gedankens und als solches singulär ist, macht es verständlich, dass er während kurzer Zeit seine Wissenschaftslehre vom Selbstbewusstsein als Prinzip auf ‚Wissen' als Prinzip umstellen konnte. Es gab mehrere interne Gründe zu einer solchen Umstellung. Fichte scheint ihnen ohne irgendeinen Gesamtentwurf Rechnung getragen zu haben, der vorab ausgearbeitet und erprobt wurde. Die Kritik Jacobis, vielleicht auch die Schellings, hat nicht nur am Rande auf sie hingewirkt. Doch ist sicher, dass Fichte über sie keines der Theoreme der ersten *Wissenschaftslehre* in Frage stellen lassen wollte. Er meinte vielmehr, sie nunmehr gegen Fehldeutungen, die geläufig zu werden drohten, abschirmen zu können, und wohl desgleichen, sie nun noch tiefer zu begründen und besser auszuweisen.

Wenn ‚das Wissen' nunmehr zum Prinzip der Wissenschaftslehre wurde, so bedeutet das nicht, dass Fichte in Hegels Sinn von einem ‚absoluten Wissen' sprechen wollte. Der Gedanke von ‚dem' Absoluten, der nicht mehr wie ein Relationsprädikat, sondern wie ein Substantiv, das nur für einen Individualbegriff gilt, in Gebrauch war, wird von Fichte darüber hinaus bereits als selbstexplikativ behandelt, so dass auch das Verhältnis des Absoluten zu Wissen in der Folge unter der Voraussetzung dessen zu bestimmen ist, was mit diesem Gedanken gesetzt ist. Als Absolutes soll gelten, was jede Beziehung zu einem von ihm Verschiedenen ausschließt – auch den Unterschied von etwas in ihm selbst zu anderem innerhalb seiner oder zu ihm als Ganzem. Geht man von dieser einfachen Begriffsbestimmung aus, so kann man zu der Folgerung gelangen, dem Gehalt dieses Gedankens entspreche, was mit dem Ausdruck ‚das Sein' eigentlich gemeint ist; und es sei dann auch unmittelbar klar, dass dies ‚Sein' als das schlechthin Differenzlose jedem Erkennen, das doch spezifizieren und also differenzieren muss, schlechthin entzogen ist. Nun ist aber ebenso klar, dass mit dem Wissen, das eben diese Begriffsanalyse ermöglicht, etwas einen Bestand hat, was nicht selbst das singuläre Absolute sein kann. Damit stellt sich die Frage, unter welcher Bedingung etwas bestehen kann, das weder das Absolute selbst noch von ihm verschieden ist.

Dem Anschein des Paradoxen oder nur Verwirrten, der damit eintritt, entgeht Fichte, indem er zu einer, wie er offenbar meint, in begrifflicher Notwendigkeit begründeten Folgerung schreitet. Mit ihr überbrückt er zugleich den Graben zwischen einem rein ontologischen Begriff, der freilich ohne Rücksicht auf die Kritik an ihm ganz unvermittelt in Gebrauch genommen wird, und einem Strukturbegriff, der Mentales einschließt. So kann er zu einem Resultat gelangen, das seinem ursprünglichen Ansatz wieder nahekommt: Das Absolute kann (und muss) *erscheinen*. Diese Erscheinung ist nämlich weder ein anderes als das Absolute noch nichtig schlechthin. Dies müsste es sein, sollte es neben einem Absoluten bestehen. Geht man von dem Arsenal ontologischer Begriffe aus, in dem ‚Sein' ein Leitwort ist, dann hat ‚Erscheinung' den Status eines flüchtigen Anscheins, dessen Bedeutung kaum zu fixieren ist. Der entscheidende Grund dafür liegt allerdings darin, dass ‚Erscheinung' nicht ohne die Präsenz eines Erscheinens *für* etwas und folglich nur unter Einschluss von einem ‚Wissen' zu verstehen ist. Nur kann das, dem etwas erscheint, nicht neben dem Absoluten und deshalb auch nicht außerhalb des Erscheinens bestehen. Fichte setzt den Gedanken ‚Sein' somit in den schlechthin grundlegenden Bezug zu Wissen, indem er ‚*das*' Wissen als die in sich selbst geschlossene Erscheinung des ontologischen Singulums ‚Sein' definiert. Als Resultat dieser Operation hat er, kaum verhüllt, den Ausgangsgedanken seiner ersten Fassung der Wissenschaftslehre zurückgewonnen. In ihr war ‚das Ich' über das Wissen von sich selbst und dessen Gewissheit als das Absolute seines Systems eingeführt worden.

Es ist nun von Bedeutung, dass die Situation, von der die Wissenschaftslehre ausgehen kann, prinzipiell von einem Wissen *von* ‚dem Sein' unterschieden bleibt. Das Sein erscheint in dem, was das Wissen als solches *ausmacht*. Soll also ein Wissen *von* dem Absoluten möglich werden, so muss es sich über das Selbst-Verstehen des Wissens als der Erscheinung des Seins ausbilden. ‚Sein' kann nicht der Gehalt von Wissen werden – schon gar nicht am Beginn des Prozesses, der im Erscheinen des Seins begründet ist.

Zwei Eigenschaften, die für das Wissen als solches konstitutiv sind, machen deutlich, dass ‚das Sein' kein letzter und ausgezeichneter Gehalt sein kann, der in einem Wissen auf irgendeine Weise präsentiert wird. Zum *einen* ist jedem Wissen intern ein Gehalt zugeordnet, der seiner Verfassung *als* Wissen gemäß ist. Zum *anderen* steht Wissen als solches immer in einer Beziehung zu sich selbst. Es kann, wie schon Aristoteles fand, kein Wissen geben, dem nicht in irgendeiner Weise ein Wissen von sich selbst zugeordnet ist – und dies nicht kraft einer Aufstufung in einer Hierarchie von Wissensakten, sondern in ihm selbst, insofern es überhaupt Wissen ist.

22. ‚Das Wissen' als Prinzip – Aufbau und Folgeproblem 211

Man kann sogleich in den Grundzügen absehen, dass diese beiden Rahmenthesen eine hinreichende Voraussetzung dafür sind, das gesamte Gefüge der Begründungen der früheren Wissenschaftslehre auf die neu formulierte Grundlage zu versetzen und auf ihr sogar weiter auszubauen. Die Interpreten seiner Werke müssen der multiplen Aufgabe gerecht werden, nicht nur Fichtes zahlreiche Ansätze zum neuen Aufbau der Wissenschaftslehre zu erschließen, sondern sie zu den vorausgehenden Fassungen und den Gehalten, die sie erschlossen haben, in Beziehung zu setzen und Fichtes eigene Bezugnahmen zu rekonstruieren.

Zu den Theoremen, welche aus der veränderten Grundlegung der Wissenschaftslehre mit einiger Leichtigkeit hervorgehen können, gehört, wie gesagt, der epistemische Idealismus, der, als subjektiver Idealismus, einem notorischen Verdacht unterliegt: Wissen hat keinen Bezug zu einem ‚Ding an sich', also zu Gehalten, die unabhängig von ihm bestehen. Als Erscheinung des Seins in seinem Wesen kann es sich auch immer nur aus sich selbst weiter bestimmen. Insofern macht es also, eben als die Erscheinung *des* Absoluten, welche es ist, ein einiges, in sich geschlossenes Gefüge aus. Im Gegensatz zu dem Sein, das in ihm erscheint, ist es durchaus dynamisch verfasst, eine in sich selbst gegründete Entwicklung, und auch dies in Entsprechung zu dem ‚absoluten Ich', das darin wiederum sein Vorgänger ist. Insofern sich diese Entwicklung innerhalb dessen aufbaut, was insgesamt die Grundverfassung von Erscheinung hat, vollzieht sie sich als eine Sequenz von *Bildern* oder von *Schemata*. Sie lassen verständlich werden, was sich für unreflektiertes Handeln als eine für sich feststehende, aber modifizierbare Wirklichkeit darstellen muss.[112]

---

[112] Hier ist anzumerken, dass diese Untersuchung einen Zusammenhang beiseitelässt, der in Fichtes späterem Werk und seiner Erörterung einen breiten Raum eingenommen hat. Seine Konzeption verlangt von Beginn an, dass dem, was im und dem Bewusstsein ‚gegeben' ist, in Wahrheit gar kein Bezug auf eigenständig Wirkliches zuzuschreiben ist. Jeder Bezug, der solchem Gegebenen scheint zugeordnet werden zu müssen, kann doch nur ein solcher auf andere Vorstellungen sein. Nun ist aber in der auf ‚dem Wissen' begründeten späteren Form der Wissenschaftslehre alles Wissen als ein Erscheinen aufzufassen – aber so, dass das Absolute, in Beziehung auf das von einem Erscheinen die Rede ist, selbst gar nicht erscheinen kann. Daraus folgt, dass Fichte darauf eingestellt sein muss, Weisen des Erscheinens (von *Bildern*) in deren Beziehung auf anderes, das denselben Bildstatus hat, verständlich werden zu lassen. So schließen sich an Bilder immer andere Bilder an. Es kann damit zu einer autonomen

III. Alternativen im Bauplan

Auch ein anderes Grundmuster der ersten Wissenschaftslehren kann leicht auf das neue Fundament transferiert werden – und dies ist sogar folgenreicher als der subjektive Idealismus für sich allein. Denn Fichte sieht in ihm den Motor des Erscheinens in seiner Entfaltung: Für Wissen ist ein Grundunterschied konstitutiv, der über die innere Doppelung der Erscheinung einen weiteren Aufschluss gibt: nämlich die zwischen der Art der Realisierung eines Wissensstandes

Bestimmungsbewegung hin zu immer komplexeren ‚Bildungen' kommen. Deren Dynamik ergibt sich daraus, dass jedes Bild *als solches* verstanden sein muss. Es ist damit auf etwas zu beziehen, von dem es ein Bild ist, das aber seinerseits wiederum nur Bild sein kann, das folglich durch einen weiteren Bezug als Bild zu verstehen ist. Daraus ergibt sich, dass der Status des Wissens von einem Bilde *als* Bild in einem Zusammenhang zu untersuchen ist, welcher dem nahekommt, den die zweite Formel dem Selbstbewusstsein zuspricht: dass es nämlich ein Verstehen seiner selbst als Selbstverstehen einschließe. In der Folge davon kann man somit zu der noch weitergehenden These gelangen, das Wissen vom Bild als solchem sei für Fichte die entscheidende genetische Bedingung und auch Erklärung von Selbstbewusstsein in seinem Selbstbezug. Das liegt umso näher, wenn man mit Fichte annimmt, in der Rede von ‚dem Wissen' sei ein von Vieldeutigkeit freier Ausgang für die Wissenschaftslehre gewonnen.

Ich selbst müsste nun zu einer ausführlicheren Begründung ansetzen, welche dieser Art der Auslegung, aber auch einer Tendenz entgegenwirkt, die gelegentlich in Fichte selbst zur Wirkung kommt. Dazu ist ein eigener Gang von Überlegungen erforderlich, der begründen kann: Es gibt eine Intelligenz, die nicht als ein bloß reaktives Verhalten, in dem Zeichen verarbeitet sind, zureichend erklärt ist. Diese Intelligenz ist aber von einer rationalen Orientierung in einem Grundverhältnis zu unterscheiden, das sich um den Selbstbezug von Subjekten ausbildet (samt der in diesem Selbstbezug gelegenen Selbstdistanz). Ich verzichte hier auf diese Darlegung – ebenso wie früher auf eine nähere Erörterung des Problems des Subjektbezugs der Qualia. Bilder sind eine Spezies von Zeichen. (Das Wort ‚Bild' kann auch, wiewohl irreführend, für ‚Zeichen' im Allgemeinen gebraucht werden.) Man muss Zeichen *als* solche verstehen, um ihre semiotische Funktion wahrzunehmen – ähnlich den Bedeutungen von Wörtern der Sprache, sollen sie nicht als bloße Lautketten vernommen werden. Das materiale Substrat von Zeichen lässt sich immer auch anders rezipieren und gebrauchen. Aber man muss dies ‚als', das einen intelligenten Gebrauch festhält, von einem Verstehen unterscheiden, welches expliziten Begriffsgebrauch voraussetzt. Diesen Unterschied klar herauszustellen wäre die erste Aufgabe der Untersuchung, die hier unterlassen wird. Dass das Bewusstsein, welches Subjekte jeweils von mir als von ‚mir' haben, einen Begriffsgebrauch verlangt, haben schon die Ausführungen im ersten Buchteil über den notwendigen Bezug auf Allgemeinheit ergeben, die für ‚dieses Ich' gleichfalls definitorisch ist.

Alessandro Bertinetto hat mehrere Aufsätze geschrieben, in denen die ganz grundsätzliche Bedeutung der Bild-Analyse für Fichte begründet wird. Christian Klotz differenziert in einer Abhandlung, die im Erscheinen begriffen ist, die beiden Bewusstseinsweisen gegeneinander.

22. ‚Das Wissen' als Prinzip – Aufbau und Folgeproblem

als solchem und seinem jeweiligen Gehalt. In seinem Sprachgebrauch schließt Fichte diese Unterscheidung an die Kantische Unterscheidung zwischen Anschauung und Begriff an. Dabei kann dann ‚Anschauung' als die grundlegende Art der Vergegenwärtigung oder der Darstellung von etwas in seiner Faktizität aufgefasst werden. Nach dem Prinzip dieses Idealismus, der im produzierenden Subjekt nicht nur begründet, sondern ebenso eingeschlossen ist, kann ‚Gegebenes' nur aus einer Produktionskraft hervorgehen. Aber gegeben ist es doch wiederum nur, wenn zugleich in einer Weise, die für Begriffe charakteristisch ist, das Gegebene ‚als solches' aufgefasst und so in seinem Status, gegeben zu sein, verstanden wird. Ein Gehalt, der auf irgendeine Weise in das Wissen Eingang findet, tritt nicht einfach in einer, vielleicht ungewohnten, Umgebung auf. Er nimmt eine für ihn nunmehr charakteristische Verfassung an; und er kann nur in ihr als solcher Gehalt gefasst werden.

Fichte hat damit die kantische polare Relation zwischen einem spontanen Hervortreten und seiner Fixierung in Begriffsform auf der neuen Grundlage restituiert. Indem die beiden Pole als Anschauung und als Begriff gefasst bleiben, sind sie noch mehr von ihrem strukturalen Unterschied als von ihren synthetischen Leistungen her thematisiert. Aber dieser Gegensatz ist die Grundlage dafür, dass sich im Ausgang von der Einheit des Wissens eine Totalität zu entwickeln vermag, die in sich geschlossen und darin in einem aus sich besteht und auf sich selbst bezogen ist. Mit dieser Aussicht ist die Möglichkeit verbunden, dass sich so – und nur so – die Erfahrungen des Menschen mit sich und seiner Welt in ihrem wirklichen Reichtum, ihrer Verflechtung und ihrem Tiefgang aus sich selbst heraus erschließen werden. Fichtes erste Wissenschaftslehre hatte mit dieser Leistung, seinen Deduktionen im ersten Teil der *Wissenschaftslehre* von 1794, auf seine Zeitgenossen noch größeren Eindruck gemacht als durch ihre Originalität und Begründungskraft.

In dieser Nachschrift sollten Schritte unterbleiben, die über diese Erinnerung hinaus in die Exegese von Fichtes stets neu ansetzenden Versuchen hineinführen müssten, nämlich das Gefüge epistemischer Leistungen wirklich zu entfalten, das den Eckdaten der neuen Gestalt seines Entwurfes entspricht. Es ist klar, dass die mit dem Ausgang von dem Wissen als Erscheinung gesetzten Prämissen daraufhin orientieren, dies in sich geschlossene Wissen zur Erkenntnis der alles beherrschenden Wahrheit hinzuführen, *dass* Wissen als die Erscheinung des selbst unbegreifbaren ‚Seins' zu verstehen ist. Auch dies Begreifen wird nicht ein nur begriffliches Wissen bleiben. Insofern nämlich *das* Wissen Erscheinung des Absoluten ist, erweist sich der gesamte Prozess, in dem es diese seine Form entfaltet und so zum Begreifen seiner selbst gelangt, als dem Absoluten selbst zugehörig, sofern es denn erscheint. In seinem Erscheinen wird also das Absolute selbst zu einer Genesis, die nicht Sein ohne alle Differenz, sondern durchaus *Leben,* also Differenz in Selbstbewegung ist. Dies aber zu verstehen, verwandelt zugleich die Subjekte, in denen sich solches Wissen ausbildet – zumal sie in ihrem Wollen ihre eigentliche Wirklichkeit haben.

Ein solches Leben zu begreifen heißt anderes, als einen Begriff von ihm zu haben. Wer immer es als Absolutes begreift, muss sich als in den Prozess eingebunden verstehen, um darin nicht nur in seiner Beziehung zu sich selbst zur Klarheit zu kommen, sondern in dem Prozess zugleich ein Leben zu haben und zu vollziehen. Der Aufweis dessen, was darin alles gelegen ist, macht einen weiteren Bereich der Wissenschaftslehre aus. Er ist der ‚praktische' und so der für Fichte gewichtigste. Denn in ihm wird die für den Freiheitslehrer Fichte charakteristische innere Beziehung von Freiheit und universaler Menschheitsbindung begründet.

In diesem letzten Absatz der Profilskizze von Fichtes Wissenschaftslehre, die zur Lehre von *dem* Wissen wurde, werden offensichtlich Subjekte auf ihr Selbstverstehen in dem Wissensprozess angesprochen. Der Rechtsgrund dafür, dass Subjekte mit Ich-Gedanken in einen solchen Prozess zur Gänze einbezogen sein können, muss bis jetzt immer noch durchaus in Frage stehen. Es wird von einem Klarwerden über sich selbst im Gesamtprozess des Lebens so gesprochen, dass, soll die Rede nicht metaphorisch bleiben, immer noch ein Subjekt vorausgesetzt bleibt, in dem sich dies Verstehen vollzieht.[113] Doch ist noch nichts darüber gesagt, an welchem Ort in dem entfalteten Gefüge des Singulums ‚das Wissen' sich die ursprüngliche Einsicht in dies Gefüge vollziehen könnte, so dass sich

---

[113] Dass er eine solche Voraussetzung nur stillschweigend in Anspruch nimmt, ist einer von Fichtes eigenen Grundeinwänden gegen Schelling (z.B. FSW 10, S. 477; FGA II,13, S. 168).

22. ‚Das Wissen' als Prinzip – Aufbau und Folgeproblem

ein solches Verstehen des Lebens und die Vollzugsart, die der eines ‚Ich' entspricht, ausbilden kann. ‚Das Wissen' war bisher nur als ein Prozess zu denken, der zwar in seiner Selbstbeziehung geschlossen ist und insofern die ‚Ich*form*' aufweist, der zugleich aber doch als ein anonymes Geschehen in seiner Ganzheit keiner Adresse zugewendet ist. Wie könnte es sich nun nach der Art von Subjekten in sich selbst zurückwenden, so dass es im Verstehen des Absoluten als Leben sich selbst verständlich wird? Kann ein subjektloses Wissen kraft seiner Verfassung derart in Selbstbeziehung stehen, dass das Wissen *von* sich gleichfalls subjektlos aktualisiert ist?

Ist man bis zu diesem Stadium der Überlegung gelangt, dann liegt es nahe, auf eine Folgerung zurückzukommen, die bei der Umschreibung des Prinzips der Wissenschaftslehre ohnehin bereits auf die Hand gelegt war: Die Form von Wissen ist nun zum monistischen Prinzip des Systems geworden, *ohne* dass Selbstbewusstsein in die Verfassung von Wissen einbegriffen ist. Also muss über die Suite der Entfaltungsstufen dieses Prinzips eine Situation erreicht werden, in der die Form der Verfassung wirklicher Subjekte und dann auch die endlichen Subjekte selbst in das dynamische Gefüge der Implikationen von Wissen eintreten können und von Fichte wirklich in sie eingegliedert werden. Was die ihnen gemeinsame Wirklichkeit ausmacht, könnte dann als der Vollzugsort des Selbstwissens innerhalb der Einheit von *dem* Wissen überhaupt verstanden werden.

Fichte war in den Vorlesungen zur philosophischen Grundlehre, die er nach seinem Rektorat, dem ersten der neuen Berliner Universität, vortrug, schließlich mit neuer Aufmerksamkeit um eben diese Herleitungen bemüht. Dass dem Wissen selbst eine ‚Ich-Form' zuzuschreiben war, ermöglichte zwar die Reformulierung der Wissenschaftslehre ohne eine Veränderung ihrer Gesamtanlage. Sie genügte nun aber allenfalls als Garantie für die Möglichkeit einer Entfaltung des auf ‚das Wissen' gegründeten Systems hin zum Verstehen der Funktion von Subjektivität und zur Herleitung wirklicher Subjekte. Sie war aber nicht mit dieser Herleitung zu identifizieren.

So ist also über eine Situation eine Aufklärung zu geben, die durch zwei Aussagen bestimmt ist: 1.) Der Wissenschaftslehre liegt ein Prinzip zugrunde, dem die Ich-Form zuzuschreiben ist. 2.) Innerhalb der Entwicklung, in welche dieses Prinzip selbst notwendig eintritt, sind die Verfassung des wirklichen Selbstbewusstseins und sodann die selbstbewusst handelnden Subjekte als Stadien dieser Entfaltung herzuleiten.

Diese einfachen und zugleich weitreichenden Aussagen sowie deren Verhältnis und Vereinbarkeit ziehen alsbald in komplexe Überlegungen. So stellen sich – jeder Exegese der inzwischen zahlreichen Texte voraus – zwei Fragen. Sie betreffen die Stellung von Selbstbewusstsein im Ganzen von Fichtes neuem System. Und sie erlauben auch eine Erörterung, die nicht von der Expertise des ausgewiesenen Spezialisten für Fichte-Texte abhängig ist. Dass er solche Fragen im Sinn hat, ist vielmehr eine Voraussetzung dafür, dass seine Untersuchungen von philosophischen Fragen erhellt und angeleitet sind. Sie treten aus den Texten selbst nicht etwa wie von selbst hervor. Darum ist zunächst zu fragen, wie die Zuschreibung der Ich-*Form* zu ‚dem Wissen' zu verstehen ist und was sie in Beziehung auf das *als solches* aktualisierte Selbstbewusstsein impliziert. Danach ist insbesondere zu fragen: In welcher Weise kann auch das aktualisierte Selbstbewusstsein in der neuen Systemform auftreten? Und gezielter: kann dies wirklich unter Bewahrung aller seiner Strukturmerkmale geschehen – zumal derer, die ihm in direktem Zusammenhang mit Fichtes ursprünglicher Einsicht zuzuschreiben waren?[114]

Die erste Frage findet eine schnelle Antwort, zieht aber zugleich eine weitreichende Folgerung nach sich: Mit dem Selbstbewusstsein teilt ‚das Wissen' die Selbstbezüglichkeit. Beider Fortbestimmung geschieht aus ihrer Selbstbeziehung heraus. So wird es möglich, dem Wissen als Ganzem die in sich geschlossene Form zuzuschreiben, die sich im Gange von deren Explikation als der eigentliche Gehalt von Fichtes Einsicht zum Selbstbewusstsein erwiesen hatte.

Nun wird man sich aber doch dessen erinnern: Fichte hatte als den folgenreichsten Charakterzug dieser Selbstbeziehung hervorgehoben, dass sie nicht nur vorliegt, sondern dass sie *als solche* erfasst wird. Damit steht in unmittelbarem Zusammenhang, was man den Vernunftcharakter des Selbstbewusstseins nennen konnte. Anders als andere elementare mentale Tatsachen hat das Selbstbewusstsein *in* seinem Selbstbezug eine für es konstitutive Beziehung zu Allge-

---

[114] Mit diesen Fragen zusammen stellt sich auch wieder die Frage, ob Fichtes Beschreibung und Ausdeutung einer dynamischen Beziehung zwischen Anschauung und Begriff ausreicht, um die Verhältnisse zu erfassen, die Fichte selbst hervorheben wollte.

22. ‚Das Wissen' als Prinzip – Aufbau und Folgeproblem 217

meinem und damit zu über Begriffe Spezifiziertem. Von ihm her hat sich auch die Dynamik seiner Fortbestimmung über das entfaltet, was Fichte als das Wechselverhältnis von Anschauung und Begriff verstehen wollte.

Es ist unmöglich, allem gleichermaßen, was als Wissen zu bezeichnen ist, diese Eigenschaft zuzusprechen, selbstcharakterisierend zu sein. Somit ergibt sich die Möglichkeit, Fichtes neuer Systemform vorzuwerfen, dass sie sich ganz unmittelbar in einen Widerspruch verwickelt – nämlich den, der Ich-Form des Wissens die spezifische Selbstbeziehung des Selbstbewusstseins sowohl absprechen wie zusprechen zu müssen. Denn die Ichform soll doch dem Wissen als solche und also ohne jede Einschränkung zukommen. Es ist aber ausgeschlossen, diese Kernaussage beim Wort zu nehmen, so lange am Gehalt dessen, was ‚Ichform' heißen soll, gegenüber dem wirklichen Selbstbewusstsein sogar an einem zentralen Punkt Abstriche gemacht werden müssen.

Nun ist allerdings zu bedenken, dass auch die früheren Wissenschaftslehren epistemische Tatsachen einzuführen und zu analysieren hatten, für die dasselbe gilt. Schon damals standen dafür einige verfahrenstechnische Griffe zur Verfügung. Sie konnten etwa den Gegensatz zwischen mentalen Akten wie einem Trieb und seiner Erfüllung einsetzen. Sie konnten auch interne Voraussetzungen der Möglichkeit von Ichheit in Anspruch nehmen, die sich im Akte der Selbstsetzung des Ich spontan realisieren. Wenn dies in einem Begründungsgang zulässig ist und einzuleuchten vermochte, dessen Prinzip das Ich des Selbstbewusstseins ist, so wird man geltend machen, dies sei nicht weniger von dem auf ‚das Wissen' gegründeten System zu erwarten.

Dennoch ergibt sich durch die Zuschreibung der Ichform an *jegliches* Wissen eine Konsequenz, die über die früheren Wissenschaftslehren hinausgeht: Fichte muss nun explizit annehmen, dass jegliche Wissensweise eine Selbstbeziehung einschließt, ohne zugleich annehmen zu können, dass sie von der Art der Selbstcharakterisierung über das propositionale ‚als' zu denken ist. Damit wird in dem, was ‚Ichform' heißt, eine für den Vollzug des Ich wesentliche Struktureigenschaft getilgt. Es bleibt aber eine für das Selbstbewusstsein wirklich charakteristische Eigenschaft zurück – und mit ihr die Perspektive, dass im Wissen eine Dynamik der Entfaltung von Selbstbezügen gelegen ist, die schließlich den Selbstbezug in besonderen Formen explizit werden lässt. Gleichzeitig damit wird Fichte aber dazu gedrängt, in jeglichem der anderen epistemischen Vollzüge die spezifische Art der Selbstbeziehung aufzuweisen und zu analysieren, welche jeweils für ihn charakteristisch sind.

Um deutlich zu machen, dass diesem Zusammenhang ein philosophisches Interesse gelten muss, sei an Folgendes erinnert: Elementare mentale Gegebenheiten wie das Gefühl des Schmerzes und die Wahrnehmung eines Tönens lassen sich nur in einem damit verstehen, dass sie gewahrt sind. So ist also zu fragen, welches die minimale Bedingung dafür ist, dass sie als solche auftreten. Es gibt gute Gründe dafür, dies, dass sie überhaupt repräsentiert sind, als eine Eigenschaft ihrer selbst anzusetzen.[115] Dass sie etwas sind, das von sich aus repräsentiert ist, heißt nicht, dass sie sich selbst repräsentieren. Sie können nur in einem für Repräsentationen überhaupt offenen Ambiente existieren. So gehen darüber hinaus schon über ein Jahrhundert Forschungsprogramme mit unterschiedlichem Hintergrund[116] dem Geschehen nach, in dem mentale Ereignisse in synthetische Strukturen eingebunden werden oder wie diese bereits Voraussetzungen dafür sind, dass solche Gehalte überhaupt auftreten können, und das vereinzelt oder notwendig gebündelt. An den gesamten Bereich solcher Verfahrensweisen muss sich die Frage richten, ob das Selbstbewusstsein, das Fichtes Einsicht zum Gehalt hatte, als ein Resultat in einem der Stadien der Abfolge von synthetischen Anordnungen und deren Dynamik betrachtet werden kann. Im direkten Gegensatz zu einer solchen Vororientierung ist die Kant nahe These zu lokalisieren, dass dem Selbstbewusstsein eine ganz und gar eigene Vollzugsform zugesprochen werden muss. Sie mag nur dort eintreten, wo Feld-Bewusstsein ihr vorausgeht. Aber nur sie steht mit Rationalität in einem für beide konstitutionellen Zusammenhang. Fichtes ursprünglicher Einsicht wird man eben diese These als eine ihrer weitreichenden Implikationen zuzusprechen haben.[117]

---

[115] In die zunehmend sich ausdehnenden Debatten über diesen Problembereich hat Manfred Frank immer wieder eingegriffen, so in *Präreflexives Selbstbewusstsein: Vier Vorlesungen*, Stuttgart 2015.
[116] Phänomenologisch; in der Psychologie von William James; gestaltpsychologisch.
[117] Fichtes System muss darüber hinaus zeigen wollen, dass alle mentale

22. ‚Das Wissen' als Prinzip – Aufbau und Folgeproblem 219

In den späteren Berliner Wissenschaftslehren ist das aktualisierte Selbstbewusstsein unter die Dimensionen mentaler Gegebenheit eingegliedert, die ihrerseits mit unterschiedlichen Weisen mentaler Selbstbeziehung zu assoziieren sind. Somit sind in diesen Texten de facto mehrfach wiederholte Versuche überliefert, Selbstbewusstsein unter einem Interesse, das auf die Modi von Selbstbeziehung eingestellt ist, zu analysieren und auf seine Interdependenzen mit anderen Modi hin zu untersuchen. Dieses Projekt, trotz eines forcierten Ansatzes bei der ‚Ichform' alles Wissens, hat auch unter erst viel später begründeten Unternehmen ein eignes Recht und eine Aussicht auf Aufschluss im Umkreis der auf Subjektivität zentrierten Fragestellungen. Man kann sich also davon, dass man sich auf diese Versuche Fichtes einlässt, auch nach zwei Jahrhunderten noch einmal einen Impuls zum Gewinn neuer Einsicht versprechen – wenn dieser auch nicht die grundlegende Wichtigkeit haben kann, die Fichtes ursprünglicher Einsicht zuzuschreiben bleibt.

Aber aus Fichtes verändertem Ansatz ergab sich noch ein anderes Motiv, eine Selbstbeziehung im Wissen hervorzuheben. In diesem Zusammenhang musste es nunmehr eine solche sein, die der begrifflichen Seite des für Selbstbewusstsein charakteristischen Selbstbezugs noch näher steht. Im Unterschied zu dem, wofür diese Untersuchungen ihre Gründe vorbringen, war ja für Fichte die Unbedingtheit im Selbstbewusstsein ein Ausweis für die Absolutheit *in seiner Einzigkeit* gewesen. So wurde das eine (absolute) Ich zur eigentlichen Wirklichkeit als Ganzer – verstanden von ihrem ersten Grund her. Damit, dass Fichte ‚das Wissen' in diese Position brachte, sollte sich für ihn an der vorgängigen Einzigkeit des Ich nichts ändern. Wenn denn, wie zu erwarten ist, in der Entfaltung des einigen Wissens, dem die Ich*form* von Beginn an zugeschrieben wurde, schließlich der Vollzug von Selbstbewusstsein zum Auftritt kommt, so als ein Stadium, in dem sich die Ich*form*, also die Selbstbeziehung des Wissens, über den Vollzug von aktualisiertem Selbstbewusstsein realisiert.

Dies Stadium wird wieder zunächst durch den Auftritt von Selbstbewusstsein in einer Stellung markiert sein, die es zu einem einzigen

Dynamik im Gesamtrahmen der Aufklärung über das Selbstbewusstsein verstanden werden kann.

III. Alternativen im Bauplan

macht. Diese Form wird jedoch von der Ichform, die ein Grundzug von jeglichem Wissen ist, unterschieden bleiben müssen. Zugleich muss diese singuläre Form selbst wieder als eine Bedingung dafür verstanden werden, dass das Singulum ‚das Wissen' in seinem für alle Arten von Wissen charakteristischen Selbstbezug realisiert werden kann. Wo Selbstbewusstsein wirklich wird, da wird die Selbstbeziehung in jeglichem Wissen in einem ganz spezifischen Wissen realisiert, das seinerseits auf jegliches Wissen bezogen ist.

So ist das Selbstbewusstsein zwar nicht mehr als das allererste Prinzip angesetzt. Aber es realisiert die Allgemeinheit des Selbstbezugs in der Ich*form*, die allem Wissen eignet, explizit und in einem besonderen Vollzug. Darum kann Fichte sagen, dass über den Vollzug des Ich die Selbstbeziehung des Wissens *als solche* hervortritt. Damit gewinnt er zugleich eine weitergehende Möglichkeit – nämlich jede Art des Wissensvollzugs, in dem das Wissen als Ganzes in den Blick kommt, als eine Vorgestalt des Explizitwerdens dieses Ganzen, und zwar in einem Selbstverhältnis, zu verstehen und darzustellen.

Kant hatte das Bewusstsein ‚Ich denke' als ‚Einheit der Apperzeption' und als einen Vollzug charakterisiert, der für alle Gehalte offen ist, von denen jedoch irgendeiner immer in das Bewusstsein eintreten muss, um es zu etwas Aktuellem werden zu lassen. Fichte kann sagen, dass dies bedeute, dass dies Bewusstsein auf alles bezogen ist, was zum Gehalt eines Wissens werden kann. Es kann andere Akte geben, in denen die Gesamtheit dieser Gehalte zum Thema geworden ist – etwa das Bewusstsein, dass alles, wovon etwas zu wissen ist, in irgendwelchen Beziehungen *zueinander* zu stehen hat. Dann lässt sich sagen, dass, wo immer solches bewusst ist, Wissen als solches und somit sein Selbstbezug thematisch wird. Fichte ließ den Vollzug ‚Ich denke' anderen solchen auf je ihre Weise synthetisierenden Vollzügen, die auf Wissensfälle bezogen sind, nachfolgen und gliederte sie alle in den Prozess der Selbsterfassung des Wissens ein.[118]

---

[118] Die vorausgehenden Aussagen beziehen sich auf die Vorlesung zur Wissenschaftslehre von 1812 (FGA II,13, Stuttgart 2002). Sie ist noch nicht in der erschwinglichen Studienausgabe der ‚Späten wissenschaftlichen Vorlesungen' enthalten, welche 2000, gleichfalls bei Frommann-Holzboog in Stuttgart, zu erscheinen begann. Der Text ist aber von Immanuel Hermann, Fichtes Sohn, im zweiten Band der ‚Nachgelassenen Werke' (Bonn 1834), der dann als zehnter

22. ‚Das Wissen' als Prinzip – Aufbau und Folgeproblem

Dies Gesamtbild einer Architektur von dynamischen Verhältnissen zwischen Inbegriffen von Vorstellungen in Weisen der Selbstbeziehung bietet durchaus einen erweiterten Rahmen für die Aufdeckung von epistemischen Ordnungen und Prozessen. Doch an es hat sich nunmehr die Frage zu richten, ob sich über diese Platzierung innerhalb seines dynamischen Ganzen das im Selbstbewusstsein realisierte Selbstverhältnis wirklich in allen den ihm eigenen Zügen wiedergewinnen lässt. Anders ausgedrückt lautet diese Frage: Lässt sich das Selbstverhältnis, welches in der Explikation von Fichtes ursprünglicher Einsicht dem Selbstbewusstsein eignet, in dem System neuer Verfassung, dem es nicht mehr als Prinzip dient, vollständig und ohne Verformung herleiten und also zurückgewinnen?[119]

Damit ist die zweite der Fragen erreicht, die vorhin formuliert wurden[120], und somit auch der Anlass gegeben, daran zu erinnern, dass schon innerhalb der Jenaer Fassung der Wissenschaftslehre das Programm des Systems dem entgegenwirkte, Fichtes Einsicht in die Verfassung von Selbstbewusstsein innerhalb seiner zwanglos zur Geltung kommen zu lassen. Selbstbewusstsein wurde kraft seiner Unbedingtheit als erstes Prinzip des Systems angesetzt. Als absolutem und somit notwendig einzigem Ich muss aber dessen Einzelheit prekär werden.

Sie muss ihm jedoch zukommen – und zwar sowohl insofern es Selbstbewusstsein ist als auch insofern es wirkliches und gründendes Prinzip sein soll. Es muss einzig und als solches real sein, wenn alles aus ihm wirklich wird. Die Einzelheit ist aber auch die Voraussetzung seines Selbstbezugs. Und dieser Punkt bedarf der Klarheit und deshalb einer besonderen Beachtung, weil seine vom Sprachgebrauch der Personalpronomina gestützte Evidenz nicht in einen in der Reflexion bewährten Aufschluss zu überführen ist.

Das Subjekt, das im Gebrauch von ‚ich' zum Ausdruck kommt, ist auf unbestimmt viele, auf eine im Prinzip unbegrenzte Menge

---

Band seiner Gesamtausgabe gezählt wurde, schon früh recht sorgfältig herausgegeben worden.
[119] Fichte betont gelegentlich selbst die Notwendigkeit zur Achtsamkeit an diesem Punkte und lässt eine Unsicherheit durchscheinen, inwieweit die vollständige Herleitung des Ich-Bewusstseins in der neuen Fassung der Wissenschaftslehre gelingt (FSW 10, S. 406; FGA II,13, S. 114).
[120] Siehe S. 216.

von Gehalten seiner je für sich zu bestimmenden Meinungszustände bezogen. Was ihm auffällig wird, was es anmutet oder was in seinem Erwägen aufkommt – dies alles ist nicht nur in irgendeinem Zusammenhang eingetreten. Gleichgültig gegen die Unterschiede in den jeweiligen Vollzügen und den jeweiligen seriellen Ordnungen ihrer Gehalte sind sie alle durch eine Eigenschaft modifiziert, die ihnen unvermittelt beigelegt ist – der Eigenschaft nämlich, *dass* sie in dem Bereich des einzigen Zusammenhanges einen Platz haben, welcher alle wirklich von einem Subjekt gewahrten Gehalte, gehegten Intentionen und im Vollzug erfahrenes Tun zusammenschließt.

Auf das Bewusstsein dieses Zusammenhanges gründet sich die Möglichkeit der Subjekte, in jedem Fall, in denen die Tatsache solcher Erfahrungen unter irgendeinen Zweifel gestellt wird, mit einer Rückzugsklausel zu reagieren, welche demselben Zweifel nicht mehr auszusetzen ist. Sie hat zum sprachlichen Ausdruck den Teilsatz „Es scheint mir, dass…". Mit ihr wird die Zugehörigkeit zu dem Gesamtbereich der Gehalte, die in das Selbstbewusstsein eines Subjektes eingehen können, und die Barriere gegen Ungewissheit, die sie einschließen, als Eigenschaft dessen geltend gemacht, was einen Gehalt an ein Subjekt bindet. In dieser Formel tritt das ‚wir' wieder hervor, das im Zusammenhang vorausgehender Überlegungen die Einzelheit jedes Subjektes von ihm selbst her zum Ausdruck brachte.

Man kann überlegen, ob es irgendeine Qualität gibt, die den unterschiedlichen Modi von Gehalten von Selbstzuschreibungen zu einem Subjekt Grundlage und Anlass für diese Selbstzuschreibungen ist. William James hat dafür die Gefühlsqualität von ‚warmth and intimacy' vorgeschlagen. Doch sie lässt sich eigenen Erwägungen gar nicht zusprechen. Keinesfalls aber kann die Selbstzuschreibung so verstanden werden, dass sie *aufgrund* eines Schlusses aus der Gegebenheit dieser Qualität erfolgt. Dass die Selbstzuschreibung als reale Potenz zur Verfügung steht, ist die erste Realität in dem gesamten epistemischen Gefüge. Ist, was dabei selbstzugeschrieben wird, an einen jeweils bestimmten, variablen Gehalt gebunden, so lässt dies wenigstens verstehen, wieso den Gehalten, welche dieser Bedingung genügen, eine Eigenschaft zuwächst, an welche das Bewusstsein der Präsenz für mich angeschlossen ist. Die Immunität der Aussage ‚Es scheint mir, dass…' legt es nahe, dass diese Eigenschaft in der Evidenz der jeweiligen Gehalte gelegen ist. Sie kann aber nicht die

22. ‚Das Wissen' als Prinzip – Aufbau und Folgeproblem 223

Evidenz in dem Sinne sein, in dem Sachverhalte wie elementare geometrische Verhältnisse sich als alternativlos erschließen. Es muss eben die Evidenz sein, über die man durch ihre Eindringlichkeit[121] Rechenschaft ablegen kann. Für diese Evidenz gilt, dass sie durch den Einbezug des Subjektes, welches, vermittelt über sie, in seinem Selbstverhältnis steht, eine überlegene Beglaubigung erreicht.

Offensichtlich sind damit nur erste Schritte in der Erkundung eines Themas gemacht, das im Nachdenken über Selbstbewusstsein einen wichtigen Platz hat. Doch sie genügen dafür, dass erneut deutlich wird, wieso das Subjekt, das für einen Inbegriff der Gehalte von Meinungen den orientierenden Zentralpunkt ausmacht, immer ein einzelnes Subjekt sein muss.

Denn alle Gehalte, die in ihm ‚gesetzt' werden, sind in ihm nicht nur irgendwie zusammengefasst. Sie sind auch nicht nur in dieser synthetischen Beziehung als solche verstanden. Sie sind zugleich verstanden als die von *einem bestimmten Subjekt* gefassten. Es ist das Subjekt, welches die Stelle dessen besetzt, *für welches* die Gehalte präsentiert sind. Durch seine Bestimmtheit ist die Geschlossenheit der Sphäre definiert, innerhalb derer die Gehalte einen Ort haben.[122]

All dies gilt ohne Einschränkung auch dann, wenn das Subjekt, dessen Bestimmtheit die Ordnung als ganze konstituiert, das einzi-

---

[121] Man kann mit Chisholm von Selbst-Präsentierung sprechen.
[122] An dieser Stelle kommen zwei Fragen auf, denen im Zusammenhang einer Theorie der Subjektivität viel Gewicht zuzumessen wäre. *Zum einen* ist zu fragen, welche Extension der Identität des Subjektes in der zeitlichen Folge der mentalen Zustände einer Person zuzuschreiben ist. Castañeda nimmt dafür die Kurzform einer ‚Gestaltung' von Selbstsein an. Die Einheit des Subjektes, das einer Person korrespondiert, wird dann über andere Einheitsbildungen erreicht. Mehrere Autoren wie etwa Galen Strawson gehen in derselben Richtung noch weiter. – *Zum anderen* stellt sich die Frage, ob Subjekten ein Status zugesprochen werden muss, der sie von den mentalen Daten im Bewusstsein und deren Beziehungen grundsätzlich unterscheidet und der doch im Verhältnis zu ihnen steht. Auf die dann unvermeidbare beträchtliche Erweiterung der Überlegungen, auch durch den Einbezug der Ansätze Kants und Fichtes, ist somit hier leider zu verzichten. Es würde dabei darum gehen, einen Gedanken von der Einzelheit genauer zu fassen, der mit dem eines Subjektes in Übereinstimmung bleibt. Dies aber ist für die Begriffe der Alltagsontologie vom ‚Ding' und vom ‚Objekt' ausgeschlossen. Einige Überlegungen dazu finden sich in der Abhandlung *Ding an sich*, die ich zu Wolfhart Pannenbergs 60. Geburtstag für die Festschrift ‚Vernunft des Glaubens' geschrieben habe (hrsg. v. Jan Rohls und Gunther Wenz, Göttingen 1988). (Vgl. unten Anm. 126 (S. 239)).

ge überhaupt mögliche Subjekt wäre, so dass seine Identität niemals in Frage stehen könnte. Im ersten Teil dieser Untersuchung war es gerade dieser Grundzug einer besonderen Art des Wissens von sich, in Beziehung auf die zu zeigen war, dass die Subjekte Rationalität zugleich in der Gestalt einsichtiger Allgemeinheit und ebenso in der propositionalen Weise der Selbstbeziehung beherrschen müssen. Auch ein absolutes Subjekt ist nur zu denken, wenn man es als dem gemäß zu konzipieren vermag, was die Rede von einem Subjekt einschließt. Wenn nun die Überlegungen zu den Versionen von Fichtes Wissenschaftslehre übergehen, wird dabei von diesem Resultat auszugehen sein.

Schon im Verband der Jenaer Wissenschaftslehre konnte unter Zweifel geraten, ob dem absoluten Ich dieser für Selbstbewusstsein konstitutive Zug zugeschrieben werden darf. Er musste ihm aber dann eignen, wenn der folgende Zug in der Systemarchitektur einen Anhalt haben sollte. Ihm zufolge besitzen die einzelnen Subjekte ihre Verfassung und ihren Selbstbezug durch eine Anteilnahme an dem absoluten Subjekt oder durch eine Aufspaltung[123] der Realisierung dieses Subjektes im Gang seiner internen Entwicklung. Und dies ist ein Theorem, auf das auch die späteren Fassungen der Wissenschaftslehre nicht verzichten können.

Die Versionen der Wissenschaftslehre, deren Prinzip ‚das Wissen' ist, könnten nur über die Zuschreibung der ‚Ichform' ihrem Prinzip eine Verfassung zuschreiben, die dasselbe leistet. Sie müsste im Gange der Entwicklung von ‚dem Wissen' die für Selbstbewusstsein charakteristische Selbstbeziehung in die Entwicklungsstufen hineintragen können, auf denen Fichte als Entwicklungsstadium die Apperzeption Kants und den Vollzug ‚Ich denke' erreicht haben will und als solches Stadium zum Thema werden lässt. Fällen von Wissen eignet dieser Selbstbezug in Wahrheit aber nur, insofern in ihnen der Vollzug durch ein Subjekt mitgedacht worden ist. Dies will Fichte jedoch durch die Zuschreibung der Ichform an ‚das Wissen' als solches in seiner Allgemeinheit gerade ausgeschlossen haben.

So wird man im Zugang auf eine Lektüre der späteren Fassungen der Wissenschaftslehre, welche die Texte allererst angemessen erschließt, die Aufmerksamkeit auf die Art und Weise einzustellen

---

[123] Heute möchte man wohl eher sagen ‚Überspielungen'.

22. ‚Das Wissen' als Prinzip – Aufbau und Folgeproblem

haben, wie Fichte seine eigene Einsicht in diese Gestalten ihrer systematischen Durchführung einzubringen vermag. Die neue Fundierung gibt Fichte, wie gesagt, wohl die Möglichkeit, dem ‚Ich denke' und den Weisen, in denen sich Selbstbewusstsein realisiert, in einem weiteren Zusammenhang als zuvor nachzugehen. Insofern ist zu erwarten, dass seine Überlegungen über das Grundthema seines Werkes in vieler Hinsicht vertieft und erweitert worden sind.

Insofern aber mit der Umstellung nach 1800 ein Versprechen verbunden ist, hinter das Selbstbewusstsein zurückzugehen und dann zu einer Herleitung der Weisen der Realisierung dieses Ursprungs, unter Einschluss von der, die im Selbstbewusstsein geschieht, zu gelangen, ist ein gut vorbereitetes Auf-der-Hut-Sein angezeigt. In dem entscheidenden Punkt, der Weise von dessen Für-sich-sein, steht Fichtes eigene Einsicht dem Versuch einer Herleitung entgegen – eigentlich sogar entscheidend. Das bedeutet dann freilich, dass selbst die Lebenslehre der letzten Berliner Wissenschaftslehre einer Differenzierung und nachfolgender Reformulierung bedarf.[124]

---

[124] Die Gelegenheit dazu gaben ihm in sehr weitem Umfang die Vorlesungsfolgen zur Vorbereitung auf den separaten, eigentlich systematischen Vortrag seiner Wissenschaftslehre, die seit dem Beginn seiner Lehrtätigkeit in Jena zu deren Routine gehört haben. Sie hatten zumeist den Charakter einer Einführung in die Transzendentalphilosophie. Neben diesen Einführungen hielt Fichte im Jahr 1812 zwei Kurse über den Gegensatz zwischen der ‚transzendentalen Logik' und den in Logikvorlesungen gewöhnlich vorgetragenen Lehrinhalten (FGA II,14). Sie entwickelten – unter den Voraussetzungen der auf ‚das Wissen' als Fundament umgestellten Wissenschaftslehre – das Motiv weiter, das schon seine Programmschrift *Über den Begriff der Wissenschaftslehre* von 1794 beherrscht hatte.

In ihnen führte Fichte eine Art von ‚Denken' ein, das dem Wissen intern zugeordnet ist und das insofern von keinem Subjekt vollzogen wird. („Das Ich denkt nicht, sondern das Wissen denkt, behauptet die transzendentale Logik." (FSW 9, S. 121; FGA II,14, S. 204)) Diesem doch eher holzschnittartigen Versuch ad hoc korrespondieren mehrere differenzierte Unternehmen, Form und Faktizität der Apperzeption und jeder Gestalt von Subjekt möglichst weitgehend aus der gründenden Ich-Form des Wissens herzuleiten.

Das Unterfangen dieser Texte und die Texte selbst verdienen eine gründliche Analyse. Sie werden vermutlich zu ausgedehnten Untersuchungen führen, wenn sie in einer schon angekündigten neuen Edition zugänglicher gemacht sein werden (FSW V IV,1 und IV,2, Stuttgart 2019, 2020).

Meine Analyse der Grundsituation, welche für Fichtes neue Fassungen der Wissenschaftslehre schlechthin bestimmend ist, sollte unabhängig von den gewichtigen Beiträgen bestehen, welche diese Vorlesungen zu deren Fundierung und Durchführung erbringen.

Es ist deutlich geworden, dass Fichte die Möglichkeit hat und wahrnimmt, innerhalb seines Deduktionsganges die Einheit des Wissens in die Einheit des synthetischen Blickes weiter zu entwikkeln, in dem alle Gehalte von Wissen zu einer Einheit zusammengefasst sind. Sie sind es dann nicht nur über dem *Begriff* von Wissen, sondern in einer Grundeinstellung, in der alle Gehalte, insofern von ihnen gewusst wird, auch in einer Beziehung zu einander stehen. Jeder von ihnen muss, insofern er gedacht ist, mit jedem anderen auf irgendeine Weise zusammen gedacht werden können. So ist ihnen allen eine Verfassung beizulegen, welche diese Möglichkeit zur Zusammenführung garantiert. Es kann nicht verwundern, dass Fichte zwischen der Verfassung des Wissens selbst, nämlich dessen Erfassen eines Gewussten, und dem Selbstbezug in dieser dem Wissen internen Relation und der Herausbildung dieser Einheitsform einen gründenden Zusammenhang ansetzt. Insofern er nunmehr die Ich-Form ohne Bindung an Selbstbewusstsein begreifbar findet, ergibt sich für ihn unmittelbar die Perspektive darauf, das Selbstwissen in der Einheit der Apperzeption als ermöglicht und genetisch begründet durch die anonyme Ich-Form des Wissens zu verstehen.

Die Erklärung des Fungierens der Apperzeptionseinheit selbst folgt dann wieder den Begründungsgängen von Kants transzendentaler Deduktion. Fichte will ihm auf einer späteren Stufe seines eigenen Deduktionsganges eine untergeordnete Stellung einräumen, die aber ihre Bedeutung für alles Nachfolgende bewahrt. So wird er diese Einheit mit Bezug auf Kant auch als die der ‚Apperzeption' kennzeichnen. Als das, was sie leistet, ist die unbeschränkte synthetische Funktion ausdrücklich hervorgehoben.

Dagegen fehlen Fichte die begrifflichen Ressourcen, diese Apperzeption an ein Subjekt zu binden und ihm so – mit Kant – über

---

Fichte ist bis zu seinem Tod der Lösung der Probleme, die sich aus seiner neuen Grundlegung ergeben, weit weniger sicher gewesen, als es seine Vorträge im Hörsaal und die Vorbereitungen auf sie nahelegen. In dem dritten Diarium (FGA II,17), das bis zu seiner tödlichen Krankheit weiter anwuchs, ist die Grundbestimmung dessen, was die Apperzeption im Wissen verständlich macht, ähnlich offen geblieben wie der Gehalt der Aussicht auf eine Begründungsleistung aus der „Unbedingtheit des Ich" in den *Eignen Meditationen* von 1793/94. Fichtes Nachdenken mit der Feder in der Hand und der stets neue Entwurf seiner Vorlesungen lassen seinem Prozess kreativen Denkens näher kommen als dem irgendeines anderen Autors seines Ranges.

die Beziehung auf das Bewusstsein ‚ich denke...' einen begründeten Ausdruck zu geben. Unter den Neubegründern eines Kantianismus im späten neunzehnten Jahrhundert war freilich die Meinung weit verbreitet, dass auf diesen Ichbezug, der den Verdacht des Psychologismus begünstigt, zu verzichten sei – zugunsten einer Artikulation der Bedingungen von diskursiv zu realisierender Einheit, die ‚logisch' genannt werden konnte. Doch wie immer darüber zu denken ist – Fichte selbst musste dazu ansetzen, aus der einzigen und allbezogenen Apperzeptionseinheit die Vielheit der Subjekte herzuleiten. Er kam also gar nicht umhin, die einzige Einheit der Apperzeption als eine solche zu behandeln, welcher der Gedanke eines einigen, singulären Subjektes zugeordnet ist. Das Subjekt ist, obwohl nicht mehr Prinzip des Systems, so doch das Grundfaktum, an dem das System orientiert ist. Auch deshalb muss es in dessen Entwicklung eine ihm gemäße Position erhalten; und es ist die notwendige Voraussetzung dafür, dass von einer Selbstspaltung zur Vielheit von ‚Ichen' gesprochen werden kann. Im Vorausgehenden wurde allerdings aufgewiesen, warum dem einen Subjekt der Apperzeption der Grundzug der Einzelheit in dem Deduktionsgang aus dem, was für Fichte ‚Ich-Form' ist, nicht zufließt. Diese Einzelheit ist aber wiederum eine Bedingung für den mit ‚Ich' verbundenen spezifischen Selbstbezug.

Auf den Versuch, die vielen einzelnen Subjekte aus dem mit der Apperzeption verbundenen einen Subjekt herzuleiten, soll hier nicht weiter eingegangen werden. Das in ihm gelegene sehr hohe Begründungsrisiko ist ebenso offensichtlich wie seine Unausweichlichkeit innerhalb von Fichtes Rahmen, der von der Ich-Form ohne Einzelheit ausgeht. Nur auf das Profil der Subjekte, die über eine solche Herleitung gewonnen werden sollen, muss noch eigens geachtet werden.

Sie sind einerseits der Ort der Wirklichkeit der Freiheit. Ohne ihre Einzelheit ist deren Wirklichkeit nicht zu denken. Aber der Gehalt, der einem Handeln aus Freiheit zugeschrieben werden kann, wird von Fichte so gefasst, dass der Einzelheit der Subjekte kein eigenes Gewicht zukommt. Er ist zunächst einmal ganz durch die Allgemeinheit der Vernunftform bestimmt. Des Weiteren ist der Gehalt des freien Handelns eines jeden Subjektes auf die Verwirklichung einer Vernunft*welt* bezogen. Es steht unter dem Gesetz, sich der Vernunftform des Handelns frei unterzuordnen, und es handelt in der Perspektive, am Ende der Dinge in die Vernunftordnung mit allen ihm völlig gleich gewordenen Subjekten vollständig integriert zu sein.

Die Disposition zur Mystik, die in Fichtes Ethik schon 1794 zu erkennen war, wird durch die neue Fundierung der Wissenschaftslehre verstärkt und in der Grundlehre fest verankert. Denn der Prozess der Selbstentfaltung des Wissens soll und muss doch nunmehr zu der Erkenntnis führen, *dass* das Wissen selbst die Erscheinung des ‚Seins' ist, welches sich in seiner Erscheinung als zum Leben gewandelt erwies. So wie die sittliche Einsicht der Subjekte ihre Freiheit zum Medium der Verwirklichung einer Vernunftwelt werden lässt, so erschließt sich ihrem Bewusstsein aus ihrer Stellung in der Selbstentfaltung des einigen Seins in der Form von Wissen erst das, was es eigentlich mit ihnen auf sich hat. Sie verstehen sich selbst als Ort des Selbstvollzugs dieses Lebens und können nunmehr ihr eigenes Leben in diesen Prozess einbezogen sein lassen und es als solches vollziehen.

Entgegen dem, was er beanspruchen muss, konnte Fichte die Einzelheit im Subjektsinn, welcher in die spezifische Selbstbeziehung des Subjektes eingeht, nicht im Gang seiner Herleitungen gewinnen. Er schreibt den Subjekten diesen Selbstbezug selbstredend dennoch zu – nicht allein dadurch, dass er sie als den Ort der Wirklichkeit der Freiheit versteht. Doch die schemenhafte Rolle, welche ihnen, zumal in ihrer Vielzahl, über das Verfahren ihrer Herleitung zuwächst, wirkt sich dennoch auf das Profil aus, das sie im größeren Ganzen zumal der späteren Fassung der Wissenschaftslehre einnehmen. Fichte hat Schwierigkeiten damit, die Selbstpreisgabe der Subjekte in den Prozess ihrer Konstitution zusammen mit der Verwirklichung ihres Subjektseins mit gleichem Gewicht herauszuarbeiten. Das galt schon für die erste Jenaer Wissenschaftslehre, wird aber verstärkt und tritt deutlich hervor in deren auf ‚das Wissen' gegründeten Fassungen – zumal in den Folgerungen innerhalb von deren Schlussgedanken.

Man kann also sagen, dass die sittliche Selbstverwirklichung der Subjekte, die aus der Freiheit ihres Sich-Losmachens von ihren beschränkten Interessen hervorgeht, eingepasst ist in einen Prozess, in dem die Einzelheit des Subjekts über die Verflüchtigung der Besonderheit seiner Belange verblasst. Es ist weiter auch zu verstehen, in

22. ‚Das Wissen' als Prinzip – Aufbau und Folgeproblem

welchem Sinn Fichte weiterhin sagen kann, dass nur Subjekte, welche von sich als den einzelnen, die sie sind, ganz abgesehen haben, ihr Leben rein nur als Glied in der lebendigen Erscheinung des Seins vergegenwärtigen und sich verwirklichen lassen. Man muss aber auch den indirekten Zusammenhang erkennen, der zwischen dem Fehlen der Begründung des Selbstbezugs der Subjekte in ihrer Einzelheit und Fichtes Tendenz besteht, den ungetrübten Blick für die Eingliederung der Subjekte in das ‚göttliche Leben' davon abhängig sein zu lassen, dass sich die Subjekte als solche *preisgeben*, dass sie in solchem Sinne durch sich selbst ‚vernichtet' werden.

In vielen Lebenslehren der höheren Kulturen gilt die Aufhebung der Selbstzentrierung als Bedingung für den Gewinn der Weisheit. Für viele ist auch die Einsicht in die Nichtigkeit, zumal der Ambitionen des eigenen Lebens, eine Voraussetzung dafür, in einen höheren Stand der Erkenntnis zu gelangen. Die weit schärfere Formulierung, der zufolge das Für-sich-sein der Subjekte ganz *aufgehoben* werden muss, hat dann eine Reihe von unterschiedlichen Bedeutungen. Es kann ein reales Verschwinden gemeint sein, dem vielleicht ein subjektloser, ein anonymer Wissensstand nachfolgt. Es kann sich dann auch um einen solchen Wissensstand handeln, der dem individuellen Selbstsein immer schon innewohnte und der nunmehr in seiner Subjektlosigkeit hervortritt. Man kann sich aber auch ausdenken, dass die Subjekte selbst in einen Wissensstand übergehen, der ganz anders als der beschaffen ist, in dem sie reflektieren und agieren. Schließlich ist die Preisgabe der Selbstzentrierung so zu denken, dass das Agieren und Operieren der Subjekte von dem Bewusstsein dominiert und durchdrungen ist, dass sich ein Gesetz, eine Ordnung, eine gestaltende Macht mittels ihrer oder in ihnen und so dann doch *durch* sie realisiert. Fichte muss – allein seiner Freiheitslehre wegen – darauf zielen, dass er nach dieser letzten Variante verstanden wird. Seine Formulierungen gleiten aber immer wieder in die Spurlinien einer Lehre von der Selbstvernichtung hinein. Dass seine Rede davor nicht innehält, hat zwar eine Ursache in der Rhetorik der Revolutionszeit. Aber sie kann auch dem Fehlen einer folgerichtigen Erklärung vom Selbstbezug der Subjekte zugeschrieben werden.

Die Charakterisierung der Einzelheit von Einzeldingen und ihrer jeweiligen Konstellationen ist zusammen mit der der Allgemeinheit der Begriffe und anderer Gedankenformen eine erste Aufgabe für jede Ontologie und Semantik. Man muss von der Verfügbarkeit und der Verständlichkeit dieser ‚Funktionen' immer ausgehen. Doch wirkt das philosophische Interesse bald dahin, hinter sie zurückzugehen. Man gelangt dabei mit Frege zu der Form des Aussagesatzes, kann sich aber auch an Kants Unternehmen erinnern, in diesem Zusammenhang in eine Analyse der Form des Selbstbewusstseins einzutreten.

Selbstbewusstsein zu haben, ist eine Eigenschaft, die Einzelnen zukommt. Durch deren Vollzug wird diese ihre Einzelheit zudem erfasst, und sie macht sich gegenüber anderen Einzelnen geltend. Dass dies zu konstatieren weder die ontologischen Funktionen noch die strukturalen Eigenschaften von Selbstbewusstsein erschöpft, zeigen Fichtes Reflexionen, welche die von Kant weiterführen wollen, und insbesondere seine ursprüngliche Einsicht.

Die vorausgehenden Analysen haben nun ergeben, dass die Zuschreibung von Einzelheit zu dem, dem sie vorzüglich zukommt, ihre Selbstverständlichkeit verliert, wenn dem Selbstbewusstsein eine Schlüsselstellung in der Aufklärung von grundlegenden Zusammenhängen zukommen soll. Sie haben auch zeigen wollen, dass dennoch das wirkliche Selbstbewusstsein eine besondere Stellung in der Artikulation der Beziehung von Einzelheit und Allgemeinheit hat: In einem damit, dass es eine Weise des Vollzugs von Bewusstwerden einschließt, vermittels derer Gehalte allein dem jeweiligen Subjekt zugeordnet werden, entsteht ein Bewusstsein von der strikt allgemeinen Form, in der sich solche Bewusstwerdung jeweils vollzieht. Daraus allein ergibt sich, dass der Form des Selbstbewusstseins, so wie dies für Kant und für Fichte galt, eine Schlüsselstellung in der Genese des rationalen Bezugs auf Wirkliches zukommt.

Damit ist wiederum deutlich geworden: Man kann nicht ‚das Wissen' als Singulum an den Anfang einer Deduktionskette setzen, zu deren wesentlichen Aufgaben es gehört, innerhalb ihrer zur Herleitung von Selbstbewusstsein zu gelangen. Fichtes Motive zur Umbildung seiner Wissenschaftslehre lassen sich nachvollziehen; seiner Erwartung und seiner Versicherung, eine solche Herleitung zu leisten, ist aber nachdrücklich zu widersprechen. Im Übrigen leuchtet es zwar ein, dass Wissen und ein gemeinsamer Besitzstand von Wissen gegenüber Gutdünken und Wunschgedanken eine inkommensurable Priorität haben. Doch wird man ebenso davon

22. ‚Das Wissen' als Prinzip – Aufbau und Folgeproblem

ausgehen, dass gemeinsames Wissen zumeist von Subjekten erworben werden musste und dass es immer wieder alle zu überzeugen hatte, die sich ihm zugewendet haben. Die Prinzipien, nach denen dies Wissen erworben wurde, haben sich zudem in der Regel ohne Zwang in der Praxis des Wissenserwerbs geltend gemacht. So sind sie also innerhalb des Bezugs der einzelnen Subjekte auf Allgemeinheit verankert.

Zwar wird der Anschein nicht schwinden, dass jeder, der etwas weiß, damit aus der Sphäre des nur auf ihn Bezogenen herausgehoben wird. Er besteht auch durchaus rechtens, wenn man nur den inneren Bezug der Subjekte auf Allgemeinheit erfasst – wenn man also ‚das Wissen' nicht der Subjektivität der Einzelnen voraus ansetzt. Dann kann der ihnen innerliche Bezug auf Allgemeinheit dazu führen, dass sie sich, ohne sich entfremdet zu werden oder sich zu verlieren, als Glied in einer Ordnung und einem Prozess begreifen, der auch begründet, dass sie als Subjekte bestehen und ein Leben zu führen vermögen.

Man mag die Priorität von Subjektivität gegenüber Wissen nebenbei auch durch den Einbezug von ‚wissen' in den Verbund der Kognitionsverben einleuchtender werden lassen. Es mag sein, dass ‚wissen' in einem gewissen Sinne einen sich selbst genügenden Status hat. Dieser hebt sich durch die Zuschreibung von Wahrheit gegenüber begründeter Meinung und Zweifel ab, die immer auf ein Subjekt bezogen bleiben. Aber von nichts kann es ein Wissen geben, ohne dass es zugleich für wahr *gehalten* wird und insofern Inhalt eines ‚Glaubens' ist. Für diesen aber ist konstitutiv, dass er von einem Subjekt vollzogen und unterhalten wird.

Mit diesen Bemerkungen sind die philosophischen Problemlinien, denen sie gelten, nur in ihrer grundsätzlichen Bedeutung charakterisiert und etwas genauer angezeigt, nicht tiefer ausgearbeitet worden. Das aber schien notwendig, um die Größenordnung der zusätzlichen Last zu ermessen, der sich Fichte aussetzte, indem er sein Systemkonzept, wie immer mit guten Gründen, von der Fundierung auf Selbstbewusstsein abgelöst hat.

23. FICHTES EINSICHT, IN DEN GRENZEN IHRER EXPLIKATION ERNEUT VERDEUTLICHT

Im Zusammenhang des vorausgehenden Kapitels ist ein Pfeiler der gesamten bisherigen Argumentation weiter begründet worden: warum nämlich Selbstbewusstsein einem einzelnen Subjekt zugeschrieben werden muss. Was dabei zu erwägen war, wird bei der weiteren Klärung dessen, worin Fichtes ursprüngliche Einsicht besteht, in Anspruch genommen werden können. Diese Klärung geschah aber im Zuge des Aufweises der Probleme, denen Fichtes Wissenschaftslehre ausgesetzt war, seitdem Fichte sich – aus inneren Gründen und bestärkt durch äußere Anlässe – dazu entschloss, das Prinzip des Systems an einen Gedanken von ‚*dem* Wissen' zu binden. Die Abhandlung von 1966 hatte Fichtes Einsicht unter Abblendung der Folgerungen expliziert, zu denen Fichte in der Verfolgung seines Systemprogramms geführt wurde. Obwohl sie aber das monistische Begründungsprogramm nicht thematisierte, hatte sie bei Konzentration auf die Verfassung von Selbstbewusstsein dessen Genese mit im Blick zu haben. Denn Fichte konnte es nur als Prinzip für ein solches System in Ansatz bringen, weil ihm, wie er früh formulierte, Unbedingtheit innewohnt.[125] Diese Unbedingtheit wird verständlich, wenn die Verfassung des ‚Ich' aus dessen Selbst-Setzung zu begreifen ist. Die erste Formel einer Charakterisierung dieses ‚Ich' bezeichnet insofern sowohl eine Deskription wie einen genetischen Aufschluss.

Doch damit, dass er ‚das Wissen' zum Prinzip der Wissenschaftslehre werden ließ, entzog Fichte dem Selbstbewusstsein den Status der Selbstbegründung. Dessen Genese war nun umso mehr deren Thema. In ihrer dritten Formel zur Charakterisierung von Selbstbewusstsein hat demgemäß die Abhandlung diesen genetischen Aspekt gleichfalls in den Vordergrund gerückt. Sie hat für die Veränderung, die mit der Preisgabe der Selbstsetzung eintrat, in Fichtes Rede eine Entsprechung gesehen, der zufolge das Ich als Tätigkeit gedacht werden muss, der ein Auge ‚*ein*gesetzt' ist.

Das letzte Kapitel hat nun deutlich gemacht, inwiefern in gerade dieser Profilierung von Fichtes veränderter Position vor allem die

---

[125] Vgl. oben S. 91.

23. Fichtes Einsicht, erneut verdeutlicht

eigenen Überlegungen des Autors der Abhandlung bestimmend gewesen sind. Die Argumentation dieses Kapitels war auf die Frage konzentriert, ob ‚das Wissen', zum Prinzip erhoben, eine Selbstbeziehung einschließen kann, die dann einer Herleitung der Selbstbeziehung im Ich zugrundezulegen wäre. Die Begründung der Zweifel daran musste aber den Begründungsgang vor Augen bringen, mit dem Fichte von ‚dem Wissen' zum Selbstbewusstsein gelangen wollte. Der aber macht zugleich deutlich, dass Fichte die genetische Herleitung von Selbstbewusstsein nicht auf dessen strukturale Verschränkung der Tätigkeit mit dem Gedanken von ihr konzentriert hat.

So hat also das vorausgehende Kapitel gezeigt, wieso Fichte mit seiner Unterordnung von Selbstbewusstsein unter ‚das Wissen' einen Weg eingeschlagen hat, auf dem seine Ausgangsevidenz nicht in allen ihren Aspekten festzuhalten war. Er ist von seinem Systemkonzept ebenso motiviert gewesen wie zuvor der Anspruch, die Selbstbeziehung der einzelnen Subjekte lasse sich über deren Verankerung im absoluten Ich verstehen. Die Prüfung dieser beiden spekulativen Explikationen, die auf Fichtes Weg einander nachfolgten, zeitigt aber ein wichtiges philosophisches Resultat: Auf diesen beiden Wegen, die unter dem Postulat eines singulären Systemprinzips im Anschluss aneinander ausgelegt worden waren, ist die ‚Ichform' als solche schließlich doch nicht zu begreifen, nicht einmal angemessen zu orten. Das kann allerdings Fichtes Einsicht in die zuletzt alles fundierende Bedeutung von Selbstbewusstsein indirekt sogar bestätigen.

Aber seine Abkehr von den Versuchen, sie durch die Selbstsetzung ‚des Ich' zu erklären, und einen Akt der Einsetzung in ihrer Genese aufzuweisen, hatte doch, wie die Abhandlung zeigen wollte, wiederum gute Gründe für sich. Damit stellt sich also die Frage, vor welchem Hintergrund denn die Abhandlung ihrerseits ihre Formel vom eingesetzten Auge verstanden hat – und weiter: wie sie die Formel hätte verstehen können oder sollen.

Dies soll in den folgenden beiden Kapiteln geschehen. Dem vorab soll aber in diesem Kapitel das Problem aufs Neue von Grund auf artikuliert werden, das durch Fichtes Einsicht allererst in seiner Bedeutung hervorgetreten ist. In der Abhandlung und in dieser Nachschrift ist es wiederholt mit der Kurzformel der in sich geschlossenen Form des Selbstbewusstseins angezeigt worden. Die Formulierung will offensichtlich die Besonderheit des Selbstbezugs in diesem Selbstverhältnis im Blick halten – und somit die wesentlichen Züge des Gehalts von Fichtes ursprünglicher Einsicht, dem für alle diese Überlegungen maßgebenden Zentralpunkt.

Das fortgesetzte Nachdenken über die beiden Explikationen, die auf Fichtes Weg einander nachfolgten, hat zu einem philosophischen Resultat geführt, das negativ zu formulieren ist: Weder auf dem einen noch auf dem anderen der Wege, die gleichermaßen Fichtes Einsicht zum Ausgangspunkt gehabt haben, ist die Verfassung des Selbstbewusstseins als solche herzuleiten. Sie mag in dem Sinne ‚begriffen' werden, dass ein Zusammenhang aufgewiesen wird, in dem sie einen Platz und eine Funktion hat. Aber auch der wird immer nur so zu fassen sein, dass die spezifische Grundform dieser Verfassung schon in ihm eingeschlossen, deren Verständlichkeit also vorausgesetzt ist. In der Anlage der späteren Wissenschaftslehre ist diese Form nicht einmal in solchem Sinn gänzlich angemessen zu orten.

Dies negative Ergebnis kann jedoch Fichtes ursprüngliche Einsicht, die zuletzt alles zu fundieren hat, noch einmal bestätigen. Hat doch diese Einsicht in ein und demselben Moment ein doppeltes Resultat: die Gewissheit der zentralen philosophischen Bedeutung von Selbstbewusstsein, und zugleich ein Maß für die Größenordnung der Herausforderungen, die eine Verständigung über dies Selbstbewusstsein klar erfassen und dann in eine Konzeption integrieren muss. Die Einsicht hat somit für die Philosophie als ganze eine bestimmende Bedeutung.

Die Problemlinien, welche im Zentrum der vorausgehenden Überlegungen standen, müssen in ein genau bestimmtes Verhältnis zu Fichtes ursprünglicher Einsicht gesetzt werden. Diese Aufgabe schließt ein, diese Einsicht selbst und ihre Explikation noch einmal zum Thema zu machen.

Die Abhandlung hatte sich die Aufgabe gestellt, von der Bedeutung der Einsicht Fichtes zu überzeugen. Zunächst sollte die Pointe seiner Kritik an vorausgehenden Erklärungen von Selbstbewusstsein hervorgehoben werden: Alle diese Versuche setzen die Grundtatsache an irgendeiner Stelle ihrer Argumentation – und zwar als verstandene Realität – bereits voraus. Dass Zirkel dieser Art vermieden werden müssen, wurde zum ersten methodischen Hinweis für

23. Fichtes Einsicht, erneut verdeutlicht

den Versuch einer Verständigung über das Ich-Bewusstsein. Die in ihrem Thema selbst gelegene Schwierigkeit der Aufgabe trat dann immer deutlicher hervor, als sich herausstellte, dass Formulierungen, welche den Gehalt des Gedankens ‚Ich' anzeigen sollten, zwar sehr gut motiviert waren, aber keinen maßgebenden Hinweis für einen Aufschluss über die Verfassung von ‚Ich' zu geben vermochten. So wurden die drei Formeln voneinander unterschieden, die als hinweisende Erklärungen von ‚Ich' in einer notwendigen Folge aneinander anschließen. Die Abhandlung hat die Bedeutung von Fichtes Einsicht durch die Erläuterung der Gründe für diesen Fortgang klar werden lassen. Sie hat sie zudem durch Hinweise auf das Fehlen von Beobachtungen und Analysen, die Fichtes Einsicht entsprechen, in anderen philosophischen Hauptwerken unterstrichen.

Diese weiterführenden Überlegungen zur Abhandlung sahen ihre erste Aufgabe nun nicht gerade darin, sich in diese Grundintention der Abhandlung zurückzugeben und sie dann weiterzuführen. Sie haben den Gehalt von Fichtes ursprünglicher Einsicht als durch die Abhandlung hinreichend bestimmt zunächst nur übernommen. So haben diese Nachgedanken sich auf sie mit hinweisenden, auch erinnernden Formulierungen immer wieder zurückbezogen – etwa mit der Formel von der ‚in sich geschlossenen Form' des Für-sich-Seins im Selbstbewusstsein.

Nachgedanken sind dann in den vorausgehenden Kapiteln insofern vorgetragen worden, als Argumentationen im Vordergrund standen, die für den Themenbereich der Abhandlung Bedeutung haben, in ihr selbst aber nicht beachtet worden waren. Der Grund dafür war nicht etwa die doch eher nebensächliche Absicht, Fehlendes nachzutragen. Der eigentliche Konzentrationspunkt dieser weiterführenden Gedanken ist vielmehr eine *philosophische Differenz*. Es ist die Differenz zwischen Fichtes Denken, das die Abhandlung der dritten Formel der Verständigung über Selbstbewusstsein zugeordnet hatte, und der philosophischen Intention, welche diese Auslegung im Hintergrund motivierte und mitbestimmte. Die Nachgedanken sollen diese Differenz deutlich werden lassen. Sie hatten um dieses ihres eigentlichen Zweckes willen die Motivlinien herauszuarbeiten, in denen sich Fichtes philosophisches Programm auf seine Versuche zur Lösung der Probleme auswirkte, die für ihn selbst in der Folge seiner ursprünglichen Einsicht bei der Verständigung über Selbstbewusstsein aufkommen mussten. Das philosophische Interesse, das die Nachgedanken motivierte, musste somit zugleich auf Fichtes eigene Situation, innerhalb deren ihm seine ursprüngliche Einsicht aufging, um einiges genauer eingehen, als es die Abhandlung selbst aufgrund ihres primären Interesses für nötig gehalten hatte.

In diesem Zusammenhang ist dann auch das philosophische Problem hervorgetreten, von dem man sagen kann, dass diese Nachgedanken den Problembestand erweitert haben, der mit Fichtes ursprünglicher Einsicht verbunden ist. Dazu kam es über wenige Schritte im Ausgang von einer Erwägung von Fichtes historischer Situation und seiner Vorstellung von der Architektur eines philosophischen Systems: Ein solches System hat aus einem einzigen Prinzip entwickelt zu werden. Fichtes Einsicht ergab sich im Zusammenhang mit der Suche nach einem solchen Prinzip und der Erwartung, dass die Verfassung des Selbstbewusstseins den entscheidenden Hinweis auf dies Prinzip vermittelt. Da nun aber Selbstbewusstsein immer einzelne Subjekte in ein Bewusstsein von sich versetzt, stellt sich die Frage, wie deren Einzelheit, die doch Vielheit zumindest assoziieren lässt, mit der Rolle des Selbstbewusstseins als dem *einzigen* Prinzip des Systems zusammengehen kann.

In den vorausgehenden Kapiteln sind die Gedankengänge Fichtes zu diesem Problem und der Zugzwang, unter dem sie sich entfalteten, mehrfach zur Sprache gekommen. Sie haben in Fichtes Denken seiner gesamten Anlage nach einen mächtigen Rückhalt. Sie sind auch von gleich großer, wenn auch ganz unterschiedlicher Bedeutung für den Grundriss der Wissenschaftslehre, die das ‚absolute' Ich als Prinzip ansetzt, und ihre Nachfolgerin, für die das Prinzip nun das Eine und Ganze dessen sein soll, das Fichte als ‚das Wissen' gefasst hat.

Diese Zusammenhänge wurden in Beziehung auf die Dynamik expliziert, welche Fichtes Denken beherrschte. Darauf ist jetzt nicht zurückzukommen. Stattdessen ist Anschluss zu gewinnen an einen Grundzug von Selbstbewusstsein, der bei diesen Explikationen herausgehoben worden ist. Fichte folgte, wie sich zeigte, der Tendenz, die darauf ging, die Einzelheit des ‚Ich' im jeweiligen Subjekt hinter die Grundform von ‚Ichheit' zurückzustellen. Diese Tendenz konnte einen Anhalt in einer Eigenschaft von Selbstbewusstsein finden, welche in diesen Nachgedanken alsbald hervorgehoben worden ist.

23. Fichtes Einsicht, erneut verdeutlicht

Sie muss nunmehr als eine Problemlinie im Blick gehalten werden, die im Zusammenhang mit dem Nachdenken über Fichtes ursprüngliche Einsicht selbst immer Beachtung einfordert.

Von der Erklärung der Funktion des deiktischen Ausdrucks ‚ich' in der Umgangssprache bleibt im Nachdenken über die Selbstbeziehung im Selbstbewusstsein jedenfalls so viel erhalten: In diesem Selbstbewusstsein bezieht sich ein *einzelnes* Subjekt auf sich selbst. Niemand kann sich auf sich im Gebrauch seiner Sprache beziehen, der solche Ausdrücke nicht regelgerecht gebrauchen kann. Dem entsprechend lässt sich sagen, dass sich Subjekte im Nachdenken über die Vollzugsart von Selbstbewusstsein allererst als Subjekte konstituieren – in diesem Falle für sich.

Diese Fähigkeit ist insofern elementar, als für den Fall, dass man versucht, sie wegzudenken, alle Möglichkeiten einer Orientierung in einer Welt, die Menschen geläufig ist, gleichfalls entfallen würden. Sie ist aber nicht einer einfachen Verrichtung zu vergleichen, die sich von komplexeren Tätigkeiten unterscheidet. In sich ist sie in hohem Grade komplex. Die ähnlich gelagerte Situation im Falle des Sprachgebrauchs kann das schon klarmachen: Deiktische Signale sind sprachliche Äußerungen nur im Verbund mit der Fähigkeit zu anderen Formen der Mitteilung im Grundmuster eines Sprachsystems.

In früheren Kapiteln kam eine Implikation des Selbstbezugs eines Einzelnen zur Sprache, die nicht zu den Momenten gehören kann, welche in der Bezugs*art* auf das Einzelne wirksam sind. Es ist ein in diesem Bezug gelegener Vorgriff auf eine Eigenschaft des ins Selbstbewusstsein und somit zum Subjekt erhobenen Einzelnen: In jeglichem Selbstbewusstsein gilt in Beziehung auf das Subjekt, welches über die für den Selbstbezug konstitutive Bezugsart etwas *für* sich selbst wird, dass es von sich selbst in genau der Weise etwas weiß, in der solches Wissen von sich überhaupt von irgend einem Subjekt vollzogen werden kann.

Es wurde dargelegt, dass dieser Bezug, der zwar einem Einzelnen etwas zuspricht, der aber nicht selbst auch ein Bezug auf Einzelnes ist, rein strukturell verstanden werden muss. Der Einzelne ist an eine Verfassung gebunden, die Anschlussmöglichkeiten schafft und dem Allgemeinen, das man verstehen muss, um die Bedeutung von Einzelheit zu fassen, einen Applikationsbereich öffnet. Der Bezug auf Allgemeinheit schließt also keinerlei Kenntnis von anderen

Subjekten oder irgendwelche Vermutungen in Beziehung auf solche ein. Aber er gründet dennoch im Selbstbewusstsein des Einzelnen eine Relation zur Allgemeinheit und eine innere Bindung von je einem einzelnen an alle, die wirklich in gleicher Weise für sich zu Einzelnen geworden sind. Mit diesen Unterscheidungen ist ein Boden festgelegt, auf dem sich Fichtes Nachdenken über die Abhängigkeit der einzelnen Subjekte von einem einzigen und absoluten überhaupt erst entfalten konnte.

Auf zwei weitere Bezüge, die zusammen mit der Formvorgabe für Einzelne zu betrachten sind, sei hier im Vorübergehen hingewiesen: Es wurde konstatiert: Der Einzelne, der seiner selbst bewusst wird, ist nicht gänzlich offen für Jegliches, wovon er so hinsichtlich seiner selbst in Kenntnis gesetzt werden wird. Indem er von sich weiß, sind ihm zugleich Grundzüge einer Verfassung bewusst, die er sich zuschreiben kann – so etwa Identität und Verbindungskraft. Dieser Aspekt von Selbstbewusstsein verstärkt die Annahme, dass es als erschließendes Faktum in dem weiteren Verbund mit Denken und also im weiteren Rahmen von Rationalität zu positionieren ist. Stärkere Argumentationen gehen dahin, dass ohne ein Bewusstsein von solcher Einzelheit die allgemeine Verbindlichkeit von Regeln, die für Schlussfolgern, für Problemlösen und für die Aufklärung von Voraussetzungen gelten, nicht hinreichend bestimmt zu fassen ist. Und wohl noch gewichtiger ist die Tatsache, dass der Vollzug, sich seiner selbst bewusst zu sein, das Verstehen und den Vollzug elementarer rationaler Operationen einschließt. Von sich *als* von sich zu wissen ist ein Wissenszustand, der die Fähigkeit zur Begriffsbildung und zum Verstehen von Aussagen voraussetzt und in Anspruch nehmen muss. Dies Element ist, wie oft gesagt, für Selbstbewusstsein schlechthin konstitutiv. Dem entspricht nur, dass dies Wissen der Konzentrationspunkt von Fichtes zweiter Formel zur Bestimmung von Selbstbewusstsein und dass es wesentliches Moment in Fichtes ursprünglicher Einsicht ist.

Man kann das Wissen von der Allgemeinheit der Form des Selbstwissens, das in jedem einzelnen Selbstwissen gelegen ist, mit der propositionalen Form (dem Wissen, *dass* es Selbstwissen ist), die diesem Selbstwissen eignet, zusammenstellen – trotz der Unterschiede zwischen ihnen, die alsbald zum Thema werden. Sie geben beide davon Zeugnis, dass Selbstbewusstsein mit Rationalität in einem inneren Zusammenhang steht. Dies verlangt auch deshalb nach weiterer Aufklärung, weil ein philosophisches Programm, das sich an Kant anschließt, in diesem Zusammenhang die Strategie verfolgen wird, die Begründung der Erkenntnis in ihrer Allgemeinheit von der Beziehung auf die im Selbstbewusstsein gelegene Einzelheit ausgehen zu lassen.

Die Antizipation von Allgemeinheit im Selbstbewusstsein lässt sich zudem in einen Zusammenhang mit der Frage bringen, was denn eigentlich das Subjekt sei, das sich in seinem Selbstbewusstsein konstituiert. Diese Nachfrage kann von dem Verdacht angetrieben sein, dass mit dem Verweis auf Selbstbewusstsein auf die Frage nach dem, was ein Subjekt ausmacht, nur eine leere Antwort gegeben wird. Mit ihr werde einzig auf das Für-sich-sein zurückverwiesen, das eben offen lassen muss, was es denn sei, was da für sich existiert. Nun muss dem Subjekt allerdings die Eigenschaft des ‚Für sich' wirklich zugeschrieben werden. Im Verbunde mit ihr wird es aber durch weitere Eigenschaften charakterisiert. Sie verstehen sich daraus, in welchem Sinne das Subjekt ein Einzelnes ist, und wie sich seine Einzelheit in seinem Für-sich-sein ausprägen muss. Dieser wichtige und wiederum hoch komplexe Problemraum ist hier nur zu benennen, nicht aber zu erschließen.[126]

---

[126] Es ist der Problemraum, in dem sich die Analyse der Kantischen Argumentation zur Deduktion der Kategorien zu vollziehen hat. In ihm ist der spezifische Begriff von Identität des Subjekts zu klären, der für sie benötigt wird (dem gilt auch meine Abhandlung: *Identität und Objektivität*, Heidelberg 1978). Auch die Frage, in welchem Sinne und Bereich das Subjekt als Subjekt im Vollzug von Aktivitäten zu denken ist, hat hier einen Anhalt: Für ein Einzelnes, das wesentlich von sich weiß, kann der Eintritt seines Für-sich-seins kein Ereignis bleiben, dessen Eintreten für es nur okkasionell oder nichts anderes als ein erwartbares Geschehen ist. Für Fichte steht das Subjekt als Aktivität durch das ‚sich' seines Setzens fest. Nicht nur was es setzt, ist es selbst. Vielmehr kann dies Setzen nur durch es selbst vollzogen werden.

Der ganze Umfang dieses Problemraumes erfordert zudem eine Klärung der Fassungen und Gebrauchsweisen jeglichen Gedankens von Einzelheit. Solche Gedanken sind Komponenten in der begrifflichen Verfassung der Alltagswelt, der Weltform physikalischer Objekte und spekulativen Gedanken von einem Ganzen von ganz unterschiedlicher Verfassung. Die Stellung des Subjekt-Sinnes in diesem Spektrum bleibt in der gesamten Argumentation dieses Buches außer Betracht. Einen Ansatz dazu bietet vom Vf. *Ding an sich. Ein Prolegomenon zur Metaphysik des Endlichen*, in: ‚Vernunft des Glaubens', Festschrift für Wolfgang Pannenberg, hrsg. Jan Rohls und Gunther Wenz, Göttingen 1988, S. 42–92.

Ein Subjekt kann sich als ein einzelnes nur bekannt sein, wenn es sich spontan, ohne jedes weitere Nachdenken, in einem Gefüge weiterer Bestimmungen versteht. Es muss sie, und dass sie auf es zutreffen, verstanden haben, wenn für es außer Zweifel steht, dass es selbst ein Subjekt ist. So weiß es von seiner Verfassung, dass sie in eine bestimmte Form festgelegt ist; und dies ist, wie gesagt, eine Bedingung dafür, dass es von sich als von einem rationalen Wesen eine erste Kenntnis hat.

Dieser Zug in der elementaren Selbstverständigung des Subjektes ist von besonderem Gewicht. Das ergibt sich nicht nur aus der offenkundigen Wichtigkeit der Tatsache, dass Subjekte sich als solche von Beginn an unter Einschluss ihrer Rationalität bekannt sind. Wir haben schon zu Beginn gesehen, dass die Antizipation der Selbigkeit der Subjektform für alle Subjekte durch deren Kontrast zu der Weise, in der jedes einzelne Subjekt zur Kenntnis von sich kommt, wesentliche Bedeutung innerhalb des Prozesses hat, über den das einzelne Subjekt *als* Einzelnes sich versteht und sich in diesem Verstehen entfaltet.

Diese elementaren Zusammenhänge können schon deutlich werden lassen, wie weit sich die Schwierigkeiten ausbreiten, deren Fichte Herr werden musste, als er sich daran machte, die Vielheit der einzelnen Subjekte aus einem singulären Prinzip zu erklären. Dies muss zugleich ein *reales* Prinzip sein, von dem ein Gedanke nur in einer ihm eigens angemessenen Begriffsform zu fassen ist. Im Gang der Erörterung solcher Strategien konnte man immer eine unstrittige Evidenz aufrufen: Dass Selbstbewusstsein gerade in der Situation, in der die ursprüngliche Einsicht aufkam, zwar wohl durch die Unbedingtheit, die in ihm gelegen ist, eine ganz neue Perspektive aufgehen lässt. Aber es stand dabei doch keineswegs in Frage, dass Selbstbewusstsein die Weise ist, wie jedes einzelne Subjekt in einem Wissen von sich selbst als diesem einen Einzelnen steht, das es selbst ist. Von ihm kann es dann denken, dass es eines in irgendwelchen Mengen von Subjekten ist – ob nun ein gleichgültiges Element oder in einer sein Leben erfüllenden Bindung an andere Einzelne.

Es ist ein Einzelnes, und zwar eben dies Einzelne, welches im Selbstbewusstsein von sich weiß, über das in diesem Selbstbewusstsein Kenntnis eintritt. Es weiß, dass es selbst dies ist – und zwar sogleich und in einem mit dem, was es darüber hinaus in irgendeinem seiner Vollzüge von Selbstbewusstsein noch weiter wissen mag. Es ist unmöglich, genau dasselbe auf irgendeine andere Weise herausfinden zu wollen, so dass es in der Folge dieses gelungenen Fundes dann in dem Modus von Selbstbewusstsein realisiert wird. Zu dieser Weise des Von-sich-Wissens gibt es keinerlei indirekten Zugang – und für sie kein Substitut.

Dieser Befund ist der alltäglichen Lebenserfahrung so geläufig und in ihr so elementar, dass seine Richtigkeit zu konstatieren als Trivialität zu gelten hat. Eine ganz andere Frage ist, ob sich über die Genese des Elementaren etwas wirklich Aufschlussreiches herausfinden lässt. Von dieser Frage ist wiederum noch die Frage zu unterscheiden, ob es möglich ist, die innere Struktur dieser Selbstbeziehung angemessen zu beschreiben, so dass man auf sie nicht nur mit Hilfe von Zuordnungen und Abgrenzungen verweisen muss. Es versteht sich auch nicht von selbst, dass man die Voraussetzungen des Eintretens solchen Selbstbewusstseins bestimmt genug identifizieren kann. Damit sind nicht einmal die Bedingungen einer genetischen Ursprungsgeschichte, sondern nur die Voraussetzungen gemeint, die im Falle des Eintretens von Selbstbewusstsein stattfinden oder vollzogen sein müssen. Fichtes ursprüngliche Einsicht führte sehr bald zu der weiteren Erkenntnis, dass dieses Verstehen nur in einer bislang nicht verfügbaren, einer gegenüber der ‚normalen' irregulären Begriffsform gegeben werden kann, für die dann auch eine Sprachform entfaltet werden muss. Dass man ihrer bedarf, sollte fortan eine für den ‚spekulativen' Idealismus definitorische Überzeugung werden.

Was im Selbstbewusstsein als das, wovon dieses Bewusstsein besteht, zusammen instanziiert ist, muss also nicht etwa durch diese Weise von Bewusstsein überhaupt erst in eine Beziehung zueinander versetzt werden. Dem Subjekt gehören viele Sachverhalte zu, die von sich aus in einer auf ein Einzelnes hinweisenden oder auf dessen Einschluss beruhenden Verbindung miteinander stehen. In einer deskriptiven Einstellung – etwa der des Phänomenologen – lässt sich die Entstehung von Synthesen aufweisen, von denen man sagen kann, dass sie die Entstehung von Subjekten begünstigen.[127] Fichte

---

[127] Jean-Paul Sartres *L'Etre et le Néant* gibt ein Vorbild dafür. Anderen, zumal Heidegger, ist allerdings der Aufweis dieser Zusammenhänge ein Weg für den Nachweis, dass der Subjektgedanke ontologisch ‚abkünftig', dann aber auch,

musste seinerseits versuchen, die Bildung von Synthesen immer und grundsätzlich dem Subjekt zuzuschreiben. Wenn man auch in diesem Punkt dem phänomenologischen Verfahren und seinem Begriff passiver Synthesen Raum geben sollte, so bleibt Fichte in dem für ihn entscheidenden Punkt im Recht: Die strukturale Verfassung von Selbstbewusstsein realisiert sich nie, ohne dass Begriffsbildung und Begriffsgebrauch ins Spiel kommen. Funktionen, die für das wesentlich sind, was ein Subjekt ausmacht, haben zur Voraussetzung, dass ihr elementarer Vollzug selbst bereits als rationale Praxis zu verstehen ist. Sie lassen sich nicht wie Beschreibungen von Abläufen erschließen. Dabei ist von einer Rationalität die Rede, die spontan in Aktion ist und die nicht dessen bedarf, in Gang gebracht, durchgehalten und steter Selbstprüfung unterzogen zu sein.

Das Unterfangen, die Verfassung von Selbstbewusstsein im Zusammenhang mit diesen seinen rationalen Komponenten Schritt um Schritt durchsichtig werden zu lassen, macht dann noch größere Schwierigkeiten. Fichtes Scharfsinn war von seinen Versuchen, dies zu leisten, immer wieder in Anspruch genommen – und dabei von seiner Eile hin zum Ziel und der ständig erneuerten Gewissheit von dessen Nähe oft überanstrengt.

Am Anfang der Wissenschaftslehre nach neuer Methode, und somit im Zusammenhang mit der zweiten Formel für die Erklärung von Selbstbewusstsein, hat Fichte der Aufgabe zu einer solchen Erklärung eine zentrale Stellung zugewiesen: Selbstbewusstsein schließt ein, dass das Subjekt weiß, dass Selbstbewusstsein besteht – und zwar als das Selbstbewusstsein desjenigen Subjektes, welches es selbst ist. Es muss über eine elementare Beschreibung von ihm verfügen. Es scheint jedoch, dass das Subjekt nur aufgrund eines schon bestehenden Selbstbewusstseins in ihren Besitz gelangen kann. Und doch könnte Selbstbewusstsein, von dem Kenntnis gewonnen sein muss, überhaupt nur bestehen, wenn das Wissen von ihm *als* Selbstbewusstsein in ihm bereits vollzogen wäre.

Dass Selbstbewusstsein von sich als Selbstbewusstsein weiß, lässt sich also nicht aus einer Kenntnisnahme verstehen, die sich dem zuwendet, was besteht. Selbstbewusstsein ist keiner der zahllosen

---

von seinen Voraussetzungen her, als ‚derivat' sogar leicht zu entschlüsseln ist, wobei dies vor allem bedeutet, seine Fehlgänge zu durchschauen.

wirklichen Vollzüge, von denen erst durch ihre Registrierung eine Kenntnis eintritt. Der Vollzug ist von einem Wissen von ihm gar nicht abzuscheiden. Es muss also ein Wissen sein, das sich von jeder Kenntnisnahme unterscheidet. Wir sagten: Der Sachverhalt und das Wissen von ihm sind untrennbar voneinander. Aber das ist eigentlich nur ein anderer Ausdruck, der das Problem wiederholt. Denn es ist doch unstrittig, dass Selbstbewusstsein etwas Reales ist und dass das Wissen auf es Bezug hat. Wie kann dies Reale aber diesseits dieses Bezugs überhaupt das sein, von dem die Rede sein soll, wenn das Wissen von ihm noch nicht zu ihm gehört? Das Verhältnis zwischen dem sachlichen Gehalt von Selbstbewusstsein und dem Wissen von ihm nimmt über solche Betrachtungen den Status einer zwar unbestreitbaren, aber nicht weiter zu explizierenden Realität an. Der Versuch, die These von der Untrennbarkeit von Selbstbewusstsein und dem ihm innewohnenden Wissen von seinem Bestehen zu explizieren, nötigt in den Gebrauch von einander ausschließenden Ansätzen hinein.

Diese Implikation seiner Einsicht könnte man wohl als Anzeichen des Scheiterns des philosophischen Ansatzes oder eines Defekts in der Beschreibung einer Problemlage auffassen. Fichte sieht in ihnen die Ausstrahlungen des Kerns seiner Einsicht. Sie kann nur in einer Form mitgeteilt und expliziert werden, die mit geläufigen Explikationsweisen in Konflikt kommt. Er hat sie in Formeln aufzunehmen versucht, die den Gehalt seiner Einsicht metaphorisch beschreiben: Das selbstbewusste Subjekt gleicht einem Auge, dessen Blick auf nichts anderes als sich selbst gewendet ist. Es ist dies ein in sich selbst geschlossener Blick, der eine Lichtflamme aufgehen lässt, welche zuerst in sich selbst eine mit nichts vergleichbare Helle verbreitet. Die reine Selbstbezogenheit scheint unbegrenzte Durchsichtigkeit zu garantieren.

Es ist nun weiter zu fragen, ob diesen Formeln das Ergebnis eines philosophischen Deduktionsganges entspricht – so dass starke Bilder die Schlussfolgerung einer Beweisführung in ihrer Bedeutung hervorheben und ihnen im Leben eine unmittelbare Resonanz verschaffen. Es könnte auch sein, dass solche Formeln dort einen angemessenen Platz finden, wo die philosophische Argumentation an die Grenzen ihrer Fähigkeit kommt, die Leitlinien für den Aufschluss von gründenden Zusammenhängen auszuziehen.

Diese Frage zielt auf eine Grunddifferenz auch zwischen Fichtes eigenen Folgerungen aus seiner Einsicht und dem, wohin diese Einsicht die eigenen Überlegungen von Fichtes Interpreten geführt hat. So wird noch auf diese Differenz einzugehen sein. An dieser Stelle soll aber eine andere Überlegung aufgenommen werden. Sie betrifft einen Aspekt von Selbstbewusstsein, der diesem Nachgedanken zur Abhandlung eine Anleitung gegeben hat – und zwar in einem bedeutsamen Verhältnis zu dem, was in Fichtes Einsicht der eigentliche Konzentrationspunkt gewesen ist.

Es gab einen gravierenden Grund dafür, dass im Selbstbewusstsein zwei Momente hervorgehoben wurden. Sie gehören zu dem, was Selbstbewusstsein ausmacht, und stehen doch in einem Gegensatz zueinander. Selbstbewusstsein tritt ein, indem sich ein Wissen ausbildet, in dem ein Einzelnes in Kenntnis von etwas kommt, was eben für dies Einzelne und nur für es zutrifft. Mit dieser Kenntnis wird das Einzelne zu einem Subjekt. Die Kenntnis schließt das Wissen davon ein, *dass* das, wovon eine Kenntnis eintritt, eben der ist, dem diese Kenntnis zuwächst. Selbstbewusstsein ist also ein Wissen von sich, das man vom Standpunkt des Subjektes aus als ein Wissen von *mir* charakterisieren muss. Die Zusammengehörigkeit von Selbstbewusstsein und jeweils einem einzelnen scheint also definitorisch und unauflösbar zu sein.

Zugleich ist in dies Wissen ein Wissen davon eingeschlossen, dass dies Selbstwissen, seiner Vollzugsart nach, strikt derselbe Vollzug ist, der in beliebigen anderen Subjekten statthaben kann. Zwar können Subjekte allein von sich in der Weise von Selbstbewusstsein wissen. Aber sie wissen ebenso, dass, wer immer Subjekt ist, sein Subjektsein in genau derselben Weise wie er selbst vollzieht. Subjekte kennen sich also nur als Einzelne und wissen sich ebenso als einer unter unbestimmt vielen, die in ihrer Weise, ein Subjekt zu sein, durch nichts voneinander unterschieden sind – ohne aber irgendetwas *von* solchen Subjekten wissen zu müssen. Dieses Element in ihrer Kenntnis von sich öffnet die Subjekte in ihrem Selbstbezug für einen Bezug auf Allgemeinheit – und somit auf eine rationale Orientierung hin.

An dies Widerspiel zweier Momente, die konstitutiv für Selbstbewusstsein sind, lassen sich viele weiterreichende Überlegungen anschließen. In den Nachgedanken zu der Abhandlung gaben sie den

23. Fichtes Einsicht, erneut verdeutlicht 245

Erwägungen einen Anhalt, welche der Tendenz Fichtes galten, die einzelnen Fälle von Selbstbewusstsein aus einem einzigen Subjekt zu begründen. Er wurde von seiner ursprünglichen Einsicht in diese Denkbahn kraft der Konzeption eines Systems gezogen, die für ihn in der Gesamtlage der Bemühung um eine philosophische Grundlegung unausweichlich geworden war. Da die Abhandlung seinerzeit diese Betrachtungsart beiseite gesetzt hatte, erhielt sie in diesem Text umso mehr Gewicht. Daran ist hier nur zu erinnern.

Auf das Widerspiel zwischen dem Selbstbewusstsein als einer Weise von Wissen von Einzelnem über sich und dem Aufschluss einer strikt allgemeinen Form und einer Weise von Rationalität, die sich damit vollzieht, war hier noch einmal zurückzukommen – unabhängig von der Bedeutung, die es für den Nachvollzug der Dynamik hat, die Fichtes Systemaufbau beherrscht. Denn dies Widerspiel hat, wie gesagt, etwas gemeinsam mit jenem Widerspiel, das von dem ausgeht, worauf Fichtes Einsicht konzentriert ist. Fichte versteht es als ein Widerspiel, das mit dem Verhältnis von Anschauung und Begriff im Selbstbewusstsein zu fassen ist. Da aber auch dies Widerspiel die Subjektform charakterisiert, stellt sich die Frage, ob es ebenso wie das, was im Zentrum von Fichtes Einsicht stand, dieselben weitreichenden Folgerungen in Beziehung auf das Profil und das Verfahren der Philosophie nach sich zieht.

Man kann sich versucht finden, beide aneinander anzugleichen. Denn das Selbstwissen von dem einzelnen Subjekt, das ich selbst bin, kann nur eintreten, wenn der Form dieses Subjektwissens die Allgemeinheit zugeschrieben wird, die mit elementarer und spontaner Rationalität korreliert ist. Doch man kann sich davon überzeugen, dass zwischen den Verhältnissen in beiden Fällen doch Unterschiede von grundsätzlicher Bedeutung bestehen:

Es ist zwar ausgeschlossen, eine Selbstzuschreibung im Selbstbewusstsein ohne die Zuschreibung der allgemeinen Subjektform zu denken. Aber jede der beiden Zuschreibungen kann erfolgen, ohne dass die jeweils andere als vollzogen vorauszusetzen ist. Beide erfolgen parallel und in einem Zug. Eine Zirkularität in der Zuschreibung tritt also nicht ein. Die Besonderheit der Korrelation, die in Fichtes ursprünglicher Einsicht hervortritt, kann im Kontrast zu dieser Situation besonders deutlich artikuliert werden: Im Selbstbewusstsein können der aktuale Vollzug dieses Bewusstseins und der Vollzug, in dem jener Vollzug *als* Selbstwissen aufgefasst wird, nicht aufeinander folgen. In der Absicht, ihre wechselweise Voraussetzung des jeweils anderen zu vermeiden, können sie auch nicht in eine Parallele zueinander gestellt werden, womit ihr Wechselbezug dementiert werden würde. Man kann nur jede der beiden Ausgänge in Kraft setzen und im deutlichen Bewusstsein von der Abhängigkeit eines jeden von seinem Gegenstück das Bewusstsein hervorgehen lassen, dass man das Selbstwissen im Selbstbewusstsein als elementare und zugleich komplexe Tatsache voraussetzt und immer bereits in Anspruch genommen hat.

Die beiden Korrelationen, die hier in Beziehung aufeinander betrachtet werden, sind in jedem Fall von Selbstbewusstsein realisiert. Sie stehen des Weiteren insofern in einem direkten Zusammenhang, als eines der Korrelate, das Widerspiel von Allgemeinheit der Form und Einzelheit des Falles der Selbstzuschreibung, eben diese Einzelheit begründet, welche für Selbstbewusstsein überhaupt und für den Blick, in dem Fichtes Einsicht aufkam, Zentrum und Konzentrationspunkt ist. Jedoch die Schlussfolgerungen mit grundsätzlichem Gewicht sind gleichwohl nicht aus der Korrelation zwischen Einzelheit und allgemeiner Form herzuleiten. So kann dieses Widerspiel zweier Faktoren, welches das einzelne Subjekt auf eine allgemeine Form bezogen sein lässt, doch nicht einmal als ein Motiv dafür gelten, kraft Fichtes Einsicht im Selbstbewusstsein eine Wirklichkeit gewahren zu wollen, welche den einzelnen Subjekten als das Eine vorausgeht, aus dem sie hervorgegangen sind. Über den Vergleich der beiden Korrelationen im Selbstbewusstsein zeichnet sich vielmehr besonders deutlich ab, dass die Schlussfolgerungen, die sich für Fichte selbst aus seiner Einsicht ergeben, an eine Korrelation gebunden sind, welche *in* dem Selbstbewusstsein realisiert sein muss, in dem ein einzelnes Subjekt sein Selbstwissen ausbildet.

Die Einzelheit dieses Subjektes ist als notwendig und im Zusammenhang mit dem Grundzug seiner Selbstbeziehung zu verstehen, die als ein Sein-für-*Mich* zu artikulieren sein muss. Die Gründe dafür sind im vorausgehenden Kapitel dargelegt worden. Die Verfassung dieses Aspektes der Selbstbeziehung ist zwar von keiner anderen Voraussetzung abzuleiten. Sie muss als Grundzug von Selbstbewusstsein gelten und in ihrer Faktizität erfasst und aufgenommen

23. Fichtes Einsicht, erneut verdeutlicht

werden.[128] Doch der Widerstand, den die Subjektform als solche dem Versuch zu verstehen entgegensetzt, ist von anderer Art. Er ist in der Selbstbeziehung der Subjektivität als solcher gelegen.

Fichte hat das Widerspiel, das in seiner Einsicht im Zentrum steht, zwar mit der Wirklichkeit von Selbstbewusstsein im Blick dargelegt. Er hat sie aber nicht in derselben Deutlichkeit an dessen Vollzug als das Selbstwissen einzelner Subjekte gebunden. Daraus ergeben sich die Probleme, welche auch die späteren Versionen der Wissenschaftslehre nicht beherrschen konnten. Aber die in der Subjektform als solcher gelegene Selbstvoraussetzung, welche die Metapher des Blicks, der in sich selbst zurückgeht, motiviert, ist für Fichte stets als sein eigentliches Leitproblem in jeder Version seiner Wissenschaftslehre und als die für sie eigentümliche Orientierung vorgegeben.

Die Schwierigkeiten treten samt dem theoretischen Potential, zu dem sie herausfordern, mit der zweiten Formel zur Charakterisierung von Selbstbewusstsein definitiv hervor: Ein Subjekt muss, was es von sich weiß, zugleich *als* solches Selbstwissen verstehen. Das Wissen, *dass* es ein solches Selbstwissen sei, kann nicht nachträglich gewonnen werden. Denn dann müsste von einem Wissen, das diese Eigenschaft (noch) gar nicht besitzt, die Eigenschaft konstatiert werden, Selbstwissen zu sein, wodurch es dann aber doch zu einem solchen Wissen werden würde. Um dieser Absurdität zu entgehen, muss erreicht werden, dass die Wirklichkeit von selbstbezüglichem Wissen und das Wissen eben davon zugleich und als die Verfassung eines einzigen Aktes von Wissen eintreten.

Fichte hat, wie gesagt, die Doppelung in diesem Wissensvollzug und seine Untrennbarkeit durch die überkommenen epistemischen Terme ‚Anschauung' und ‚Begriff' fassen wollen. ‚Anschauung' kann die Präsenz eines Gehaltes im Bewusstsein bezeichnen, ‚Begriff' die Auffassung dieses Gehalts über eine Beschreibung, die es erlaubt, ihn explizit von anderen Gehalten und Gehalten anderer Art zu unterscheiden und diesen Unterschied in Sätzen zu konstatieren. Schon der Umstand, dass sich Fichte ohne Weiteres auf diese unter ganz anderen Evidenzen eingeführte Terminologie einlässt und ver-

---

[128] Der folgende Gedankengang ist also mit dem des 22. Kapitels in einem Zusammenhang zu sehen (vgl. S. 203 ff.).

lässt, führt zu der Vermutung, dass ihm die Bindung der Verfassung von Selbstbewusstsein an den Vollzug des Selbstwissens von jeweils einem einzelnen Subjekt nicht als eine verbindliche Eingrenzungslinie für sein Problem vor Augen stand. Denn Anschauung und Begriff sind zwar epistemische Vollzüge, die Einzelnen zur Verfügung stehen. Mit ihnen ist aber kein Aufschluss über die spezifische Vollzugsart der Selbsterkenntnis und überhaupt des Für-sich-seins eines einzelnen Subjektes zu erhalten.

Man möchte wünschen, dass sich sprachliche Ausdrücke gewinnen ließen, die für Aspekte des Selbstwissens dieselbe Passform aufweisen wie die der gewachsenen Sprache abgehörten Terme der Rede über Erkenntnis. Gebraucht man die letzteren, um das zu fassen, was für Selbstwissen spezifisch ist, so ist ständige Aufmerksamkeit auf die besonderen Bedingungen ihres Gebrauches und ein Hinweis auf sie vonnöten. Doch es ist eine philosophische Grundfrage, welche auch in dieser Hinsicht über alles entscheidet.

Darin, dass mit jedem Selbstwissen von Einzelnen ein Wissen von der Allgemeinheit der Form der Subjekte verbunden ist, konnte Fichte ein Indiz dafür sehen, dass die Strahlkraft seiner ursprünglichen Einsicht ganz unvermindert nur von einem Subjekt ausgehen werde, welches ein einziges und welches das absolute ist – und vielleicht *einzig* von ihm. Aber die Situation, in der sich die Überraschung der Einsicht und ihre Folgerungen im Nachdenken einstellen, ist doch – und war damals bei ihm – durch die Konzentration auf ein Wissen gekennzeichnet, in dem die Zugehörigkeit eines Gehaltes zu dem Verband dessen gewiss wird, was Wissensstand nur eines einzelnen Subjektes in seinem Selbstbewusstsein sein kann. Dies tritt bei der näheren Untersuchung aller Grundmuster, die mit der Selbstbeziehung der Subjekte in einem strukturalen Zusammenhang stehen, immer deutlicher hervor.

Der Gehalt seiner Einsicht steht für Fichte unabhängig von der Unklarheit von dessen Zuordnung fest. Er ist ebenso unabhängig von allen Stufen seiner Explikation. Nach einer solchen Explikation verlangt dieser Gehalt in der Tat. Und die Faszination, die von ihm ausgeht, drängt den, der sich einmal über die Singularität seiner Verfassung klar geworden ist, anhaltend zu ihr hin. Es ist der Blick, der in sich selbst geht, der insofern eine in sich geschlossene epistemische Einheit ausmacht – und zwar, insofern ein Wissen in dem

23. Fichtes Einsicht, erneut verdeutlicht 249

Gedanken zentriert ist, dass der, der von irgendetwas Bestimmtem weiß, eben der ist, der im Vollzug dieses Wissens von sich selbst als dem weiß, mit dem dieses Wissen aktualisiert ist.

Zunächst benennen solche Worte, die etwas angestrengt klingen, freilich eine allbekannte Tatsache, so dass es kaum wert scheint, sie zu notieren. Jedermann geht von ihr aus, so dass, wenn sie überhaupt notiert wird, dies zunächst sogar als ein Beispielfall von Trivialität erscheinen kann. Wer aber beginnt, auf das zu achten, was in ihr gelegen ist und in ihr sich vollzieht, dem wird sie eher zu dem Außergewöhnlichsten schlechthin. Man kann nicht absehen, wie man sich so etwas auf irgendeine Weise zu erdenken vermöchte. Wer dann aber zudem in einer bestimmten Phase des Philosophierens lebt und dabei deren Problemstellung überschaut – und wer die Kräfte des Denkens und Konzipierens in höchstem Maße besitzt und geübt hat, dem kann sie, so wie Fichte seine ursprüngliche Einsicht, in unvergesslicher Eindringlichkeit deutlich werden.

Diese Nachgedanken zu der Abhandlung von 1966 machen es aber wohl neuerlich deutlich, dass diese Einsicht nicht etwa schon eine abschließende Auskunft bedeutet – dass sie nach einer Explikation verlangt, die sich leicht zu einer Kette von Explikationen ausweiten kann. Schon die Abhandlung selbst wollte mit den drei Formeln, in denen sie Fichtes Verständnis von Selbstbewusstsein resümierte, Fichtes eigene Explikation in ihrer Abfolge und inneren Dynamik hervortreten lassen. Dem war nachzutragen, dass der Zielgedanke, mit dem Fichte selbst seine Einsicht explizierte und zur Grundlage eines Systems werden ließ, mit dem eigenen Zielgedanken der Abhandlung im Grunde unverträglich ist – dass er an einer entscheidenden Stelle geradezu als dessen Gegenteil zu gelten hat.

Im Selbstbewusstsein ist wohl ein ihm wesentlicher Bezug auf Allgemeinheit und allgemeine Geltung gelegen. Zugleich vollzieht sich in ihm, was Selbstwissen des einzelnen Subjektes ist – und dies in einer Vollzugsform, zu der es kein Äquivalent geben kann. Indem Fichte in dem, was sich ihm in seiner Einsicht erschloss, zugleich den Grundstein seines Systems gefunden hatte, suchte er der Allgemeinheit der Subjektform in seiner Explikation die Bedeutung einer alles durchherrschenden Fundamentalevidenz zu geben. Dahinter musste dann die Orientierung auf die Besonderheit des Selbstwissens von einzelnen Subjekten zurücktreten. Sie konnte, ohne bestritten zu sein, zunehmend sogar nur noch unter Einschränkungen beachtet werden.

Die Abhandlung hat den für Fichtes Einsicht wesentlichen Bezug auf das einzelne Subjekt stets im Zentrum von deren Explikation gehalten. Sie hat in ihr das Problem gesehen, vor dem die Explikation eine Stellung erreichen muss, die begründet und die definitiv ist. Erst in diesem neuen Text ist der Gegensatz deutlich hervorgetreten, der zwischen diesem Explikationsziel und Fichtes Orientierung an der Allgemeinheit im Ich-Gedanken besteht. So wurden auch hier erst die Voraussetzungen für gegensätzliche Explikationen namhaft gemacht, die mit der Verfassung des Selbstbewusstseins als solchem gegeben sind. Man kann sogar sagen, dass in dieser Verfassung selbst die Möglichkeit gelegen ist, dass sich der Gegensatz zwischen zwei Ausrichtungen der Explikation von Fichtes Einsicht entfaltet. Beide stehen, unangesehen ihrer Entgegensetzung, gleichermaßen unter dem Eindruck und der Anleitung, die ihnen mit Fichtes Einsicht aufgegangen ist.

Wer sich mit ihnen unter diesem Eindruck weiß, wird aber auch verstehen, dass Fichte zu dem Weg, den er einschlug, in seiner eigenen Zeit keine Alternative offenstand. Die Einzigkeit der Tatsache, die sich ihm erschloss, legt es überaus nahe, in ihr eine direkte Beziehung zu einem Absoluten und eine Erhebung des einzelnen Subjektes zu diesem Absoluten zu erkennen. Fichte selbst ließ sein zweites Sonett damit schließen, dass, seit ihm die Einsicht aufging, ‚das ewig Eine' in seinem Leben lebt.[129]

Der Verfasser der Abhandlung war selbst durchaus darauf vorbereitet, solche Gedanken bei ihrem Wort ernst zu nehmen. Daran hat sich bis heute nichts geändert. Aber seine Explikation von Fichtes Einsicht muss auf andere Weise die Wege zu ihrer Begründung und Bewährung hin bahnen. Es ist nicht möglich, in aktualem Vollzug und über etwas, das sich uns als Wirkliches in der Entfaltung der

---

[129] FGA I,8, S. 32. Nimmt man an, dass das dritte Sonett zur Zeit dieser Veröffentlichung schon entstanden war, so kann man weiter folgern, dass Fichte es nicht für geraten hielt, es dem Berliner Publikum bekannt zu machen (vgl. Anm. 20). Das bedeutet wiederum, dass er von der Perspektive am Schluss des zweiten Sonettes schon meinte, dass sie ihm zumutbar sei. Sie verharrt bei der eher noch unbestimmten Nähe zwischen der Einheit des in sich geschlossenen Auges und einer in ihrer Bedeutung noch offenen monistischen Weltformel.

23. Fichtes Einsicht, erneut verdeutlicht

Selbsterfahrung erschließt, unmittelbar in eine Erfahrung dessen einzutreten und eine Gewissheit darüber zu gewinnen, dass eines, von dem wir anfänglich als von dem ‚Absoluten' sprechen, uns ermöglicht und gründet. Mit der Anmutung einer unübersteigbaren Evidenz in der Einheit von Selbstwissen und dem, was er ‚göttliches Leben' nennt, könnte Fichtes Philosophie auch schwerlich in ein Denken Eingang finden, das gleichermaßen für die Erfahrungen in der gegenwärtigen Lebenswelt der Subjekte aufgeschlossen ist.

Aber es ist einzusehen, dass nur Fichtes eigene Ausrichtung der Explikation seiner Einsicht den Anfang von deren Auslegungsgeschichte hat machen können. Es war nicht zu erwarten, dass neben der Art dieser Auslegung, welche direkt zum absoluten Ich und zum (absoluten) ‚Sein' im Wissen führte, die ihr entgegengesetzte Möglichkeit einer Explikation gleichfalls ergriffen oder mit gleichem Gewicht erwogen worden wäre. Fichtes Explikation musste ihren Gang vollziehen, obwohl dieser Gang gar nicht zu vollenden war. Nur über die Erkenntnis der Voraussetzungen, die sie in Geltung sah, und das Verständnis der Schwächen, denen sie sich nicht entwinden konnte, kann Fichtes Einsicht in einer seiner eigenen Explikation entgegengesetzten Bahn zu einem Aufschluss über das endliche Subjekt führen. Aber sie wird die Einsicht bleiben, von der her auch diese Möglichkeit ursprünglich erschlossen worden ist.

Die vorausgehenden Analysen hatten zum Resultat, dass Fichtes Einsicht in einem Gesamtkonzept eine erschließende Bedeutung gegeben werden kann und muss, das nicht dem Grundriss eines philosophischen Systems entspricht, der für ihn nahezu fraglos verbindlich gewesen ist. In diesem Kapitel wurde nunmehr das Profil von Fichtes Einsicht nachgezeichnet. Für Fichte war die Erkenntnis, dass kein Weg dazu führt, die Einheit von Vollzug und Für-sich-sein in ‚diesem Ich' herzuleiten, ein Indiz für die in ihm gelegene Unbedingtheit und später für die Selbstbewegung in der Ich-Form des Wissens. Mit Scharfsinn und Tiefblick hat Fichte diese Eingangsevidenz zu mehreren Gestalten eines Systems mit demselben Grundriss entfaltet. Dass dabei ein für ‚dieses Ich' konstitutiver Charakter überspielt und preisgegeben werden musste, wurde in dieser Untersuchung zum stärksten Argument dafür, Fichtes Einsicht aus den Fesseln dieses seines Systemprogramms herauszulösen.

Statt in ‚diesem Ich' oder der ‚Ich-Form' des Wissens einen absoluten Ausgang zu erkennen, kann man in ihm das Merkmal für einen Ausgang in einem ganz anderen Sinne sehen. Er ist zwar ebenso wenig zu hintergehen, aber nicht aus sich selbst zu begreifen. Er ist insofern das ‚Prinzip', also die erste Grundlage für die Verfassung eines seiner selbst nicht durchaus mächtigen, eines endlichen Denkens. Fichte selbst hat der Abhandlung von 1966 den Weg zu diesem Verstehen geöffnet, indem er vom Selbstbewusstsein als begründet in einem Akt des Einsetzens gesprochen hat.

Wer folgerichtig die Endlichkeit dieses seines eigenen Ausgangs im Blick behält, wird zwei seiner unmittelbaren Folgen jederzeit beachten: Zum einen kann nur von diesem Ausgang her das Eingesetztsein in das Subjektsein selbst und somit die Frage nach dessen Gegründetsein und dessen eigener Legitimität erwogen werden. Zum anderen kann, was als Folgerung aus diesem Prinzip zu gewinnen ist, nicht mit der notwendigen Implikation eines jedem Zweifel enthobenen Vorausgesetzten verwechselt werden.

Diese zweite Unterscheidung ist von Bedeutung in Beziehung auf die Implikationen von Selbstbewusstsein, welche in der vorausgehenden Untersuchung besonders beachtet und gegen Fichte geltend gemacht worden sind – nämlich die Implikationen, welche im Zusammenhang der Bindung von Selbstbewusstsein an die Einzelheit von Subjekten deutlich werden können. Als eine solche Implikation wurde die Verschränkung von Einzelheit und Allgemeinheit aufgewiesen. Sie ist für die Vernunft eines endlichen Subjektes charakteristisch, insofern es in seinem Selbstwissen als einzelnem Subjekt zugleich das Wissen von einer strikt allgemeinen Verfassung eingeschlossen hat.

Wissen steht nicht etwa nur kraft seiner allgemeinen Gültigkeit, die in zureichenden Gründen gestützt ist, in einem Gegensatz zu unfundierten Meinungen, die Einzelne hegen. Die Weise, in der etwas in seinem Anspruch auf Gültigkeit ‚einleuchtet' oder in seiner Gegebenheit unabweisbar ist, kann sich nicht für jedes Subjekt je anders geltend machen. Was ‚für mich' offenkundig ist, weist in eben diesem Zug, für ein Subjekt zu sein, eine strikte Allgemeinheit auf. Was mir einsichtig ist, hat einen Bezug zwar allein auf eben dies Subjekt. Aber darin, dass es in dieser Bezogenheit verstanden und geltend gemacht wird, ist die Antizipation einer Verfassung von Wissen gelegen, die für jeden anderen Fall in der gleichen Weise aktualisiert sein muss. Diese Implikation wird dann Anlass für eine noch weitergehende Perspektive. In ihr ist die Verständlichkeit von logischer Allgemeinheit an das Bewusstsein der Subjekte von sich selbst, also an Selbstbewusstsein gebunden. Das begründet die These, dass Rationalität Subjektivität voraussetzt – aber so, dass sie nicht mit einem Relativismus zusammenfällt, der sich auf Subjektivität gründen will, oder eine Variante von Konstruktivismus zur unmittelbaren Folge hat.

Doch diese strukturale Verbindung erlaubt wiederum auch nicht die Herleitung der Rationalität aus dem Selbstwissen. Die Verfassung der endlichen Subjekte muss vielmehr eben deshalb als ‚eingesetzt' verstanden werden, weil sie von Beginn an eine unauflösbare Komplexität aufweist. Faktoren, die von keinem unter ihnen hergeleitet werden können, sind in ihr notwendig miteinander verbunden. Aber dennoch ist zu sagen, dass es das Für-sich-sein des Subjektes ist, welches den Charakter der Komplexion kennzeichnet, so dass über den Komplex nur im Ausgang von ihm ein Aufschluss zu gewinnen ist.

24. GRUNDZÜGE DER EINZELHEIT VON SUBJEKTEN

Fast gleichrangig mit der Frage nach einem ausgearbeiteten Aufschluss über die Verfassung des ausgezeichneten Selbstbezugs im Selbstbewusstsein stellt sich eine weiter ausgreifende Frage. Auch sie betrifft, wenngleich auf ganz andere Weise, die Grundverfassung der philosophischen Erkenntnis: Ist der Gehalt von Fichtes Einsicht ein letzter, also unhintergehbarer Ausgangspunkt für jegliches Verstehen? Oder kann man mit irgendeiner Gedankenführung oder einem Verfahren des Erschließens hinter diesen Gehalt zurückgehen? Man müsste dann von dem aus, was so erreicht wird, zur Herleitung zwar nicht des Gehaltes, aber des Ortes und des Zusammenhanges überleiten können, in dem Fichtes Einsicht ihre Bedeutung gewinnt.

Ich selbst habe mich immer wieder in der Überzeugung bestätigt gesehen, dass man im Verstehen dieses Gehaltes eine Einsicht zu sehen hat, über die jedenfalls keine Erkenntnis hinausreicht, so dass sie in einer Ableitung von irgend einem Ausgang zum Ort und zur Funktion von Selbstbewusstsein fortschreiten könnte. Einzig solche Gedanken können über es hinausführen, die von ihm ausgehen und die es in einen größeren Zusammenhang einbringen, während es selbst doch immer unhintergehbares Faktum bleibt. Aus diesem Zusammenhang heraus ergibt sich aber keine Perspektive darauf, die Verfassung des Gehalts von Fichtes Einsicht über eine Herleitung zu verstehen – auch dann nicht, wenn in dem Faktum selbst die Notwendigkeit begründet ist, solche Gedanken, die über es hinausgreifen, zu entwickeln und ihre Haltbarkeit zu begründen.

Da der Gehalt der Einsicht eine Komplexion aufweist, kann erwogen werden, ob sich etwa das Ganze des Komplexes aus einem seiner Momente herleiten ließe. Doch das würde voraussetzen, dass unter Absehen von allen anderen von ihm allein ein Anfang zu machen wäre. Damit wäre der Zusammenhang aufgelöst und die formale Einheit des Ganzen, welche etwas zu einem Momente in ihm macht, wäre diesem Moment entzogen. Die Verfassung des Für-sich-seins lässt sich also nur im Ganzen oder gar nicht herleiten – in welcher Weise auch immer.

Diese Meinung ist auch die Fichtes gewesen – jedenfalls bis zur Umsetzung des Prinzips seines Systems vom Selbstbewusstsein auf ‚das Wissen'. Später führt dann zwar eine Art von Schlussverfahren zum Gedanken des singulären Seins und seinem Erscheinen im Wissen. Doch wird diesem Absoluten in diesem seinem Erscheinen sogleich wiederum die ‚Ichform' als ganze zugesprochen, die für sich bereits verstanden sein muss.

Eine durchaus grundlegende Differenz bleibt dennoch zwischen Fichte und den Intentionen der Abhandlung von 1966 bestehen, obwohl deren erste Absicht es durchaus war, die Bedeutung seiner Einsicht zu erfassen und herauszustellen. Im Vorausgehenden ist dargelegt worden, dass Fichte den Selbstbezug von Subjekten aus ihrem Verhältnis zu einem absoluten Ich zu verstehen sucht, aus dem sie durch eine Art von Aufspaltung unter Wahrung der Einheit der Ichform hervorgehen. Des Weiteren war gezeigt worden, wieso er durch seinen Begriff vom philosophischen System zu einem solchen

24. Grundzüge der Einzelheit von Subjekten

Konzept genötigt gewesen ist.[130] Hier wurde dagegen die These begründet, dass ein Selbstbewusstsein als ein Selbstverhältnis, das sich über das Pronomen ‚ich' zu artikulieren vermag, nur einem einzelnen Subjekt zugesprochen werden kann.[131] Es liegt auf der Hand, dass damit – im Verbund mit der These, dass der Gehalt von Fichtes Einsicht nicht herzuleiten ist – bereits ein Schritt vollzogen wird, der zur Preisgabe eines solchen Systemprogramms führen muss.

In der Folge sind weitere Züge in der Verfassung eines endlichen Subjektes hervorzuheben, das als solches ein einzelnes ist.[132] Das kann wieder nur im Umriss einer geordneten Übersicht geschehen. Über jeden dieser Züge ist eigentlicher Aufschluss nur im Zusammenhang einer weit ausgreifenden Analyse zu geben.

Zunächst soll jedoch noch weiter dem Verdacht entgegengewirkt werden, dass mit der Bindung von Selbstbewusstsein an Einzelheit etwa dessen Bedeutung für eine Verankerung der Rationalität preisgegeben werden müsste. Dem ist entgegenzuhalten, dass von Beginn an davon ausgegangen wurde, dass die Subjekte ein Wissen davon haben, dass ihre eigene *Verfassung* mit der Verfassung anderer Subjekte identisch ist. *Insofern* sie Subjekte sind, können sie also gar nicht der Variation unterliegen, die Einzelne innerhalb einer Art aufweisen. Es gilt allerdings ebenso, dass Subjekte unter der Herausforderung stehen, in komplexen und gänzlich unterschiedlichen Bedingungen die Einheit eines bewussten Lebens auszubilden und dann gleichermaßen sowohl durchzuhalten wie unter veränderten Umständen zu modifizieren. So können sie eine Individualität gewinnen, welche von dem individuellen Charakter eines Lebewesens innerhalb seiner Art zu unterscheiden ist. Was auch die ‚Vernunftnatur' des Menschen genannt werden kann, begründet die elementaren Vollzugsweisen seiner Selbstbeziehung. Wird von Rationalität in diesem Sinn gesprochen, so ist diesem Wort die Alltagsbedeutung von etwas entzogen, das durch Bemühung erworben und in Disziplin erhalten werden muss.

---

[130] Im Teil I dieses Textes.
[131] In diesem III. Textteil.
[132] Fichte könnte im Prinzip daran denken, das einzige ‚absolute' Subjekt als endliches zu verstehen. Er müsste es, wenn er am Kantischen Kontext festhalten würde. Doch das Modell eines Systems der vollständigen Ableitung aus einem Prinzip stünde alsbald auch diesem Manöver entgegen.

Man muss diese These, solche Rationalität sei schlechthin grundlegend, nicht aus dem Umstand herleiten, dass Subjekte im Modus des Denkens alle Gedanken zu begleiten haben und aufeinander beziehen können. Sie ist zwar unmittelbar einsichtig. Geht man aber von ihr aus, so wird das Subjekt bereits aus seiner spezifischen, einer synthetisierenden Beziehung auf Gedanken begriffen. Dem voran, wiewohl nicht im Vollzug voraus, ist aber die innere Form seiner Selbstbeziehung in Ansatz zu bringen. Für ein Subjekt, das nicht nur vom Standpunkt eines anderen aus als Subjekt zu charakterisieren ist, muss zu allererst angenommen werden, dass es sich selber *als* Subjekt versteht; und damit ist die Fundamentalität seiner Beziehung auf Begriffe und deren Gebrauch in Zuschreibungen in Anspruch genommen. Mehrfach war hervorzuheben, dass Fichte als erster damit begann, die Aufmerksamkeit der Philosophie darauf zu richten, dass ein solches Subjekt immer über einen Begriff von sich selbst verfügen muss und dass es ihn in einer propositionalen Charakterisierung seiner selbst jederzeit wirklich gebraucht. Seine Selbstbeziehung wäre andernfalls letztlich nur ein gegenständlicher Sachverhalt – welche besonderen Bedingungen immer auch für die Beziehung zu solchen Sachverhalten gelten, für die eine Selbstorganisation und somit eine Weise von Selbstbestimmung charakteristisch ist.

In den Selbstbezug des Selbstbewusstseins ist jedenfalls notwendigerweise und als für ihn konstitutive Bedingung die Grundform von Rationalität integriert. Das erklärt, warum dessen Grundform als invariabel angesehen werden kann. Das einzelne Selbstbewusstsein hat eine strukturale Beziehung auf die Allgemeinheit des Begriffsgebrauchs und damit der Satzform.

Das bedeutet jedoch wiederum nicht, dass Selbstbewusstsein von einer Form *her* zu begreifen wäre, die von ihm vorausgesetzt ist und die sich in es hinein kontinuiert. Es kann zwar, umgekehrt, auch seinerseits nicht als Konstitutionsgrund von Wissen gelten. Dagegen hat man es als den Ort einer Verwurzelung der Form allgemeiner Geltung innerhalb von Einzelnen zu betrachten und anzuerkennen. Gibt es doch keine Sphäre einer von aller Subjektivität gänzlich abgelösten, selbstgenügsamen Geltung und Wahrheit. Geltung ist relativ auf einen Bereich ihres Bezugs, und Wahrheit muss eingesehen werden können. Deren Sphäre kann aber doch die innere Form des

Selbstbezugs der jeweils Einzelnen übergreifen. Und was als Ort des Vollzugs solcher Einsichtigkeit vorauszusetzen ist, kann mit der Form seines Selbstbezugs selber eine besondere Form nicht reduzierbarer Einsichtigkeit realisieren. Der Charakter dieser Beziehung lässt sich auch als ‚Gleichursprünglichkeit' fassen. Damit ist freilich gar nichts von dem in den Blick gebracht, was für diese Selbstbeziehung charakteristisch ist. Die Allgemeinheit der Form und die Evidenz in der Einzelheit ihrer Realisierung stehen zugleich im Verhältnis wechselseitiger *Voraus*setzung. Dies ist an früherer Stelle dieses Textes erörtert worden.[133] Mit dem vorausgehenden Kapitel wurde auch die Stelle erreicht, an welcher der Beziehung zwischen dieser Wechselvoraussetzung und dem Zirkel im Verstehen des Selbstbezuges der Subjekte weiter nachgegangen werden kann.

Doch in dieser Nachschrift als solcher ist die Aufgabe vorrangig, Gedanken im Hintergrund der Abhandlung hervortreten zu lassen – und zwar diejenigen, welche der dritten Formel für die Verfassung des Selbstbewusstseins (der Formel von dem Auge, das eingesetzt ist) ihre weiterführende Bedeutung geben. Dagegen ist es nicht ihre Aufgabe, eine philosophische Auslegung von Fichtes Einsicht über die Kennzeichnung von deren Profil hinaus noch weiter voranzutreiben, obwohl Anlass und Aussicht dafür genug gegeben sind.

Auch die Faszination durch Fichtes ursprüngliche Einsicht hat ihren Interpreten niemals in der Ansicht unsicher werden lassen, dass die ihrer selbst bewussten Subjekte, indem sie sich selbst *als* sich selbst verstehen, ihrer selbst zugleich als Einzelne bewusst sind. Es ist dargelegt worden, warum diese These nicht mit dem wesentlichen Bezug der Subjekte auf Allgemeinheit etwa nur verträglich ist – dass diese Beziehung zudem einen Grundzug dessen ausmacht, in welchem besonderen Sinne sie überhaupt Einzelne sind: Im Wissen von sich stehen sie in einer Beziehung zu sich, die mit keiner anderen und mit der Selbstbeziehung keines anderen koinzidiert. Und auf sie gründet sich zuletzt jede Besonderheit in der Anlage und der Entfaltung der Dynamik dessen, was als ihr bewusstes Leben in der Folge die Aufmerksamkeit der Philosophie in deren wichtigster Anwendung findet.

Nun ist noch mit wenigen Bemerkungen auf andere Züge einzu-

---

[133] Vgl. oben S. 98.

gehen, die mit dieser Kerneigenschaft der Subjekte in einem inneren Zusammenhang stehen. Sind einmal die wesentlichen Bedingungen dafür festgelegt, unter welchen die Selbstbeziehung der Subjekte zu betrachten ist, und ist weiter akzeptiert, dass deren Verfassung nicht von irgendwoher erreicht, sondern nur aus ihrem Vollzug heraus aufgeklärt werden kann, so steht dennoch diese Aufklärung selbst noch an ihrem Anfang. In Kants Begründungen für die Ansprüche auf Wahrheit und Geltung, die nicht auf Erfahrung beruhen können, ist die angemessene Erklärung der Formen und Akte von selbstbewussten Subjekten, auf die man sich dabei beziehen kann, bereits ein Punkt von besonderer Schwierigkeit. Dem ist ein Komplex von Themen zuzuordnen, welche das Verständnis des Vollzugs selbstbezüglicher Subjektivität für sich allein aufkommen lässt. Die Nachgedanken zur Fichteabhandlung befassen sich zwar mit einem Schlüsselproblem für jegliche ‚Theorie der Subjektivität'. Sie können sich aber nicht einmal dazu anschicken, einen Grundriss für eine solche Theorie zu zeichnen, die deren Thematik, zumal in deren Verschränkungen, übersichtlich macht. Darum werden in der Folge Problemzüge, ganz entgegen dem Problemganzen, dessen Verfugungen zu verstehen sie insbesondere zur Aufgabe machen, nur in einer Art Auflistung zusammengestellt. Das ist zwar für den Blick auf das zentrale, komplexe und intrikat verfugte Problemfeld durchaus unzureichend. Würde man aber weitergehen wollen, so käme man nicht umhin, alsbald den Bezug auf den Brennpunkt der Abhandlung aufzugeben und den Text in ein ganz anderes Format hinübergleiten zu lassen.[134]

Darauf, dass die einzelnen Subjekte in einem Bezug zu allgemeiner Form stehen, der für sie konstitutiv ist, gründet sich die Möglichkeit

---

[134] Als Buch könnte ein solcher Text nicht linear angelegt sein, also einen Gedanken sukzessive entwickeln. Es müsste mehrere Argumentationsgänge, auch unterschiedlich angelegte, ineinander verfugen, um überzeugen zu können. Erst dann wäre zu erwägen, ob man ihm – unter Vorbehalten – den Titel ‚Theorie der Subjektivität' hätte geben können. Ich hatte über vielen Phasen immer mehr von der Schwierigkeit seiner Aufgabe und Anlage verstanden. So kann ich froh sein, es nicht voreilig geschrieben zu haben. Ich habe davon auszugehen, dass ich nichts von solcher Art noch in Angriff nehmen kann. Was dies Buch in der Gestalt der Erörterung von Fichtes Einsicht und Programm mitteilt, muss für ein verkürztes und indirektes Resümee meiner eigenen Schlussfolgerungen gelten. Ich war schon 1966 zu ihnen auf dem Weg.

der weiterreichenden Perspektive, dass sie sich *in* ihrer Einzelheit auf die *Angleichung* ihrer selbst auf Formen umfassender Allgemeinheit hin orientieren. Diese innere Zuordnung mag in der Gestalt des Erwerbs verbindlicher Erkenntnis für ihren realen Vollzug geschehen, darüber hinaus im Einbringen einer Ausrichtung auf Allgemeinheit in diesen Vollzug selbst – als erwogenes Lebenskonzept und als Leitlinie für eine Verhaltensart, als Einbindung in Verhältnisse zu Subjekten jenseits der eigenen Umgebungen. Um aber überhaupt als Instanz der Verwirklichung von Allgemeinheit Bestand zu haben, muss das Subjekt noch anderes sein als das, welches sich zur Allgemeinheit erhebt. Diese anderen Momente können unter dem Ausdruck ‚Selbsterhaltung' zusammengefasst werden. Er enthält schon in seinem Wortsinn einen Bedeutungszug von Selbstzentriertheit und einer auf sich selbst bezogenen Aktivität. Vier solche Momente sollen zur Sprache kommen.

Von der Selbigkeit der rationalen Form im Selbstbezug der Subjekte ist ihre jeweilige *Allbezogenheit* zu unterscheiden. Sie gilt für endliche, in ihrer Bestimmtheit gegliederte und unterscheidbare Gehalte. Auch ist sie nur eine potentielle. Denn kein Subjekt kann alle Bezüge, deren es fähig ist, zugleich wirklich werden lassen – nicht nur wegen begrenzter Kapazität, sondern wegen der Distanz zu ihnen in seinem Selbstwissen. In dieser Potentialität ist das Subjekt sich ihrer aber bewusst. Kant hat dies Bewusstsein die ‚Einheit der Apperzeption' genannt, also die Selbigkeit im Bezug auf beliebige Gehalte, die je für mich deutlich artikuliert sind. Die Kehrseite dieser Selbigkeit in allen Bezügen tritt darin hervor, dass Selbstbewusstsein auch nicht gänzlich ohne jeden solchen Bezug auf etwas so Bestimmtes vorzustellen ist. Seine Kapazität, irgendetwas Bestimmtes zu denken, bliebe im gegenteiligen Fall im Zusammenhang seines Selbstwissens unbemerkt. Subjekte könnten sich aber auch nicht darauf zurückziehen, einzig sich selbst zu erfassen. Denn sie müssten sich als einzelne verstehen. Auch damit würde bereits ihre Fähigkeit mobilisiert, sich zu korrelieren. Denn sie müssten sich selbst in irgendeiner *Bestimmtheit* verstehen. Ein endliches Subjekt kann nicht Alles *in* einem sein. Es müsste dann nämlich alles überhaupt, sich selbst eingeschlossen, in sich selbst bereits einbegreifen. Es ist nicht auszudenken, wie es dann noch in einem Bezug zu einem besonderen Gehalt *unter Absehen* von anderem Gehalt stehen könnte. Es unterhielte oder enthielte vielmehr einen jeden, ohne noch auf ihn als bestimmten überhaupt in der Weise einer herausgehobenen Deutlichkeit bezogen sein zu können.

Diese Überlegung lässt auf andere Weise deutlich werden, dass die Allgemeinheit einer Form nur von einem Gesichtspunkt aus einsichtig werden kann, der seinerseits und für sich selbst kein Allgemeines ist. Die Abhandlung hält sich des Weiteren durchgängig an die These, dass dies einzelne Subjekt auch kein *einziges* Subjekt sein kann, das, wie Gott und der Raum, in einem ‚conceptus singularis' zu fassen ist, so wie dies für das ‚absolute' Subjekt Fichtes oder ‚das Absolute' gilt, wie immer dieser Begriff, der eigentlich eine Denkaufgabe ist, philosophisch erfüllt wird. Dass man dies annehmen muss, ist aus der Weise, wie Subjekte von sich selbst wissen, eingängig zu begründen.[135] Doch man muss eben auch fragen, wie sich denn das Wissen der Subjekte von ihrer Einzelheit selbst zu artikulieren vermag.

Das anfängliche Bewusstsein eines Subjektes von sich selbst kann nicht selbst schon über Voraussetzungen zustande kommen, die für die Erkenntnis der Individualität von Einzelnen und deren Begründung in Kraft sind. Für Leibniz war dies dessen Bestimmtheit in Beziehung auf das All der Eigenschaften, die Individuen überhaupt zukommen können. Auch in der Semantik gilt die Einzelheit als eine Eigenschaft, die nur aus einer Beziehung auf *Alles* überhaupt Bedeutung hat. Das Subjekt, welches zu dem gehört, was die Genesis des Bezugs auf eine solche Dimension von Allgemeinheit selbst möglich werden lässt, muss die Kapazität haben, sich seiner Einzelheit auf andere Weise, also ohne die Voraussetzung eines Inbegriffs von Allem, bewusst zu werden. Dies Bewusstsein kann damit anheben, dass jeder Fall eines Ich-Gedankens in den Vollzug eines anderen Gehaltes eingebunden ist. Der nämlich ist von dem zu unterscheiden, was dem Vollzug des Ich-Bewusstseins als solchem angehört. Er kommt, im Bild gesprochen, auf das Subjekt zu, was wiederum bedeutet, dass er immer auch ein anderer sein könnte. Ein Subjekt, das seiner Verfassung nach ein singuläres und einziges ist, müsste über alles ‚verfügen' können, was seine Ich-Gedanken an einen Gehalt bindet, der von ihm selbst zu unterscheiden ist. Dagegen muss sich ein einzelnes Subjekt als eines unter (möglichen) anderen ver-

---

[135] Wie im Kapitel 23 gezeigt wurde.

24. Grundzüge der Einzelheit von Subjekten 261

stehen – und zwar auch dann, wenn es nichts von solchen Anderen wüsste und niemals einen solchen Anderen wirklich kennen lernen würde. Selbst wenn es de facto das einzige Subjekt überhaupt wäre, würde es ein einzelnes sein. Es würde, zum Beispiel, sich selbst als ein Subjekt in ganz anderen Zuordnungen denken können – so dass es, drängten es die Umstände dahin, würde wünschen können, selbst ein solcher Anderer zu sein. Er wäre faktisch, nicht wesentlich ein einziger. Es gibt keine menschliche Gemeinschaft und Lebensbindung, in deren innerer Genese diese strukturale Voraussetzung nicht zur Wirkung kommt.

Dieser Ansatz zum Verstehen des Wissens von der eigenen Einzelheit, das dem Subjekt, das von sich selbst weiß, zuzusprechen ist, leitet sogleich über zu einem aufschlussreichen weiteren Schritt: Das Subjekt weiß sich nicht allein in einer bestimmten Situation an einen Gehalt gebunden, über den es nicht schlechthin verfügt. Durch seine Distanz zu jedem Gehalt weiß es auch nicht nur, dass andere Gehalte zu ihm hinzutreten können, um dann bei Wahrung ihres Unterschieds in seiner eigenen Einheit miteinander verbunden zu sein. Diese Struktureigenschaft ist als Apperzeptionseinheit schon betrachtet worden. So wie das Subjekt das Volumen und die innere Differenzierung des Gehalts, der in seine Ich-Gedanken eingeht, als variabel denken kann, so muss es sich weiterhin in einer Abfolge von Fällen des Vollzugs solcher Gedanken verstehen können. Es weiß sich nicht nur als eines in der Beziehung auf vieles Unterschiedene. Zudem weiß es sich als *dasselbe* im Wechsel von *Fällen*. Sie sind Fall einer Verbindung, die sein Für-sich-sein mit unterschiedlichen Gehalten eingeht, welche auf es zukommen. Damit tritt das ursprüngliche Bewusstsein von der spezifischen *Identität* von Subjekten ein.[136] Es ist frei von einer Beziehung auf alles überhaupt, durch welche die semantische Identität begründet wird. Wohl aber ist die Selbigkeit in der Sequenz der Beziehung auf verschiedene Gehalte der Pfeiler, auf dem das Bewusstsein des Subjekts von seiner eigenen Identität *als* einem Einzelnen begründet ist.

---

[136] Damit allein ist nicht die Identität des Subjektes über die Dauer der Existenz der Person gesichert (Anm. 122). Es ist aber auch nicht ausgeschlossen, dass das bewusste Leben, welches eine Person führt, als in dem Subjekt begründet ist, welches diese Person selbst ist.

Es ist offensichtlich, dass solche Reflexionen – um der Einsicht in strukturelle Verhältnisse willen – von der Gesamtverfassung des Bewusstseins im wirklichen Leben der Subjekte als Personen abstrahieren. Auch deren Selbstbewusstsein entfaltet sich im Verbund mit der Erfahrung anderer Subjekte und dem Umgang mit ihnen. Daraus ist aber nicht die These zu begründen, dass es *aus* einer solchen ‚Interaktion' zu verstehen ist. Es ist allein sachgerecht, und liegt eigentlich auch viel näher, die interne Entfaltung der Zusammenhänge, die hier hervorgehoben wurden, als eine strukturale Voraussetzung für die Möglichkeit jeglicher Interaktion anzusehen.

Doch alle diese Überlegungen sollten ja kursorisch gehalten bleiben; dienen sie doch hier eigentlich nur dazu, die These von der Einzelheit der Subjekte zu flankieren, die von sich selbst wissen. Dies gilt in wiederum ganz anderer Weise, aber mit gleichem Gewicht für die Betrachtung des Faktors, zu dem nun überzugehen ist. Es nimmt einen Bedeutungszug auf, der dem Ausdruck ‚Subjekt' im Alltagsverstehen, aber auch in der Wortgeschichte besonders nahe zugeordnet ist: Subjekte sind der eigenständige Ausgang von etwas, was sie *initiieren* und selbst im eigenen Vollzug wirklich werden lassen. Es ist dies der Bedeutungszug, kraft dessen die Subjekte als *Akteure* verstanden werden.

Subjekte müssen nicht nur von etwas Kenntnis haben, was jeweils für sie präsent ist. Von einem Subjekt, und wiederum jeweils als von ihm, kann ebenso sehr etwas *ausgehen*. Dies ist nicht wie eine Kraftwirkung nur festzustellen. Es ist von ihnen veranlasst in dem Sinne, dass sie sich selbst als Initiator und im Vollzug des Initiierten auf eine Weise, die durch Modi weiter zu bestimmen ist, selbst gegenwärtig sind. Dabei sind sie in dem, was durch sie geschieht, auf eine spezifische Weise unabhängig von Anderem.[137] Man muss sich jedoch davor hüten, diesen Bedeutungszug der Evidenz von höherstufigen Sachverhalten der Praxis anzugleichen. Die Unterscheidung drängt sich schon dadurch auf, dass die Subjekte, deren Wissen von

---

[137] Rainer Enskat hat in seinen Untersuchungen über ‚authentisches Wissen' die Verfassung solchen Wissens herausgearbeitet. Ich sehe aber nicht, dass man im Ausgang von ihm das Für-sich-sein der Subjekte verstehen kann. Da authentisch handeln zu können als Wesenszug endlicher Subjekte zu verstehen ist, muss er auch in einer Korrespondenz zu dem ‚Für mich' als Grundmodus ihres Wissens erfasst werden.

sich hier in Frage steht, nicht als Personen in ihrer Welt betrachtet werden können. Geht also etwas von ihnen aus, was man bereits als eine Art von ‚Handeln' zu bezeichnen versucht ist, so sind dies Handlungen ohne Intention, ohne Überlegung, ohne ausführende Organe und ohne Folgen, die sich von dem ablösen lassen, was mit ihrem Vollzug schon eintritt.

Man kann darum auf sie auch nicht die Genesis des Bewusstseins der Einzelheit von Subjekten gründen, das den Subjekten von eigentlichen Handlungen bereits notwendig innewohnt. Solche Subjekte des Handelns konstituieren sich aber auf der Voraussetzung eines elementaren Sinnes von Subjekt. Ihm ist das Bewusstsein, ein Einzelnes zu sein, nicht allein oder vorzüglich aufgrund seines Vollzugswissens eigen. Was von ihm ausgeht und das Wissen davon kommt vielmehr im Zusammenhang mit dem Wissen davon allererst auf, dass etwas spezifisch für es, also in dem Modus ‚*für mich*' in das Wissen eintritt, das somit ursprünglich auch als *sein* Wissen qualifiziert ist. Die Spontaneität der mentalen Handlung ist insofern immer in irgendeiner Weise ein Korrelat von Für-michsein im Wissen und nur in dieser Verbindung Bewusstsein von einem Einzelnen. Noch weiter reicht dann die Einsicht, dass schon dem Bewusstsein, dass etwas ‚für mich' ist, die Eigentätigkeit innewohnt, die den Selbstbezug als Selbstwissen eintreten lässt – im deutlichen Unterschied zu dem Bewusstsein, in dem über etwas als ‚für es' als Gegebenheit konstatiert wird. Dagegen lässt sich eine absolute Selbsttätigkeit, die ohne Anlass und vorgängigen Bezugsbereich statthat, als Eigenschaft von Subjekten gar nicht konsistent denken. Dass dem ‚für mich' der besonderen Weise der Präsenz für ein Subjekt die Selbsttätigkeit dieses Subjektes innewohnt, zeigt also eine Korrelation dieser Momente an, nicht aber den Ursprung des ‚für mich' in einer Selbstsetzung, die auch das eigene Für-sich-Sein hervorbringen könnte. Wenn auch Aktivitäten in die Genesis des Selbstwissens des Subjektes einbezogen sind, so überließe man sich einem Fehlschluss, würde man diesen Wissensstand selbst als das Ziel und Produkt einer Handlung verstehen wollen. Obgleich auch Fichte jeden solchen Fehlschluss nicht wirksam ausschließt, so folgt doch aus seiner ursprünglichen Einsicht, dass von einer Aktivität des Subjektes nur dann gesprochen werden kann, wenn diesem Subjekt zugleich Selbstwissen zuzusprechen ist. Eine selbstgenügsame Selbstproduktion in seinem Handeln steht zu der Verfassung endlicher Subjekte im Widerspruch.

Über den Status von Protohandlungen, welche man die ‚mentalen' nennen kann, ist gewiss weiter nachzudenken. Dabei stellt sich dann auch die Frage, ob sie überhaupt etwas Wirkliches sind. Über sie ist schon früher, gegenwärtig aber erneut und auf hohem Niveau eine Debatte im Gange.[138] In sie kann hier nicht eingetreten werden. Es ist aber möglich, an das, was zuvor in Beziehung auf Subjekte im Wissen von sich dargelegt worden ist, noch einen Gedankengang anzuschließen, der ein weiteres Moment hervorhebt, das in einer Analyse der Verfassung von Subjekten zu beachten ist. Er impliziert übrigens nicht mehr als das, was Kant als diejenigen Evidenzen in Anspruch nahm, die in jeder transzendentalen Analyse akzeptiert sein müssen.

Subjekte können, wie dargelegt wurde, ihr Wissen von sich selbst nicht in glücklichem Selbstgenügen, also ganz allein im Selbstbezug, vollziehen. Sie wissen von sich immer in einer *Situation,* welche durch einen bestimmten Gehalt, den sie jeweils denken, von anderen unterschieden ist. Doch so, wie keiner dieser Gehalte von sich selbst allein aus zum Inhalt der Gedanken eines bestimmten Subjektes wird, so wenig ist das Subjekt kraft seiner Verfassung an irgendeinen solchen Gehalt gefesselt. Daraus folgt, dass der Umstand, dass ein Gehalt Gedanke eines Subjektes ist, in irgendeiner Weise diesem Subjekt *zugerechnet* werden muss. Der Gehalt, wie immer er sich ‚präsentiert', kann nicht in es ‚hineingeraten', ohne dass irgendeine Tätigkeit, die dem Subjekt zugehört, in Vollzug treten muss. Nur kraft ihrer kann sich der Gehalt in das eingliedern, was somit als die ‚Einheit des Subjekts' zu bezeichnen ist. Diese Art der Tätigkeit ist zwar keine Handlung im geläufigen Sinne, da sie nicht aus Gründen und mit einer Absicht ausgeübt wird.[139] Aber die Bildung einer solchen Einheit lässt sich ebenso wenig als ein bloßes Geschehen be-

---

[138] Unter den angelsächsischen Autoren, die diesem Thema neuerdings Aufmerksamkeit zuwenden, sind Matthew Boyle, Galen Strawson und Christopher Peacocke zu nennen, dazu im deutschen Sprachraum Sebastian Rödl und Stephan Lang.

[139] Es gibt auch ‚innere' Handlungen – etwa wenn jemand seine Gedanken ordnet oder eine Assoziation zu überdecken oder einen Ohrwurm auszuschalten versucht.

24. Grundzüge der Einzelheit von Subjekten

trachten – als einen Prozess also, der sich nach Gesetzen vollzieht, und das Subjekt infolge dessen auch nicht als eine Art von Prozessor, der sich dann überdies in seinem Fungieren immerfort selbst monitorieren müsste.

Man wird diese Aktivität, die ein Aufnehmen und ein Integrieren in einem ist, wegen ihrer Unterschiedenheit von Handlungen am besten, wenn auch ungelenk, mit einem Adjektiv wie ‚mental' oder ‚epistemisch' kennzeichnen. Sie ist dann noch von der Produktion eines besonderen Gehaltes kraft des Vollzugs eines Falles des Gedankens ‚Ich denke' zu unterscheiden. Wohl ist jedes Subjekt, das dazu aufgefordert oder auf andere Weise dazu motiviert ist, umstandslos dazu imstande, diesen Satz oder einen ihm entsprechenden Bewusstseinszustand zu produzieren. Wenn man auf diese Evidenz als Begründung für die Zuweisung einer mentalen Aktivität verweist, so darf man in ihr nicht nur die Bedeutung des Personalpronomens und die Beherrschung von dessen Gebrauch vor Augen haben. Eine Spontaneität im Denken ließe sich daraus nicht herleiten. Wohl aber wird mit dem Bezug auf das eigene ‚Denken', der mit dem ‚ich'-Gebrauch erfolgt, etwas von dem Charakter des Subjektes explizit, unter allem, das ihm zum Thema wird, einen eigenen Zusammenhang zu *bilden* und in diesem synthetischen Bilden tätig zu sein.

Die Folge von Skizzen zu Strukturmomenten der einzelnen Subjekte kann hier unterbrochen werden. In ihr sind Momente aufgelistet und ein Stück weit erläutert worden, die mit dem reflexiven Selbstbezug, den Fichtes ursprüngliche Einsicht heraushob, in einer innerlichen Verbindung stehen. Der Interdependenz der Momente untereinander ist dabei noch nicht nachgegangen worden – nicht der Weise, in der von ihnen gewusst wird, und insbesondere nicht, wie sie in das Selbstwissen einbezogen sind.

Doch damit allein konnte die Begründung von *zwei Thesen* gefestigt werden. In der ersten stimmte die Abhandlung mit den frühen Formen von Fichtes Wissenschaftslehre überein. Sie besagt: Von der komplexen Verfassung des Selbstbewusstseins, die sich in Ich-Gedanken realisiert, müssen alle Begründungen ausgehen, die Herleitungen zum Ziel haben. Sie selbst lässt sich nicht von einfacheren oder ‚tiefer' gelegenen Dimensionen her gewinnen oder verstehen.

Aufgrund der zweiten These hat sich die Argumentation der Abhandlung in ihrem Hintergrund von Fichtes Intentionen ferngehalten: Sie geht davon aus, dass der reflexive Selbstbezug den Kern von jeweils einzelnen Fällen von Selbstbewusstsein ausmacht, die in ihrer Verfassung notwendig miteinander übereinstimmen. Diese These ist nun bestätigt und bestärkt, nachdem aufgewiesen worden ist, dass mit dem Kern des Selbstbezugs Momente in innerer Verbindung stehen, die nur als Grundzüge eines Subjekts zu verstehen sind, das sich selbst als einzelnes kennt.

In der Sequenz dieser Überlegungen ist schließlich auch die aktivische Dimension des Subjektes erreicht worden. Man kann der Abhandlung vorhalten, dass sie ihr nicht die Aufmerksamkeit zukommen lässt, die sie in Fichtes Werk von Beginn an gehabt hat. Doch das Kernbewusstsein von Subjekten muss deutlich von dem Subjekt als handelnder Person in ihrer Welt unterschieden bleiben. Man wird kaum daran zweifeln, dass die stärksten Motive, die Fichte in die Philosophie zogen und banden, in seiner Energie des Handelns, seinem Freiheitswillen und seinem Streben nach frei sich bildender sittlicher Gemeinschaft lagen. Aber das heißt nicht, dass der Rückgang, der eine Grundverfassung aller Subjekte deutlich werden lassen will, an eben dieser Stelle bereits die ‚praktische Vernunft', voll artikuliert und mit allen für sie wesentlichen Zügen in Funktion, antreffen kann.

Doch darf man diesen Rückgang hinter sie auch nicht so verstehen, als ergäben sich alle für Subjekte konstitutiven Aspekte als Implikationen eines ersten und einfachen Universalgrundes. Das würde dann wirklich bedeuten, dass Grundzüge der praktischen Vernunft keine eigenständige Bedeutung im Lebensvollzug und in der Selbstverständigung der Subjekte haben könnten. Sie wären letztlich als Funktionen der Selbstentfaltung eines einzigen Prinzips zu betrachten. Doch in der Dynamik, welche der Grundverfassung von Subjekten innewohnt, können höhere und komplexere Stadien zur Ausbildung kommen, die in der Folge für die Verfassung der Subjekte konstitutiv bleiben.[140] Überdies ist der Rückgang zu den Grundzügen und der Dynamik von Subjekten durchaus nicht mit deren Entwicklungsgeschichte zu verwechseln. Die letztere ist näm-

---

[140] Kants Lehre vom ‚Faktum der Vernunft' kann als ein Muster für eine solche Denkart gelten.

24. Grundzüge der Einzelheit von Subjekten

lich nur als die Entwicklung von verkörperten Personen in ihrer Umgebung zu betrachten.

Fichte selbst sah sich wohl bei den ersten Ausarbeitungen der Wissenschaftslehre noch dazu veranlasst, das Prinzip der Selbstbestimmung, welches er als den wesentlichsten Grundzug aller Subjektivität zur Geltung bringen wollte, nach Möglichkeit von Beginn an in dem Gang der Herleitung auch operativ werden zu lassen. Die Wissenschaftslehre stand unter der methodologischen Vorgabe, ihre Theoreme über ‚das Ich' jeweils in Schritten eins zu eins auseinander zu gewinnen. Diese Deduktionsfolge musste aber zugleich zum Verständnis eines interagierenden Systems von Funktionen führen. Diese Aufgabe ist ihrer Anlage nach schwer lösbar. Sie hatte zudem einer Herleitungspraxis zu genügen, die Fichte allererst zu konzipieren und zu erproben hatte. Es ist also nicht verwunderlich, dass seine Erklärungen über seine Philosophie als der ersten und einzigen, die nur auf Freiheit gegründet ist, in dem, was seine systematischen Herleitungen ergeben, keine lupenreine Fundierung haben.

Seit Fichte die Beziehung von Sein und Wissen an den Anfang des Systems hatte treten lassen, musste er selbst die These von dem Ursprung der Wissenschaftslehre im Bewusstsein von Freiheit modifizieren. Dasselbe gilt, wenn man von einer Konzentration auf das den Ausgang nimmt, was die Darlegungen der Abhandlung über die dritte Formel zur Bestimmung von Selbstbewusstsein ergeben haben.

Zum Schluss dieser Übersicht über Momente in der Verfassung einzelner Subjekte, die nur in einer Art geordneter Erinnerung besprochen werden konnten, sei noch einmal hervorgehoben, wie weit solche Überlegungen von dem Versuch zu einer adäquaten Übersicht über die Verflechtungen dieser Momente und von dem entfernt bleiben müssen, was etwa eine Theorie der Subjektivität genannt werden kann. Diese ihrerseits hat wiederum ein anderes Profil als die mit ihr zugleich nahe verbundene Erklärung der Dynamik von bewusstem Leben, das sich aus der Verfassung der Subjektivität heraus entfaltet. Beide sind dann wiederum noch zu unterscheiden von der Verständigung über Ideen, nämlich über letzte orientierende Gedanken, die ein Ganzes zu fassen versuchen. Unter der Last der Antagonismen, welche solche Gedanken des Ganzen generieren, hat sich das bewusste Leben in einem solchen Ganzen über sich selbst zu verständigen. Diese dritte Dimension von Denken, deren Gehalte ihr durch Subjektivität aufgegeben sind, ist zur Erbin des alten Theorienamens ‚Metaphysik' geworden.

25. DAS PROFIL EINER ANDEREN KONZEPTION

Inzwischen sind nun alle Voraussetzungen zusammengebracht, auf die man sich stützen muss, wenn Klarheit darüber gewonnen werden soll, welche Motive und Überlegungen in der Abhandlung dahin wirken, einen für sie bedeutsamen Akzent zu setzen: Sie gab dem, was sie als dritte Formel Fichtes zur Bestimmung von Selbstbewusstsein aufstellte, eine Schlüsselbedeutung für die Erklärung von Fichtes ursprünglicher Einsicht. Dabei folgte sie aber eigenen Intentionen. Es ist gezeigt worden, dass sie mit seiner Konzeption eines philosophischen Systems im Konflikt war. Es wurde auch klar, dass Fichtes historische Situation ihn dazu nötigte, ein solches System im selben Zuge mit der Verständigung über die Implikationen seiner Einsicht gewinnen zu wollen.

Ihre eigenen Motive kamen in der Abhandlung zwar zum Ausdruck. Sie sind jedoch nicht ausgearbeitet. Zur Zeit der Niederschrift waren sie dafür auch kaum schon bestimmt genug gefasst und nicht anhaltend erwogen. Auch hier sollen sie nur verdeutlicht, nicht ausgestaltet werden – und zwar so, dass sie in den Zusammenhang der Differenzen gestellt werden, welche in diesem Text zuvor schon zwischen der Abhandlung und Fichtes Systemprogramm herausgestellt wurden.

Um dazu zu gelangen, ist nun allerdings im thematischen Feld des Nachdenkens über Selbstbewusstsein ein sehr weiter Bogen zu schlagen. Mit ihm müssen zwei Themenbereiche zueinander in Beziehung gebracht werden: Die in sich geschlossene Selbstbeziehung als Kernpunkt von Fichtes Einsicht und die Bedeutung der Formel vom ‚Einsetzen eines Auges' für die Selbstverständigung des bewussten Lebens. Beide machen im Spektrum der Gedanken über Selbstbewusstsein in Wahrheit sogar die Extreme aus: den ersten Ausgang und die Perspektive auf letzte Gedanken einer Sammlung im Leben jedes Menschen. Doch in Fichtes Philosophie ist der Bezug der beiden aufeinander jederzeit zugleich im Spiel. Die Sympathie für Fichtes Denken, welche die Abhandlung durchzieht und die sie vermitteln will, galt gerade diesem seinem Grundzug: Der Bemühung um die Klärung und Sicherung eines nicht mehr hintergehbaren Ausgangspunktes des Verstehens – und zwar umwillen der Klarheit und Eigenständigkeit einer Lebensführung, welche über sich im Grunde verständigt ist.

Die Abhandlung schreibt Fichtes ursprünglicher Einsicht zwei Gehalte von philosophischer Bedeutung zu: Zum einen betrifft diese Einsicht den Selbstbezug einzelner Fälle wirklich vollzogenen Selbstbewusstseins. Zum anderen kann deren Selbstbezug nicht nach alltäglichen Modellen analysiert werden. Denn das ‚sich' in diesem Selbstbezug ist insofern in sich geschlossen, als es sich von keinem der in ihm gelegenen Momente her gewinnen lässt. Deren Wechselbezug lässt sich nur unter der Voraussetzung seiner als Ganzem und somit in Zirkelform im Bewusstsein halten.

In dieser paradoxalen Verfassung seines Selbstbezugs lässt sich ein Kriterium dafür erkennen und akzeptieren, dass die Selbstaufklärung des Geistes eine Grenze erreicht hat, die ihr selbst immanent und somit innerhalb seiner nicht zu überschreiten ist. Diese Aussage ist wohl folgenreicher und weniger metaphorisch als Wittgensteins Bemerkung, der Spaten der Selbstaufklärung biege sich, wenn er auf diesen letzten Boden alles Verstehens stößt. Dies ‚Gestein' ist nicht nur für ihn zu hart, sondern durch nichts zu durchdringen. Diese Grenze ist auch nicht die einer schlechthin einfachen Realität, von der man zu sagen hätte, dass man über solche Realitäten oder Evidenzen nun einmal nicht hinausgelangen könne. Sie markiert den Ausgangspunkt der Selbstbeziehung des Geistes und mit ihm die Unhintergehbarkeit, welche seinen Ursprung, sein Instituiertsein oder Eingesetztsein auszeichnet.

Fichte hatte zunächst gedacht, dass in dem Selbstbezug der Subjekte nicht nur etwas zum Thema werde, das ein Letztes für die endliche Kapazität diskursiver Aufklärung sei. Die Selbstvoraussetzung des ‚Ich' konnte er als *absolutes* Ich verstehen. Jeder Versuch, hinter es zurückgehen zu wollen, wäre in Anbetracht seiner Letztbestimmtheit offenbar sinnlos gewesen. Diese Engführung des Selbstbezugs im Bewusstsein mit der Verfassung des ‚Absoluten' hat sich mit der Umstellung der Fundierung des Systems auf den Singular ‚das Wissen' aufgelöst. Im Vorgehenden wurde gezeigt, dass und warum damit jedoch Fichtes Möglichkeit, den Selbstbezug der Subjekte im Blick zu halten, einer Einschränkung unterworfen war.

Diese Umstellung hatte nicht im Zentrum der Aufmerksamkeit der Abhandlung gestanden. Sie hat selbst erklärt, von ihr absehen zu wollen. Besondere Bedeutung maß sie Fichtes Gebrauch der Metapher von einem Auge zu, dessen Blick in sich selbst gerichtet ist. Von diesem Auge begann Fichte, im Vorfeld jener Umstellung zu sprechen; und er gebrauchte das bedeutungsstarke Bild in deren Folge immer wieder. Er sprach in diesem Zusammenhang auch von einer Tätigkeit, die kraft des Auges, das in sie *eingesetzt* ist, sich nicht nur selbst versteht, sondern in ihrem Tun verwandelt wird. Die Abhandlung hatte schon bemerkt, dass in der passivischen Rede vom *Eingesetztsein* ein Gegensatz zu dem aktivischen *Sich-Setzen* des Ich ganz bewusst hervorgehoben scheint. Des Weiteren wurde deutlich, dass man sich den Vollzug dieses Einsetzens nicht als eine Operation an einem, das schon besteht, sondern angemessen als die *Institution* eines Ganzen zu denken hat. Es kann nicht kraft seiner selbst bestehen, kommt aber auch nicht durch Zufall oder aus naturaler Notwendigkeit zustande.

Diese Unterscheidung hätte wohl mit mehr Bestimmtheit gemacht werden sollen. Fichte selbst hat bei der Erklärung der Metapher, die das Eigentümliche im Selbstbezug des Subjektes in einem Bild fassen soll, zwangsläufig stets Schwierigkeiten gehabt.[141] Die Abhandlung folgt aber einem philosophischen Interesse, das sich an Fichte wie an keinen anderen anschließen kann, das jedoch Fichtes eigener Absicht nicht entspricht. Diese Differenz lässt sich durch einen kritischen Bezug auf beide Phasen von Fichtes Begründung der Wissenschaftslehre erklären.

In der Abhandlung ist die Absicht leitend, das Selbstbewusstsein nicht als selbstbegründet zu verstehen, dennoch aber daran festzuhalten, dass es der Ort und Grund der Selbstbestimmung der Subjekte ist. Darin stimmt sie mit der neuen Fassung der Wissenschaftslehre überein. Im Unterschied zu ihr soll diese innere Herkunft und Ermöglichung dessen, was in einem weiten Sinn die Freiheit zu nennen ist, aber den einzelnen Subjekten zugeschrieben werden.

---

[141] Beim ersten bedeutsamen Auftritt der Metapher in Fichtes *Sittenlehre* von 1798 kann sie noch gar nicht im Sinne der Institution eines Ganzen verstanden werden (s. Anm. 35).

25. Das Profil einer anderen Konzeption

Das bedeutet, dass ihnen eine innere Abhängigkeit von einem Letztgründenden zugesprochen werden soll, das sich als solches in der Geschlossenheit ihrer Verfassung anzeigt und das sich in und mit ihr realisiert – eine Zugehörigkeit also, die nicht einzig über den Bezug der Subjekte auf die Allgemeinheit in ihrer Verfassung vermittelt ist.

Mit dieser Seite ihrer Intention stellt sich die Abhandlung also auch der zweiten Phase von Fichtes Wissenschaftslehre entgegen. Sie schließt sich aber weiter Fichtes Sprache und Explikationsart an. Das rechtfertigt sich daraus, dass sie es de facto unternimmt, innerhalb der durch Fichtes Einsicht erschlossenen Bahn einen eigenen Weg auszulegen. Der Gedanke der Einbindung des Subjekts der Selbstbestimmung in einen ihm innerlichen Grund ist durch die doppelte Einsicht motiviert: Gerade der geschlossene Selbstbezug von Subjekten ist das Gegenteil einer Tatsache, deren Bestand sich aus ihr selbst verstehen lässt. Im Zusammenhang mit den Bedingungen, unter denen ein solcher Selbstbezug eintritt – und dies sind die Bedingungen des Bestehens eines Subjektes in seiner Einzelheit – entzieht sich die Verfassung solcher Subjektivität des Weiteren einer Analyse, die sich nicht durchgängig im Bewusstsein ihrer Komplexität insgesamt hält und sich der in ihr gelegenen Wechselbeziehungen versichert. Diese Grundzüge der Selbstaufklärung von Subjektivität sind in deren theoretischer Erschließung herauszuarbeiten. Dabei steht ständig die angemessene Erklärung von deren Verfahrensart mit in Frage.

Hier steht nicht mehr an, als zu konstatieren, dass der Inbegriff des Vorausgehenden die Perspektive auf eine solche Aufgabe notwendigerweise nach sich zieht. In Einem damit wird aber deutlich, wie eingeschränkt das Volumen von Fichtes Wissenschaftslehre ist, auf das sich die vorausgehenden Analysen unmittelbar bezogen haben. Sie gelten Fichtes Grundlegungsgedanken, der Weise, wie sein System von ihnen her begründet ist, und weiterhin der Weise und dem Umfang, in denen dieser Gedanke in die veränderte Systemform einbezogen und adäquat hat bewahrt werden können. Dass das System zugleich den Anspruch zu erheben hatte, eine vollständige Transzendentalphilosophie zu entfalten, ist nicht Anlass dazu gewesen, den Bereich der Untersuchung auszuweiten.

Seine ursprüngliche Einsicht war Fichte aber im Verbund solcher Untersuchungen aufgegangen. Er hatte in Reinholds System, dessen Fundament aus der Grundstruktur von ‚Vorstellung' gewonnen war,

Voraussetzungen aufgewiesen, die nicht thematisiert worden waren. Die auf die beiden Pole von Subjekt und Objekt gerichtete ‚Beziehung' der Vorstellung hat deren Entgegensetzung vorauszusehen. In einem damit, dass er diese Relationsform als grundlegend aufwies, rückte Fichte die epistemische Grundform der Vorstellung in einen Fundierungsbereich, welcher der praktischen Verfassung der Subjekte primäre Bedeutung zuerkennt. Zugleich stellte sich die Frage, wie hinter der Dualität in der Entgegensetzung eine Einheit zu fassen ist, die der Notwendigkeit enthebt, die Glieder der Entgegensetzung in diesem Verhältnis nur als ein letztes Faktum aufzunehmen. Es war die Frage nach solcher ursprünglicher Einheit in der Entgegensetzung, welche Fichte die Bedeutung der Unbedingtheit in der Einheit des Ichgedankens mit allen ihren Konsequenzen plötzlich in aller Klarheit aufgehen ließ.

In ihrer Durchführung ist Fichtes erste Wissenschaftslehre eine Theorie der Entwicklung von Gegensätzen in der Abfolge ihrer Vermittlung durch die Ausbildung von Synthesen geblieben. Als Voraussetzung für sie dient die Unterscheidung zwischen dem absoluten Ich und seiner endlichen Form, in der allein ‚dies Ich' zu einem bestimmten Gehalt werden kann. Der Eindruck, den Fichte machte, und die Motive, durch die er sogleich seine begabten Studenten inspirierte, ergaben sich überwiegend aus diesen Synthesisbildungen. Sie verschafften zum ersten Mal Tiefenerfahrungen der Subjektivität wie Schweben und Sehnen Eingang in den Bereich der Grundlegung des Erkennens.

Fichte hatte diese Methode zur Ausbildung der Wissenschaftslehre als System aus Zürich mit nach Jena gebracht. Er reagierte bald auf eine Kritik an ihr, die sich dort bereits in der Gestalt einer Kritik an Reinholds Versuch einer Grundlegung vorbereitet hatte. In einem damit band er das operative Prinzip des Systemaufbaus enger an den Gehalt seiner ursprünglichen Einsicht zurück: Seine Dynamik sollte sich aus der Einheit von begrifflicher Komponente und aktivischem Vollzug im Selbstbewusstsein erklären – also nach den Leitlinien, die in der zweiten Formel zur Charakterisierung des Selbstbewusstseins formuliert worden sind. An dem Prinzip der binären Wechselbestimmung, welches die Systemform der ersten Wissenschaftslehre beherrschte, wird dabei festgehalten. Es kommt aber unter einer anderen Grundbedingung zur Anwendung.

25. Das Profil einer anderen Konzeption

Die vielen Fassungen der Wissenschaftslehre, welche der von 1796 folgten, haben – zusammen mit den Versionen der jeweiligen Einleitung in sie – das Unternehmen weiter vorangetrieben und differenziert, ein System des Erkennens unter dem Primat des Handelns auszuweisen. Dieser Versuch ist nach der Umstellung auf ‚das Wissen' als nunmehr maßgebendes Prinzip in derselben Kontinuität fortgesetzt worden. Als die Grundlage und das Indiz für diese Kontinuität lässt sich die Zuschreibung der ‚Ich-Form' an jene Einheit ‚des Wissens' leicht ausmachen.

Die Überlegungen dieses Bandes hatten die Voraussetzung zu diesem Unterfangen zum Thema – nicht jedoch es selbst. Über die Entwicklung dieses Projektes unter Einschluss seiner Varianten und Nebenwege und Fichtes weiterführende Einfälle zu ihm lässt sich erst Aufschluss gewinnen, seitdem seine schriftlichen Vorbereitungen und Reflexionen allesamt zusammengeführt und zugänglich gemacht worden sind. Für kommende Jahrzehnte ist damit eine Forschungsaufgabe gestellt; zahlreiche Quellentexte stehen für sie bereit. Aus dem Ziel und dem Argumentationsgang der Abhandlung ergeben sich keine Gründe dafür, diesen Untersuchungen mit vorläufigen Thesen vorzugreifen.

Doch inzwischen ist begründet worden, warum Fichtes Konzept im Vollzug der Auslegung seiner ursprünglichen Einsicht unter dem Zugzwang seines Programms für ein System eine Alternative entgegenzustellen ist. Auch sie gründet sich auf seine Einsicht, weicht aber von Fichtes eigenen Folgerungen zur Systemform gerade auch deshalb ab, weil nur so den Implikationen seiner Einsicht ohne Abstriche Rechnung getragen werden kann. Aus diesem Grunde wird es nunmehr nötig, mit einigen Hinweisen diejenigen Folgerungen in den Blick zu bringen, die zu beachten und zu erwägen sind, wenn das Prinzip gemäß seiner alternativen Auffassung in philosophischen Untersuchungen, die an es anschließen, zur Geltung gebracht werden soll. Ist es doch ausgeschlossen, dass sich auf ein neu formuliertes Prinzip noch diejenigen Folgerungen umprogrammieren lassen, die Fichtes ursprüngliche Theorie von der Selbstsetzung des absoluten Ich zur Voraussetzung haben. Doch würde es ebenso wenig überzeugen, wenn man von Fichtes Einsicht her transzendentalphilosophische Begründungen gewinnen wollte, ohne auf diese Einsicht Bezug nehmen zu müssen.

Solche Hinweise sollen zwei Richtungen betreffen, in denen vom einzelnen und endlichen Selbstbewusstsein her philosophische Grundgedanken zu entfalten sind: *Einerseits* in der Begründung eines Grundverhältnisses zwischen dem Verstehen des Subjektes und der Verfassung der Welt, in der es als Subjekt bestehen und sich orientieren und kontinuieren muss; *andererseits* in seinen Gedanken über die Weise der Gründung, die ihm selbst vorausgeht und die ihm dann auch immanent zugrunde liegt. Sie müssen zu Gedanken über ein Ganzes des Wirklichen führen, von denen Subjekte in der Folge sich entweder eine Stützung der leitenden Intentionen ihres Lebens versprechen können oder deren Desillusionierung konstatieren und ertragen müssen.

Die binäre Form ist Grundprinzip der digitalen Welt, und Gegensätze sind in der Regel zweipolig. Wenn Fichtes Ich als ‚Subjekt-Objekt'-Einheit zu fassen ist, so ist auch für diese Begriffsbildung das binäre Muster noch in seinem Negiertsein grundlegend. Die Konstruktionen der Systematik von 1794 sind auf die binäre Form der Entgegensetzung gegründet. Auch Fichtes Schema einer Synthesis zur Realisierung der Selbstbeziehung, die fünf oder sieben Schritte verlangt, hat den binären Gegensatz zur Grundlage: Auf den beiden Seiten des Gegensatzes ist jeweils ein Synthesisschritt der grundlegenden Gegensätzlichkeit aufzubauen. Da diese beiden wiederum einen Gegensatz bilden, ist diese Vereinigung des Ganzen in einem Denkakt zusammenzuführen, dem Fichte einen besonderen Status einräumt. Sein Vollzug ist mit dieser Synthesis wesentlich verbunden, im Bezug auf den dann der Ausdruck ‚intellektuelle Anschauung' eine spezifische, eingeschränkte und der weiteren Auslegung bedürftige Bedeutung erhält.

Fichtes ursprüngliche Einsicht hat in der Konzeption, die von seinem Muster eines Systems abweicht, ebenso wie für ihn selbst einen binären Gehalt: Was ein Subjekt ausmacht und der Begriff, den es von sich selbst hat, müssen zwar zu unterscheiden sein. Aber die Weise, wie sich der für Selbstbewusstsein konstitutive Selbstbezug ergibt, ist aus einer Situation, in der sie separiert sind, und somit nur zu konstatieren wären, nicht zu begreifen.

Für Fichte folgt daraus, dass sich das philosophische System aus der Entwicklung der Selbstbeziehung des Subjekts muss entfalten lassen – also in einer besonderen Verfahrensart und Begriffsform,

25. Das Profil einer anderen Konzeption

welche sich von anderen Arten des Verstehens grundsätzlich unterscheidet. Die Auslegung von Fichtes Einsicht, die sich von der seinen entfernt, kann nun aber gar nicht zu einer solchen Folgerung übergehen. Die Auslegung, die hier begründet worden ist, hat die Sonderstellung der Selbstbeziehung im Ich-Gedanken als Folge seiner Stellung als Quellpunkt von endlichem Wissen verstanden. Aber nicht dies, sondern der Zusammenhang, in dem sich diese Selbstbeziehung ausbildet, steht ihrer Übersetzung in ein genetisches Prinzip der Konstruktion allen Wissens und Verstehens entgegen.

Um das zu sehen, ist es nur nötig, auf den Anfang der Überlegungen im ersten Buchteil zurückzublicken. Der Status des Subjektes erwies sich dort als gebunden an die Unterscheidung zwischen der Allgemeinheit der Subjektform und der Einzelheit jedes wirklichen Subjektes. Die Unhintergehbarkeit der Selbstbeziehung erweist sich damit zugleich als das zentrale Moment in einem mehrgliedrigen Gefüge von Unterscheidungen. Sie gehen nicht aus einer elementaren Unterscheidung hervor, sondern greifen von Beginn an ineinander. Die Verfassung dieses Gefüges ist auch mit den beiden Momenten, welche für die Verständigung über ‚dies Ich' von zentraler Bedeutung sind, nicht etwa schon vollständig beschrieben. Um das zu sehen, muss man nur auf die Unvollständigkeit des Ich-Gedankens, also seinen Bezug auf ‚gegebene' Gehalte und weiter auf die Implikation von Identität verweisen, welche in diesem Gedanken gleichfalls gelegen ist. Alle diese Faktoren zusammen machen aus, was ich das ‚Grundverhältnis' endlichen Verstehens genannt habe. Es ist nicht aus einer binären Korrelation zu konstruieren und ist in jedem Versuch dazu immer schon vorausgesetzt worden.

Man wird gleichwohl annehmen, dass sich eine Konzeption, die von Fichtes Einsicht ausgeht, doch auch in ihrer Durchführung, also nicht nur in ihrem Prinzip, sondern in ihrem gesamten Profil, von anderen Ansätzen zur Analyse des Grundverhältnisses unterscheiden muss. Aber es hat sich als ausgeschlossen erwiesen, dass dem durch einen Austausch des Verfahrens zugunsten einer Entwicklung von binären Gegensätzen zu entsprechen sein könnte. In diesem Programm kommen vor allem der erste Enthusiasmus der neuen Einsicht Fichtes und seine Entdeckerfreude zum Ausdruck. Eine Profilierung der Transzendentalphilosophie aus dem Profil von Fichtes ursprünglicher Einsicht heraus muss sich auf andere

Weise ergeben. Nun verbindet sich mit der transzendentalen Begründungsart bereits dadurch ein veränderter Gesamteindruck, wenn deren Analyse des Grundverhältnisses die Folgen ihres Einsatzes immer im Blick behält und durchdenkt – dass sie nämlich von einem Subjekt ausgeht, welches seinem eigenen Begreifen entzogen ist. Für das gesamte epistemische System wird dann ein Grundzug kennzeichnend, der schließlich auch alle seine Erkenntnisziele einer Einschränkung unterwirft. Die Unmöglichkeit einer Selbsterklärung des Subjektes wird sich in jedem Stadium seiner Entwicklung und seiner Anwendung in den Grenzen einer Bemühung um die erschöpfende Erkenntnis alles Wirklichen auswirken und manifestieren – ob der materiellen Welt, des Lebens und seiner Evolution oder der Zugänglichkeit einer Einheit der Subjektivität.[142]

Die Gedanken eines Subjektes, das sich als endlich und ‚eingesetzt' versteht, sind nun aber, wie gezeigt, nicht nur der eigenen Organisation und Entfaltung zugewendet. Indem seine Selbstbeziehung zu einem Wissen von seiner Endlichkeit führt, können sich Subjekte den Voraussetzungen zuwenden, unter denen diese Entfaltung geschieht. Zwar sind diese Voraussetzungen der Erkenntnis entzogen. Aber eine Ausrichtung auf sie ist mit dem Bewusstsein der Endlichkeit möglich und naheliegend geworden. Aus den Grundkonflikten, unter denen sich die Lebensführung der Subjekte zu vollziehen hat, ergibt sich zudem die Notwendigkeit, solchen Gedanken nachzugehen. Im Unterschied zu dem, was die Analyse des Grundverhältnisses verlangt, ist für die Bildung solcher Gedanken nun aber der Ausgang von der binären Form des Gegensatzes und deren Artikulation in einem Gegenzug zu deren primärem Gebrauch sehr wohl begründet. Nur diese Gründe sollen hier noch erwähnt werden:

Zum einen hebt das Hinausdenken zu Dimensionen, von denen

---

[142] Schon seit langem bemühe ich mich darum, die Resultate meiner Ausarbeitung von Kantischen Theoremen mit einem Ausgang des Kantischen Prinzips der ‚transzendentalen Apperzeption' erkennbar mit meiner Auslegung von Fichtes ursprünglicher Einsicht in Übereinstimmung zu halten. Im Jahre 2017 erschien ein *Rückblick auf ‚Über die Einheit der Subjektivität'*, meinen jugendlichen Aufsatz aus ‚Philosophische Rundschau' von 1955 (S. 28 ff.), in chinesischer Übersetzung („Weltphilosophie' 2017, 2, S. 43, ebenso in ‚Tsinghua Studies in Western Philosophy', 3, Nr. 1). Dieser Text vollzieht in einem Beispiel eine solche Umschreibung. Noch kann nicht auf eine Publikation des deutschen Originaltextes verwiesen werden.

25. Das Profil einer anderen Konzeption

die Endlichkeit des bewussten Lebens umgriffen und begründet wird, von der Grenze der Explizierbarkeit her an, welche im Selbstbewusstsein mit der ursprünglichen Einheit von Realität und Begriff gesetzt ist. Zum anderen ist es mit dem Bewusstsein der Endlichkeit bereits als unmöglich anerkannt, dass solche Dimensionen gemäß der Struktur des Grundverhältnisses zu erschließen sind. Jeder dieser beiden Ausgangspunkte markiert einen binären Gegensatz. Das ist eine Grundlage dafür, alle Gedanken, welche über in Begriffen beherrschbare Verhältnisse *hinaus*greifen, nach dem formalen Grundriss eines *Gegen*zuges zu der für das Grundverhältnis selbst maßgebenden Verfassung zu konzipieren. Ein solcher Gegenzug erschließt nicht nur eine Möglichkeit zu einem Verstehen dieser Dimensionen – wenn auch nur in einer Approximation. Er macht verständlich, dass sich Gedanken von einem der gegenständlichen Erkenntnis vorausliegenden Grund jederzeit spontan nach einem solchen Grundriss ausbilden.

Der Versuch, die Grundzüge einer möglichen Alternative zur Explikation und Durchführung von Fichtes Einsicht deutlicher kenntlich zu machen, kann hier nicht weiter fortgeführt werden. Er musste sich auf die formalen Merkmale der Verfassung einer solchen philosophischen Begründungsart konzentrieren. Alle gehaltvolleren Fragen von der Art wie die es sind, die sich mit dem Status des selbstbewussten Subjektes unmittelbar verbinden, mussten dabei in den Hintergrund treten. In der weiteren Durchführung würden sie in ihrer die gesamte philosophische Bemühung motivierenden Bedeutung wieder hervortreten. In einem damit würden allerdings die Grundfragen nach der Notwendigkeit und der möglichen Leistungskraft des philosophischen Unternehmens wieder virulent werden.

Man kann über das Gebinde aller solcher Aufgaben fast ebenso erschrecken wie über die Ambition von Fichtes Wissenschaftslehre. Hatte nicht Kant schon nüchtern konstatiert, man könne sich vom Ursprung eines freien Wesens keinen Begriff machen? Erweist sich hier am Beispiel erneut das Recht der Forderung, die Philosophie müsse bei dem innehalten, was zuletzt noch für verlässlich ausgewiesen gelten kann? Ist die Annahme der Realität der Selbstbestimmung selbst schon nicht unter Beweis zu stellen, sondern nur gegen vermeintliche Widerlegungen zu verteidigen?

Alle diese Einwürfe haben offenbar Gewicht. Sie nötigen hochfliegende Projekte, die auf eine allbezügliche wissenschaftliche Erkenntnis, und zwar ‚des Absoluten', gehen, zu ständigem Einhalten und zu einem möglichst sicheren Bodenkontakt. Doch steht denen, die sich gegen Gedanken, welche ein Ganzes zu fassen suchen, durch solche Einwürfe für immunisiert halten, eine schwer zu übersehende Tatsache entgegen: Solches Nachdenken ist mit dem, was Philosophie eigentlich ausmacht, von ihrem Beginn an und auch heute noch unlösbar verbunden. Dies kann auch gar nicht anders sein. Denn solches Nachdenken folgt doch nur dem, dem sich die Subjekte selbst kraft ihrer Verfassung niemals entziehen können.

Subjekte, die sich selbst als solche verstehen, müssen zum Gebrauch von Konzepten für ihren Selbstvollzug in begrifflicher Artikulation befähigt sein und bedürfen dann ihrer auch. Sie nehmen damit einen zentralen Platz in der Dimension der diskursiven Gesamtverständigung ein. Zwar lässt sich daraus nicht zureichend die Tendenz verstehen, ein integrierendes Konzept von einem Ganzen zu entwerfen und sich selbst als in es einbegriffen zu betrachten. Wenn aber die Gründe einsichtig geworden sind, aus denen die Subjekte auf die Konzeption von ‚Ideen' ausgreifen, so hat das untilgbare Folgen: Es tritt damit eine unmittelbare Beziehung in Kraft zwischen ihrem Selbstbezug und ihrer Bemühung, über ihre faktische Realität, die nicht in ihnen selbst begründet ist, über deren Position in einem Ganzen sowie über die für ihr Leben bedeutsame Frage verständigt zu sein, ob mit dieser Realität, sofern sie einem Ganzen zugeordnet ist, auch ihrem Leben überhaupt etwas eignet, was eine Bewandtnis heißen könnte.

Diese Tendenz kommt in den Subjekten selbst auf – unabhängig von ihrem Bildungsstand und unberührt von anderen Fragen, die an den Grenzen des jeweiligen Wissens oder die dann zu stellen sind, wenn Bereiche des Wissenserwerbs sich selbst verstehen wollen. Die Philosophie entstand als Instanz dafür, dass solchen Fragen geordnet und in ständiger Selbstprüfung nachgegangen werden kann. Es ist möglich und oft geschehen, dass solche theoretischen Probleme in ihr gänzlich dominant wurden. Sie können die Konzeption als ganze unter verbindliche Grenzziehungen stellen.[143] Doch wird sie

---

[143] Ein Beispiel dafür ist Fichtes Kritik an der Lehre von einem ‚Ding an sich', das die Vorstellungen im Subjekt bedingt, und die These vom Produziertsein der ‚Vorstellungen' nicht nur ihrer Form nach. Sie nötigt Fichtes spätere Dar-

25. Das Profil einer anderen Konzeption

sich nicht lange gleichgültig dagegen zeigen können, dass sich neben ihr das bewusste Leben der Subjekte um seine Selbstverständigung bemüht. Sie vollzieht sich in derselben Vernunftdimension, in die Grenzfragen letztendlich immer hineinziehen. Die Philosophie als der Ort einer Zusammenführung aller dieser Fragen hätte sich nicht ausgebildet und unter den unterschiedlichsten Bedingungen behauptet, wenn sie nicht in dem Bezug des bewussten Lebens auf Gedanken von einem Ganzen ihre stärkste Wurzel hätte.

So versteht man auch, warum der Weg der Entfaltung eines solchen Selbstverstehens im menschlichen Leben samt seinen Konflikten und Wendungen seinerseits wiederum das Interesse der Philosophie auf sich zieht. Sie muss versuchen, seine Dynamik zu durchschauen – und das umso mehr, je komplexer die Erfahrungen von tief angelegten Konflikten und je nachhaltiger die Irritationen auf diesem Weg geworden sind. Was die Philosophie ausarbeitet – bewegt von dem Interesse dieses Lebens und geleitet von den Potentialen rationaler Konzeptionskraft – sollte doch mit diesem Leben in eine abgleichende Zuordnung und schließlich in Einstimmung zu setzen sein. Ihre Konzeptionen können die Fassungskraft der meisten überfliegen. Sie können sich der Lebenswirklichkeit einer Epoche entgegenstellen. Es wird auch Epochen geben, in denen die Bewegung der Selbstverständigung durch Not niedergeschlagen scheint oder durch institutionalisierte Macht kanalisiert wird. Auch dann wird die Philosophie mit dem wirklichen Lebensprozess verbunden sein und erwarten, die Einstimmigkeit mit ihm werde sich noch bezeugen.

In diesem Zusammenhang wird es neuerlich wichtig, eine Differenz hervorzuheben, die sich zwischen Fichtes Intention und der Intention der Abhandlung aufgetan hat: Fichte spielt, wenn er seinen Ausdruck ‚Wissenschaftslehre' erklärt, mit verschiedenen Bedeutungen von ‚Wissen': Die Theorie soll alle Wissenschaft begründen, soll sich auf die Tatsache von ‚dem Wissen' gründen und soll selbst strenge Wissenschaft sein. Fichte hat den Anspruch, seine Lehre sei durchgängig Wissenschaft nach ihrem höchsten Begriff, niemals eingeschränkt. Allerdings steht dieser Anspruch an wichtigen Stel-

---

stellung der Wissenschaftslehre für sich allein schon in die Konzeption von der ‚Erscheinung' als ‚Selbstdarstellung' des Absoluten.

len des Systems unter besonderen Bedingungen. Drei von ihnen seien genannt:

Die ‚höchste Synthesis' im Gedanken von einer ‚intelligiblen Welt', mit der Fichte gegen 1800 sein Werk hatte vollenden wollen, entfaltete Evidenzen, von denen er selbst versicherte, dass sie nicht mit einem expliziten Verstehen ihres Gehaltes verbunden werden können. Ein solches Verstehen ist dem ‚endlichen Geiste' verwehrt. So lassen sich diese Evidenzen nur als ein ‚Glaube' begründen, der allerdings seinerseits unabweisbar ist. Nach der Umstellung der Wissenschaftslehre erfolgt die Zuordnung des Wissens zu dem unwandelbaren, weil bestimmungslosen und somit unausdenkbaren ‚Sein' durch eine ontologische Reflexion, deren Status von Fichte leider unaufgeklärt gelassen wird. Eine gegenüber diesen beiden noch weiterreichende Bedeutung hat der Gehalt von Fichtes Einsicht als solcher. Er hat die höchste Evidenz überhaupt und ist zugleich doch für das diskursive Denken unauflösbar – das Denken also, innerhalb dessen zuletzt auch die Evidenz alltäglicher Begründungen aufzuklären ist. Er gibt somit einen Maßstab vor, an dem sich die Begründungen zu orientieren haben, welche an diesen Gehalt anschließen und welche die Wissenschaftslehre als erste und tiefste aller Erkenntnisse definieren. Sie ist strenge Erkenntnis, aber notwendig in einem eigenen Verfahren und nach dem eigenen, im Selbstbezug des Wissens gelegenen Standard. Mit diesem Anspruch auf eine apodiktische Erkenntnis von einer Verfassung, die sie von allen anderen abhebt, ist der Methodenbegriff des spekulativen Idealismus allererst hervorgetreten.

Die Abhandlung hat die Einsicht Fichtes als gültig anerkannt und ihre grundsätzliche Bedeutung auf ihre Weise neuerlich begründet. Sie hat aber dargelegt, dass diese Einsicht erst in der dritten Formel für Selbstbewusstsein vollständig artikuliert ist. Und indem sie dieser Formel ein nur ihr selbst eigenes Verständnis unterstellte, ist sie zugleich Fichtes Überzeugung entzogen, man müsse in der ‚Ich-Form' einen letzten Grund für jegliches sehen, was überhaupt und was als wirklich gedacht werden kann. Sie hat, freilich in sehr weit veränderter Gestalt, den Standpunkt von Immanuel Kant aufs Neue bezogen: Die höchste Evidenz im Bewusstsein ‚Ich denke' ist zugleich das sicherste Zeugnis für die *Endlichkeit* der menschlichen Erkenntnis. Sie ist zugleich ein unmittelbar einsichtiger Rechtsgrund für die Selbstbeschreibung der Subjekte unter diesem Begriff.

Das aber bedeutet, dass diese Erkenntnis selbst so über sich hinausdenken muss, dass gerade in dem, was für die Selbstverständigung von Subjekten das Wichtigste ist, keine apodiktische Erkenntnis erwartet werden kann.

Dass über den Selbstbezug im Selbstbewusstsein hinauszudenken ist, folgt daraus, dass gerade die Geschlossenheit dieses Selbstbezugs nicht aus ihm selbst verstanden werden kann – zumal dann, wenn viele Einzelne ein in einem solchen Selbstbezug zentriertes Leben führen. Daran ist wiederum die weitere Folgerung anzuschließen, die bereits erreicht wurde: Selbstbewusstsein ist ein erschließendes Faktum, das nur explizierend verdeutlicht werden kann. Es ist weder über eine Analyse aus Komponenten zu verstehen noch über eine genetische Herleitung zu erklären. Wenn diese Einsicht einmal fest etabliert ist, so wird jedes Unternehmen, das dennoch Gedanken über seinen Ursprung artikulieren will, darum besorgt sein, diesen Zusammenhang nicht aus dem Blick zu verlieren. Es wird also nicht mundane Erklärungsweisen auf ein Unbedingtes hin erweitern, sondern sich mit Kant darauf beschränken, den Hervorgang der Gedanken von Erstem und Unbedingten als notwendig zu verstehen. In einem damit wird es ihnen aber die Möglichkeit entziehen, in eine Erkenntnis eingebracht zu werden – welche dann die überhaupt höchste und die eigentlich demonstrative wäre. Sie wird nur den Grundriss von Gedanken entwerfen können, welche Möglichkeit und Herkunft des Wissens selbst im Zusammenhang einer Selbstbeziehung fassen, die allem Letzten zugehört und die ihre Grund-Verfassung ausmacht.

Der Umstand, dass solche ‚letzte Gedanken' von keiner theoretischen Demonstration zu stützen sind, stellt das bewusste Leben endlicher Subjekte notwendig vor die Möglichkeit der Destruktion aller seiner Selbstinterpretationen.[144] Die Rede vom eigenen Selbstsein kann den Zweifeln der Skepsis unterworfen werden; sein Vollzug kann in Stunden, in denen der Nihilismus seine eigentliche Evidenz gewinnt, als Teil eines rein nur faktischen Prozesses erfahren werden – unter Einschluss aller Bemühung um einen Aufschluss über seine Bewandtnis. Ein Grundriss von Gedanken, der über alles

---

[144] Die Notwendigkeit in diesem Widerspiel ist Thema des zweiten Teils meines Buches *Sein oder Nichts – Erkundungen um Samuel Beckett und Hölderlin*, München 2016.

Erweisbare hinausgreift, dabei aber die Realität des Für-sich-seins der Subjekte und alles im Blick behält, was sich von ihm her aufbaut, kann wohl in solchen Erfahrungen etwas Schemenhaftes annehmen.

Aber einzig ein solcher Entwurf wird in sich aufnehmen können, worauf das dem bewussten Leben immanente Denken ausgreift und darum den Realitäten entsprechen, die es begründen und die sich von ihm her ausbilden. Im Bewusstsein der Überlegenheit, welche gerade solchem unerweislichen Denken zuwachsen kann, wird mit Fichte immer wieder darauf zu verweisen sein: auch das Selbstbewusstsein, dem dies Denken gerecht werden will, kann keine andere als eine subjektive Realität haben.

Er kann nur nicht als in der Weise verfasst gedacht werden, in der sich das Selbstbewusstsein erschließt – als Wissen von sich, das in sich geschlossen und doch nicht selbstbegründend ist. Insofern wird der Grund im Absoluten für die Endlichen immer ärmer bestimmt bleiben müssen als das, über das von ihm her ein Aufschluss gewonnen werden soll. Daraus geht wiederum hervor, dass aus dem Gehalt dieser Gedanken kein Beweis vom Ursprung des Selbstseins zu gewinnen ist.

Doch solche Gedanken haben ihren Ort im Verbund mit dem, was sich allein vom Selbstbewusstsein her verstehen lässt: in der Dynamik des bewussten Lebens, den Herausforderungen an den Grenzen seiner Selbsterhaltung und seiner Fähigkeit zur Selbstverständigung, zu der es notwendig auf dem Wege ist. Von seinen Irritierungen kann dies Leben kaum je ganz freikommen. Aber es kann in und über ihnen eine Orientierung und Sammlung gewinnen und bewahren, die es in der Dimension beheimatet, welche ihm nur jene Gedanken erschließen können. Diese Gedanken haben für den, der über das Nächstliegende hinaus gelangt ist und der alle Facetten dieses Lebens im Sinne hat, im Verhältnis zu der Skepsis, der Beschränkung auf ‚common sense' und der Ernüchterung durch die Erkenntnis von physischer Natur und ihrer Evolution eine überlegene Kraft – und ein mehr als nur ebenbürtiges Vernunftrecht.

IV. EIN RÜCKBLICK ZUM HINTERGRUND

26. KANTS AUSSAGEN ÜBER SELBSTBEWUSSTSEIN

Der zweite Buchteil hat sich ganz Fichte, seiner Einsicht und der Weise zugewendet, wie sie für ihn in der Architektur seines Systems zur Geltung kommen und vertieft werden sollte. Er beginnt mit einem Bericht über eine zunehmende Bereitschaft, Fichtes Problem das ihm gebührende Gewicht auch in der Philosophenschule zu geben, die im letzten Jahrhundert eine Dominanz gewonnen hat. Deren Grundevidenzen und Verfahrensweisen legten es zwar nahe, in Fichtes Einsicht und ihrer Genesis nur Missverstehen und Verwirrung am Werke zu sehen. Dennoch hat sich Fichtes Problem Zug um Zug in für sie maßgebenden Publikationen anglophoner Autoren geltend gemacht. Ohne von dieser Entwicklung Kenntnis zu nehmen, würde die Bemühung, Fichtes eigene Problembehandlung zu durchleuchten, viel von ihrem gegenwärtigen philosophischen Interesse verlieren.

An der Stelle des Übergangs zu einer auf Fichtes Einsicht und Unternehmen konzentrierten Betrachtung schien es mir eigentlich bereits geboten zu sein, einen Blick zurück auf Immanuel Kants Denken zu wenden.[145] Er ist der Erste überhaupt, der einen Gesamtentwurf der Philosophie ausgearbeitet hat, der im Selbstbewusstsein einen grundlegenden Aufschluss verankerte. Er war zugleich davon überzeugt, dass bisher alles Nachdenken der Philosophen über diese für das Menschenleben zentrale Wissensart von Quellen der Täuschung beirrt ist – und zwar solchen, denen nicht zu entkommen ist, wenn sie nicht im Zusammenhang mit einer Aufklärung über alle Erkenntnis aufgedeckt worden sind.

Ohne Kant als Vorgänger und als dem eigentlichen Entdecker wäre Fichtes Werk undenkbar. Er selbst hat dies jederzeit so gesehen.

---

[145] Das ist auch nahegelegt, weil die Konzeption, die in Kapitel 25 skizziert wird, Fichtes Einsicht in einem Rahmen leitend werden lässt, der die Grundzüge von Kants Perspektive auf Selbstbewusstsein als philosophisches Problem bewahrt.

So war er immer darum bemüht, sich mit Kant eines Sinnes wissen zu können. Aber dennoch: Er kam nicht umhin, gegen Kant die im Wesentlichen selben Einwürfe vorzubringen, welche Kant gegen alle bisherige Philosophie richtete: Selbst Kant verstand noch immer die gründende Bedeutung von Selbstbewusstsein nicht angemessen; ihm fehlte zudem ein Verfahren, das Folgerungen aus der Einsicht in dessen Verfassung zu ziehen vermöchte.

So zieht die Aufgabe, die Beziehung Fichtes zu Kant in ihrer Grundanlage zu erklären, alsbald vor eine Rätselfrage. Sie lässt sich keineswegs leichthin und in einem Referat von geläufigen Tatsachen beantworten. Darum wird sie zum Thema in diesem letzten Teil, der die Schritte in der Erörterung von Fichtes Position nicht unterbricht. Es lag schon immer nahe, sie entweder durch den Nachweis, dass Fichte Kants Grenzbestimmung der Vernunft von Beginn an preisgab, oder durch den Nachweis aufzulösen, dass Fichtes Wissenschaftslehre die kritische Philosophie Kants zu Recht in eine andere Begriffsform übersetzte und damit allererst konsistent werden ließ.[146] Jede Alternative zu diesen Kanonisierungen, sei es von Kant oder von Fichte, verlangt eine Anstrengung eigenständigen Nachdenkens und dazu eine tiefgehende und differenzierende Analyse der Situation beider vor ihrem Hauptthema, dem Bewusstsein, das sich in dem Ausdruck ‚Ich' artikuliert.[147]

Fichte hat zur Ausarbeitung seiner Konzeption immer wieder von Grund aus neu angesetzt, dabei aber seine ursprüngliche Einsicht und die Aufgabe, sie tiefer zu erschließen, als seine unverrückbare Ausrichtung bewahrt. Kant hatte mit der *Kritik der reinen Vernunft* ein Werk von epochaler Bedeutung geschaffen. Er war sich dieser Bedeutung bewusst – als einer Begründung der Philosophie als solcher und darüber hinaus als Grundlage der Orientierung für einen Wandel in der Selbstverständigung der Menschheit. Die Grundzüge dieser Begründung hatten sich ihm in der Arbeit eines jahrzehntlan-

---

[146] Als Repräsentanten dieser gegensätzlichen Optionen ist auf Julius Ebbinghaus' Abhandlung (vgl. Anm. 3) und Richard Kroners zweibändiges, für seine Zeit maßgebendes Werk *Von Kant bis Hegel* (Tübingen 1921) zu verweisen.

[147] Ich bemühe mich in diesem gesamten Text, das Wort ‚ich' klein nur dann zu schreiben, wenn es im Sinne des deiktischen Ausdrucks verwendet wird. In Großschreibung erscheint es immer dann, wenn es in irgendeinem theoriebeladenen Kontext, etwa im Bezug auf eine Entität ‚Subjekt', verwendet wird.

gen Zurückfragens herausgebildet.[148] Sie standen für ihn fortan nicht in Frage. Er mühte sich nur noch darum, sie in ihren Konsequenzen weiter zu entwickeln. Im Übrigen galt es, den Standpunkt der *Kritik* gegen die Einwürfe ihrer Gegner zu verteidigen, die an einem der Systeme festhielten, deren Haltlosigkeit Kants Kritik hatte aufzeigen wollen.

Kant wendete auf die Verteidigung der Thesen seiner *Kritik* über das Selbstbewusstsein, das als deren höchstes Prinzip fungierte, und deren konsistente und einleuchtende Präsentation besonders viel Aufmerksamkeit. Es fällt auf, dass er bereits zur zweiten Auflage des Hauptwerkes eben die beiden Kapitel gänzlich umarbeitete, in denen diese Thesen die Hauptlast der Begründung tragen.[149] Es war ihm klar, dass seine Thesen gerade an dieser Stelle dazu geeignet waren, Widerstand gegen sein Werk als Ganzes zu begründen. Aus seinen Texten geht hervor, dass er selbst fand, für deren Begründung werde, gerade an diesem Punkt, mehr als nur eine luzidere Erläuterung von deren zentralen Argumenten durchaus dienlich sein.

Die Situation, in der sich jeder finden wird, der Kants Aussagen über Selbstbewusstsein mit Sympathie und zugleich in kritischer Wachsamkeit nachdenkt, kann als eingegrenzt durch drei Positionen bezeichnet werden. Kant konnte keine von ihnen räumen, ohne seine Kritik der Inkonsistenz auszusetzen. So muss man fragen, ob ihm in seinen Aussagen etwa über Selbstbewusstsein eine Veränderung möglich gewesen wäre, welche es erlauben würde, die Balance zwischen allen anderen Aussagen im Zusammenhang seines Systems aufrecht zu erhalten.

Zwei der drei Positionen sind in negativen Aussagen über die Möglichkeit einer Erkenntnis von Subjekten konzentriert. Die dritte will den besonderen Gehalt und die Funktion von Gedanken erklären, in denen Selbstbewusstsein aktuell ist und sich in unvollständigen Sätzen wie ‚Ich denke…' artikuliert. Alle drei im Verbund machen klar, dass eine Selbsterkenntnis des Menschen in dem strikten Sinn,

---

[148] Kants Lebensalter war beim Erscheinen seiner ersten *Kritik* höher als Fichtes gesamte Lebenszeit währte.
[149] Eine ähnliche Situation ergab sich in Kants Handschrift zu seiner *Anthropologie*. Kant erschien es geraten, deren Anmerkung, welche den Unterschied zwischen der Selbsterfahrung und dem ‚bloß Förmlichen' Ich der Reflexion erörtert, gründlich neu auszuformulieren (zu AA VII, S. 141).

in dem Erkenntnis für Kant die Identifizierung eines bestimmten Objektes bedeutet, ausgeschlossen werden muss. Nur von den Aufgaben her, denen er sich als Handelnder unterziehen muss, und also aus seiner ‚Bestimmung', ist für den Menschen der Weg offen zu Schlussfolgerungen über sein ‚Wesen' – wobei deren Gehalte nicht umfassend, wohl aber zentral für seine Lebensführung sind. Über eine solche hat nach Kant nur im Bezug auf den Imperativ zu einer sittlichen Lebensführung die Rede zu sein.

Die ersten beiden der drei Grundaussagen lassen sich in einem einzigen Satz zusammen statuieren: Weder in rationalem Schlussfolgern aus Begriffen noch durch umfassende Selbstbeobachtung kann der Mensch zu irgendeiner Erkenntnis seiner ‚eigentlichen Natur' gelangen.

Man könnte denken, dass wir diese unsere Natur doch ‚von innen' und aufgrund von Selbsterfahrung kennen müssen. Es ist die einer Substanz, die vieles in sich als Einfachem enthält und die diesen Gehalt zur Entfaltung bringt. Doch der Mensch findet sich wohl in einem Gefüge ineinander wirkender Motive, nicht aber in einem ersten Antrieb, der ihn selbst ausmacht. Zudem geht schon der Gedanke einer Substanz, die schlechthin einfach ist, als Grenzbegriff über jede gegenständliche Erkenntnis, auch die Selbsterkenntnis, hinaus. Aber auch aus den Erfahrungen der Menschen mit sich selbst könnte der Mensch gar nicht zu einer Schlussfolgerung kommen, die sich einer Wesenserkenntnis annähert. Denn Kant hat gezeigt, dass das, wovon wir Erfahrungen machen, nur Erscheinungen sein können. In ihnen kann das Wesen dessen, was da erscheint, nicht als solches zur Erscheinung kommen, sondern nur Qualitäten und Relationen. In einer Nacharbeit zu seiner *Anthropologie* fand Kant: Der Mensch müsse, wenn er die Nachforschung so weit verfolgt, wie er kann, doch gestehen, sie führe „zu unergründlicher Tiefe (,) zum Abgrunde in der Erforschung seiner Natur".[150]

Die Täuschung, die zu dem Vernunftschluss auf das Subjekt als einfache Substanz führt, entsteht nicht allein dadurch, dass ein Gedanke von dem Unbedingten als Substanz dazu drängt, nach einem Applikationsfall zu suchen, in dem er sich bewährt. Das Selbstbe-

---

[150] AA VII, S. 396 f. (Ergänzung aus der Handschrift zur Anmerkung AA VII, S. 141).

26. Kants Aussagen über Selbstbewusstsein

wusstsein realisiert sich in einem Vollzug und hat kraft seiner eine Verfassung, in der man auf es Bezug nehmen muss, wenn man die ersten Gründe der Erkenntnis aufdecken und erläutern will. In dieser Funktion ist es rational – aber nicht an den metaphysischen Gedanken des Unbedingten gebunden. Es ist jedoch, wie die Selbsterfahrung, nur vermittels der Achtsamkeit auf den Vollzug von Akten im Erwerb der Erkenntnis zugänglich. Das Wissen von diesen Akten ist von deren Vollzug nicht ablösbar. Es gibt an ihnen nichts zu beobachten, so dass dies Wissen unmittelbar und nicht empirisch ist. Folglich ist das, wovon dies Wissen etwas weiß, auch nicht als Erscheinung zu verstehen.

Mit diesen Grenzziehungen sind Kants Aussagen über Selbstbewusstsein in den Grundriss seiner *Kritik* zunächst einmal sicher und unveränderbar eingefügt. Vorerst zeigen sie aber allein dadurch etwas auf, dass sie alle fehlgehenden Charakterisierungen *abwehren*. Sie markieren einen Bereich, der von den für die *Kritik* grundlegenden Unterscheidungen vorausgesetzt ist und der auch allein das Feld für die Analysen der *Kritik* vom Ursprung der Erkenntnis werden kann. Kant hat aber mit ihnen noch nicht zu einer Charakterisierung dessen angesetzt, *wie* denn Selbstbewusstsein auf seinem Platz im Zentrum dieses Bereiches nun selbst zu charakterisieren sein möchte. Im Übrigen ist schon klar geworden, dass alle solche Aussagen von der Notwendigkeit mitgeprägt sein werden, dass sie explizit von Charakterisierungen zu unterscheiden sind, die im Bereich der Rede über Gedanken und Erfahrungen einer solchen Vorsicht nicht bedürfen.[151] Sie können nicht geradewegs aus dem Beschreiben von Vorliegendem hervorgehen.

Kant hat die Termini, welche die Instrumente und Dimensionen bezeichnen, mit Bezug auf welche er diese philosophischen Aussagen formuliert und fixiert, mit einer Orientierung hin auf seinen Begriff von einem *Objekt* gebildet. Erkenntnis ist prinzipiell als die Bestimmung eines Gegenstandes verstanden, der von den Vorstellungen grundsätzlich unterschieden ist, welche einem Subjekt unmittelbar gegeben sind oder vermittels deren es sich auf diese Objekte bezieht.

---

[151] Dem muss wohl eine Schwierigkeit zugrunde liegen, die dem innewohnt, worüber die Rede ist. Fichtes Zögern bei terminologischen Festlegungen im Bereich des Selbstwissens haben in Kants Schwierigkeit bei seinen Aussagen über Selbstbewusstsein jedenfalls eine Entsprechung.

Solche Objekte werden unter verschiedenen Bedingungen vom Subjekt auf unterschiedliche Weise, also über je andere Vorstellungen, als ein von diesen Vorstellungen unabhängig Wirkliches erfasst. Doch sie bestehen nicht von sich aus in dieser Weise, sondern müssen umgekehrt in diese Objektivität aus Vorstellungen und in Beziehung auf sie transformiert werden. Das geschieht jederzeit mit Notwendigkeit durch den Gebrauch von Begriffen im Zusammenhang mit einem Operieren, das Positionen in Raum und Zeit für solche Objekte, in dem Gefüge des Ganzen einer objektiven Natur, entwirft und nach Regeln besetzt. Das gilt auch für die Selbsterkenntnis der Person, für welche die Zeitfolge eine formierende Bedingung ist. Was ‚bloß' gedacht wird, ist nicht als Gegenstand bestimmt. Dies gilt insbesondere für Gehalte, die überhaupt nur gedacht werden können (wie die Gehalte der Begriffe von Unbedingtem) sowie von allem nur Entworfenen oder vorläufig Erwogenen.

In diesem folgerichtigen und zugleich janusgesichtigen Konstruktivismus sind Objekte strikt in Unabhängigkeit von jeder Vorstellung versetzt und zugleich in radikale Abhängigkeit von Operationen der Intelligenz gebunden. Kant hat aber den Sinn von ‚Erkenntnis' auf den Bereich der Erschließung von Objekten fixiert. Hoch komplexe Operationen müssen aufgewiesen werden, durch die dies Modell von Erkenntnis möglich gemacht wird: Und sie müssen dazu in ihrem Zusammenspiel beschrieben werden. Dies muss aber geschehen, ohne dass es noch möglich wäre, für all dies den Status einer Erkenntnis in dem einzig strikten Sinne der Erkenntnis von Objekten in Anspruch zu nehmen.

Für die Bezeichnung der Komponenten von Erkenntnis, die weder in Vorstellungen Gegebenes noch Erkenntnisse von Objekten ausmachen, stellt Kant den Ausdruck „bloße *Form*" zur Verfügung. Er schließt alles der Erkenntnis Zugehörige ein, was zu den Weisen gehört, in denen Erkenntnisse gewonnen, formuliert und aufeinander bezogen werden. Vom Bereich dieser Form ist alles ausgeschlossen, was zum ‚Materialen' der Erkenntnis oder zu dem gehört, wovon eigentliche Erkenntnis gewonnen wird. Offensichtlich wird nun eine Sprachregelung für die Erschließung dessen benötigt, was in diesem Bereich der ‚bloßen Form' einen Platz zu finden hat.

Die Bedeutung dieser Rede von ‚Form' ist weiter als die Bedeutung von ‚formal' in der neueren Logik. Hier sind mit ‚Form' lediglich die

Regeln und die nach ihnen gebildeten und aus Axiomen hergeleiteten Aussagen gemeint – also das, was in der ‚klassischen' Logik in den Bereich von Begriffen, Urteilen und Schlüssen gehört. Die Logik, welche sich für Kant mit seiner Rede von ‚Form' verbindet, umfasst dagegen die gesamte Praxis der Bildung und des Gebrauchs von Begriffen und des Gewinns von Erkenntnis. Er schließt nur den Bezug auf irgendeinen Gehalt aus – ob nun dessen Erkenntnis ansteht, oder ob er auch als bestimmter Gehalt im Zusammenhang der Genesis von Erkenntnis in Anspruch genommen werden soll. Die Bedeutung von ‚Logik' in diesem Sinn erweitert sich durch die neue Begründungsart aus den transzendentalen Bedingungen. Es entsteht neben der überkommenen Disziplin der Logik, die von allem Materialen absieht, die ‚transzendentale Logik', welche die Formen aufdeckt, kraft deren jene Urteile über Gegenstände möglich sind, die nicht aus Erfahrung gewonnen werden können.

Was nun das Selbstbewusstsein betrifft, so ist es für Kant ausgeschlossen, es der Sinnlichkeit und den ‚Vermögen', die ihr zuzuordnen sind, einzugliedern – etwa der Assoziation von Vorstellungen. Dem steht bereits entgegen, dass Selbstbewusstsein in Anspruch zu nehmen ist, um in der formalen Logik die Fähigkeit zur Bildung von Begriffen verständlich zu machen. Mit noch größerem Nachdruck steht der Annahme eines empirischen Ursprungs aber die Funktion entgegen, die dem Selbstbewusstsein als dem letzten Grund der Einheitsbildung in der Erkenntnis zukommt. Die grundlegende Rolle in der Formierung der Bedingungen, die Erkenntnis ermöglichen, schließt das Selbstbewusstsein aber ebenso als Kandidat für eine besondere Art der Erkenntnis von einem Objekt aus. So muss Kant meinen, sich auf einem in seiner Konsistenz gesicherten Boden zu bewegen, solange es ihm möglich ist, alle seine Aussagen über Selbstbewusstsein in dem Bereich zu platzieren, der als der des Formalen der Erkenntnis oder dessen, was für ihn ‚Logik' ist, von der Erkenntnis von Gegenständen unterschieden bleibt; und wenn es ihm möglich ist, innerhalb dieses Bereiches auch eine einleuchtende Gesamtklärung der Rede von ‚dem Ich' zu führen. Eine Verortung im Formalen für sich allein kann nicht dafür ausreichen, seine Bedeutung für den Vollzug von Denken und den Gewinn von Erkenntnis zu charakterisieren.

Betrachtet man nun Kants Aussagen über Selbstbewusstsein in

einer Übersicht,[152] so fällt zweierlei in die Augen: Kant beachtet minutiös die Grenzlinien, innerhalb deren sein System ihm eine Aussage erlaubt. Wenn Kant aber positive Aussagen über das macht, wie Selbstbewusstsein zu verstehen ist, so weiß er sich offenbar nicht auf eine bestimme Aussage festgelegt. Er variiert die Ausdrücke, welche er gebraucht, und lässt dabei eine Unsicherheit spüren, die doch anzeigt, dass er es keinem der von ihm verwendeten Ausdrücke zutraut, Selbstbewusstsein so zu charakterisieren, dass sich daraus eine feste Terminologie ergeben könnte. Sein Verhalten bei dieser Wortfindung scheint vielmehr zugleich anzuzeigen, dass man diese Schwierigkeit als eine solche ansehen sollte, die in den wirklichen Zusammenhängen einen Grund hat und dass dieser Grund nicht etwa leicht weggearbeitet werden könnte.

Der Rolle des ‚Ich', die höchste Einheit in aller Erkenntnis zu enthalten und die Kategorien für jegliche Objektkonstitution zu begründen, würden unter den von Kant verwendeten Ausdrücken am ehesten solche gerecht, die es als ein ‚Denken' oder spezifischer ein ‚transzendentales Bewusstsein' bezeichnen. Aber diese Ausdrücke bleiben vage. Sie berücksichtigen nicht, dass in diesem Bewusstsein bestimmte Charaktere gelegen sein müssen, die als Grundbedingungen des Gedankens von einem Objekt Bedingungen für jede Struktur in Logik wie in Erkenntnis sind. Das kann dafür sprechen, ‚das Ich' als einen formalen Begriff zu betrachten, dessen Gebrauch unter besonderen Bedingungen steht. Doch für Kant bleibt die Unterscheidung zwischen dem Gehalt eines Begriffs, also dem, was in ihm gedacht ist, von seinem ‚Gebrauch' oder dem Akt, gedacht und in Gebrauch genommen zu werden, definitorisch für das, was einen Begriff ausmacht. Wenn es also möglich sein muss, sich von der Fähigkeit, die den Gebrauch von Begriffen ermöglicht, selbst einen Begriff zu machen, so bleibt es doch ausgeschlossen, dass diese Fähigkeit den Begriffsgebrauch *insofern* tätigt, als sie Gehalt des entsprechenden Begriffes ist.

Tobias Rosefeldt hat in einer ebenso gewichtigen wie scharfsinnigen Untersuchung den Versuch gemacht, den Gehalt des Ausdrucks ‚Ich' als den eines Begriffes darzustellen.[153] Dessen Bedeutung soll

---

[152] Um dem Übergang in eine Kant-Abhandlung vorzubeugen, wird die Übersicht hier nur erwähnt, nicht erstellt.

[153] Tobias Rosefeldt, *Das Logische Ich: Kant über den Gehalt des Begriffs von*

im Wesentlichen allein durch die Kenntnis von Schlussregeln festgelegt und aufgrund von deren Kenntnis zu beherrschen sein – und das unter Einschluss der indexikalischen Komponente in der Bedeutung von ‚ich‘, die von Kant selbst nicht ausdrücklich beachtet worden ist. Dieser Versuch will eine *Rekonstruktion* einer Theorie von Kant sein, die seine These ausformuliert, ‚das Ich‘ sei als ein allein in die Logik gehöriger Gegenstand zu betrachten – und zwar in denjenigen Teil der Logik Kants, die dem gegenwärtig maßgebenden Sinn gemäß der formale ist.

Dabei ist nun zu unterstreichen, dass Begriffe keine selbstgenügsamen Gebilde sind, also keine für sich bestehende Formen, die in eine Korrespondenz zu anschaulichen Figurationen zu stellen sind, die in einem Medium eingeschlossen sein mögen. So wie nach Kant solche Figuren *konstruiert* werden müssen, so sind Begriffe im Medium des Verstandes zu *bilden*. Kant nennt innerhalb seiner Logik subjektive Bedingungen, die erfüllt sein müssen oder dann im Spiele sind, wenn Begriffe gebildet werden. So muss es Vorstellungen geben, die so weit entwickelt sind, dass die in ihnen gelegenen Qualitäten voneinander derart unterschieden sind, dass, was sie unterscheidet, als Merkmale fixiert werden kann. Dies alles sind Modifikationen in dem, was auch Kant *Bewusstsein* nennt. Erst danach kann die Tätigkeit des Überlegens einsetzen. Sie hebt die Qualitäten in dem heraus, was sie spezifisch ausmacht, und versetzt sie in eine Form, in der sie in einem Verbund etwas charakterisieren können, was nicht an die Vorstellung gebunden bleibt, in der sie ursprünglich gegeben sind, sondern auch in anderen Weisen des Verbundes auftreten können und wirklich auftreten. Auf dieser Ebene der Begriffsbildung ist Selbstbewusstsein in Anspruch genommen. Im Vergleichen muss auf vieles separat geachtet worden sein. Und in dem Übergang von einem zum anderen muss die Einheit des Bewusstseins ebenso wie die Anstrengung der reflektierenden Aufmerksamkeit aufrecht erhalten bleiben. Kant hat gelegentlich das Selbstbewusstsein über-

---

sich selbst, Berlin 2000, und *Kants Ich als Gegenstand*, in: Deutsche Zeitschrift für Philosophie 54 (2006), S. 277–293. Einen anders angelegten Versuch, die Konsistenz aller Aussagen Kants innerhalb seiner Systematik zu erhalten, macht Tim Henning in *Kant und die Logik des „Ich denke"*, ebd. Band 64 (2010), S. 331–356.

haupt in die Ebene der Reflexion in der Begriffsbildung geradezu definitorisch verankert.[154]

Die These, dass dabei Selbstbewusstsein beansprucht ist, hat ihren Grund in der Durchgängigkeit des Bewusstseins, das *als* eines gewusst wird, und weiter in der bewusst auszuübenden und gesteuerten Aktivität des Vergleichens und Separierens. Diesem Selbstbewusstsein muss eine unbestimmte Erstreckung zugeschrieben werden. So ist es nicht in eins zu setzen mit der Person als Mensch und ebenso wenig ein Grund dafür, sein Subjekt als Entität von irgendeiner Art (etwa als einfache Substanz) zu denken. Doch muss ihm eine Identität im Übergang zwischen seinen Zuständen eignen. Man kann folglich nicht umhin, für das, was so in Anspruch genommen wird, eine Realität zu beanspruchen; sie muss sich nur sowohl von der eines erkannten Objektes wie auch der eines bloß problematisch Gedachten unterscheiden. Und da die Rede von einem solchen Subjekt zu dem Bestand dessen gehört, was in der Logik zu behandeln ist, steht dem nichts entgegen, das, was sie besagt, als zur Logik und damit als in den Bereich des ‚bloß Formalen' gehörig einzugrenzen. Man kann in diesen Formeln ein hinreichendes Mittel zur Einkreisung von Kants Charakterisierungen des ‚Ich' in einen Bereich sehen, durch das alle weitergehenden metaphysischen oder empirischen Schlussfolgerungen abgewehrt sind. Sie geben jedoch keine zufriedenstellende Auskunft über die Verfassung von Selbstbewusstsein. Doch eine solche Diagnose könnte einer Intention von Kant selbst gemäß sein – insofern er nämlich den Bereich solcher Aussagen im Zusammenhang der Selbstverständigung der Vernunft über die Möglichkeit von Erkenntnis nicht für theoriefähig gehalten hat.

Es ist jedenfalls unmöglich, die auch in diesem Bereich anzusetzende Realität *allein* als die des Gehaltes des Begriffes von einem

---

[154] (z.B. *Anthropologie*, AA VII, S. 134 Anm.). Was nicht ausschließt, dass diese Fähigkeit zur Reflexion sowohl in tiefer gelegenen Schichten der Gegenstandskonstitution wie auch in den höheren der philosophischen Theoriebildung im Vollzug sein muss. Da eine jede der Diskursformen, die im Selbstbewusstsein voneinander unterschieden sind, ihrerseits mit Selbstbewusstsein zu ‚begleiten' ist, muss dann wohl im Selbstbewusstsein das Potential zur expliziten Selbstunterscheidung verwurzelt sein. Dem entspricht, wenn im Vorausgehenden dies Selbstbewusstsein als verbunden mit der Konstitution eines einzelnen Subjektes charakterisiert wurde.

Ich zu verstehen. Man müsste sie dann als gänzlich in dem Gebrauch dieses Begriffs begründet ansehen. Dabei ist sie vorausgesetzt, wenn man nur die Bildung dieses Begriffes verstehen will. Insbesondere muss es als widersinnig angesehen werden, den Selbstbezug in dem Bewusstsein ‚Ich' aus der Anwendung einer im Begriff ‚Ich' enthaltenen Regel zu erklären. Wie immer sich das Subjekt, das Begriffe bilden kann, von der Selbstbeziehung eines bewussten Lebens unterscheidet – sie muss als ein Kern allererster Gewissheit angesehen werden, in die ein vernunftfähiges Subjekt überhaupt gelangen kann.[155] Alle inhaltsreicheren Gedanken von einem im ‚Ich'-Gebrauch angezeigten Subjekt müssen an diesen anschließen und ihn in sich integriert halten.

Mit dieser Art einer Auskunft hat man allerdings zu akzeptieren, dass Kant nicht für jedes Problem, das sich im Gang der inneren Entwicklung seiner Philosophie stellt, einen Lösungsweg erschließen konnte. Die Konsistenz seines Denkens ist nicht bereits durch den Aufweis solcher Leerstellen gefährdet. So wie das Verfahren seiner Kritik es als Ergebnis hat, unbeantwortbare Fragen als solche zu kennzeichnen, so ist er in seinem Denken stets achtsam darauf geblieben, ob sich Problemlagen einer theoriefähigen Lösung entziehen. Vieles spricht dafür, dass er insbesondere die Probleme, welche die Verwendung des Ausdrucks ‚ich' umlagern, für eine solche Problemlage gehalten hat.[156]

Hier soll den Möglichkeiten und Grenzen der Philosophie Kants, den Problembereich zu beherrschen, den Form und Tatsache von Selbstbewusstsein aufkommen lassen, nicht noch weiter nachgegangen werden. Die wichtigste und schwierigste Aufgabe in diesem Zusammenhang ist immer die Analyse der Selbstbeziehung in je-

---

[155] Die Trias von Regeln, die als Gehalt des Begriffs ‚Ich' als eines logischen zu bezeichnen ist, kann deshalb nur als eine Rekonstruktion des Ich-Bewusstseins angesehen werden (Rosefeldt, *Das logische Ich*, S. 210 f., wo behauptet wird, auch das Selbstwissen im Selbstbewusstsein lasse sich mit Regeln erfassen und auf deren Gebrauch zurückführen).

[156] An einer der wenigen Stellen, an denen Hinweise überliefert sind, die in diese Richtung gehen, bemerkt Kant, man verfüge noch nicht über hinreichende Mittel zur Erklärung ‚vorläufiger Erkenntnisse'. Diese sind eine Komponente jeder ‚Untersuchung', also der Aktivität, mit der auch transzendentale Erkenntnisse zu gewinnen sind. Es ist dies ein Passus in der als bloße Nachschrift nicht authentischen Quelle der ‚Wiener Logik' (AA XXIV, S. 861).

dem ‚Ich'-Gedanken. Deren philosophisches Gewicht ist aber erst in Fichtes ursprünglicher Einsicht erfasst und zum Leitproblem eines Denkversuchs gemacht worden. Kant notiert eine Zirkelform im Bewusstsein ‚Ich', zumeist in der exzeptionellen, aber harmlosen Form, der zufolge der Gehalt des Gedankens ‚Ich' nur von der Instanz selbst gefasst werden kann, die das ist, was in ihm gedacht wird. In der Stellung dieses Gedankens als Präfix zu allen möglichen Gedanken bot sich ihm die Aussicht auf eine neue Grundlegung. Er sah sich aber nicht zu selbstständigen Untersuchungen veranlasst, welche dann jedes Verfahren einer Grundlegung der Philosophie tangieren könnten. Das ist so lange auch angemessen, wie nicht auf das Wissen, *dass* ein Selbstbezug vorliegt, geachtet wird, welches für den Gehalt, welcher Selbstbewusstsein ist, konstitutive Bedeutung hat. Es soll nur noch dargelegt werden, warum Kant – unangesehen dessen, dass er Selbstbewusstsein dem Bereich des ‚bloß Formalen' zuordnet – nicht umhin kann, ihm den Status einer Tatsache zuzuweisen. Dass dies unumgänglich wird, führt zur Anerkennung einer Art von Wirklichkeit, die weder die der Gegebenheit von Vorstellungen noch die der Objekte der Erkenntnis ist und die zudem in den Bereich von formalen Verhältnissen eingebunden bleibt. Diese Art von Gehalt kann somit auch nicht unter der Kategorie der Wirklichkeit stehen, die ein Begriff a priori von *Gegenständen* ist. Dieser Bereich, der nicht zum Thema der kritischen Philosophie, und zwar gemäß deren Programm, gemacht werden konnte, entspricht dem Bereich, in dem sich Fichtes Wissenschaftslehre entfaltet – nunmehr als das Ganze der Philosophie und über einen Hiatus hinweg, der dies Unternehmen von Kants Denkweise trennt.

In Anbetracht der Vielfalt der ‚Vermögen', die Kant dem Bereich des Formalen eingliedert, wird man sich ohnedies fragen, ob dem, was in diesem Bereich unter dem Ausdruck ‚Ich' angezeigt wird, jeder spezifische Gehalt abgesprochen werden könnte. Man müsste dazu eine gewundene Rechtfertigung aufbieten: Zöge man alles ‚Logische' oder ‚Begriffliche' aus dem heraus, was Kants Begriffsapparat für die Aufgabe der Erklärung der Möglichkeit von Erkenntnis aufbieten lässt, bliebe nur zurück, was in der anglophonen Kantliteratur ‚subjektiver Mechanismus' genannt worden ist: Die Wirklichkeit der Subjekte wäre als eine formierende mentale Ordnungskraft oder als eine Koordination solcher Aktivitäten vorzustellen, die in

Beziehung auf psychische Daten operieren. Diese werden vermittels eben dieser Aktionsquellen zu einem Verbund konstituiert, welcher in seinem Bestand weiterhin als Wirkungsbereich derselben Aktivitäten zu gelten hat.

Die Situation verändert sich aber, wenn in der Erklärung der konstituierenden Fähigkeit der Inhalt des Begriffs, der eigentlich nur ein Mittel zu ihrer Beschreibung sein dürfte, ihr selbst als das zuzusprechen ist, was das Spezifische ihrer Wirkungsweise ausmacht. Dann lässt sich der Gedanke, der ohnedies naheliegt, nicht mehr umgehen, dass ihr selbst in dem Prozess ihrer Ausübung als objektkonstituierende Form diese besondere Weise eines *Wissens* von sich innewohnt. Der aber, der dies versteht und annimmt, steht selbst im Vollzug dieses Wissen und erfasst in ihm zugleich sich selbst in seiner Faktizität.

Eine solche Auslegung des Wissens von sich, die man aktualistisch nennen mag, erklärt Kant selbst für unentbehrlich, und zwar als Komponente seines obersten Begründungsganges. Sie ist ein konstitutiver Teil in der Begründung seiner Lehre von der Geltung unserer Begriffe von Objekten. Dies Verfahren der Begründung ist Kant allein eigentümlich und hat seine dichtesten und schwierigsten Texte entstehen lassen: die einer transzendentalen *Deduktion* der Geltung von Begriffen a priori für die Objekterkenntnis. Man muss sich freilich das Procedere deutlich ausbuchstabieren, das Kant in seiner terminologischen Anleihe bei den juristischen ‚Deduktionsschriftstellern' vor Augen stand, welche seine Begriffsbildung begründeten.[157] Denn es soll Rechtsgründe für den Gebrauch der Kategorien namhaft machen. Damit unterscheidet er es von einem Verfahren, das Tatsachen aus anderen Tatsachen herleitet und sie so verständlich machen soll. Die Rechtsansprüche auf Gegenstandserkenntnis müssen selbst erworben sein. Aus diesem Grunde muss man in dem Verfahren, in dem erworbene Rechtsansprüche vor Gericht geltend gemacht werden, ganz allein nur die Umstände darlegen, derentwegen der Erwerb rechtsgültig gewesen ist. So ist ein Bezug auf Tatsachen für die Einsicht in die Rechtmäßigkeit die Voraussetzung. Er ist aber von eigentümlicher Art und jedenfalls von einer Erfassung

---

[157] Vgl. vom Vf. *Kant's Notion of a Deduction and the Methodological Background of the First Critique*, in: ‚Kant's Transcendental Deductions', hrsg. Eckart Förster, Stanford U. P. 1989, S. 29–46.

des gesamten tatsächlichen Zusammenhangs, in dem der Erwerb zustande kam, kraft der Definition von ‚Deduktion eines Rechtes' zu unterscheiden.

Hält man diesen Verfahrenssinn als charakteristisch für Kants Begründungsart fest, so muss man erwarten, dass in dem Beweisgang im Zentrum der *Kritik* von einem besonderen *Faktum* ausgegangen wird – und zwar so, dass nicht etwa erschöpfend über es berichtet wird. Und so geht Kant wirklich von einem besonderen Aspekt der Tatsache aus, dass Subjekte in dem Gedanken ‚Ich denke...' ihrer selbst bewusst sind. Ich habe vorgeschlagen, dass diese Komponente ‚Ich...', näher betrachtet, das Faktum ist, dass sie ihrer Identität in verschiedenen Zuständen bewusst sind und dass dies ein Bewusstsein ist, in dem Subjekte unabhängig von jedem bestimmten einzelnen Übergang stehen müssen, in dem sie sich beobachten können.[158] Erst in der zweiten Auflage des Buches versuchte Kant, sich ganz auf eine solche Argumentation zu beschränken, die wirklich wie auf der Spitze einer Feder in diesem einen Faktum einen festen Stand finden muss. Sie thematisiert die Kapazität der Subjekte zu einem Wissen von einer Identität, das nicht aus der Erfahrung abgeleitet werden kann – wenn es sich auch nur im Zusammenhang von Erfahrungen aktualisiert. Gemäß dieser Argumentation stammt aber ein solches Wissen wiederum auch nicht allein aus der Kenntnis des Inhaltes eines Begriffes. Vielmehr ist von einem Wissen über sich die Rede, das einem Subjekt notwendig zugesprochen werden muss, das seine Identität nicht nur aus seinen Erfahrungen zur Kenntnis nehmen kann.[159]

In dem Zusammenhang der Faktizität dieses Subjektes lassen sich noch andere methodologische Zuordnungen Kants verstehen. Dazu gehören die Aktivitäten, die er bei der Erklärung der Bildung von

---

[158] So in *Identität und Objektivität*, Heidelberg 1976, III, 3,3.

[159] Ist in dem Selbstbewusstsein, von dem die transzendentale Deduktion ausgeht, nicht allein von dem Inhalt eines Begriffes die Rede, sondern ein Faktum im Sinne von Kants am juristischen Vorbild modellierter Methodologie der Deduktion aufgewiesen, so muss von dessen Wirklichkeit eine Gewissheit a priori, also eine ‚cartesianische' Evidenz in Anspruch genommen werden. Diese unterscheidet sich jedoch offensichtlich von Descartes' Schluss auf eine Substanz, deren Wesen über einen Schluss derselben Form hätte erfasst sein sollen. Meine Abhandlungen über die transzendentale Deduktion weichen in diesem Punkt (anders als oft vermutet worden ist) durchaus nicht voneinander ab.

Begriffen in seine Logik eingeführt hat, nämlich die der Überlegung (reflexio) und der Untersuchung (examinatio), welche der Überlegung nachfolgen muss. Überlegung ist immer bereits im Gang, wenn im aktualen Bewusstsein klar ist, in welcher epistemischen Aktivität es sich befindet. Diese Übersicht schließt ein Selbstbewusstsein dessen ein, der die jeweils bestimmte Aktivität als die seine vollzieht. Insofern kann dies elementare Wissen als Selbstbewusstsein der Reflexion bezeichnet werden. Beide Aktivitäten haben bestimmende Bedeutung in jeder Deduktion. Sie dienen dazu, im Geflecht von mentalen Aktivitäten verschiedenen Ursprungs die Zusammenhänge freizulegen, kraft deren die Bedingungen, die Erkenntnis ermöglichen, in ihren wirklichen Vollzug gesetzt werden.

Kants Bild von der Problemlage um das Selbstbewusstsein verändert sich jeweils deutlich – je nachdem, ob er über dessen Funktion in der transzendentalen Untersuchung spricht oder ob er im Umfeld der Kritik der rationalen Metaphysik die Möglichkeit einer Erkenntnis des ‚Ich' als eines Gegenstandes abweist. Im zweiten Zusammenhang macht er in scharfsinnigen Beobachtungen deutlich, wie abwegig und unnatürlich die Erwartungen der überkommenen rationalen Psychologie sind, man könne von der Natur der Seele eines vernünftigen Wesens eine demonstrierte Gewissheit erhalten durch die bloße Analyse des unmittelbaren Bewusstseins, das es von sich selbst hat. Er macht dann unter anderem geltend, man könne doch nicht eine Gegenstandserkenntnis von einem Gehalt erwarten, von dem man bereits alles weiß, wenn man ihn bloß denkt.[160] Aber die bloße Analyse dieses Gehalts lässt immerhin doch ein Faktum deutlich werden, das über die Möglichkeit einer Erkenntnis a priori entscheidet.

Kant selbst kennt also durchaus die Aufdeckung von Verbindungen im Gefüge von mentalen Gegebenheiten und Aktivitäten, die weder immer schon in deutlichem Bewusstsein stehen noch einer Sphäre angehören, die zu Beginn, wie die der Gegenstände, ein gänzlich Anderes als ein in seinem Gegebensein oder Vollzogenwerden bereits Bekanntes ist. Ein solches Anderes wäre wie Objekte zu entdecken, zu erschließen oder zu konstruieren – auch dann, wenn diese Konstruktion in jedem Fall wirklichen Bewusstseins schon

---

[160] Gegen Schluss des langen Nachtrags zur *Anthropologie* (vgl. Anm. 149).

längst im Gange wäre. Die Operationen selbst jedoch, mit denen sich das Verhältnis zu einer Natur und zu Objekten in ihr ausbildet, sind nicht in demselben Sinne ein Anderes und somit nicht aus diesem Grunde den Subjekten in ihrem Selbstwissen vorab entzogen. Sie geschehen in einem Vollzug, von dem grundsätzlich immer ein Wissen möglich ist – und zwar ein solches, das mir ganz allein vermittels meines ‚Überlegens' zugänglich ist. Aber auch diese Art von Erschließung ist nicht, um es so zu sagen, jederzeit bereits geleistet. Der Vollzug steht nicht in einem deutlichen Wissen davon, dass und als was er stattfindet. Es bedarf sogar eines eigenen Verfahrens, das wie die Objekterkenntnis ein solches des Erkennens, wenngleich ein solches anderer Art ist, bis schließlich gesagt werden kann, man sei zu einem Wissen von diesen Operationen gelangt. Dem Unterschied der Verfahren korrespondiert ein Unterschied in der Verfassung dessen, was über sie erschlossen wird. Ich weiß nicht von jenem Vollzug, indem ich ihm eine Stelle in der objektivierten Zeit zuordne.

Damit stellt sich die Frage nach dem Verhältnis der Dimension dessen, was kraft ‚Überlegung' gewusst werden kann, zu dem, was – vielleicht sogar in Beziehung auf dieselben Gehalte – in der Weise des Wissens von Objekten an Erkenntnis möglich ist. Zusammen mit der Frage nach diesem Verhältnis wird aber dann auch der genaue Sinn der Unterscheidung selbst zum Problem. Für Kant lag es nahe, dessen Lösung nach der Unterscheidung zwischen Form und Gegenstand zu modellieren. Seine Überlegungen dazu bleiben weitgehend auf Varianten dieser Distinktion beschränkt. Man kann versuchen, die ganze Spannweite dieser Möglichkeit einer Unterscheidung zu erkunden, oder eine Aufgabe zu charakterisieren, die im Rahmen der *Kritik* offen blieb und offen gehalten werden musste, um sie dann im Sinne der Kritik möglichst weitgehend zu lösen.

Insofern Kant seine eigene Philosophie als Gewinn von *Erkenntnis* ansah, nahm sie Erkenntnisse vom Subjekt als einem Faktischen immer wieder in Anspruch. Darin, dass sie Wissen von Faktischem sind, unterscheidet sich das Selbstwissen des Erkenntnissubjektes nicht von dem Wissen von Handlungen und von der eigenen Person als handelnder. Alle sind nicht Auslegungen oder Anwendungen einer Form allein – wie weit auch der Formbegriff immer gefasst sein mag. Dasselbe gilt für alle Aussagen über die Quelle eines Lustgefühls, das von einer harmonischen Beziehung von Verstand und

Darstellungskraft ausgeht – also für Kants transzendentale Ästhetik. Aber Kant gesteht es nun einmal allen Erkenntnisleistungen, die auf Reflexion allein beruhen, im Unterschied zu der Erkenntnis von Gegenständen in Raum und Zeit nicht zu, im eigentlichen Sinn überhaupt Erkenntnis zu sein. Sie sind etwas ‚Reales'. Man wird sich ihrer wirklich und als etwas Realem bewusst. Aber man kann sie nicht als ein Objekt Verfahren unterwerfen, die dahin führen, ihre ‚Natur' zu bestimmen.

Es ist nun in der Tat wahr und von grundsätzlicher Bedeutung, dass das Verhältnis dessen, von dem auf diese Weise etwas zu erkennen ist, zu den Gegenständen in Raum und Zeit immer prekär bleibt. Es lässt sich niemals geradewegs aufweisen und dann wie ein Verhältnis zwischen Bereichen von Gegenständen durchschauen. Unbestimmbar bleibt zudem deren Verhältnis zu den Entitäten, die den Erscheinungen in Raum und Zeit noch vorauszusetzen sind und die einer Erkenntnis als Objekt ebenso wie der Unmittelbarkeit im Vollzug von mentalen Prozessen entzogen bleiben. Nur in dieser Sphäre können wir uns etwas als wirklich denken, das im vollen Wortsinn durch sich besteht und dabei zugleich durch sich erkannt wird. Endliche Subjekte kennen sich nur in der Zusammenfügung von ganz unterschiedlichen Perspektiven.

Auf der anderen Seite ist jedoch nicht zu bestreiten, dass das, was nach Kant in der ‚bloßen Reflexion' einsichtig wird, für das, wie Subjekte sich verstehen, eine schlechthin zentrale Bedeutung hat. So ergibt sich die Tendenz, die auch in Kants Werk wirksam ist: Auf der einen Seite ist das Wissen von Objekten als das, was eigentlich Erkenntnis ist, gegenüber dem, was real, aber bloß Form ist, höher zu stellen. Auf der anderen Seite muss man das ‚Reale' in dieser Sphäre ‚bloßer Form' als die Bedingung aller Erkenntnis als mit höchster Gewissheit eingesehen und als den Ausgangspunkt in jeder möglichen Begründungskette auszeichnen. Man kann weitergehen und sagen: Was ‚nur real' ist, macht uns selbst als Vernunftwesen geradezu aus. Das Widerspiel dieser beiden Richtungen der Betrachtung hat einen großen Anteil an dem, woraus sich die Problemlage aufsteigert, der jede Philosophie sich ausgesetzt weiß. Sie nimmt sich damit also eines Problems an, von dem jeder Mensch irgendeine Erfahrung gemacht hat. Diese Erfahrung samt den Auswirkungen, die sie hat, bleiben für ihn aber untergründig, wie bedrängend sie auch werden mögen. Denn ohne die Philosophie vermag er es nicht, sie sich deutlich werden zu lassen oder eine Sprache zu finden, in der er sie artikulieren kann. Die Philosophie muss aber ihre höchsten Möglichkeiten aufbieten, um diese Problemlage so zu ordnen und einsichtig zu machen, dass der Mensch vor ihr Stand gewinnen und sein Leben zu orientieren vermag. Man kann durchaus sagen, dass Kants Philosophie in ihrem Weltbegriff eben dies zum Ziel hatte.

Kant ließ in hohen Jahren – von vielen dazu gedrängt – seine berühmte Erklärung gegen Fichtes Wissenschaftslehre veröffentlichen. Er verband seine Erinnerungen an den jungen Besucher in Königsberg, dessen frühen Ruhm er absichtslos ausgelöst hatte,[161] mit dem Generalargument, das ihm aus seiner eigenen Lehre gegen Fichtes Anspruch, eine Wissenschaftslehre zu besitzen, in den Sinn kommen musste. Fichte sah in dem Selbstbewusstsein nunmehr in einem anderen Sinn das vornehmste Thema der Philosophie, als dies auch für Kants eigene *Kritik* gegolten hatte. In Kants *Kritik* machte es den Anfang zu einer Begründung der Objektivität der Erkenntnis. Aber dies ‚Ich' gehört, wie er dann sagte, zur Logik. Und es ist für die *Kritik* offensichtlich, dass aus etwas, dessen Platz in der Logik ist, nicht durch eine auf es allein konzentrierte Analyse Folgerungen gezogen werden können, welche den Charakter jener *objektiven* Erkenntnis haben, deren Möglichkeit doch die *Kritik* zu begründen hatte. Kant konnte meinen, sein Standardargument müsse Fichte ins Zentrum treffen, ohne dass er sich auf dessen Texte überhaupt würde einlassen müssen.

Fichte dagegen hatte früh Leerstellen in Kants Thematisierung des Selbstbewusstseins ausgemacht. Er hatte seine philosophischen Pläne auf das Projekt konzentriert, den von Kant selbst entdeckten Charakter des ‚Ich' als Prinzip umfassend auszuloten und in seiner ganzen Begründungskraft zur Entfaltung zu bringen. Fichte hat dabei Kants eigene Perspektive ignorieren müssen, in deren Zentrum die Aufgabe der Erklärung der Möglichkeit von objektiver Erkennt-

---

[161] Die Erklärung, unterzeichnet vom 7. August 1799, ist in der Akademieausgabe von Kants gesammelten Schriften (AA XII, S. 370–71) zu finden. – Kant hatte während des Besuchs von Fichte bei ihm in Königsberg, um Fichte zu Geld zu verhelfen, dessen Manuskript einer Offenbarungskritik zum Druck gebracht. Der Verleger ließ es ohne den Namen des Autors drucken – mit der Folge, dass es vielerorts als Werk Kants aufgenommen wurde.

nis steht. In Kants Konzept blieb der Status von Selbstbewusstsein letztlich ungeklärt und sollte es auch bleiben. Es sollte genügen, einige Grundzüge hervorheben zu können, die Selbstbewusstsein mit der Möglichkeit verband, einen Begriff von einem Objekt auszubilden. Aus Fichtes eigenem Einsatz traten die Schwierigkeiten, die mit dem Versuch zum Gewinn einer umfassenden Klarheit über Selbstbewusstsein immer verbunden sein werden, alsbald auf höchst dramatische Weise zutage.

Im Rückblick zeigen sie sich in ihrer ganzen Ausdehnung, wenn man nämlich erwägt, dass auch Hegels Unternehmen, die Selbstbeziehung im Ich aus der Grundform eines selbstbezüglichen und sich selbst bestimmenden Begriffs, also in einer ‚Logik' zu verstehen, ein Gegenprogramm zur Kantischen Perspektive ist. Hegel will das Selbstbewusstsein in den Bereich einer Form einhegen, die allem vorausliegen muss, für das objektive Geltung zu beanspruchen ist.

Hier sollte deutlich gemacht werden, wie komplex das Verhältnis zwischen Kants und Fichtes Theoremen wirklich ist. So zeigt es sich auch, dass es unmöglich bleiben wird, sie unvermittelt und allein aufgrund ihrer Selbstdarlegungen in eine bestimmte Beziehung zueinander zu bringen. Von dieser Komplexion konnte der Wortlaut der Erklärung Kants gegen Fichte allemal nicht den geringsten Eindruck vermitteln. Fichte besaß neben dem Takt dem Lehrer gegenüber auch Gespür für eine unter Oberflächen bedrängende Problemlage genug, um Kants Erklärung schweigend zu übergehen. Die Zweifel an der Endgültigkeit der Begründungsform der eigenen Wissenschaftslehre hatten im Vorfeld des Atheismusstreites bei ihm wohl auch schon eingesetzt. Schelling versuchte dagegen, durchaus in eigenem Interesse und zum Glück vergeblich, Fichte zu einer Abrechnung mit der ‚Abgeschmacktheit' und ‚Borniertheit' der Erklärung des Alten in Königsberg zu bewegen.[162]

---

[162] Am 12. September 1799 (FGA III,4, S. 69 ff.). Es ist im Übrigen nicht auszuschließen, dass Fichte zur Umstellung seiner Grundlegung auf ‚das Wissen' auch dadurch ermutigt war, dass er denken konnte, sie entzöge die Wissenschaftslehre (unter Bewahrung ihres Idealismus) jedem Einwand von dem Typ dessen, den Kant in seiner Erklärung gegen Fichte im Sinn gehabt hatte.

SIGLEN-VERZEICHNIS

AA   Auf Immanuel Kant, *Gesammelte Schriften* (Akademieausgabe), hrsg. Königlich Preußische Akademie der Wissenschaften, Berlin 1900 ff. wird verwiesen durch ‚AA' und durch Angabe von Band und Seite.

FGA   Auf die *J. G. Fichte-Gesamtausgabe der Bayerischen Akademie der Wissenschaften*, hrsg. von Erich Fuchs, Hans Gliwitzky, Reinhard Lauth und Peter K. Schneider, Stuttgart-Bad Cannstatt 1962–2012 wird verwiesen durch ‚FGA' (Fichte-Gesamtausgabe) und durch Angabe von Abteilung, Band und Seite.

FSW   Auf J. G. Fichte, *Sämmtliche Werke*, hrsg. von Immanuel Hermann Fichte, Berlin 1845–1846 (Band 9–11 ursprünglich als *Johann Gottlieb Fichtes nachgelassene Werke*, Bonn 1834–35 und deren seitengleichen Nachdruck Berlin 1971) wird verwiesen durch ‚FSW' (Fichtes sämtliche Werke) und durch Angabe von Band und Seite.

FSWV   Auf J. G. Fichte, *Die späten wissenschaftlichen Vorlesungen*, hrsg. von Erich Fuchs, Hans Georg von Manz, Ives Radrizzani und Martin Siegel, Stuttgart-Bad Cannstatt 2000 ff. wird verwiesen durch ‚FSWV' und durch Angabe von Band und Seite.

Nl.   Auf J.G. Fichte, *Nachgelassene Schriften aus den Jahren 1790–1800*, hrsg. von Hans Jacob, Berlin 1937 wird verwiesen durch ‚Nl.' (Nachgelassene Schriften) und durch Angabe der Seite.

KONKORDANZ ZU
‚FICHTES URSPRÜNGLICHE EINSICHT'

1. Spalte: Erstveröffentlichung der Abhandlung in der Festschrift für Wolfgang Cramer (1966)
2. Spalte: Einzelausgabe mit unverändertem Seitenumbruch (1967)
3. Spalte: Neuausgabe im vorliegenden Band

Festschrift 1966	Einzelausgabe 1967	In diesem Band
188	7	5
189	8	5/6
190	9	6/7
191	10	7/8
192	11	8/9
193	12	10
194	13	10/11
195	14	11/12
196	15	12/13
197	16	13/14
198	17	14/15
199	18	15/16
200	19	16/17
201	20	17–19
202	21	19/20
203	22	20/21
204	23	21/22
205	24	22/23
206	25	23/24
207	26	24/25
208	27	25/26
209	28	26/27
210	29	27/28
211	30	28/29

212	31	29/30
213	32	30/31
214	33	31/32
215	34	32/33
216	35	33/34
217	36	34/35
218	37	35/36
219	38	36/37
220	39	37/38
221	40	38/39
222	41	39/40
223	42	40/41
224	43	41/42
225	44	42/43
226	45	43/44
227	46	44/45
228	47	45/46
229	48	46/47
230	49	47/48
231	50	48/49
232	51	49